《工程建设稽查执法典型案例解析》编委会

工程建设稽查执法

典型案例解析

裴良月　姜 军/主编

人民出版社

责任编辑:郭　倩
封面设计:肖　辉
责任校对:吕　飞

图书在版编目(CIP)数据

工程建设稽查执法典型案例解析/裴良月,姜军 主编. —北京:
人民出版社,2016.5
ISBN 978－7－01－016089－4

Ⅰ.①工…　Ⅱ.①裴…②姜…　Ⅲ.①建筑工程-工程质量-行政执法-
案例-中国　Ⅳ.①D922.297.5

中国版本图书馆 CIP 数据核字(2016)第 075996 号

工程建设稽查执法典型案例解析

GONGCHENG JIANSHE JICHA ZHIFA DIANXING ANLI JIEXI

裴良月　姜军　主编

人民出版社 出版发行
(100706　北京市东城区隆福寺街 99 号)

北京市文林印务有限责任公司印刷　新华书店经销

2016 年 5 月第 1 版　2016 年 5 月北京第 1 次印刷
开本:710 毫米×1000 毫米 1/16　印张:27
字数:477 千字

ISBN 978－7－01－016089－4　定价:57.00 元

邮购地址 100706　北京市东城区隆福寺街 99 号
人民东方图书销售中心　电话 (010)65250042　65289539

目 录

第一篇 建筑工程承发包典型案例

第二篇 工程质量典型案例

第三篇　施工安全典型案例

附　　录

序

　　近年来，在党中央、国务院正确领导下，各级人民政府坚持改革创新，加快城乡建设步伐，城乡面貌发生了翻天覆地的变化，取得了令人瞩目的伟大成就。住房城乡建设行业不断完善体制机制，法律法规逐步健全，标准规范日益完善，为依法行政奠定了坚实基础。然而，随着城乡建设步伐的加快，城乡建设规模迅速扩张，违法违规建设多发易发。虽然各级住房城乡建设主管部门不断加大执法力度，但工程建设领域违法违规行为还未根本遏制，建筑市场还不够规范，工程质量安全事故时有发生，给人民群众的生命财产安全造成了重大损失。建筑市场与工程质量安全形势不容乐观，工程建设稽查执法的任务相当繁重。

　　党的十八届四中全会通过《中共中央关于全面推进依法治国若干重大问题的决定》，要求促进国家治理体系和治理能力现代化，依法惩处各类违法行为，加大关系群众切身利益的重点领域执法力度。为贯彻落实依法治国方略，按照中央的要求，住房和城乡建设部 2014 年 9 月开始在全国范围内开展工程质量治理两年行动，旨在通过两年集中治理，使工程质量安全水平有一个大的提升。

　　一年来，各级住房城乡建设主管部门按照住房和城乡建设部的统一部署，认真开展工程质量治理两年行动，查处了一大批违法发包、转包、违法分包、挂靠以及工程质量安全等违法违规行为。"建筑市场与工程质量安全百起案例研究"课题组对相关案例进行了认真研究，形成了课题研究报告。应各级稽查执法机构的要求，课题组从中精选 60 个典型案例，组织相关人员逐个案例进行深入剖析，决定定名为《工程建设稽查执法典型案例解析》

出版发行。

　　本书以案释法，通过对典型案例的深入剖析，查找各地案件查处工作的不足；针对案件反映的难点问题，提出对策建议；对完善相关法律法规和加强稽查执法工作，也提出了具体建议。本书内容对各级稽查执法机构查处案件具有较强的指导意义，更具有现实针对性，可供各级稽查执法机构人员在执法实践中参考，也可供关心支持工程建设稽查执法工作的人士阅读。本书的出版发行，是对工程建设稽查执法工作的一次检阅，更是一次总结和提炼，对于提高工程建设稽查执法队伍的业务水平将会起到较大的促进作用。

　　本书编写过程中，得到部分省级稽查执法机构和业务骨干的大力支持，在此一并表示衷心的感谢！

住房和城乡建设部稽查办公室主任　王早生
2016 年 4 月

第 一 篇
建筑工程承发包典型案例

一、建筑工程承发包稽查执法工作
存在的难点及共性问题

1. 违法行为隐蔽，发现问题难。如招投标环节中的围标串标、挂靠资质行为难以发现。再如"阴阳合同"，往往只在合同双方发生矛盾或投诉举报时，违法行为才会暴露出来。

2. 执法手段有限，调查取证难。如在查处挂靠行为的过程中，工程款去向查询困难。对不积极配合的无资质企业或个人，调查取证困难，建设主管部门没有类似公安部门的强制手段，影响了案件的调查取证。

3. 行政处罚容易，纠正行为难。责令停止违法行为、限期改正及予以取缔等纠正违法行为的措施，在执法实践中往往执行困难。如《建设工程质量管理条例》对违法施工有责令停止施工的规定，但缺乏行政强制措施，对继续施工的难以有效制止。

4. 执法标准不明确，依法履职难。建筑市场执法对属于依法应当发现的违法行为界定标准不明确，对应当发现而未发现的违法行为，执法人员往往存在被追责的风险。如市场主体为逃避执法，可能会提供一些虚假合同、发票等虚假材料，执法人员难以判断材料的真实性，可能导致未能发现违法行为。

5. 执法体制机制不完善，协调联动难。个别地方执法机构不健全，职责不明确，人员素质不高，缺乏有效的监督考核和部门联动机制。如各地日常监管与稽查执法职责划分不清，部门间未能形成闭环管理，执法效力分散，成效不明显。

6. 信用信息封闭，社会监督难。建筑市场缺乏统一的信用征集查询平台，信息孤岛依然存在，信用约束缺失，难以形成广泛的社会监督。如各地虽有不同层级的不良行为记录信息系统，但大部分不对社会公布，其他部门及社会难以查询与应用，制约范围窄，社会监督难。

二、强化建筑工程承发包稽查执法工作的对策及建议

1. 强化稽查执法体制机制。建立健全专门的稽查执法机构，明确稽查执法职责，充实稽查执法人员，保障稽查执法经费，配备必要的稽查执法装备，建立监督考核机制；加强稽查执法与日常监管的部门联动，强化建筑市场与施工现场的联动执法，建立建筑市场信息共享机制，形成稽查执法体制顺、机制活的良好局面。

2. 加强稽查执法标准化工作。明确稽查执法工作标准，发挥标准的引领作用，规范稽查执法工作流程，保证稽查执法工作公平公正，维护建筑市场秩序，如尽快出台稽查执法监督检查标准、立案查处标准、卷宗档案标准、调查报告标准等。

3. 完善行政处罚自由裁量基准。根据违法行为的事实、性质、情节、社会危害程度，制定符合本地区实际的行政处罚自由裁量基准，羁束行政处罚行为，避免人为因素干扰，防止出现同案不同罚的情况。

4. 加大信用信息公开力度。尽快建立部、省、市、县统一共享的信息平台，公布建筑市场主体违法违规行为等不良市场行为及处罚处理结果，畅通社会监督渠道。以信息公开为基础，完善建筑市场诚信体系，为业主选择建筑业企业提供信息服务，形成企业和个人不敢违法、不能违法、不想违法的良好氛围。

5. 加强宣传和培训工作。"执法检查，普法先行"，要加强普法宣传和政策培训，发放政策法规书籍，组织专门的培训班，上门主动培训，对违法主

体主要责任人员开展强制培训。通过普法宣传，使市场各方主体能够知法和懂法，主动增强守法意识。

三、对完善相关法律法规的建议

1. 建议尽快制定接受转包违法分包方的法律责任。2014 年 8 月 27 日住房和城乡建设部修订后的《房屋建筑和市政基础设施工程施工分包管理办法》第十八条规定，"违反本办法规定，转包、违法分包或者允许他人以本企业名义承揽工程的，以及接受转包和用他人名义承揽工程的，按《中华人民共和国建筑法》、《中华人民共和国招标投标法》和《建设工程质量管理条例》的规定予以处罚。具体办法由国务院住房城乡建设主管部门依据有关法律法规另行制定"。修订后的《房屋建筑和市政基础设施工程施工分包管理办法》取消了修订前的"对于接受转包、违法分包和用他人名义承揽工程的，处 1 万元以上 3 万元以下的罚款"规定，导致出现对接受转包违法分包方罚则不明，建议尽快出台办法，完善处罚条款。因为当事双方均存在同等的违法故意，并且对于建设工程质量和安全应当承担连带责任。

2. 建议修改建设单位将建设工程发包给不具有相应资质等级的单位或个人的罚款额度。《建设工程质量管理条例》第五十四条规定："违反本条例规定，建设单位将建设工程发包给不具有相应资质等级的勘察、设计、施工单位或者委托给不具有相应资质等级的工程监理单位的，责令改正，处 50 万元以上 100 万元以下的罚款。"实践中，此规定有其合理性。但对小型工程来说，该罚款额度不甚合理，如合同额仅为 50 万元时，罚款额度明显过大。对于超大型工程，此罚款数额又偏低，难以起到惩戒作用。建议修改法律法规时，结合以合同价款为计算基数确定罚款额度，体现相对公平。

3. 建议明确工程合同价款认定标准。《建设工程质量管理条例》中多个条款的行政处罚是按合同价款作为处罚基数的，由于缺乏合同价款的认定标准，执法实践中处罚标准不统一。如《建设工程质量管理条例》第五十五条规定："对建设单位肢解发包的，处工程合同价款 0.5% 以上 1% 以下的罚款。"其中"工程合同价款"是肢解部分工程的合同价款还是整体单位工程的合同价款、无合同或合同价款明显低于市场价如何认定等问题，建议立法机关予以明确。

4. 建议明确违法分包等行为处罚时效的计算起点。《中华人民共和国行政处罚法》（下文简称《行政处罚法》）第二十九条规定："违法行为在二年内未被发现的，不再给予行政处罚。法律另有规定的除外。前款规定的期限，从违法行为发生之日起计算；违法行为有连续或者继续状态的，从行为终了之日起计算。"违法分包等违法行为是否属于连续或继续状态，行为了之日是工程竣工之日、合同履行完毕之日还是违法行为纠正之日，建议立法机关予以明确。

5. 建议进一步明确违法分包认定标准。《建筑工程施工转包违法分包等违法行为认定查处管理办法（试行）》（建市〔2014〕118号）规定，劳务分包单位除计取劳务作业费用外，还计取主要建筑材料款、周转材料款和大中型施工机械设备费用的，列为违法分包一种类型。但实践中，部分劳务企业与总承包单位签订"扩大劳务分包合同"，劳务企业自带周转建筑材料（模板和脚手架），从节省材料避免浪费角度分析，该种行为有其合理性，是否认定为违法分包，还是同时记取主要建筑材料款、周转材料款和大中型施工机械设备费用方可认定为违法分包行为，在执法实践中难以把握。对此类"扩大劳务分包合同"的认定，建议予以明确。

6. 建议明确"违法所得"的认定标准。《建设工程质量管理条例》多个条款涉及没收违法所得，如第六十二条规定："违反本条例规定，承包单位将承包的工程转包或者违法分包的，责令改正，没收违法所得……"对于违法分包没收违法所得的计算无统一标准，执法实践难以把握，建议立法机关予以明确。

7. 建议明确违法所得计算方法。各地执法工作中均反映违法所得难以认定，存在取证难、查处难的问题。建议在相关法律法规释义中将"违法所得"的计算方法明确为：行为人通过违法行为获取的财产，特指违法行为获得的利润。现有证据能够确定利润的，依此确定；不能确定的，按照相应定额规定确定。

8.建议增加对监理单位未能履行法定职责的处罚条款。监理单位对建设单位违法发包或施工单位违法分包，未能履行法定职责，但《中华人民共和国建筑法》（下文简称《建筑法》）、《建设工程质量管理条例》中缺乏该类行为的处罚措施。建议在立法中增加对监理单位不履行职责行为的处罚措施。

典 型 案 例

案例1 某商品住宅项目建设单位违法发包案

一、基本案情

某商品住宅项目共有5栋多层建筑，一栋配套公建及地下车库。总建筑面积1.2万平方米。项目建设单位为A开发公司，施工总承包单位为B工程公司。项目于2013年8月开工建设，建设单位将包含在施工总承包合同范围内的消防专业工程另行发包给C消防设备公司（消防设施工程专业承包叁级），合同价款58万元；将门窗工程发包给D门窗安装公司（金属门窗工程专业承包壹级），合同价款125万元。案发时工程主体已完工，正在进行消防工程作业，门窗尚未安装。

二、查处情况

2014年7月，建设主管部门抽查该项目时发现，建设单位A开发公司将总承包合同范围内的消防工程和门窗工程另行肢解发包。依据《建筑法》第六十五条和《建设工程质量管理条例》第五十五条规定，建设主管部门经过调查，认定建设单位A开发公司存在肢解发包的违法行为。

三、处理结果

依据《建设工程质量管理条例》第五十五条，建设主管部门对建设单位A开发公司处罚款0.915万元。其中，对另行发包消防专业工程的违法行为处 0.29 万元（58 万元 ×0.5%）罚款；对另行发包门窗专业工程的违法行为处 0.625 万元（125 万元 ×0.5%）罚款。

四、法律法规辨析

《建筑法》第六十五条规定："发包单位将工程发包给不具有相应资质条件的承包单位的，或者违反本法规定将建筑工程肢解发包的，责令改正，处以罚款。"

《建设工程质量管理条例》第七条规定："建设单位应当将工程发包给具有相应资质等级的单位。建设单位不得将建设工程肢解发包。"本案中，建设单位已将该工程的施工总承包发包给 B 工程公司，却又将消防专业工程和门窗专业工程另行发包，属于肢解发包的违法行为。

《建设工程质量管理条例》第五十五条规定："违反本条例规定，建设单位将建设工程肢解发包的，责令改正，处工程合同价款 0.5% 以上 1% 以下的罚款；对全部或者部分使用国有资金的项目，并可以暂停项目执行或者暂停资金拨付。"因此，可给予建设单位合同价款 0.5% 以上 1% 以下的行政处罚。

五、对比分析

《建设工程质量管理条例》第七十三条规定："依照本条例规定，给予单位罚款处罚的，对单位直接负责的主管人员和其他直接责任人员处单位罚款数额 5% 以上 10% 以下的罚款。"本案遗漏了对单位直接负责的主管人员和其他直接责任人员的处罚，应该增加该项处罚，即处罚款 0.915 万元（5%—10%）。

本案在作出行政处罚的同时，没有责令其改正违法行为，对于消防工程，应视现场工程量完成情况决定是否采取改正措施。由于门窗工程尚未开始施工，应当责令建设单位改正。在实践中，对于肢解发包行为的整改，可依法确定合同无效后，由总承包单位自行施工或依法分包。

六、难点问题及建议

1."责令改正"在执法中没有落实。建议执法部门在执法实践中加大工作力度，避免以罚代管。

2.对接受肢解发包单位的处罚，目前尚无法可依。建议在立法过程中予以完善。

案例 2　某建工集团有限公司违法分包案

一、基本案情

2014 年 7 月，某市建设行政主管部门接举报称，A 建工公司将其承建工程中的部分项目违法分包给个人，从中收取管理费，案发时有关项目已竣工。举报人还反映：A 公司在别的工程项目中还经常采取肢解分包的方式，把工程层层分包给不具有施工资质的个人承包，从中收取管理费，造成工程质量和安全隐患。

二、查处情况

经调查，A 建工公司分别于 2008 年 1 月、2009 年 5 月、2009 年 6 月、2009 年 11 月、2010 年 10 月将其承建工程中的部分项目分包给不具备建筑施工资质的个人，并分别签订施工承包合同，合同价款合计 9500 万元。目前，上述工程均已全部竣工。竣工时间分别为 2009 年 10 月、2010 年 5 月、2010 年 10 月、2010 年 10 月、2011 年 10 月。

三、处理结果

建设行政主管部门依据《建设工程质量管理条例》第六十二条的规定，于 2014 年 9 月分两次对 A 建工公司处以 25 万元和 70 万元的行政处罚。

四、法律法规辨析

《建筑法》第二十九条规定："建筑工程总承包单位可以将承包工程中

的部分工程发包给具有相应资质条件的分包单位；但是，除总承包合同中约定的分包外，必须经建设单位认可。施工总承包的，建筑工程主体结构的施工必须由总承包单位自行完成。……禁止总承包单位将工程分包给不具备相应资质条件的单位。禁止分包单位将其承包的工程再分包。"根据该条规定，A建工公司将部分工程项目分包给不具备建筑施工资质的个人，并分别签订施工承包合同，其行为属于违法分包。

《建筑法》第六十七条规定："承包单位将承包的工程转包的，或者违反本法规定进行分包的，责令改正，没收违法所得，并处罚款。可以责令停业整顿，降低资质等级；情节严重的，吊销资质证书。"针对A建工公司的违法分包行为，执法机关应当责令改正，没收违法所得，并处罚款，同时可以责令停业整顿、降低资质等级等，情节严重的可以吊销资质证书。

关于具体的罚款数额，《建设工程质量管理条例》第六十二条规定："承包单位将承包的工程转包或者违法分包的，对施工单位处工程合同价款0.5%以上1%以下的罚款。"第七十三条规定："依照本条例规定，给予单位罚款处罚的，对单位直接负责的主管人员和其他直接责任人员处单位罚款数额5%以上10%以下的罚款。"根据以上规定，对于A公司，应当处以工程合同价款0.5%—1%的罚款，同时对单位责任人员处以单位罚款数额5%—10%的罚款。

此外，《建筑工程施工转包违法分包等违法行为认定查处管理办法（试行）》第十四条规定："县级以上人民政府住房城乡建设主管部门对有违法发包、转包、违法分包及挂靠等违法行为的单位和个人，除应按照本办法第13条规定予以相应行政处罚外，还可以采取以下行政管理措施：……（二）对认定有转包、违法分包、挂靠、转让出借资质证书或者以其他方式允许他人以本单位的名义承揽工程等违法行为的施工单位，可依法限制其在3个月内不得参加违法行为发生地的招标投标活动、承揽新的工程项目，并对其企业资质是否满足资质标准条件进行核查，对达不到资质标准要求的限期整改，整改仍达不到要求的，资质审批机关撤回其资质证书。……"执法机关可根据该条规定限制施工单位A建工公司在3个月内不得参加违法行为发生地的招投标活动并承揽新的工程项目，同时对其资质进行核查和限期整改。

五、对比分析

本案中 A 建工公司违法分包事实清楚、证据确凿、理由充分，案件定性准确，适用法律适当。根据相关法律法规规定，对 A 建工公司应当处以责令改正，没收违法所得，并处罚款，并可以责令停业整顿，降低资质等级，吊销资质证书，限制其在 3 个月内不得参加违法行为发生地的招投标活动并承揽新的工程项目，同时还应对其资质进行核查和限期整改等。本案中的 A 建工公司多次违法分包，将工程分包给不具有资质的单位和个人，可能造成极大的工程隐患，属于情节比较严重的情形。执法机关根据本案违法情节分别给予罚款 25 万元和 70 万元（合计 95 万元）的罚款，是在其行政处罚自由裁量权范围之内依法按照上限进行处罚。

本案处理的不足之处在于：

1. 根据案情和相关法律规定，应对 A 公司责任人员处以单位罚款数额 5%—10% 的罚款，而本案没有进行该项处罚。

2. 个人承揽工程的行为已经构成未取得资质证书而承揽工程，应当依据《建设工程质量管理条例》第六十条的规定予以处罚，而本案没有对其处罚。

3. 本案没有没收违法所得，案中 A 建工公司收取的管理费应当视为违法所得依法予以没收。

六、难点问题及建议

1. 本案的处罚时效存在疑问。《行政处罚法》第二十九条规定："违法行为在二年内未被发现的，不再给予行政处罚。法律另有规定的除外。前款规定的期限，从违法行为发生之日起计算；违法行为有连续或者继续状态的，从行为终了之日起计算。"本案中的违法发包行为发生在 2008—2010 年，竣工于 2009—2011 年，案发于 2014 年，案情描述中未说明该工程是否竣工验收。如未验收则工程为有连续或继续状态，可以处罚。如 2009—2011 年已竣工验收，可认为违法行为在二年内未被发现，按《行政处罚法》第二十九条规定，应不予立案处罚；也可认为"违法发包"行为未因竣工验收而消除，其行为仍然延续，应予立案。工程竣工时间距离案发时间已经超过了两年，此时是否适用行政处罚法的二年时效规定，目前没有统一意见，各地执法情况也不一致。执法实践中如何把握一种违法行为是否有连续或继续状态，行为终了之日是以竣工之日起计算还是以合同履行完毕之日起计算，法律法规均没有明确规定，实践中执法人员往往难以把握。

2. 违法分包案件取证难，查办难。本案部分事实认定和证据来源于举报人与违法行为人之间发生纠纷诉诸法院而取得的法院判决书，而在其他案件的查办过程中存在取证难的问题，从而导致认定难。如何解决该问题，需要进一步研究。

案例3　某商品住宅工程建设单位肢解发包与未取得施工许可证擅自施工案

一、基本案情

某商品住宅项目总建筑面积 14.4 万平方米。项目建设单位为 A 开发公司，施工总承包单位为 B 工程公司。项目于 2014 年 5 月开工建设，案发时施工单位 C 工程公司正在进行基坑围护工程的施工。2014 年 11 月，建设主管部门在安全检查中发现 A 开发公司涉嫌肢解发包地下室基坑支护工程且未取得施工许可证擅自组织施工。

二、查处情况

2014 年 11 月 7 日，建设主管部门在现场检查中发现违法行为后，执法人员依法搜集了情况说明、相关合同等证据，询问该公司法人代表授权委托人并制作了笔录，进行立案查处。经查，2014 年 5 月 6 日，在 B 工程公司（承建桩基除外工程）尚未进场的情况下，A 开发公司与 C 工程公司订立合同，将地下室基坑支护工程直接发包给 C 工程公司，合同金额 900 万元，并于 2014 年 5 月 26 日开始施工。

综上所述，依据《建设工程质量管理条例》第七条和第十三条规定，本案查处了以下违法行为：一是肢解发包；二是未办理施工许可证擅自施工。

三、处理结果

A 开发公司违反了《建设工程质量管理条例》第七条和第十三条禁止肢解发包及未取得施工许可证擅自开工的有关规定。依据《建设工程质量管理条例》第五十五条和第五十七条的规定，执法部门对 A 开发公司处罚款 16.2 万元。

C 工程公司违反了《建筑工程施工许可管理办法》第三条"应当申请领取施工许可证的建筑工程未取得施工许可证的，一律不得开工"的规定。根据《建筑工程施工许可管理办法》第十二条的规定，建设行政主管部门对 C 工程公司处罚款 1.8 万元。

四、法律法规辨析

《建设工程质量管理条例》第七条第二款规定："建设单位不得将建设工程肢解发包。"本案中，A 开发公司擅自将地下室基坑支护工程单独发包给 C 工程公司的行为已经构成肢解发包。《建设工程质量管理条例》第五十五条规定："违反本条例规定，建设单位将建设工程肢解发包的，责令改正，处工程合同价款 0.5% 以上 1% 以下的罚款；对全部或者部分使用国有资金的项目，并可以暂停项目执行或者暂停资金拨付。"

《建设工程质量管理条例》第五十七条规定："违反本条例规定，建设单位未取得施工许可证或者开工报告未经批准，擅自施工的，责令停止施工，限期改正，处工程合同价款 1% 以上 2% 以下的罚款。"

《建筑工程施工许可管理办法》（建设部令第 71 号）第十条规定："对于未取得施工许可证或者为规避办理施工许可证将工程项目分解后擅自施工的，由有管辖权的发证机关责令改正，对于不符合开工条件的，责令停止施工，并对建设单位和施工单位处以罚款。"依据该规定，还应当对施工单位进行处罚（本条应注意新旧《建筑工程施工许可管理办法》对施工企业处罚标准的变化）。

针对以上两个违法行为，建设行政主管部门对 A 开发公司处罚款 16.2 万元，对 C 工程公司处罚款 1.8 万元。

五、对比分析

本案例涉及两项违法行为：一是肢解发包；二是未取得施工许可证擅自开工。

第一，关于肢解发包问题，《建筑法》第二十四条、《建设工程质量管理条例》第七条均明令禁止。《建设工程质量管理条例》第七十八条规定："本条例所称肢解发包，是指建设单位将应当由一个承包单位完成的建设工程分解成若干部分发包给不同的承包单位的行为。"但是，就哪些属于"应当由一个承包单位完成的建设工程"，本条例并没有明示。不过，在绝大多数地方性法规以及执法实践中，建设单位应以单位工程或分部分项工程为最小发包标的。本案中，A 开发公司将基坑支护分部分项工程单独发包给 C 工程公司，属于典型的肢解发包行为。因此在处罚过程中，建设行政主管部门除依法对 A 开发公司进行罚款外，还应责令其改正违法行为。

第二，未取得施工许可证擅自开工。施工许可制度是确保建设工程项目依法完成、防范质量安全事故的有效制度安排。A 开发公司将达到一定规模的危险性较大的基坑支护工程发包给 C 工程公司，且在没有办理施工许可证情况下擅自开工，给施工质量和安全都带来了严重隐患。依据《建筑法》第六十四条以及《建设工程质量管理条例》第五十七条的规定，建设行政主管部门应根据现场是否具备开工条件，作出责令停止施工、限期改正、处以罚款的行政处罚。

六、难点问题及建议

对于肢解发包工程的认定，各地的理解存在差异。建议建设主管部门对各工程内容中的最小标的建立统一标准，对肢解发包的适用范围作明确解释，防止争议的发生。

案例 4　某建设项目 A 开发公司肢解发包案

一、基本案情

某建设项目建筑面积 5.7 万平方米，由 A 开发公司开发，该项目的委托代理人为甲某（直接负责人）。项目施工总承包单位是 B 工程公司，施工承包合同金额为 1.5 亿元，约定承包范围为建筑工程、装饰工程、采暖工程、给排水工程、低压配电系统、照明系统、防雷接地及等电位连接系统、有线电视系统、综合布线系统等施工图纸的全部内容及工程量清单的所有内容，其中包括外幕墙工程。A 开发公司又与 C 装饰公司签订了一份施工合同，约定将该大厦外幕墙工程施工发包给 C 装饰公司，工程合同价款金额为 2300 万元。

二、查处情况

建设主管部门在日常巡查中发现 A 开发公司涉嫌肢解发包工程，遂立案调查。2014 年 11 月，经查明，A 开发公司将大厦外幕墙工程发包给施工总承包单位 B 工程公司后，又另行发包给了 C 装饰公司。A 开发公司对以上违法事实无异议。

三、处理结果

A 开发公司违反了《建设工程质量管理条例》第七条有关禁止肢解发包的规定，违法事实清楚，证据确凿。依据《建设工程质量管理条例》第五十五条的规定，建设主管部门责令 A 开发公司改正，并处罚款 11.5 万元；依据《建设工程质量管理条例》第七十三条的规定，建设主管部门对直接责任人甲处罚款 5750 元。

四、法律法规辨析

《建设工程质量管理条例》第七条第二款规定："建设单位不得将建设工

程肢解发包。"本案中，A开发公司与B工程公司所签的施工总承包合同中已含外幕墙工程项目，而A开发公司随后又将其中的外幕墙工程单独发包给C装饰公司，A开发公司的这一行为已经构成肢解发包。

依据《建设工程质量管理条例》第五十五条的规定，"违反本条例规定，建设单位将建设工程肢解发包的，责令改正，处工程合同价款0.5%以上1%以下的罚款……"，鉴于A开发公司积极配合调查，建设主管部门责令A开发公司改正，并依外幕墙工程合同价款（2300万元）的0.5%对其处罚款11.5万元。

依据《建设工程质量管理条例》第七十三条的规定，"给予单位罚款处罚的，对单位直接负责的主管人员和其他直接责任人员处单位罚款数额5%以上10%以下的罚款"，鉴于A开发公司直接负责该项目的主管人员甲积极配合调查，建设主管部门按照罚款下限（5%），对甲作出了罚款5750元的行政处罚决定。

五、对比分析

关于肢解发包，《建筑法》、《中华人民共和国合同法》（下文简称《合同法》）、《建设工程质量管理条例》等法律法规都明令禁止。

《建筑法》第二十四条规定："提倡对建筑工程实行总承包，禁止将建筑工程肢解发包"，"建筑工程的发包单位可以将建筑工程的勘察、设计、施工、设备采购一并发包给一个工程总承包单位，也可以将建筑工程勘察、设计、施工、设备采购的一项或者多项发包给一个工程总承包单位；但是，不得将应当由一个承包单位完成的建筑工程肢解成若干部分发包给几个承包单位"。

对于肢解发包，《建设工程质量管理条例》第七十八条规定："本条例所称肢解发包，是指建设单位将应当由一个承包单位完成的建设工程分解成若干部分发包给不同的承包单位的行为。"本案中，A开发公司已将包括外幕墙工程在内的大厦施工任务发包给了施工总承包单位B工程公司，后又将外幕墙工程另行发包给了C装饰公司，其行为构成了肢解发包。2014年8月住房和城乡建设部印发了《建筑工程施工转包违法分包等违法行为认定查处管理办法（试行）》（建市〔2014〕118 号）。其中，第五条规定："存在下列情形之一的，属于违法发包：……（六）建设单位将施工合同范围内的单位工程或分部分项工程又另行发包的……"

本案中 A 开发公司将施工总承包合同中的外幕墙工程另行发包符合上述规定的情形（六）。因此，建设主管部门认定事实清楚，违法行为认定依据充分，处罚得当。

六、难点问题及建议

第一，肢解发包的认定问题。《建筑法》《合同法》《建设工程质量管理条例》等法律法规将肢解发包定义为"建设单位将应当由一个承包单位完成的建设工程分解成若干部分发包给不同的承包单位的行为"，但是，如何认定"应当由一个承包单位完成的建设工程"，上述法律法规没有明确规定。目前，上海、湖南、深圳、辽宁等地的地方性法规以及大部分地区执法实践均以"单项工程"作为最小发包标的。建设单位单独发包分部分项工程的行为已构成肢解发包。2014 年，住房和城乡建设部印发的《建筑工程施工转包违法分包等违法行为认定查处管理办法（试行）》明确了"建设单位将施工合同范围内的单位工程或分部分项工程又另行发包的"属于违法发包，这为肢解发包行为的认定提供了最直接的依据。

需要注意的是，在施工过程中，施工总承包单位经建设单位同意，可以将自己承担的工程任务分包给其他有资质的分包单位，但有关工程质量、施工安全、工程款结算应由总承包单位实施统一管理。

第二，在执法中应注意肢解发包和违约情形下的另行发包问题。在施工中，如果总承包单位存在以下根本违约情形，建议建设单位可以行使抗辩权，将总承包合同中相应施工任务另行发包：（1）施工质量存在缺陷，经修复后仍不合格的；（2）工期延误，以目前状况判断工程无法如期竣工的；（3）违法分包、转包的。

出现上述情形时，就符合合同解除条件的部分工程任务，建设单位需要与总承包单位先解除合同部分内容。解除合同后，建设单位可将合同解除部分工程另行发包。

案例 5　某住宅工程建设单位肢解发包案

一、基本案情

某住宅开发项目建设单位为 A 开发公司，施工总承包单位为 B 工程公司（房建壹级资质）。双方签订了施工总承包合同，承包范围为建筑、装饰（不含精装修）、给排水、暖通、电气等各项专业工程，其中包括了外檐工程。执法人员在对该项目五区 1#、3#、5# 住宅工程检查中发现，A 开发公司又与 C 装饰公司签订了该项目五区 1#、3#、5# 住宅楼外檐工程施工合同，施工内容包括 1#、3#、5# 住宅楼外墙石材供货和安装，以及外墙砖、黏合剂、勾缝剂供货，工程合同价款为 3572 万元。

二、查处情况

建设主管部门对该项目立案并展开调查，询问了当事人 A 开发公司的委托代理人甲、直接负责的主管人员乙，并调取了项目施工有关资料。经查明，A 开发公司将含外檐工程在内的 1#、3#、5# 住宅工程发包给了施工总承包单位 B 工程公司后，又单独将其中的外檐工程另行发包给了 C 装饰公司。A 开发公司承认以上事实，对其将外檐工程肢解发包的违法事实无异议。以上事实有以下证据为证：询问笔录，授权委托书，企业法定代表人身份证复印件，受委托人身份证复印件，企业法人营业执照复印件，资质证书复印件，施工总承包合同复印件，五区 1#、3#、5# 号住宅楼外檐工程施工合同复印件。

三、处理结果

A 开发公司的行为违反了《建设工程质量管理条例》第七条第二款的规定，违法事实清楚，证据确凿。依据《建设工程质量管理条例》第五十五条的规定，对 A 公司作出了以下行政处罚：责令改正，罚款 17.86 万元。依据《建设工程质量管理条例》第七十三条的规定，对 A 公司直接负责的主管人员乙罚款 8930 元。

四、法律法规辨析

《建筑法》第二十四条规定："提倡对建筑工程实行总承包，禁止将建筑工程肢解发包。建筑工程的发包单位可以将建筑工程的勘察、设计、施工、设备采购一并发包给一个工程总承包单位，也可以将建筑工程勘察、设计、施工、设备采购的一项或者多项发包给一个工程总承包单位；但是，不得将应当由一个承包单位完成的建筑工程肢解成若干部分发包给几个承包单位。"肢解发包属于违法行为，禁止肢解发包的目的是为了规范建筑工程承发包行为，保证工程质量。《建设工程质量管理条例》第七条规定："建设单位应当将工程发包给具有相应资质等级的单位。建设单位不得将建设工程肢解发包。"本案中 A 开发公司将包括外檐工程的 1#、3#、5# 住宅工程发包给了 B 工程公司，签订施工总承包合同后，A 公司又将总承包合同范围内的外檐工程发包给了 C 装饰公司，属于"将应当由一个承包单位完成的建设工程分解成若干部分发包给不同的承包单位"。A 开发公司违法发包事实清楚，肢解发包行为成立。

五、对比分析

《建设工程质量管理条例》第七十八条对肢解发包进行了定义，但如何理解"应当由一个承包单位完成的建设工程"，实践中还存在着不同的认识。有的省市地方性法规将施工项目中的单项工程作为建设单位发包的最小标的；有的将单位工程作为最小发包标的，不得将一个单位工程肢解发包。从以上规定可以看出，各地对建设单位发包的最小标的要求均不得小于单位工程，建设单位将单位工程直接发包的行为一般被视为肢解发包。

违反有关规定肢解发包的，建设单位和直接负责人都应承担相应的法律责任。《建设工程质量管理条例》第五十五条规定："违反本条例规定，建设单位将建设工程肢解发包的，责令改正，处工程合同价款 0.5% 以上 1% 以下的罚款；对全部或者部分使用国有资金的项目，并可以暂停项目执行或者暂停资金拨付。"鉴于 A 开发公司积极配合，执法部门按工程合同价款的

0.5% 对 A 开发公司处以罚款 17.86 万元（3572 万元 ×0.5%）。

对于 A 开发公司直接负责的主管人员和其他直接责任人员应承担的法律责任，《建设工程质量管理条例》第七十三条规定："依照本条例规定，给予单位罚款处罚的，对单位直接负责的主管人员和其他直接责任人员处单位罚款数额 5% 以上 10% 以下的罚款。"建设主管部门按单位罚款数额的 5% 对直接负责人乙处罚款 8930 元（17.86 万元 ×5%）。

六、难点问题及建议

肢解发包是建设单位绕开总承包单位，将总承包合同范围内的单位工程或分部分项工程单独发包给其他施工单位的行为。这种行为不仅侵害了总承包单位的合法权益，也干扰了总承包单位的正常施工活动，给工程质量及施工安全带来了不利影响。

肢解发包有以下几个特征：一是发包工程标的为分部分项工程；二是发包工程属于总承包合同范围内的一部分；三是由建设单位单方直接发包，未经总承包单位同意；四是发包工程不经总承包单位统一管理，总承包单位与肢解发包工程的承包单位就肢解发包工程不承担连带责任。这里有两点需要注意：第一，由总承包单位将承包范围内的工程发包给其他承包单位的行为属于（合法或违法）分包或转包；第二，建设单位将总承包合同范围之外的部分工程单独发包给其他承包单位的行为属于平行发包。

当然，如果因总承包人存在重大违约行为，导致合同不能履行，发包人可要求解除合同。在解除合同后，发包人可将原总承包合同范围内的工程另行发包。对于这种情形，可不视为肢解发包。

因此，建议执法部门在查处违法行为过程中应充分掌握证据，严格界定肢解发包、转包、违法分包等违法行为，并依法给予处罚。

案例 6 某钢结构工程施工单位违法分包案

一、基本案情

某锅炉房煤改气工程由该市 A 建筑公司（房建壹级资质）总承包，项目直接负责的主管人员为乙。A 建筑公司与不具备相应资质条件的 B 工程公司签订了钢结构工程专业分包合同，合同价款为 32 万元。在执法检查中，该市建设主管部门执法人员发现该项目钢结构工程施工涉嫌违法分包。

二、查处情况

建设主管部门对该项目立案后，执法人员询问了 A 建筑公司的委托代理人甲，并调取了项目管理有关资料。经查，B 工程公司未取得建筑业企业资质证书，不具备钢结构施工资质。A 建筑公司承认了上述事实，并对其在锅炉房煤改气工程中将钢结构工程分包给 B 工程公司的事实没有异议。以上事实有 A 建筑公司与 B 工程公司签订的专业分包合同、乙的询问笔录及 A 建筑公司营业执照、资质证书、安全生产许可证为证。

三、处理结果

1. A 建筑公司的行为违反了《建设工程质量管理条例》第二十五条的规定，依据《建设工程质量管理条例》第六十二条的规定，执法部门责令其改正违法行为，处以 1600 元的罚款。

2. 依据《建设工程质量管理条例》第七十三条的规定，对 A 建筑公司直接负责的主管人员乙处 80 元的罚款。

四、法律法规辨析

《建设工程质量管理条例》第二十五条第三款规定："施工单位不得转包或者违法分包工程。"对于违法分包行为的认定，《建设工程质量管理条例》第七十八条第二款规定："本条例所称违法分包，是指下列行为：（一）总承包单位将建设工程分包给不具备相应资质条件的单位的；（二）建设工程总承包合同中未有约定，又未经建设单位认可，承包单位将其承包的部分建设工程交由其他单位完成的；（三）施工总承包单位将建设工程主体结构的施工分包给其他单位的；（四）分包单位将其承包的建设工程再分包的。"本案A建筑公司将所承揽的锅炉房煤改气工程中的钢结构工程分包给无资质的B工程公司，属于上述违法分包第（一）种情形。

《建设工程质量管理条例》第六十二条第一款规定："违反本条例规定，承包单位将承包的工程转包或者违法分包的，责令改正，没收违法所得，对勘察、设计单位处合同约定的勘察费、设计费25%以上50%以下的罚款；对施工单位处工程合同价款0.5%以上1%以下的罚款；可以责令停业整顿，降低资质等级；情节严重的，吊销资质证书。"鉴于A建筑公司积极配合，对A建筑公司处以钢结构专业分包合同价款（32万元）的0.5%的行政处罚，即罚款1600元。

《建设工程质量管理条例》第七十三条规定："依照本条例规定，给予单位罚款处罚的，对单位直接负责的主管人员和其他直接责任人员处单位罚款数额5%以上10%以下的罚款。"对单位直接负责的主管人员乙处单位罚款数额5%的行政处罚，罚款额为80元。

五、对比分析

《建设工程质量管理条例》第二十五条规定："施工单位应当依法取得相应等级的资质证书，并在其资质等级许可的范围内承揽工程。禁止施工单位超越本单位资质等级许可的业务范围或者以其他施工单位的名义承揽工程。禁止施工单位允许其他单位或者个人以本单位的名义承揽工程。施工单位不得转包或者违法分包工程。"在未取得钢结构工程专业承包企业资质证书的情形下，本案中B工程公司承揽钢结构工程的行为违反了上述规定。

《建设工程质量管理条例》第六十条第一款和第二款规定：

"违反本条例规定，勘察、设计、施工、工程监理单位超越本单位资质等级承揽工程的，责令停止违法行为，对勘察、设计单位或者工程监理单位处合同约定的勘察费、设计费或者监理酬金1倍以上2倍以下的罚款；对施工单位处工程合同价款 2% 以上 4% 以下的罚款，可以责令停业整顿，降低资质等级；情节严重的，吊销资质证书；有违法所得的，予以没收。

"未取得资质证书承揽工程的，予以取缔，依照前款规定处以罚款；有违法所得的，予以没收。"

依据上述规定，建设主管部门还应取缔未取得资质证书承揽工程行为，并对 B 工程公司处工程合同价款（32 万元）2% 以上 4% 以下的罚款。

此外，依据《全国建筑市场主体不良行为记录认定标准》，A 建筑公司的违法分包行为属于施工单位承揽业务不良行为，市建设主管部门应在行政处罚决定作出后 7 日内，将其记入不良行为记录，并逐级上报至住房和城乡建设部，在全国建筑市场监管与诚信信息发布平台公示。

六、难点问题及建议

根据住房和城乡建设部 2014 年发布的《建筑工程施工转包违法分包等违法行为认定查处管理办法（试行）》第十四条规定："县级以上人民政府住房城乡建设主管部门对有违法发包、转包、违法分包及挂靠等违法行为的单位或个人，除应按照本办法第十三条规定予以相应行政处罚外，还可以采取以下行政管理措施：……（二）对认定有转包、违法分包、挂靠、转让出借资质证书或者以其他方式允许他人以本单位的名义承揽工程的施工单位，可限制其在 3 个月内不得参加违法行为发生地的招标投标活动、承揽新的工程项目，并对其企业资质是否满足资质标准条件进行核查，对达不到资质标准要求的限期整改，整改仍达不到要求的，资质审批机关撤回其资质证书。"因此，在对违法分包涉案单位进行行政处罚的同时，还应辅以行政管理措施，依法限制其在违法行为发生地的招投标活动，核查资质等，以加大对违法违规行为的打击震慑力度。

案例 7　某住宅小区建设单位违法发包案

一、基本案情

某小区项目占地面积为 4.3 万平方米，共有 9 栋（高层、多层）建筑，总建筑面积为 25.1 万平方米。项目建设单位为 A 开发公司，项目负责人为甲。施工总承包单位分别为：B 建筑公司，项目经理为乙；C 建筑公司，项目经理为丙；D 建筑公司，项目经理为丁。监理单位为 G 监理公司。2014 年 7 月开工建设，案发时正在进行地基与基础分部施工。

二、查处情况

2014 年 11 月，执法部门在建筑工程施工转包违法发包检查中发现 A 开发公司存在将工程肢解发包的违法行为。A 开发公司分别与 B 建筑公司签署了该小区项目 12#、16#、一期地下车库一标段项目施工总承包合同；与 C 公司签署了该项目 11#、13#、17#、S12 商业、幼儿园、一期地下车库三标段项目施工总承包合同；与 D 公司签署了该项目 15#、一期地下车库二标段项目施工总承包合同。同时又将施工总承包合同中该项目 12#、13#、16#、17# 楼建筑电气工程、建筑给水排水工程、智能建筑工程等分部工程违法发包给 E 工程公司，签署施工协议；将该项目 10#、11#、14#、15# 楼建筑电气工程、建筑给水排水工程、智能建筑工程等分部工程违法发包给 F 工程公司，签署施工协议。G 监理公司无视建设单位违法发包行为，未履行监理职责。

三、处理结果

依据《建筑法》第六十五条，《建筑工程施工转包违法发包等违法行为认定查处管理办法（试行）》第五条第六款、第五十五条，责令 A 开发公司限期整改。

四、法律法规辨析

《建筑法》第二十四条规定："提倡对建筑工程实行总承包，禁止将建筑工程肢解发包。建筑工程的发包单位可以将建筑工程的勘察、设计、施工、设备采购一并发包给一个工程总承包单位，也可以将建筑工程勘察、设计、施工、设备采购的一项或者多项发包给一个工程总承包单位；但是，不得将应当由一个承包单位完成的建筑工程肢解成若干部分发包给几个承包单位。"《建筑工程施工转包违法发包等违法行为认定查处管理办法》第五条规定："存在下列情形之一的，属于违法发包：……（五）建设单位将一个单位工程的施工分解成若干部分发包给不同的施工总承包或专业承包单位的……"根据以上规定，我国法律禁止建设单位将工程进行肢解发包。A 开发公司分别与 B 建筑公司、C 建筑公司、D 建筑公司签署了该项目不同区域的施工总承包合同，同时又将建筑电气工程、建筑给水排水工程、智能建筑工程等分部工程发包给 E 工程公司和 F 工程公司，属于肢解发包的违法行为。

《建筑法》第六十五条第一款规定："发包单位将工程发包给不具有相应资质条件的承包单位的，或者违反本法规定将建筑工程肢解发包的，责令改正，处以罚款。"《建设工程质量管理条例》第五十五条规定："违反本条例规定，建设单位将建设工程肢解发包的，责令改正，处工程合同价款 0.5%以上 1%以下的罚款；对全部或者部分使用国有资金的项目，并可以暂停项目执行或者暂停资金拨付。"根据以上规定，对建设单位的肢解发包行为，应处以责令改正和罚款的行政处罚，罚款数额为工程合同价款 0.5%以上 1%以下。

《建设工程质量管理条例》第七十三条规定："依照本条例规定，给予单位罚款处罚的，对单位直接负责的主管人员和其他直接责任人员处单位罚款数额 5%以上 10%以下的罚款。"根据该条规定，本案应对 A 开发公司直接责任人员处以罚款。

《建筑法》第三十六条规定："工程监理单位应当依照法律、法规以及有关技术标准、设计文件和建设工程承包合同，代表建设单位对施工质量实施监理，并对施工质量承担监理责任。"本案中工程监理单位未履行监理职责，未制止建设单位的违法发包行为或向建设行政主管部门报告。

五、对比分析

肢解发包，是指建设单位将应当由一个承包单位完成的建设工程分解成若干部分发包给不同的承包单位的行为。根据《建筑法》和《建设工程质量管理条例》的规定，建设单位不得将建筑工程肢解发包，以防止建筑市场行为和建筑质量行为的混乱。

本案的执法行为存在以下问题：

1. 只责令限期改正，未对违法行为人实施处罚。根据法条规定，对 A 开发公司肢解发包的行为应责令改正，并处罚款。行政执法机关应当根据违法行为的事实、性质、情节及社会危害程度决定罚款数额，对 A 开发公司处以工程合同价款 0.5% 以上 1% 以下的罚款，并对直接负责的主管人员和其他直接责任人员处以单位罚款 5% 以上 10% 以下的罚款。只有当违法行为当事人符合《行政处罚法》第二十七条规定的条件时，才可以考虑对其从轻、减轻或者不予处罚。

2. 对 A 开发公司及直接负责的主管人员和其他直接责任人员应当记入不良行为记录，并向社会公布。

六、难点问题及建议

本案中，监理单位对建设单位的违法发包行为未予制止，也未向向建设行政主管部门报告，但《建筑法》《建设工程质量管理条例》中缺乏对该类行为的处罚规定，建议在立法中予以完善。

案例 8　某廉租房项目施工单位违法劳务分包案

一、基本案情

某廉租房项目，建筑面积 56000 平方米。该项目建设单位为县住建局，施工总承包单位为 A 建筑公司（房建特级资质），项目负责人为甲某，监理单位为 B 监理公司。该廉租房项目于 2011 年 5 月开工建设，案发时工程基本完工，准备验收。

2014 年 8 月 18 日，建设主管部门收到记者举报"反映该县某廉租房项目中存在借用资质中标工程、转包、违法分包、省级建筑施工企业违规出借资质等问题"的材料。经调查了解，发现 A 建筑公司将该项目 7#—10# 楼建筑劳务分包给自然人乙某，A 建筑公司存在违法劳务分包的行为。

二、查处情况

经调查，施工单位项目经理甲某常驻现场，参与了多次工程检查，调查人员抽查部分会议纪要、报验资料等均有甲某签字，未发现 A 建筑公司存在转包工程的行为。

调查发现，A 建筑公司在未要求乙某提供资质证明的情况下，与其签订了《建筑工程施工劳务分包合同》，承包范围为 7#—10# 楼劳务业务，合同价 2200 万元。

综上所述，该案中主要查处了以下违法违规问题：一是根据《建筑法》第二十九条的规定，A 建筑公司将该廉租房项目工程劳务违法分包给不具备相应资质的个人；二是根据《房屋建筑和市政基础设施工程施工分包管理办法》第十八条的规定，乙某存在接受违法分包的行为。

三、处理结果

1. 依据《建设工程质量管理条例》第六十二条的规定，责令 A 建筑公司改正违法行为，并处罚款人民币 11 万元（2200 万元 ×0.5%），诚信档案记不良行为一次。

2. 依据《房屋建筑和市政基础设施工程施工分包管理办法》第十八条的规定，对乙某处罚款人民币 1 万元，诚信档案记不良行为一次。

四、法律法规辨析

《建筑法》第二十九条规定："建筑工程总承包单位可以将承包工程中的部分工程发包给具有相应资质条件的分包单位；但是，除总承包合同中约定的分包外，必须经建设单位认可。施工总承包的，建筑工程主体结构的施工必须由总承包单位自行完成。……禁止总承包单位将工程分包给不具备相应资质条件的单位。禁止分包单位将其承包的工程再分包。"该项目施工总承包单位 A 建筑公司将所承揽的工程劳务分包给自然人，违反了该条规定。

《建设工程质量管理条例》第六十二条规定："违反本条例规定，承包单位将承包的工程转包或者违法分包的，责令改正，没收违法所得，对勘察、设计单位处合同约定的勘察费、设计费 25% 以上 50% 以下的罚款；对施工单位处工程合同价款 0.5% 以上 1% 以下的罚款；可以责令停业整顿，降低资质等级；情节严重的，吊销资质证书。……"根据该规定，责令施工总承包单位 A 建筑公司改正违法行为，以该项目劳务分包工程合同造价 2200 万元为标的额，处 11 万元的罚款，诚信档案记不良行为一次。

《房屋建筑和市政基础设施工程施工分包管理办法》第十八条规定："……对于接受转包、违法分包和用他人名义承揽工程的，处 1 万元以上 3 万元以下的罚款。"根据该规定，处乙某人民币 1 万元罚款。

五、对比分析

本案涉及两个违法行为：一是 A 建筑公司将劳务分包给不具备相应资质的自然人。二是乙某违法接受分包的行为。上述行为违反了《建筑法》《建设工程质量管理条例》《房屋建筑和市政基础设施工程施工分包管理办法》的规定。

鉴于 A 建筑公司及乙某积极配合建设行政主管部门调查，且未造成严重后果，根据《×× 省住房和城乡建设厅行政处罚裁量权实施办法》第九条中"有下列情形之一的，从轻或者减轻处罚：……（四）当事人被查处首次违法，能积极配合调查，如实陈述违法行为，并能主动及时改正违法行为，且社会影响和危害较小的……"和第十一条中"从轻处罚的，应当在违法行为阶次相对应的行政处罚种类和幅度范围内使用惩戒程度较轻的行政处罚种类或额度较小的罚款……"的规定，酌情从轻对 A 建筑公司作出了"责令改正违法行为，处合同价款 0.5%（即人民币 11 万元）的罚款"的行政处罚决定，对乙某作出了"处 1 万元罚款"的行政处罚决定。

本案的不足之处是未对施工总承包单位 A 建筑公司负责人甲某进行处罚。《建设工程质量管理条例》第七十三条规定："依照本条例规定，给予单位罚款处罚的,对单位直接负责的主管人员和其他直接责任人员处单位罚款数额 5% 以上 10% 以下的罚款。"因此,本案除对施工单位处罚外,还应对其负责人进行处罚。

六、难点问题及建议

本案依据《房屋建筑和市政基础设施工程施工分包管理办法》第十八条的规定,"……对于接受转包、违法分包和用他人名义承揽工程的,处 1 万元以上 3 万元以下的罚款",但 2014 年 8 月 27 日,住房和城乡建设部重新修改了该分包办法,其中第十八条修改为"……接受转包和利用他人名义承揽工程的,按照《建筑法》、《中华人民共和国招标投标法》(下文简称《招标投标法》)和《建设工程质量管理条例》的规定予以处罚。具体办法由国务院住房城乡建设主管部门依据有关法律法规另行制定",取消了关于"接受违法分包"的罚则。本案如发生在修订后的分包管理办法实施之后,对乙某可按照《建设工程质量管理条例》中未取得资质承揽工程进行处罚,罚款额为合同价款的 2%—4%。

案例 9　某工业园区公共租赁房项目施工单位违法分包案

一、基本案情

某工业园区公共租赁房项目建设单位为当地建设局,总承包单位为 B 工程公司(壹级资质),项目经理为甲,监理单位为 C 工程咨询有限公司(乙级资质),建筑面积 5005 平方米。该项目于 2014 年 6 月 4 日开工建设,建筑结构为框架结构,案发时形象进度为主体施工。

2014 年 11 月,省住房城乡建设厅检查组在对该工业园区公共租赁房项目三标段 5#、6# 楼进行现场检查时发现该项目存在违法分包和未取得施工许可证擅自开工建设等违法行为。

二、查处情况

2014 年 11 月，省住房城乡建设厅组织全省工程质量安全专项检查，检查组对该工业园区公共租赁房项目三标段 5#、6# 楼项目施工现场、项目管理有关资料及有关人员进行了检查。检查中发现下列违法违规事实：（1）建设单位未取得施工许可证擅自开工建设，重大设计变更未报图审机构审查；（2）施工单位未按合同约定派驻项目管理机构，未提供项目管理机构人员劳动合同、工资发放单以及材料设备采购合同、支付凭证，项目经理未到岗履职，企业主体质量安全责任未落实；（3）施工单位存在违法分包行为，将劳务作业分包给无资质的自然人承揽，未提供现场负责人及相关人员劳动合同、社保资料、工资发放单；（4）监理单位项目部未认真履行监理职责；（5）施工现场使用不合格安全网和淘汰的物料提升机；（6）同条件混凝土试块没有放置在浇筑现场，混凝土存在蜂窝、麻面、孔洞，砌筑砂浆饱满度不够，洞口过梁支撑长度不够，钢筋焊接未做工艺试验。

检查结束后，住房城乡建设厅检查组向当地建设局通报检查结果并下达执法建议书，要求其对该项工程存在的违法违规事实依据相关政策法规进行处罚。

三、处理结果

当地建设局根据住房和城乡建设部《建筑工程施工转包违法分包等违法行为认定查处管理办法（试行）》第九条、第十三条，《建筑法》第六十七条，《建设工程质量管理条例》第六十二条，《建设工程安全生产管理条例》第五十七条和该省建筑管理条例的有关规定作出如下处罚：（1）对总承包单位 B 工程公司存在违法分包等违法行为，责令整改，并处以停业整顿和 2 万元罚款，记载不良行为，扣除企业 240 分信用分值。（2）对总承包单位 B 工程公司项目经理甲，记载不良行为，一次扣 9 分。（3）对监理单位 C 工程咨询有限公司存在的违法违规问题，责令限期整改并处以 1 万元罚款。

四、法律法规辨析

根据《建设工程质量管理条例》第五十七条和《建筑工程施工许可管

理办法》（住房和城乡建设部令第 18 号）第十二条规定，本案中建设单位未取得施工许可擅自开工建设，应对建设单位处以合同价款 1% 以上 2% 以下的罚款。

《建设工程质量管理条例》第十一条规定："建设单位应当将施工图设计文件报县级以上人民政府建设行政主管部门或者其他有关部门审查。……施工图设计文件未经审查批准的，不得使用。"第五十六条规定："违反本条例规定，建设单位有下列行为之一的，责令改正，处 20 万元以上 50 万元以下的罚款：……（四）施工图设计文件未经审查或者审查不合格，擅自施工的……"根据该条规定，本案中对于建设单位未将重大设计变更上报图审机构审查就擅自施工的行为，应处以 20 万元以上 50 万元以下的罚款。

《建筑工程施工转包违法分包等违法行为认定查处管理办法（试行）》第九条规定："存在下列情形之一的，属于违法分包：（一）施工单位将工程分包给个人的……"第十三条规定："县级以上人民政府住房城乡建设主管部门要加大执法力度，对在实施建筑市场和施工现场监督管理等工作中发现的违法发包、转包、违法分包及挂靠等违法行为，应当依法进行调查，按照本办法进行认定，并依法予以行政处罚。……（二）对认定有转包、违法分包违法行为的施工单位，依据《建筑法》第六十七条和《建设工程质量管理条例》第六十二条规定，责令其改正，没收违法所得，并处工程合同价款 0.5% 以上 1% 以下的罚款；可以责令停业整顿，降低资质等级；情节严重的，吊销资质证书。……"本案中施工单位 B 工程公司违法分包的行为应处以责令改正，没收违法所得，并处合同价款 0.5% 以上 1% 以下的罚款，可根据具体情节选择适用责令停业整顿、降低资质等级、吊销资质证书等处罚措施。

《注册建造师管理规定》第二十六条规定："注册建造师不得有下列行为：（一）不履行注册建造师义务……"第三十七条规定："违反本规定，注册建造师在执业活动中有第二十六条所列行为之一的，由区县以上地方人民政府建设主管部门或者其他有关部门给予警告，责令改正，没有违法所得的，处以 1 万元以下的罚款；有违法所得的，处以违法所得 3 倍以下且不超过 3 万元的罚款。"本案中项目经理未到岗履职的行为应给予警告，责令改正，并给予罚款。

《中华人民共和国安全生产法》（下文简称《安全生产法》）第九十六条规定："生产经营单位有下列行为之一的，责令限期改正，可以处 5 万元以下的罚款；逾期未改正的，处 5 万元以上 20 万元以下的罚款，对其直接负责的主管人员和其他直接责任人员处 1 万元以上 2 万元以下的罚款；情节严重的，责令停产停业整顿；构成犯罪的，依照刑法有关规定追究刑事责任：……（六）使用应当淘汰的危及生产安全的工艺、设备的。"根据以上规定，B 工程公司在施工现场使用淘汰的物料提升机的行为应依据《安全生产法》责令限期改正、依法处罚。

《建设工程安全生产管理条例》第六十五条规定："违反本条例的规定，施工单位有下列行为之一的，责令限期改正；逾期未改正的，责令停业整顿，并处 10 万元以上 30 万元以下的罚款；情节严重的，降低资质等级，直至吊销资质证书；造成重大安全事故，构成犯罪的，对直接责任人员，依照刑法有关规定追究刑事责任；造成损失的，依法承担赔偿责任：（一）安全防护用具、机械设备、施工机具及配件在进入施工现场前未经查验或者查验不合格即投入使用的；（二）使用未经验收或者验收不合格的施工起重机械和整体提升脚手架、模板等自升式架设设施的……"B 工程公司使用不合格安全网的行为应责令限期改正，逾期未改正的，处 10 万元以上 30 万元以下的罚款。

《建设工程质量管理条例》第六十四条规定："违反本条例规定，施工单位在施工中偷工减料的，使用不合格的建筑材料、建筑构配件和设备的，或者有不按照工程设计图纸或者施工技术标准施工的其他行为的，责令改正，处工程合同价款百分之二以上百分之四以下的罚款；造成建设工程质量不符合规定的质量标准的，负责返工、修理，并赔偿因此造成的损失；情节严重的，责令停业整顿，降低资质等级或者吊销资质证书。"钢筋焊接未做工艺试验等行为可按"不按照施工技术标准施工"进行处罚。

《建设工程安全生产管理条例》第十四条规定："工程监理单位应当审查施工组织设计中的安全技术措施或者专项施工方案是否符合工程建设强制性标准。工程监理单位在实施监理过程中，发现存在安全事故隐患的，应当要求施工单位整改；情况严重的，应当要求施工单位暂时停止施工，并及时报告建设单位。施工单位拒不整改或者不停止施工的，工程监理单位应当及时向有关主管部门报告。工程监理单位和监理工程师应当按照法律、法规和工程建设强制性标准实施监理，并对建设工程安全生产承担监理责任。"第五十七条规定："违反本条例的规定，工程监理单位有下列行为之一的，责令限期改正；逾期未改正的，责令停业整顿，并处10万元以上30万元以下的罚款；情节严重的，降低资质等级，直至吊销资质证书；造成损失的，依法承担赔偿责任：（一）未对施工组织设计中的安全技术措施或者专项施工方案进行审查的；（二）发现安全事故隐患未及时要求施工单位整改或者暂时停止施工的；（三）施工单位拒不整改或者不停止施工，未及时向有关主管部门报告的；（四）未依照法律、法规和工程建设强制性标准实施监理的。"本案中，C监理公司未履行监理职责，应对其处以责令限期改正，并根据情节严重程度依法处罚。

五、对比分析

本案涉及违法行为较多，执法难度比较大。本案的执法工作存在以下问题。

第一，适用法律不完全准确。本案应适用《建筑法》《安全生产法》《注册建造师管理规定》《建设工程质量管理条例》《建设工程安全生产管理条例》《建筑工程施工转包违法分包等违法行为认定查处管理办法（试行）》等多项法律法规，当地建设局在适用法律法规上有遗漏，处罚措施不完整。

第二，本案的执法主体不合法。本案的建设单位是当地建设局，住建厅在发现违法情况后，又向当地建设局下达执法建议书，要求其对该项工程存在的违法违规事实依据相关政策法规进行处罚，使行政处罚中的行政相对人同时成为行政执法主体，显然是违反法律规定的。原则上应当由其上一级住房城乡建设主管部门依法予以处理。

第三，没有对建设单位进行处罚。根据相关法律法规，建设单位未取得施工许可证擅自开工建设以及重大设计变更未报图审机构审查的行为，应责令改正并按照《建设工程质量管理条例》第五十六条的规定予以处理。

第四，对施工单位的处罚不到位。施工单位 B 公司有多项违法行为，根据前文分析，其违法分包行为应被处以责令改正，没收违法所得，并处合同价款 0.5% 以上 1% 以下的罚款；项目经理未到岗履职，应责令改正并处以罚款；使用淘汰的物料提升机等行为应处以责令限期改正，可以处 5 万元以下的罚款；钢筋焊接未做工艺试验等行为应责令改正，处工程合同价款百分之二以上百分之四以下的罚款；未取得施工许可证擅自施工的，应停止施工，限期改正，处以 3 万元以下罚款。以上处罚应合并进行。而本案中执法机关仅对 B 工程公司处以责令整改、停业整顿和 2 万元罚款，同时记载不良行为，扣除企业 240 分信用分值。两相对比不难发现，本案的处罚结果较轻，远远达不到法律法规的要求。

第五，对相关责任人处罚不到位。《建设工程质量管理条例》第七十三条规定："依照本条例规定，给予单位罚款处罚的，对单位直接负责的主管人员和其他直接责任人员处单位罚款数额 5% 以上 10% 以下的罚款。"本案中对建设单位、施工单位、监理单位的直接负责人员应当处以相应数额的罚款。本案中对 B 公司项目经理甲，仅处以记载不良行为的处罚是不符合上述规定的。

六、难点问题及建议

本案存在的主要问题是执法机关对有关责任单位和个人的处罚不到位，且处罚力度偏轻，无法对违法主体和其他潜在的违法行为人产生震慑作用。

提出以下建议：

1. 在执法过程中，要严格依照法律法规执法，在法律法规规定的惩罚幅度内，再根据案件情节衡量具体的处罚数额和程度。行政处罚的轻重必须与违法行为的性质、社会危害性的大小相适应。

2. 建设行政主管部门作为建设单位时，应当加强自律，带头守法。上级建设行政主管部门在对类似本案工程项目检查时，应当要求作为建设单位的下级主管部门主动回避，由上一级主管部门直接查处案件，确保执法公平、公正。

3. 当一案涉及多个违法行为时，一般应合并处罚，不能随意减轻或免除对其中某些违法行为的处罚。

案例 10　某小区项目施工单位转包案

一、基本案情

2014 年 3 月，A 建筑公司（房建总承包贰级资质，法定代表人甲）承揽了该省 B 开发公司开发建设的某小区建设项目，监理单位为 E 监理公司。项目总建筑面积 9.5 万平方米，其中，地上建筑面积 7.3 万平方米，地下建筑面积 2.2 万平方米。2014 年 3 月，A 建筑公司按照 B 开发公司安排和要求，组织施工人员进入施工现场进行"三通一平"和搭设临建设施。2014 年 7 月起开始进行土方开挖，案发时工程形象进度为深基坑支护。2014 年 8 月，建设行政主管部门对该项目进行执法检查，发现该工程涉嫌转包，遂立案调查。

二、查处情况

经查，A 建筑公司承揽某小区建设项目后，和工程承包人乙达成口头协议，由乙挂靠 A 建筑公司承包工程实施任务，A 建筑公司委派乙组成施工项目部。之后，乙联系分包工程承包人丙、丁、戊以劳务分包的形式将该建设项目肢解，分别转包给丙、丁、戊三人。

2014 年 3 月起，乙组织施工管理人员和劳务施工队伍陆续进场，按照建设单位要求于 2014 年 4 月起开始平整场地，搭设临时建筑设施。2014 年 7 月起，进行基坑大开挖和基坑支护及降水工程施工。

本案调查终结后，执法机关依据《行政处罚法》的有关规定，于 2014 年 9 月 11 日向 A 建筑公司送达了建设行政处罚事先告知书、建设行政处罚听证告知书，A 建筑公司于 2014 年 9 月 12 日回复，要求召开听证会。A 建筑公司认为，该工程未办理施工手续应视为不合法工程，但不存在转包或挂靠行为，且工程形象进度尚为土方开挖，A 建筑公司没有给工程造成损失，希望主管部门考虑企业经营困难，酌情减免处罚。

三、处理结果

该省建筑管理条例第二十五条规定："禁止倒手转包工程。建筑工程总承包单位可以将承包工程中的非主体工程发包给具有相应资质条件的分包单位，但是，除总承包合同中约定的分包外，必须经建设单位同意。分包单位不得将分包工程再分包。施工总承包的，建筑工程主体结构的施工必须由总承包单位自行完成。"A建筑公司行为已构成违法行为。鉴于当事人能够积极配合执法调查，积极纠正违法行为，依据该条例第五十八条的规定，"有下列行为之一的，责令改正或停止违法行为，处以1万元以上10万元以下的罚款，有违法所得的，予以没收：……（七）承包单位将承包的工程倒手转包的，或违反本条例进行分包的，或以带资、垫资款作为竞争手段承揽工程的……"，责令A建筑公司立即停止违法行为，对A建筑公司处以2万元罚款的行政处罚。

四、法律法规辨析

《建筑法》第二十八条规定："禁止承包单位将其承包的全部建筑工程转包给他人，禁止承包单位将其承包的全部建筑工程肢解以后以分包的名义分别转包给他人。"住房和城乡建设部印发的《建筑工程施工转包违法分包等违法行为认定查处管理办法（试行）》第七条规定："存在下列情形之一的，属于转包：（一）施工单位将其承包的全部工程转给其他单位或个人施工的；（二）施工总承包单位或专业承包单位将其承包的全部工程肢解以后，以分包的名义分别转给其他单位或个人施工的……"根据以上规定，我国法律法规严格禁止转包行为和承包单位将建筑工程肢解分包的行为。

《建筑法》第六十七条规定："承包单位将承包的工程转包的，或者违反本法规定进行分包的，责令改正，没收违法所得，并处罚款。可以责令停业整顿，降低资质等级；情节严重的，吊销资质证书。"针对施工单位的转包行为，执法机关应当责令改正，没收违法所得，并处罚款，同时可以责令停业整顿、降低资质等级等，情节严重的可以吊销资质证书。

关于具体的罚款数额，《建设工程质量管理条例》第六十二条规定："承包单位将承包的工程转包或者违法分包的，对施工单位处工程合同价款

0.5% 以上 1% 以下的罚款。"第七十三条规定："依照本条例规定,给予单位罚款处罚的,对单位直接负责的主管人员和其他直接责任人员处单位罚款数额 5% 以上 10% 以下的罚款。"根据以上规定,对于转包的施工单位,应当处以工程合同价款 0.5%—1% 的罚款,同时对单位责任人员处以单位罚款数额 5%—10% 的罚款。

此外,《建筑工程施工转包违法分包等违法行为认定查处管理办法(试行)》第十四条规定:"县级以上人民政府住房城乡建设主管部门对有违法发包、转包、违法分包及挂靠等违法行为的单位和个人,除应按照本办法第 13 条规定予以相应行政处罚外,还可以采取以下行政管理措施:……(二)对认定有转包、违法分包、挂靠、转让出借资质证书或者以其他方式允许他人以本单位的名义承揽工程等违法行为的施工单位,可依法限制其在 3 个月内不得参加违法行为发生地的招标投标活动、承揽新的工程项目,并对其企业资质是否满足资质标准条件进行核查,对达不到资质标准要求的限期整改,整改仍达不到要求的,资质审批机关撤回其资质证书。……"执法机关可根据该条规定限制施工单位在 3 个月内不得参加违法行为发生地的招投标活动并承揽新的工程项目,同时对其资质进行核查和限期整改。

五、对比分析

本案执法中的问题在于执法依据的效力问题。该省建筑管理条例是省人大常委会制定的地方性法规,《建设工程质量管理条例》是由国务院制定的行政法规。《中华人民共和国立法法》(下文简称《立法法》)第八十八条规定:"法律的效力高于行政法规、地方性法规、规章。行政法规的效力高于地方性法规、规章。"可见,当行政法规与地方性法规规定不一致时,应适用行政法规。也就是说,在本案中,执法机关在遇到法规冲突时,应当优先适用《建设工程质量管理条例》的相关规定。《建设工程质量管理条例》第六十二条对转包或违法分包行为的罚款数额规定是工程合同价款的 0.5% 以上 1% 以下,该省建筑管理条例第五十八条规定对转包行为或违法分包行为的罚款数额是 1 万元以上 10 万元以下,二者的罚款数额显然是有较大区别的。如果适用《建设工程质量管理条例》的规定,即使对违法主体处罚款的下限，除非本案工程合同价款为400万元以下，才可能处以2万元的罚款。事实上，考虑到本案的建设项目总建筑面积9.5万平方米，据市场调查，其工程价款高于400万元，因此处以2万元的罚款显然是较轻的。所以本案应当根据《建筑法》《建设工程质量管理条例》的规定，对A建筑公司处以责令改正、没收违法所得，并处以工程合同价款的0.5%—1%罚款的处罚，同时可以根据具体情节采用责令停业整顿、降低资质等级等处罚措施。鉴于本案处罚对象能够积极配合执法调查，纠正违法行为，可按照下限进行处罚。此外，对单位法定代表人甲及其他直接责任人员应处以罚款。

本案执法中的另一个问题是处罚不完善。本案中，A建筑公司承包某小区建设项目工程后，与乙达成口头协议，由乙实际完成工程施工任务，之后乙建立了施工项目部，并将工程进行了违法分包。行政执法机关没有对A建筑公司出借资质以及乙挂靠A建筑公司承揽工程行为进行处罚；没有对B开发公司未取得施工许可证擅自开工的行为进行处罚；没有对丙、丁、戊无资质承揽工程的行为进行处罚。

六、难点问题及建议

1. 建议立法中增加对接受转包方的法律责任规定。

2. 地方性法规立法时应注意与行政法规之间的衔接，避免冲突。当地方性法规与上位法规定不一致时，应当优先适用上位法。

案例 11　某商品住宅项目施工单位转包案

一、基本案情

某商品住宅三期工程建筑面积4万平方米，由A开发公司开发，施工总承包单位为B工程公司，项目经理甲，二程合同价款3390万元。2013年7月开工建设。2014年，举报人反映该工程存在转包问题，主管部门开始立案调查。

二、查处情况

2014年9月至10月，房地产执法监察大队联合建筑业管理局通过询问有关当事人、查看项目主要管理资料等方式，对举报人反映的问题进行了调查核实：(1)询问笔录中，甲承认其为挂名项目经理，并不在岗履责，而项目经理签名仍用"甲"，但实为第三者代签。(2)建设单位项目负责人及项目总监、监理工程师证实，甲本人长期不在岗履职，项目实际控制人为乙，项目主要管理人员为丙、丁、戊等。(3)施工单位现场关键岗位人员证实，项目经理甲长期不在岗履职，项目实际负责人为乙，技术负责人为丙，安全员为戊。调查发现，B工程公司未为甲缴纳社会保险，2014年7月开始为其补缴社保；该工程施工员丁未缴纳社保，其工资由劳务公司发放。(4)根据项目监理例会、监理通知单、施工单位报验资料、施工日志、分部分项验收及隐蔽工程验收等质量管理资料，确定实际到岗人员情况：甲签署的施工资料基本为代签，项目主要管理人员为丙、丁与戊。(5)无项目部管理人员的社保证明。以上证据表明，该工程项目管理班子非B工程公司派驻，主管部门将B工程公司行为定性为转包行为。

三、处理结果

依据《建设工程质量管理条例》第六十二条规定，责令B工程公司对违法行为予以改正，并处罚款27.12万元（3390万元×0.8%）；同时对B工程公司通报批评，记入D级不良行为记录一次，一年内不允许在该市承揽新的工程。

四、法律法规辨析

《建筑法》第二十八条规定："禁止承包单位将其承包的全部建筑工程转包给他人，禁止承包单位将其承包的全部建筑工程肢解以后以分包的名义分别转包给他人。"2014年，住房和城乡建设部印发的《建筑工程施工转包违法分包等违法行为认定查处管理办法（试行）》第七条第三款明确将"施工总承包单位或专业承包单位未在施工现场设立项目管理机构或未派驻项目负责人、技术负责人、质量管理负责人、安全管理负责人等主要管理人员，不履行管理义务，未对该工程的施工活动进行组织管理"视为转包。本案中，B 公司并没有在施工现场设立项目管理机构，派驻管理人员以及关键岗位人员。项目于 2013 年 7 月开工，时至 2014 年 7 月，B 工程公司才为项目实际负责人乙、技术负责人丙、安全员戊办理社会保险，而施工员丁至案发时仍没有办理社会保险，工资由劳务公司发放。B 工程公司的行为属于转包。

对于转包应承担的法律责任，《建筑法》第六十七条规定："承包单位将承包的工程转包的，或者违反本法规定进行分包的，责令改正，没收违法所得，并处罚款，可以责令停业整顿，降低资质等级；情节严重的，吊销资质证书。"对于处罚标准，《建设工程质量管理条例》第六十二条第一款规定："违反本条例规定，承包单位将承包的工程转包的，责令改正……对施工单位处工程合同价款 0.5% 以上 1% 以下的罚款。"同时，对于转包这种违法行为，市房地产执法监察大队联合市建筑管理局依据该市住建委印发的《××市建设市场主体及从业人员不良行为记录管理办法》将 B 工程公司的转包行为记入建筑施工企业 D 级不良行为并向社会公示。

五、对比分析

《建筑法》《建设工程质量管理条例》等法律、行政法规明令禁止转包。针对实践中出现的各种转包行为，2014 年住房和城乡建设部又印发了《建筑工程施工转包违法分包等违法行为认定查处管理办法（试行）》，其中第七条对属于转包的情形进行了具体界定。B 工程公司将该商品住宅三期工程交由项目实际控制人乙组织施工，相应的技术负责人、施工员、安全员等均不是 B 公司派驻，事实上未履行管理义务，转包事实认定清楚。

依据《建筑法》第六十七条以及《建设工程质量管理条例》第六十二条的规定，市房地产执法监察大队联合市建筑管理局对 B 工程公司作出了"责令改正，并罚款 27.12 万元"的行政处罚。按《建设工程质量管理条例》第六十二条规定，执法部门可以在"工程价款 0.5% 以上 1% 以下"自由裁量。本案例中，执法部门依据本市住建委自由裁量实施标准，罚款数额按照合同价款的 0.8% 计算。

除此之外，还有两点需要注意：第一，若 B 工程公司存在违法所得，执法部门还应依据《建筑法》第六十七条的规定，没收 B 公司违法所得。第二，《建设工程质量管理条例》第六十条规定，"违反本条例规定，勘察、设计、施工、工程监理单位超越本单位资质等级承揽工程的，责令停止违法行为，对勘察、设计单位或者工程监理单位处合同约定的勘察费、设计费或者监理酬金 1 倍以上 2 倍以下的罚款；对施工单位处工程合同价款 2% 以上 4% 以下的罚款，可以责令停业整顿，降低资质等级；情节严重的，吊销资质证书；有违法所得的，予以没收。未取得资质证书承揽工程的，予以取缔，依照前款规定处以罚款；有违法所得的，予以没收。以欺骗手段取得资质证书承揽工程的，吊销资质证书，依照本条第一款规定处以罚款；有违法所得的，予以没收"，因此可对实际施工人乙处合同价款 2% 以上 4% 以下的罚款。

六、难点问题及建议

1. 现实中存在诸多以分包的形式掩盖转包行为的违法问题，如承包单位将其承包的全部工程肢解后以分包的名义转给其他单位或个人、承包单位未在施工现场设立管理机构或派驻主要管理人员、以包代管等。如何界定违法分包与转包，在执法实践中也存在一定的难度。2014 年住房和城乡建设部印发的《建筑工程施工转包违法分包等违法行为认定查处管理办法（试行）》（住房和城乡建设部令第 118 号）对此进行了界定，为转包行为的认定提供了依据，建议今后有关法律法规修订时，能够将这些内容纳入其中。

2. "没收违法所得"这一行政处罚手段，在当前住房城乡建设领域的执法实践中使用较少，特别是关于没收自然人违法所得的处罚存在取证难、执行难等问题。建议立法机关对违法所得的认定予以明确，建设行政主管部门与工商税务等部门应加强协调联动，准确认定违法所得，加大对违法违规行为的惩处力度。

案例 12 某人民医院医技大楼工程施工单位转包案

一、基本案情

某人民医院医技大楼工程建设规模 1.6 万平方米，合同价款 4394.6 万元，施工总承包单位为 A 工程公司。2014 年 11 月，该省住建厅接到关于该工程涉嫌存在转包行为的举报信，遂转该市建委核查。

二、查处情况

2014 年 11 月，该市建委监察大队相关人员赶赴项目现场进行调查。经查，现场施工管理人员甲承认自己并非总包单位 A 公司人员，但该项目具体由他本人负责，并向 A 工程公司缴纳"管理费"。同时，调查人员还取得了 A 工程公司与甲签订的"内部协议"，因此确定存在转包工程的违法事实。

A 工程公司于 2012 年 6 月投标该医技大楼工程，投标时备案项目经理为一级建造师乙，而乙早在 2010 年就已从 A 工程公司变更注册至 B 工程公司。调查人员通过 B 工程公司查明，乙本人一直在 B 工程公司执业，未在其他公司任职，同时发现项目现场存放的乙的执业资格证书复印件头像与投标文件的头像不符，实为施工现场项目负责人丙冒名顶替乙投标（另案调查处理）。

三、处理结果

依据《建设工程质量管理条例》第六十二条第一款，建设行政主管部门对 A 工程公司的转包行为，罚款 25.49 万元，记录不良行为一次，撤回 A 工程公司进市备案证，一年内不得在该市承揽新的工程项目。责令 A 工程公司对该项目存在的问题立即进行彻底整改，重新明确医技大楼工程项目经理并签订法定代表人授权书和工程质量终身责任承诺书，依法承担相应责任。

四、法律法规辨析

《建筑法》第二十八条规定："禁止承包单位将其承包的全部建筑工程转包给他人，禁止承包单位将其承包的全部建筑工程肢解以后以分包的名义分别转包给他人。"《建设工程质量管理条例》第二十五条规定："禁止施工单位超越本单位资质等级许可的业务范围或者以其他施工单位的名义承揽工程。禁止施工单位允许其他单位或者个人以本单位的名义承揽工程。施工单位不得转包或者违法分包工程。"依据《建筑工程施工转包违法分包等违法行为认定查处管理办法（试行）》第七条第四款的规定，施工总承包单位或专业承包单位不履行管理义务，只向实际施工单位收取费用，主要建筑材料、构配件及工程设备的采购由其他单位或个人实施的情形，视为转包行为。因此，对 A 工程公司转包行为事实认定清楚、证据充分。

按《建设工程质量管理条例》第六十二条第一款的规定，"违反本条例规定，承包单位将承包的工程转包的，责令改正，对施工单位处工程合同价款 0.5% 以上 1% 以下的罚款"，可在 21.97 万元—43.95 万元（工程合同价款为 4394.6 万元）的罚款额度范围内自由裁量。

五、对比分析

本案中，建设主管部门依据《建设工程质量管理条例》对 A 工程公司作出了"责令改正，罚款 25.49 万元"的行政处罚。对于转包应承担的法律责任，《建筑法》第六十七条规定："承包单位将承包的工程转包的，或者违反本法规定进行分包的，责令改正，没收违法所得，并处罚款，可以责令停业整顿，降低资质等级；情节严重的，吊销资质证书。"因此，还应对 A 工程公司的其他违法所得进行认定，并依据所认定数额连同违法收取的"管理费"一并没收。

六、难点问题及建议

实践中，对于项目部承包与转包的区分存在一定难度。项目部承包是施工单位与以项目经理为首的项目部签订内部承包合同，经济上实行独立核算的激励制度安排，但项目部主要管理人员仍由施工单位委派，财务由施工单位统一管理，是一种合法的经营模式。本案例中，A 工程公司以包代管，只收取"管理费"的行为不符合上述项目部承包构成要件，实为一种转包行为。转包与项目部承包可从劳动关系、资产产权归属、财务关系、社会保险等方面予以区分。

提出以下建议：

1. 加强施工合同备案与施工管理过程的衔接，做到备案信息与施工项目管理的信息一致，防止移花接木、冒名顶替。

2. 进一步完善立法，加强对接受转包方的处罚，从两方面主体限制转包行为的发生。

3. 各地区应依据法律法规制定相关的处罚细则，明确处罚的自由裁量标准，达到行为后果与处罚的幅度相适应。

案例 13　某实验小学建设项目施工单位转包案

一、基本案情

某实验学校建设项目一标段工程于 2014 年 5 月开工建设，建筑面积 11436.75 平方米。建设单位为县教育局，施工单位为 B 工程公司（房建施工总承包壹级），监理单位为 C 监理公司（甲级资质）。

2014 年 11 月，省住房和城乡建设厅组织对该建设项目一标段工程进行检查时发现该工程存在转包和项目经理长期不到岗履职的违法行为。

二、查处情况

2014 年 11 月，省住房和城乡建设厅组织对该建设项目一标段工程进行检查。检查组对项目施工现场、项目管理有关资料及有关人员进行检查时发现以下问题：（1）施工单位项目经理长期不到岗履职，项目部管理人员除项目经理外其他管理人员均未能提供劳动合同、社会保险关系、工资发放单等相关材料，存在工程转包和挂靠违法行为；（2）监理单位未对施工单位项目部管理人员及专项施工方案进行认真审核；（3）二层框架梁柱核心区框柱加密箍筋数量不够，现场模板架体与模板施工方案不符；（4）临边和洞口无安全防护措施，存在安全隐患。

　　检查结束后，省住房和城乡建设厅检查组向县城乡建设和环境保护局通报检查结果并下达执法建议书，要求其对该建设项目存在的违法违规行为依据相关法律法规进行处罚。

三、处理结果

　　根据住房和城乡建设部《建筑工程施工转包违法分包等违法行为认定查处管理办法（试行）》第七条、《建设工程安全生产管理条例》、该省建筑管理条例和建筑施工项目经理质量安全违法违规行为记分管理规定的有关规定，作出如下处罚：（1）对施工单位 B 工程公司存在违法转包、挂靠等违法行为，由县城乡建设和环境保护局作出责令整改落实，并处以 2 万元罚款（依该省建筑管理条例进行处罚）的行政处罚，并记入不良行为，扣除企业240 分信用分值；（2）对施工单位 B 工程公司项目经理甲按照"分别记分，累加分值"的规定，一次记 9 分，并记入不良行为；（3）对监理单位 C 监理公司存在的违法违规问题，进行约谈。

　　施工单位对存在的质量安全问题按照《建筑施工扣件式钢管脚手架技术规范》和《建筑施工模板安全技术规范》等逐条进行了整改。

四、法律法规辨析

　　《建筑工程施工转包违法分包等违法行为认定查处管理办法（试行）》第七条规定："存在下列情形之一的，属于转包：……（三）施工总承包单位或专业承包单位未在施工现场设立项目管理机构或未派驻项目负责人、技术负责人、质量管理负责人、安全管理负责人等主要管理人员，不履行管理义务，未对该工程的施工活动进行组织管理的……"根据该规定，B 工程公司存在违法转包行为。《建设工程质量管理条例》第六十二条规定："违反本条例规定，承包单位将承包的工程转包或者违法分包的，责令改正，没收违法所得，对勘察、设计单位处合同约定的勘察费、设计费 25% 以上 50% 以下的罚款；对施工单位处工程合同价款 0.5% 以上 1% 以下的罚款；可以责令停业整顿，降低资质等级；情节严重的，吊销资质证书。"根据该规定，应对 B 公司处以合同价款 0.5% 以上 1% 以下的罚款，同时可以处责令停业整顿、降低资质等级、吊销资质证书等处罚措施。

五、对比分析

本案涉及多个违法违规行为，执法难度较大。本案的执法工作存在以下问题。

1. 对案件定性模糊。本案处理结果认为 "B 工程公司涉嫌存在转包、挂靠等违法行为"，对于到底是转包还是挂靠没有表述清楚。这两种违法行为是有区别的。"转包"是指施工单位承包工程后，不履行合同约定的责任和义务，将其承包的全部工程或者将其承包的全部工程肢解后以分包的名义分别转给其他单位或个人施工的行为。"挂靠"是指一个施工企业允许他人在一定期间内使用自己企业名义对外承接工程的行为。二者的共同点在于：首先，均存在名义施工人和实际施工人不一致的现象，实际从事施工管理的人员与建设单位认定的施工单位没有实际劳动关系；其次，一般都是转包或被挂靠企业通过收取相应的管理费取得非法所得。

转包和挂靠的区别是：转包是施工单位自行承包工程之后再交给其他单位或个人施工，而挂靠是单位或个人直接借用具备相应资质的施工单位的名义去获取承包工程的结果。转包一般是在取得承包权以后产生的行为，而挂靠往往是在争取承包权时（如招投标过程中或者在和建设单位洽谈项目时）就有明显的行为。"挂靠"行为的关键在于"借用"资质承揽工程，因此挂靠人在工程承接阶段就介入进来，工程由谁承接是挂靠和转包的关键区别。如果工程由实际施工人借用其他单位资质承接，属于挂靠；如果由名义施工人承接后转给实际施工人，属于转包。

在实践中，执法人员对案件性质的判定比较难。分清"转包"和"挂靠"的关键在于，投标时究竟是 B 工程公司人员进行投标的，还是实际实施人借用 B 工程公司资质进行投标的，而此类调查追溯难。另外，也可以调取"转包协议"或"挂靠协议"，但仍存在取证难的问题。

2. 未对直接负责的主管人员和其他直接责任人员进行处罚。《建设工质量管理条例》第七十三条规定："依照本条例规定，给予单位罚款处罚的，对单位直接负责的主管人员和其他直接责任人员处单位罚款数额 5% 以上 10% 以下的罚款。"本案对施工单位、监理单位直接负责的主管人员和其他直接责任人员应当处以相应数额的罚款。对 B 工程公司项目经理甲，仅记载不良行为是不充分的。

六、难点问题及建议

挂靠和转包是建设工程领域常见的违法违规行为。尽管法规对二者进行了定义并列举了一些表现形式，但是这些规定往往只针对二者的共同表象，如何准确区分这两种行为是实践中的难题。建议立法进一步明确二者的区分标准。

案例 14   某校舍安全工程施工单位转包案

一、基本案情

某学校校舍安全工程总建筑面积 12213.75 平方米，工程总造价 1995.3 万元。建设项目于 2012 年 6 月立项，建设单位为该县教育局，施工总承包单位 A 工程公司于 2012 年 11 月中标，2012 年 11 月 27 日与建设单位签订建设工程施工合同并开工建设，案发时工程已经完工。2014 年 9 月，建设行政主管部门接到群众实名举报该项目存在转包行为，随后对该学校校舍安全工程开展调查。

二、查处情况

经对相关单位及负责人员调查核实，2012 年 12 月，A 工程公司与 B 投资公司签订工程项目内部承包协议书，将其承包的全部工程转给无施工资质的 B 投资公司，并从中收取 3.5% 的管理费。2014 年 11 月，建设行政主管部门认定此行为属于转包行为，对 A 工程公司下达了行政处罚决定书。

三、处理结果

依据《建筑法》第六十七条、《建设工程质量管理条例》第六十二条的规定和住房和城乡建设部《建筑工程施工转包违法分包等违法行为认定查处管理办法（试行）》，对 A 工程公司处工程合同价款 0.5%（1995.3 万 ×0.5%=9.97 万）的罚款，并限制 A 工程公司在 3 个月内不得参加违法行为发生地的招投标活动、承揽新的工程项目。A 工程公司在规定时限内将罚款足额上缴国库。

四、法律法规辨析

《建筑法》第二十八条规定："禁止承包单位将其承包的全部建筑工程转包给他人，禁止承包单位将其承包的全部建筑工程肢解以后以分包的名义分别转包给他人。"根据该条规定，我国法律严格禁止转包行为。

《建筑法》第六十七条规定："承包单位将承包的工程转包的，或者违反本法规定进行分包的，责令改正，没收违法所得，并处罚款。可以责令停业整顿，降低资质等级；情节严重的，吊销资质证书。"可见，针对承包单位的转包行为，执法机关应当首先采用责令改正，没收违法所得，并处罚款的行政处罚措施，同时可以责令停业整顿、降低资质等级等，情节严重的可以吊销资质证书。其中，前三项措施是必须采取的，后几项措施是视具体案情和情节而定的。

《建设工程质量管理条例》第二十五条规定，施工单位不得转包或者违法分包工程。

《建设工程质量管理条例》第七十八条第三款规定："本条例所称转包，是指承包单位承包建设工程后，不履行合同约定的责任和义务，将其承包的全部建设工程转给他人或者将其承包的全部建设工程肢解以后以分包的名义分别转给其他单位承包的行为。"

关于具体的罚款数额，《建设工程质量管理条例》第六十二条规定："承包单位将承包的工程转包或者违法分包的，对施工单位处工程合同价款 0.5% 以上 1% 以下的罚款。"

五、对比分析

对 B 投资公司无资质承揽工程的行为应当依法处罚。《建设工程质量管理条例》第六十条规定："违反本条例规定，勘察、设计、施工、工程监理单位超越本单位资质等级承揽工程的，责令停止违法行为……对施工单位处工程合同价款百分之二以上百分之四以下的罚款，可以责令停业整顿，降低资质等级；情节严重的，吊销资质证书；有违法所得的，予以没收。未取得资质证书承揽工程的，予以取缔，依照前款规定处以罚款；有违法所得的，予以没收。……"本案中无施工资质的 B 投资公司接受 A 工程公司转包，适用该条规定，应当责令停止违法行为，予以取缔，处以罚款并没收违法所得。

在具体的处罚措施上，执法部门的处罚结果存在以下问题：

1. 未对施工单位处以没收违法所得的处罚措施。根据法律规定，没收违法所得是对转包行为必须处以的处罚措施。本案中的施工单位通过转包行为收取了 3.5% 的管理费，这一违法所得应予没收。

2. 没有对单位相关责任人员进行处罚。根据《建设工程质量管理条例》的规定，应对有转包行为的单位和无资质承揽工程单位的责任人员处以单位罚款数额 5%—10% 的罚款。对单位责任人员的处罚能够起到更好的震慑作用，尽可能地杜绝和减少转包、无资质承揽工程等违法行为。

六、难点问题及建议

1. 建议立法中应对从轻、从重、减轻、加重处罚的情节进行列举式规定，如规定将工程转包给不具有资质的单位和个人属于从重处罚的情形。明晰的法律规定有助于执法人员更好地依法办事。

2. 转包和分包的认定在实践中非常复杂。尽管立法中对二者进行了定义并列举了一些表现形式，但是这些规定往往只是针对了二者的共同表象，如何准确区分这两种行为是实践中的难题。建议立法进一步明确二者的区分标准。

案例 15　某综合楼工程施工单位转包案

一、基本案情

某综合楼总建筑面积为 5918.98 平方米，建设单位为 A 有限公司，施工总承包单位为 B 有限公司，项目中标金额为 1222.14 万元。该项目 2013 年 8 月开工建设，但一直未办理施工许可证。2014 年 10 月，建设行政主管部门接群众举报，反映该项目存在转包问题。经立案调查，调取相关资料并询问相关当事人，发现 B 有限公司将该项目全部转包给自然人甲，违反有关法律法规。案发时正在进行 7 层主体施工。

二、查处情况

经查，施工总承包单位 B 有限公司授权乙负责与建设单位洽谈该项目的合同、财务等相关事宜，乙具有 B 有限公司授权书，丙为 B 有限公司某市分公司负责人。该项目施工总承包单位中标后，甲以 50 万元的代价将工程从乙、丙处买来。乙与甲签订了工程转包合同，合同约定将整个工程转包给甲，合同金额与中标金额一致，结算价依据乙与建设单位的结算价为准，但需扣除 10% 的管理费。甲获得工程后又安排其侄子丁代替其在现场管理项目。工程资金由甲先行垫付，施工总包单位 B 有限公司在收到建设单位 A 有限公司支付的工程款后，扣除税费及管理费，经乙和甲双方确认后，拨付工程进度款到项目部。

另查，省住建厅调取到了其工程转包合同、施工单位给乙的授权书、各班组签字证明工程施工组织管理及工程所需资金由甲实施垫付的证明文件，以及反映乙与甲之间债权债务关系的欠条协议，对甲、丁做了询问笔录，确认了项目实际承包人为甲。

综上所述，该项目的施工单位 B 有限公司将其所承包的项目工程转包给个人甲，违反了《建筑法》第二十八条、《建设工程质量管理条例》第二十五条的规定，B 有限公司存在转包的违法行为。

三、处理结果

1. 依据《建设工程质量管理条例》第六十二条，对施工单位处以工程合同价款 1222.14 万元的 0.5% 的罚款，即 6.11 万元。

2. 依据《建设工程质量管理条例》第七十三条，对项目经理处单位罚款数额 5% 的罚款，即 3055 元。

四、法律法规辨析

《建筑法》第二十八条规定："禁止承包单位将其承包的全部建筑工程转包给他人，禁止承包单位将其承包的全部建筑工程肢解以后以分包的名义分别转包给他人。"《建设工程质量管理条例》第二十五条规定："……施工单位不得转包或者违法分包工程。"本案中，施工单位 B 有限公司将其承包的全部建筑工程转包给甲，违反了上述规定。

《建设工程质量管理条例》第七十八条规定："本条例所称转包，是指承包单位承包建设工程后，不履行合同约定的责任和义务，将其承包的全部建设工程转给他人或者将其承包的全部建设工程肢解以后以分包的名义分别转给其他单位承包的行为。"《房屋建筑和市政基础设施工程施工分包管理办法》第十三条规定："禁止将承包的工程进行转包。不履行合同约定，将其承包的全部工程发包给他人，或者将其承包的全部工程肢解后以分包的名义分别发包给他人的，属于转包行为。违反本办法第十二条规定，分包工程发包人将工程分包后，未在施工现场设立项目管理机构和派驻相应人员，并未对该工程的施工活动进行组织管理的，视同转包行为。"《建筑工程施工转包违法分包等违法行为认定查处管理办法（试行）释义》（建市施函〔2014〕163 号）第六条规定："办法所称转包，是指施工单位承包工程后，不履行合同约定的责任和义务，将其承包的全部工程或者将其承包的全部工程肢解后以分包的名义分别转给其他单位或个人施工的行为。"由上述规定可以看出，本案中，施工单位 B 有限公司并没有履行合同约定的责任和义务，而是将其全部工程转包给甲，甲为实际施工承包人。这属于转包的违法行为。

《建筑法》第六十七条规定："承包单位将承包的工程转包的，或者违反本法规定进行分包的，责令改正，没收违法所得，并处罚款，可以责令停业整顿，降低资质等级；情节严重的，吊销资质证书。承包单位有前款规定的违法行为的，对因转包工程或者违法分包的工程不符合规定的质量标准造成的损失，与接受转包或者分包的单位承担连带赔偿责任。"《建设工程质量管理条例》第六十二条规定："违反本条例规定，承包单位将承包的工程转包或者违法分包的，责令改正，没收违法所得，对勘察、设计单位处合同约定的勘察费、设计费 25% 以上 50% 以下的罚款；对施工单位处工程合同价款 0.5% 以上 1% 以下的罚款；可以责令停业整顿，降低资质等级；情节严重的，吊销资质证书。"根据上述规定，本案中，施工单位 B 有限公司将承包的工程转包，因此对施工单位处工程合同价款 0.5% 以上 1% 以下的罚款，但是施工单位的行为尚未造成危害，因此不承担其他赔偿责任。

《建设工程质量管理条例》第七十三条规定："依照本条例规定，给予单位罚款处罚的，对单位直接负责的主管人员和其他直接责任人员处单位罚款数额 5% 以上 10% 以下的罚款。"依据上述规定，应对单位负责的主管人员和其他直接责任人员处单位罚款数额 5% 以上 10% 以下的罚款。

五、对比分析

本案涉及的违法行为主要是施工总承包单位将所承包的工程全部转包给甲，违反了《建筑法》《建设工程质量管理条例》《房屋建筑和市政基础设施工程施工分包管理办法》及《建筑工程施工转包违法分包等违法行为认定查处管理办法（试行）》（建市〔2014〕118 号）的规定。

施工总承包单位可以将所承包工程中的部分工程分包给具有相应资质条件的分包单位，但是不得将所承包的全部建筑工程转包给他人。本案中 B 有限公司将自己承包的所有工程全部转包给甲，施工期间并未履行合同约定的责任和义务，确实属于转包行为，应给予其相应的罚款。

本案处罚的不足之处主要有四点：一是对单位直接负责的主管人员和其他直接责任人员认定不清楚，没有给予相应处罚。本案虽然对施工单位派驻的项目经理作出了罚款处罚，但未对施工单位直接负责的乙、丙两人进行处罚。二是未对接受转包的甲某进行处罚。《房屋建筑和市政基础设施工程施工分包管理办法》第十八条规定："违反本办法规定，转包、违法分包或者允许他人以本企业名义承揽工程的，以及接受转包和用他人名义承揽工程的，按《中华人民共和国建筑法》、《中华人民共和国招标投标法》和《建设工程质量管理条例》的规定予以处罚。……"因此，应对甲某接受转包行为依法进行处罚。三是对该工程未取得施工许可、建设单位擅自开工、施工单位擅自施工的行为应当依据《建筑法》《建设工程质量管理条例》及《建筑工程施工许可管理办法》（住房和城乡建设部 91 号令）的相关规定分别予以处罚。四是依据《建设工程质量管理条例》第六十二条规定，"违反本条例规定，承包单位将承包的工程转包或者违法分包的，责令改正，没收违法所得……"，如果甲支付的 50 万元确归 B 公司收取，属于 B 公司的违法所得，就应该没收该违法所得，案件中没有没收 B 公司的违法所得，处罚不完善。

六、难点问题及建议

1. 目前尚未明确规定哪些情形应视为未派驻项目主要管理人员。根据目前查处经验来看，大部分是以《建筑工程施工转包违法分包等违法行为认定查处管理办法（试行）》（建市〔2014〕118 号）第七条第（三）项"施工总承包单位或专业承包单位未在施工现场设立项目管理机构或未派驻项目负责人、技术负责人、质量管理负责人、安全管理负责人等主要管理人员，不履行管理义务，未对该工程的施工活动进行组织管理的"这一情形来认定工程转包。在实际中，绝大部分工地都会以自身名义设立项目管理机构，绝大部分情况下在管理机构下登记的人员也均为其公司人员，能够提供劳动合同、工资、社保。因此确定未派驻项目主要管理人员是认定转包的关键。建议在释义中补充完善，明确将项目主要管理人员的在岗率、施工技术管理资料的审核签字率、工地会议参会率作为派驻管理人员对施工活动进行组织管理的重要依据。

2. 本案处罚不完善，即未处罚单位负责人，未对"建设单位、施工单位未办理施工许可证擅自开工的违法行为"进行处罚等。建议加大案件处理过程中的执法力度，针对每一种违法行为均应依照法律法规作出相应的处罚，不能遗漏对违法行为的处罚，确保案件处理结果客观、公平、公正。

3. 根据 2014 年 8 月 27 日住房和城乡建设部《房屋建筑和市政基础设施工程施工分包管理办法》（建设部令第 124 号）第十八条的规定，具体处罚办法由国务院住房城乡建设主管部门依据有关法律法规另行制定。建议尽快出台相关细则，完善对接受转包单位的处罚条款。

案例 16　某建筑公司允许他人以本企业名义承揽工程案

一、基本案情

某房地产开发项目，建设单位为 A 建设集团公司（壹级房地产开发企业，以下称 A 公司）；施工总承包单位为 B 建筑公司（壹级房建施工企业，以下称 B 公司），施工合同金额为 5800 万元（其中建设单位直接分包金额 555.45 万元）。该项目 2013 年 2 月开工建设，案发时工程接近完工。2014 年 7 月，建设行政主管部门接到群众举报，反映该项目存在"不履行施工合同、项目管理混乱、违法分包"等问题。执法部门进行了立案调查，调取相关资料并询问相关当事人，发现 B 公司存在允许个人甲某（一级建造师）以本单位名义承揽工程的违法行为，甲某为挂靠人。该项目接近完工时，因甲某与 A 公司产生矛盾，后续工程由 B 公司接手完成。B 公司、A 公司与甲某因此陷入经济纠纷，并引发群众举报。

二、查处情况

经查，B 公司开始通过甲某了解到 A 公司的开发项目，在工程投标时，B 公司投标文件载明，授权甲某全权负责该项目。中标后，B 公司与甲某签订了项目经理部经营承包协议书，约定工程由甲某组织实施并组建项目经理部，具体施工人员也由甲某自行决定，公司收取 1.8% 的管理费。据 B 公司某分公司负责人乙某笔录，B 公司进场施工时，项目基坑已由甲某完成。基坑工程款项由 A 公司打入 B 公司账户，再由 B 公司支付给甲某。

另查，B 公司备案的项目经理丙某一直未到现场组织施工，项目全程组织施工均由甲某及其委托的技术负责人丁某负责，施工组织设计方案和专项方案由丁某编制，甲某签名实施。该项目施工现场施工员、质检员、安全员和材料员等人员中，除安全员为B公司员工（工资由B公司发放）外，其余项目组人员均与B公司无正式劳动合同关系和社保关系，工资由甲某组建的项目部发放。以上事实有相关人员询问笔录等证据为证。

综上所述，根据《房屋建筑和市政基础设施工程施工分包管理办法》（建设部令第124号，下同）第十一条和第十五条第二款规定，B公司存在允许他人以本企业名义承揽工程的违法行为，甲某存在挂靠行为。

三、处理结果

依据《建设工程质量管理条例》第六十一条规定，省住建厅给予B公司157.3万元罚款的行政处罚，鉴于案件调查中尚未发现有违法所得，处理报告载明，待查实后再行处理；根据《建设工程质量管理条例》第七十三条规定，给予B公司某分公司负责人11.8万元罚款的行政处罚；根据《房屋建筑和市政基础设施工程施工分包管理办法》第十八条的规定，给予用他人名义承揽工程的一级建造师甲某罚款3万元的行政处罚。

四、法律法规辨析

《建设工程质量管理条例》第六十一条规定："违反本条例规定，勘察、设计、施工、工程监理单位允许其他单位或者个人以本单位名义承揽工程的，责令改正，没收违法所得……对施工单位处工程合同价款2%以上4%以下的罚款；可以责令停业整顿，降低资质等级；情节严重的，吊销资质证书。"对于B公司将资质出借给甲的行为，执法部门可以处工程合同价款2%以上4%以下的罚款；可以责令停业整顿，降低资质等级；情节若严重，可吊销资质证书。

《房屋建筑和市政基础设施工程施工分包管理办法》第十八条规定："违反本办法规定，转包、违法分包或者允许他人以本企业名义承揽工程的，按照《中华人民共和国建筑法》、《中华人民共和国招标投标法》和《建设工程质量管理条例》的规定予以处罚；对于接受转包、违法分包和用他人名义承揽工程的，处1万元以上3万元以下的罚款。"对于借用他人资质承揽工程的，执法部门可以处 1 万元以上 3 万元以下的罚款。

《建设工程质量管理条例》第七十三条规定："依照本条例规定，给予单位罚款处罚的，对单位直接负责的主管人员和其他直接责任人员处单位罚款数额 5% 以上 10% 以下的罚款。"因此，执法部门应当给予 B 公司某分公司负责人单位罚款数额 5% 以上 10% 以下的罚款。

五、对比分析

本案依据《房屋建筑和市政基础设施工程施工分包管理办法》（建设部令〔2004〕第 124 号）认定 B 公司允许他人以本企业名义承揽工程不妥，应依据《建筑法》第二十六条、《建设工程质量管理条例》第二十五条予以认定。本案依据《建设工程质量管理条例》第六十一、第七十三条的规定对 B 公司及单位直接负责的主管人员和其他直接责任人员进行处罚是正确的。

按照《房屋建筑和市政基础设施工程施工分包管理办法》第十八条的规定对甲处以 3 万元罚款的处罚适用法律法规有误，应当认定为未取得资质证书承揽工程，并依据《建筑法》第六十五条和《建设工程质量管理条例》第六十条的规定予以处罚。事实上，2014 年 8 月出台的《建筑工程施工转包违法分包等违法行为认定查处管理办法（试行）》（建市〔2014〕118 号）已经明确了此种行为的认定及处罚依据。

本案调查中发现建设单位直接发包了 555.45 万的工程内容，未明确具体发包内容和发包方式，但实际已涉嫌构成肢解发包。

六、难点问题及建议

本案反映的难点问题是违法所得认定困难。在本案中，由于工程未完工双方发生民事纠纷，B 公司所收工程款及违法所得无法认定，约定 1.8% 的管理费是否收取也无法认定，外省注册一级建造师甲某一直不配合调查。建议住房和城乡建设部建立跨省区执法协助机制，对于甲不配合的情形，可通过跨省区协助机制解决。

案例 17　某现代城项目施工单位出借资质案

一、基本案情

某现代城项目建筑面积为 97979.7 平方米，建设单位 A 房地产开发集团有限公司，施工单位 B 建筑工程有限公司，监理单位 C 工程监理有限公司，施工合同价款 13755.18 万元。该工程于 2013 年 11 月开工建设，截至 2015 年 1 月工程进度为 1 号楼施工至第 18 层，2 号楼施工至第 19 层，完成总工程量价款 847 万元。

2015 年 1 月 29 日，该地建设行政主管部门接到住房和城乡建设部关于举报人反映该工程涉嫌存在违法违规问题的转办材料后，立即展开调查。经查，甲某借用 B 建筑工程有限公司的资质承揽工程，以该公司项目副经理和技术负责人的名义实际参与施工现场管理，甲某未能提供其与施工单位建立劳动合同关系的社保缴纳凭证，且不能提供证明材料进行合理解释。

二、查处情况

1. 施工单位派驻的项目实际负责人甲某未能证明其身份，在该公司所提供的 2014 年全年社保缴纳明细中并无甲某缴纳明细，仅有在检查后补交的 2015 年 2 月 1 日—2015 年 2 月 28 日社保缴纳凭证。

2. 施工单位于 2015 年 2 月 7 日才提交了甲某的公司任命书，聘任其为该工程项目的技术负责人和项目副经理，工作任期为 2014 年 3 月 6 日至 2015 年 12 月 31 日。但该聘任书存在如下疑点：（1）并非其公司内部正式文件（此前提供的其他人员任命书均为其公司红头文件）；（2）任命书无发文编号。

3. 施工单位未能提供有关设备租赁发票证明。根据《建筑法》第二十六条、《建设工程质量管理条例》第二十五条、《建筑工程施工转包违法分包等违法行为认定查处管理办法（试行）》第十一条及《房屋建筑和市政基础设施工程施工分包管理办法》第十五条的规定，建设主管部门认定施工单位 B 建筑工程有限公司在该项目中存在允许甲某使用其资质承揽工程的违法行为。

三、处理结果

1. 依据《建筑法》第六十六条、《建设工程质量管理条例》第六十一条、《建筑工程施工转包违法分包等违法行为认定查处办法（试行）》第十三条的规定，对 B 建筑工程有限公司出借资质的行为责令改正，并处已完工工程合同价款 847 万元 2% 的罚款，即 16.94 万元。

2. 依据《房屋建筑和市政基础设施工程施工分包管理办法》第十八条规定，对甲某存在挂靠的行为责令改正，并处 1 万元罚款。

四、法律法规辨析

《建筑法》第二十六条规定："……禁止建筑施工企业以任何形式允许其他单位或者个人使用本企业的资质证书、营业执照，以本企业的名义承揽工程。"《建设工程质量管理条例》第二十五条规定："……禁止施工单位允许其他单位或者个人以本单位的名义承揽工程。……"《建筑工程施工转包违法分包等违法行为认定查处办法（试行）》第十一条规定，"没有资质的单位或个人借用其他施工单位的资质承揽工程的……施工单位在施工现场派驻的项目负责人、技术负责人、质量管理负责人、安全管理人员中一人与施工单位没有订立劳动合同，或者没有建立劳动工资或社会养老保险关系的"被认定为违法行为。根据以上规定，本案中，施工单位 B 建筑工程有限公司允许甲某以该公司项目副经理和技术负责人的名义实际参与施工现场管理，在《行政执法调查通知书》规定期限内，其未能提供项目开工前与施工单位建立劳动合同关系的社保缴纳凭证，又不能提供证明材料进行合理解释。因此，施工单位 B 建筑工程有限公司存在允许他人挂靠的违法行为，甲某存在挂靠的违法行为。

《建筑法》第六十六条规定："建筑施工企业转让、出借资质证书或者以其他方式允许他人以本企业的名义承揽工程的，责令改正，没收违法所得，并处罚款，可以责令停业整顿，降低资质等级；情节严重的，吊销资质证书。对因该项承揽工程不符合规定的质量标准造成的损失，建筑施工企业与使用本企业名义的单位或者个人承担连带赔偿责任。"《建设工程质量管理条例》第六十一条规定："违反本条例规定，勘察、设计、施工、工程监理单位允许其他单位或者个人以本单位名义承揽工程的，责令改正，没收违法所得，对勘察、设计单位和工程监理单位处合同约定的勘察费、设计费和监理酬金 1 倍以上 2 倍以下的罚款；对施工单位处工程合同价款 2% 以上 4% 以下的罚款；可以责令停业整顿，降低资质等级；情节严重的，吊销资质证书。"根据上述规定，施工单位 B 建筑工程有限公司允许他人以本公司项目副经理和技术负责人的名义实际参与施工现场管理，属于允许其他单位或个人以本单位名义承揽工程的违法行为，应处合同价款 2% 以上 4% 以下的罚款。由于 B 工程有限公司在调查期间积极配合，故给予其合同价款 2% 的罚款。

《建设工程质量管理条例》第六十条规定："违反本条例规定，勘察、设计、施工、工程监理单位超越本单位资质等级承揽工程的，责令停止违法行为，对勘察、设计单位或者工程监理单位处合同约定的勘察费、设计费或者监理酬金 1 倍以上 2 倍以下的罚款；对施工单位处工程合同价款百分之二以上百分之四以下的罚款，可以责令停业整顿，降低资质等级；情节严重的，吊销资质证书；有违法所得的，予以没收。未取得资质证书承揽工程的，予以取缔，依照前款规定处以罚款；有违法所得的，予以没收。……"

本案中甲某借用资质承揽工程的违法行为，可以认定为"未取得资质证书承揽工程"，按该条规定应对其处以合同价款百分之二以上百分之四以下的罚款。

五、对比分析

本案涉及的违法行为是施工单位 B 建筑工程有限公司出借资质和甲某违法挂靠。这种行为违反了《建筑法》《建设工程质量管理条例》《建筑工程施工转包违法分包等违法行为认定查处办法（试行）》《房屋建筑和市政基础设施工程施工分包管理办法》的规定。

本案处理的不足之处：

1. 仅对施工单位进行了处罚，未对施工单位负责人进行处罚。《建设工程质量管理条例》第七十三条规定："依照本条例规定，给予单位罚款处罚的，对单位直接负责的主管人员和其他直接责任人员处单位罚款数额 5% 以上 10% 以下的罚款。"根据该规定，本案还应对 B 建筑工程有限公司的主管人员和其他直接责任人员处以单位罚款数额 5% 以上 10% 以下的罚款。

2. 按照《房屋建筑和市政基础设施工程施工分包管理办法》第十八条的规定对甲某处以 1 万元罚款的处罚适用法律法规有误，因为该办法规范的是施工分包活动，不适用于总承包活动。对于甲个人在不具备相应资质的情况下以 B 公司名义承揽工程的行为，可认定为未取得资质证书承揽工程，应当依据《建筑法》第六十五条和《建设工程质量管理条例》第六十条的规定予以处罚。

3. 罚款基数。本案施工合同价款 13755.18 万元，完成总工程量价款 847 万元。应当以施工合同价款为处罚基数，而不应以完成工程量价款作为处罚基数。

六、难点问题及建议

通过本案的调查，反映出的主要问题是对违法行为的处罚不全面。

建议：(1) 应建立完善的处罚机制，将所有涉案的相关单位及责任人均依法处理，体现执法的公平性和严肃性；(2) 广泛开展业务知识讲座和培训，畅通交流渠道，提高执法人员的业务水平。

案例 18　某工程劳务分包单位出借资质案

一、基本案情

某工程建设单位为 A 有限公司，施工总承包单位为 B 工程总公司。劳务分包单位为 C 劳务公司（资质为钢筋、模板、砌筑、脚手架作业劳务分包壹级，抹灰、混凝土、水暖电安装作业劳务分包不分等级），法定代表人为甲某，注册资本金 1500 万元。

2014 年 12 月，执法人员发现劳务分包单位 C 劳务公司存在出借资质的违法行为。

二、查处情况

经查，2014 年 2 月，C 劳务公司出借公司资质给乙某，并允许乙某以该公司名义与该工程总承包单位 B 工程公司签订劳务承包合同，承接该项目劳务施工作业。2014 年 3 月，乙某以 C 劳务公司名义进场组织劳务作业。2014 年 4 月，C 劳务公司收取乙某交纳该未完工程"管理费"1 万元。根据《建筑法》第二十六条、《建设工程质量管理条例》第二十五条、《建筑工程施工转包违法分包等违法行为认定查处办法（试行）》（建市〔2014〕118 号）第十一条规定，建设主管部门认定该劳务分包单位存在出借资质的行为。

2015 年 1 月，建设主管部门对该违法行为立案调查，对 C 劳务公司法定代表人甲某进行了询问。2015 年 5 月，经建设主管部门研究，决定对该工程劳务分包单位 C 劳务公司作出行政处罚决定。6 月 2 日，建设行政主管部门依法向 C 劳务公司发出了行政处罚告知书。该公司未提出陈述或申辩意见。6 月 11 日，建设行政主管部门向 C 劳务公司下达行政处罚决定书。6 月 18 日，该公司按期缴纳了罚款。

三、处理结果

依据《建筑法》第六十六条、《建设工程质量管理条例》第六十一条规定，对于劳务分包单位出借资质的行为，责令其立即改正，没收其收取的乙某交纳的项目管理费 1 万元，同时处劳务承包合同价款 48 万元的 4% 的罚款，罚款金额 1.92 万元。

四、法律法规辨析

《建筑法》第二十六条规定："承包建筑工程的单位应当持有依法取得

的资质证书，并在其资质等级许可的业务范围内承揽工程。禁止建筑施工企业超越本企业资质等级许可的业务范围或者以任何形式用其他建筑施工企业的名义承揽工程。禁止建筑施工企业以任何形式允许其他单位或者个人使用本企业的资质证书、营业执照，以本企业的名义承揽工程。"《建设工程质量管理条例》第二十五条规定："施工单位应当依法取得相应等级的资质证书，并在其资质等级许可的范围内承揽工程。禁止施工单位超越本单位资质等级许可的业务范围或者以其他施工单位的名义承揽工程。禁止施工单位允许其他单位或者个人以本单位的名义承揽工程。施工单位不得转包或者违法分包工程。"《建筑工程施工转包违法分包等违法行为认定查处办法（试行）》第十一条规定："存在下列情形之一的，属于挂靠：（一）没有资质的单位或个人借用其他施工单位的资质承揽工程的……（六）实际施工总承包单位或专业承包单位与建设单位之间没有工程款收付关系，或者工程款支付凭证上载明的单位与施工合同中载明的承包单位不一致，又不能进行合理解释并提供材料证明的；（七）合同约定由施工总承包单位或专业承包单位负责采购或租赁的主要建筑材料、构配件及工程设备或租赁的施工机械设备，由其他单位或个人采购、租赁，或者施工单位不能提供有关采购、租赁合同及发票等证明，又不能进行合理解释并提供材料证明的；（八）法律法规规定的其他挂靠行为。"由上述规定可知，C劳务公司出借公司资质给乙某，并允许乙某以该公司名义签订劳务承包合同，承接劳务施工作业，C劳务公司的行为属于出借资质证书行为，乙某的行为属于挂靠行为。

《建筑法》第六十六条规定："建筑施工企业转让、出借资质证书或者以其他方式允许他人以本企业的名义承揽工程的，责令改正，没收违法所得，并处罚款，可以责令停业整顿，降低资质等级；情节严重的，吊销资质证书。对因该项承揽工程不符合规定的质量标准造成的损失，建筑施工企业与使用本企业名义的单位或者个人承担连带赔偿责任。"《建设工程质量管理条例》第六十一条规定："违反本条例规定，勘察、设计、施工、工程监理单位允许其他单位或者个人以本单位名义承揽工程的，责令改正，没收违法所得，对勘察、设计单位和工程监理单位处合同约定的勘察费、设计费和监理酬金1倍以上2倍以下的罚款；对施工单位处工程合同价款2%以上4%

以下的罚款；可以责令停业整顿，降低资质等级；情节严重的，吊销资质证书。"根据上述规定，对于 C 劳务分包公司的出借资质行为应责令改正，没收违法所得 1 万元，处工程合同价款 48 万元的 2%—4% 罚款。

五、对比分析

本案处理的不足之处：一是该案仅处罚了 C 劳务分包单位，未按照《建设工程质量管理条例》第七十三条的规定对 C 劳务公司的相关责任人罚款。二是未按照《建设工程质量管理条例》第六十条的规定对挂靠方乙某没收违法所得，按合同价款 48 万元的 2%—4%（0.96 万元—1.92 万元）进行处罚。

六、难点问题及建议

本案对 C 劳务公司作出责令改正、没收违法所得、罚款等行政处罚起到了一定震慑作用。建议建设主管部门在作出行政处罚时，视情节严重程度，依据《建设工程质量管理条例》，可作出"责令停业整顿、降低企业资质、吊销资质证书"等处罚决定，同时还可以依据《建筑工程施工转包违法分包等违法行为认定查处管理办法（试行）》的规定，采取"限制招投标、承接新的工程项目、核查资质条件"等行政管理措施。

案例 19 某农场项目虚假招标违法开工案

一、基本案情

某市 A 农场社区学校抗震加固项目，建筑面积为 2226 平方米，建设单位为 A 农场，招标代理单位为 B 公司，建设投资方为市发改委。项目采用公开招标的方式，于 2013 年 11 月 25 日开标，中标人为 C 工程公司（房建施工总承包叁级）。2013 年 11 月 29 日，向中标人发出中标通知书。项目合同金额为 153 万元。监理单位为 D 监理公司。

二、查处情况

市审计局对该项目进行竣工决算的时候，发现该项目于 2013 年 11 月 25 日进行公开招标，但 D 监理公司对该项目的工程质量评估报告显示，该项目于 2012 年 7 月 10 日开工，并在同年 8 月 20 日竣工。后经市建设局立案调查，认定 A 农场存在虚假招标的行为。

三、处理结果

根据《招标投标法》第三条和第四十九条的规定，市建设局对 A 农场处项目合同金额 5‰的罚款，合计人民币 0.765 万元。

四、法律法规辨析

《招标投标法》第三条规定："在中华人民共和国境内进行下列工程建设项目包括项目的勘察、设计、施工、监理以及与工程建设有关的重要设备、材料等的采购，必须进行招标：（一）大型基础设施、公用事业等关系社会公共利益、公众安全的项目；（二）全部或者部分使用国有资金投资或者国家融资的项目；（三）使用国际组织或者外国政府贷款、援助资金的项目。前款所列项目的具体范围和规模标准，由国务院发展计划部门会同国务院有关部门制订，报国务院批准。"本案中 A 农场社区学校加固项目由当地发改委核准立项，属于必须进行公开招标的项目。

《招标投标法》第四十九条规定："违反本法规定，必须进行招标的项目而不招标的，将必须进行招标的项目化整为零或者以其他任何方式规避招标的，责令限期改正，可以处项目合同金额 5‰以上 10‰以下的罚款；对全部或者部分使用国有资金的项目，可以暂停项目执行或者暂停资金拨付；对单位直接负责的主管人员和其他直接责任人员依法给予处分。"根据该条规定，应对建设单位处以合同金额 5‰以上 10‰以下罚款。按照本案的合同金额 153 万元，应对建设单位处以 0.765 万元—1.53 万元的罚款。

《招标投标法》第五十条规定："招标代理机构违反本规定……或者与招标人、投标人串通损害国家利益、社会公共利益或者他人合法权益的，处 5 万元以上 25 万元以下的罚款，对单位直接负责的主管人员和其他直接责任人员处单位罚款数额 5% 以上 10% 以下的罚款，有违法所得的……"因此，招标代理机构如有违反招投标的有关规定，应按本条予以处罚。

《招标投标法》第五十三条规定："投标人相互串通投标或者与招标人串通投标的……中标无效，处中标项目金额 5‰ 以上 10‰ 以下罚款，对单位直接负责的主管人员和其他直接责任人员处单位罚款数额 5% 以上 10% 以下的罚款……"因此，如果在招投标过程中存在投标人相互串通投标或者与招标人串通投标的，应对投标人及相关责任人员予以处罚。

五、对比分析

招投标工作是应用技术、经济的方法和市场经济竞争机制的作用，有组织地开展的一种择优成交的方式。这种方式是在货物、工程和服务的采购行为中，招标人通过事先公布的采购项目和要求，吸引众多的投标人平等竞争，按照规定程序并组织技术、经济和法律等方面专家对众多的投标人进行综合评审，从中择优选定项目中标人的行为过程。其实质是合理地低价获得最优的货物、工程和服务。可见招投标在保证工程质量、节约工程开支等方面具有非常重要的作用。

本案对建设单位的行政处罚，虽然在法律规定的处罚范围之内，但该项目未经招标已施工完毕，对于虚假招标的违法行为仅对建设单位处 0.765 万元罚款，其惩戒作用有限。本案处理的不足之处：一是仅对建设单位虚假招标的违法行为进行了处罚，而未对未办理施工许可证擅自开工的违法行为进行处罚；二是未对农场直接负责的主管人员和其他直接责任人员依法处罚；三是未对投标人 C 工程公司及其相关责任人员按照《招标投标法》第五十四条的规定予以处罚；四是未对招标代理机构按照《招标投标法》第五十条的规定予以处罚。

六、难点问题及建议

招标人在开标前是无法确定中标单位的，而本案中项目在未经招标前就已竣工，属于典型的虚假招标，本案除对建设单位应招未招行为进行处罚外，还应对招标人在招标过程中是否存在与投标人、招标代理机构串通的行为进行深入调查。

案例 20　某住宅小区建设单位私自改变中标结果案

一、基本案情

某住宅小区，占地 2.54 万平方米，共有 11 幢建筑，包含住宅楼 10 栋、商业门店 1 栋，其中小高层 6 幢，多层 5 幢，总建筑面积为 7.3 万平方米。项目建设单位为 A 开发公司，监理单位为 B 监理公司。

2014 年 5 月，在该市建设工程承发包交易中心开标，由 C 建筑公司（房建贰级资质）中标承建 1#、2#、5#、6#、7#、8# 住宅楼及 11# 商业门店，由 D 建筑公司（房建贰级资质）中标承建 3#、4#、9#、10# 住宅楼。依据中标结果，A 开发公司于 2014 年 6 月 5 日分别与 C 建筑公司、D 建筑公司签订施工合同。随后 3#、4#、5#、6#、7#、8# 共 6 幢楼开工建设，其他 5 幢楼案发时尚未开工。

建设行政主管部门执法检查时发现在施工过程中 A 开发公司私自改变中标结果，在 A 开发公司安排下，C 建筑公司、D 建筑公司两家施工企业私自对现场施工人员进行了对调，造成实际承担的施工任务与中标结果不符。市建设局下发整改通知书要求 A 开发公司立即进行整改，并对 A 公司及两家施工企业的违法行为进行了立案调查。

二、查处情况

经查，该项目 3#、4#、5#、6#、7#、8# 这 6 幢住宅楼在施工过程中，A 开发公司以便于现场管理为由，私自改变中标结果，安排 C 建筑公司承担应由 D 建筑公司施工的 3#、4# 住宅楼（剪力墙结构，地上十一层，地下一层，总建筑面积 13276.62 平方米）的施工，D 建筑公司承担应由 C 建筑公司承担的 5#、6#、7#、8# 住宅楼（砖混结构，地上六层，地下一层，建筑面积 12142.32 平方米）的施工。

其中存在的主要问题：一是建设单位 A 开发公司私自决定改变中标结

果，未按中标通知书内容安排施工；二是按照 A 开发公司的安排，C 建筑公司、D 建筑公司有相互转让中标项目的情况，未按中标结果配备项目经理、技术、安全等负责人组织施工，而是按照建设单位的安排进行施工；三是 B 监理公司未按照中标通知书内容履行监理义务。

发现问题后，市建设行政主管部门立即召集 A 开发公司、C 建筑公司、D 建筑公司、B 监理公司负责人召开会议，对此行为进行了严厉批评教育，并在全县通报；责成 A 开发公司立即停止施工，整改违法行为。A 开发公司、B 监理公司、C 建筑公司和 D 建筑公司四家企业认识到错误的严重性，积极落实整改。

三、处理结果

1. 建设单位 A 开发公司私自改变中标结果的行为，违反了《招投标法》第四十五条之规定，依据《中华人民共和国招标投标实施条例》（下文简称《招标投标实施条例》）第七十三条之规定，要求 A 开发公司建设的某小区项目立即停止施工，按处罚决定进行整改，处以 10 万元罚款，并进行全市通报批评。

2. 施工单位 C 建筑公司、D 建筑公司未按照中标结果进行施工，按照建设单位的安排相互转让中标项目，违反了《招标投标法实施条例》第五十九条之规定。依据《招标投标法实施条例》第七十六条的规定，要求 C 建筑公司、D 建筑公司立即按照中标通知书中人员组建项目部，严格按照中标结果和施工合同进行施工，对 C 建筑公司、D 建筑公司各处 5 万元的罚款，责成两家施工企业对中标的建造师进行处理，全市通报批评。

3. B 监理公司未按照中标通知书中内容认真履行监理义务，在全县进行通报批评，并责成监理公司对项目总监、现场监理工程师进行处理。

四、法律法规辨析

《招标投标法》第四十五条规定："……中标通知书发出后，招标人改变中标结果的，或者中标人放弃中标项目的，应当依法承担法律责任。"根据该条规定，本案中的建设单位 A 开发公司擅自改变中标结果的行为违反了法律规定。

《招标投标法实施条例》第七十三条规定:"依法必须进行招标的项目的招标人有下列情形之一的,由有关行政监督部门责令改正,可以处中标项目金额10‰以下的罚款;给他人造成损失的,依法承担赔偿责任;对单位直接负责的主管人员和其他直接责任人员依法给予处分:……(三)中标通知书发出后无正当理由改变中标结果……"根据该条规定,对A开发公司可以处以中标项目金额10‰以下的罚款,并对其直接责任人员给予处分。

《招标投标法实施条例》第五十九条规定:"中标人应当按照合同约定履行义务,完成中标项目。中标人不得向他人转让中标项目,也不得将中标项目肢解后分别向他人转让……"根据该条规定,本案中的中标人即施工单位C建筑公司、D建筑公司未按照中标后签订的合同履行义务,将合同内容肢解后以部分工程进行互换,属于将中标项目肢解后分别向他人转让的违法行为。

《招标投标法实施条例》第七十六条规定:"中标人将中标项目转让给他人的,将中标项目肢解后分别转让给他人的,违反招标投标法和本条例规定将中标项目的部分主体、关键性工作分包给他人的,或者分包人再次分包的,转让、分包无效,处转让、分包项目金额5‰以上10‰以下的罚款;有违法所得的,并处没收违法所得;可以责令停业整顿;情节严重的,由工商行政管理机关吊销营业执照。"根据该规定,对C建筑公司、D建筑公司应处以转让项目金额5‰以上10‰以下的罚款;有违法所得的,并处没收违法所得;根据情节还可以责令停业整顿、吊销营业执照等。

五、对比分析

中标通知书是招标人在确定中标人后向中标人发出的通知其中标的书面凭证。中标通知书主要内容应包括:中标工程名称、中标价格、工程范围、工期、开工及竣工日期、质量等级等。中标通知书对招标人和中标人具有法律效力,中标通知书发出后,招标人改变中标结果,或者中标人放弃中标项目的,应当依法承担法律责任。

本案中建设单位A开发公司、施工单位C建筑公司、D建筑公司私自改变合同内容和中标结果，相互转让中标项目，应当给予行政处罚。根据法律规定，对 A 开发公司可以处以中标项目金额 10‰ 以下的罚款，对单位直接负责的主管人员和其他直接责任人员依法给予处分；本案对 A 开发公司处以 10 万元罚款。由于本条法律规定未规定罚款数额的下限，因此执法结果只要在上限之内，均是符合法律规定的。由于本案没有提及合同金额，对 A 公司的处罚没有明显的不合理之处。未责成 A 公司对直接负责的主管人员和其他直接责任人员进行处分是本案执法中的不当之处。

根据法律规定，对 C 建筑公司、D 建筑公司应处以转让项目金额 5‰ 以上 10‰ 以下的罚款；执法机关对 C 建筑公司、D 建筑公司各处 5 万元的罚款，责成两家施工企业对中标的建造师进行处理，并限期整改。由于本案未提及中标项目金额，无法判定本案的罚款数额是否在法律给予的罚款幅度范围之内。执法结果要求 C 公司、D 公司对其建造师进行处理，这一处理决定比较全面。

六、难点问题及建议

1. 住房和城乡建设部《关于推进建筑业发展和改革的若干意见》（建市〔2014〕92 号）提出，建立适合工程总承包发展的招投标和工程建设管理机制，调整现行招投标、施工许可、现场执法检查、竣工验收备案等环节管理制度，为推行工程总承包创造政策环境，工程总承包合同中涵盖的设计、施工业务可以不再通过公开招标方式确定分包单位。这些规定对房地产开发项目的实施非常有利，对项目的顺利实施起到了很好的推进作用，建议法律法规修改时予以完善。

2. 建设单位和施工企业应当严格按照中标结果履行义务，落实责任，确因施工原因需要调整项目的，也应依法履行相应变更程序，建设单位不能擅自调整项目，否则，要承担相应的法律责任。监理企业应当按照中标结果履行监理义务，发现问题应当及时制止或向建设主管部门报告。

3. 对将中标项目转让给他人的施工单位，除了罚款之外，还应采取行业通报，记入诚信记录，限制其在一定时间和范围内参加投标等措施。情节严重的，由工商行政管理机关吊销营业执照。

案例 21 某施工单位弄虚作假骗取中标案

一、基本案情

某监狱建设园林绿化项目，面积为 9650 平方米。项目建设单位为 A 监狱，中标单位为 B 工程有限公司，中标价 1800 万元。中标结果公示期间，某县住房和城乡建设局接到相关单位的投诉，称中标单位 B 工程有限公司涉嫌存在"弄虚作假，骗取中标"的违法行为，遂立案调查。

二、查处情况

经查，发现 B 工程有限公司在投标过程中使用虚假业绩资料骗取该监狱建设项目施工中标资格（证明材料有调查笔录、书面认定证实材料、录音材料等）。根据《招标投标法》第三十三条、《招标投标法实施条例》第四十二条的规定，认定投标单位 B 工程有限公司存在弄虚作假骗取中标资格的违法行为。

三、处理结果

依据《招标投标法》第五十四条、《招标投标法实施条例》第六十八条的规定，县住建局确认中标无效并对 B 工程有限公司处以 9 万元罚款（1800万元 ×5‰）。

四、法律法规辨析

《招标投标法》第三十三条规定："投标人不得以低于成本的报价竞标，也不得以他人名义投标或者以其他方式弄虚作假，骗取中标。"《招标投标法实施条例》第四十二条规定："……投标人有下列情形之一的，属于招标投标法第三十三条规定的以其他方式弄虚作假的行为：（一）使用伪造、变造的许可证件；（二）提供虚假的财务状况或者业绩；（三）提供虚假的项目负责人或者主要技术人员简历、劳动关系证明；（四）提供虚假的信用状况；

（五）其他弄虚作假的行为。"根据以上规定，投标单位不得以任何方式弄虚作假骗取中标。本案中，B 工程有限公司使用虚假材料骗取中标，违反了上述规定。

《招标投标法》第五十四条规定："投标人以他人名义投标或者以其他方式弄虚作假，骗取中标的，中标无效；给招标人造成损失的，依法承担赔偿责任；构成犯罪的，依法追究刑事责任。依法必须进行招标的项目的投标人有前款所列行为尚未构成犯罪的，处中标项目金额 5‰ 以上 10‰ 以下的罚款，对单位直接负责的主管人员和其他直接责任人员处单位罚款数额 5% 以上 10% 以下的罚款；有违法所得的，并处没收违法所得；情节严重的，取消其一年至三年内参加依法必须进行招标的项目的投标资格并予以公告，直至由工商行政管理机关吊销营业执照。"《招标投标法实施条例》第六十八条规定："投标人以他人名义投标或者以其他方式弄虚作假骗取中标的，中标无效；构成犯罪的，依法追究刑事责任；尚不构成犯罪的，依照招标投标法第五十四条的规定处罚。依法必须进行招标的项目的投标人未中标的，对单位的罚款金额按照招标项目合同金额依照招标投标法规定的比例计算……"根据上述规定，对于投标单位弄虚作假骗取中标的，应处中标项目金额 5‰ 以上 10‰ 以下罚款，鉴于 B 工程有限公司积极配合调查，故给予投标单位中标项目金额 5‰ 的罚款，即罚款 9 万元。

五、对比分析

本案未对投标单位直接负责的主管人员和其他直接责任人员处罚，是本案处理的遗漏之处。

六、难点问题及建议

工作实践中，为了遏制和减少投标人弄虚作假骗取中标行为的发生，招标办、招标代理机构、招标单位等，应加强对投标单位的资格审查，建设主管部门应强化监督检查。建议政府管理部门建立健全工程项目及建筑市场主体信息的备案和公示制度，实现各省市地区间的信息共享，将各施工企业的基本信息、业绩信息、人员信息等备案，同时应将其不良市场行为记入诚信档案，接受社会监督，确保招投标活动正常进行。

案例 22　某房地产开发公司违法发包案

一、基本案情

某商品住宅项目，共 9 栋高层建筑，总建筑面积 12 万平方米，总合同价款 1.6 亿元，项目建设单位为 A 开发公司，施工总承包单位为 B 总包公司（房建特级资质），监理单位为 C 监理公司。2012 年 5 月，B 公司开始土建部分施工。2013 年 9 月，A 开发公司分别将该工程的 5 栋楼幕墙工程（面积 4.4 万平方米，合同价款 2600 万余元）发包给 D 工程公司，将其中 4 栋楼幕墙工程（面积 3.7 万平方米，合同价款 2200 万余元）发包给 E 工程公司（建筑幕墙工程专业二级）。2014 年 7 月，该工程发生 1 人坠落死亡事故，在事故调查过程中发现，该工程项目存在肢解发包和超越资质施工的违法行为。

二、查处情况

A 开发公司将幕墙工程发包给 D 工程公司和 E 工程公司的行为，根据相关标准认定 A 开发公司已构成肢解发包。E 工程公司存在超越资质等级承接工程的问题。

住房城乡建设主管部门向 A 开发公司和 E 工程公司发出行政处罚告知书，告知其陈述、申辩和要求举行听证的权利。随后，A 开发公司要求听证。根据其要求，住房城乡建设主管部门组织召开了听证会议，并向 A 开发公司和 E 工程公司分别下达了行政处罚决定书。

三、处理结果

依据《建设工程质量管理条例》第五十五条的规定，住房城乡建设主管部门对 A 开发公司作出了罚款 120 万元（16000 万 × 0.75%）的行政处罚决定。

依据《建设工程质量管理条例》第六十条的规定，住房城乡建设主管部门对 E 工程公司作出了罚款 66 万元（2200 万 ×3%）的行政处罚。

四、法律法规辨析

本案 A 开发公司在与 B 总包公司已经签订施工总承包合同的条件下，将其中幕墙专业工程又发包给 D 工程公司和 E 工程公司，违反了《建筑法》和《建设工程质量管理条例》有关禁止肢解发包的规定。《建设工程质量管理条例》第五十五条规定："建设单位将建设工程肢解发包的，责令改正，处工程合同价款 0.5% 以上 1% 以下的罚款。"由于总承包合同金额为 1.6 亿元，A 开发公司应被处以罚款额为 80 万元—160 万元的行政处罚。住房城乡建设主管部门依照合同价款 0.75% 的标准对 A 开发公司处以 120 万元的罚款。

根据《建筑业企业资质等级标准》（建建〔2001〕82 号）中有关建筑幕墙工程专业承包企业资质等级标准的规定，E 工程公司可承担单项合同额不超过企业注册资本金 5 倍且单项工程面积在 8000 平方米及以下、高度 80 米及以下的建筑幕墙工程的施工。E 工程公司所施工的 2 号楼单项工程面积超 8000 平方米，檐口高度为 85 米，属于超越资质等级施工。《建筑法》第二十六条和《建设工程质量管理条例》第二十五条规定，施工单位承揽工程应具备相应资质。因此，可依据《建设工程质量管理条例》第六十条的规定进行处罚。

五、对比分析

1. 本案例中，住房城乡建设主管部门除依法对 A 开发公司的肢解发包行为作出行政处罚外，还应责令其停止违法行为。

2. 未对建设单位将建筑工程发包给不具有相应资质的施工单位的行为进行处罚。《建设工程质量管理条例》第五十四条规定："违反本条例规定，建设单位将建设工程发包给不具有相应资质等级的勘察、设计、施工单位或者委托给不具有相应资质等级的工程监理单位的，责令改正，处 50 万元以上 100 万元以下的罚款。"

3. 未对单位直接负责的主管人员和其他直接责任人员进行处罚。《建设工程质量管理条例》第七十三条规定："依照本条例规定，给予单位罚款处罚的，对单位直接负责的主管人员和其他直接责任人员处单位罚款数额 5% 以上 10% 以下的罚款。"

六、难点问题及建议

1. 如何界定肢解发包。听证会上，A 开发公司提出，他们将幕墙工程分别发包给 D、E 工程公司是属于"将施工范围内的单位工程或分部分项工程又另行发包"的行为。而该市住房城乡建设主管部门认为，A 开发公司的行为属于肢解发包行为，同时认为"将施工范围内的单位工程或分部分项工程又另行发包"其实也是肢解发包的一种情形。

如何定义"应当由一个承包单位完成的建设工程"，各地实践中有不同的解释。大多数地方性法规规定，建设单位或总承包单位以单项工程为最小标的发包。施工总包单位可将单位工程分包给其他施工单位。有些地方性法规将单位工程单独发包的行为界定为肢解发包。因此，本案例将 A 开发公司的行为界定为肢解发包并无不妥。但是，在司法实践中，大多数法院将消防、装饰装修等专业工程界定为可以单独发包的工程，而非肢解发包。因此，肢解发包的认定标准还需要更高层级的立法规范予以明确。

2. 罚款金额的基数问题。《建设工程质量管理条例》第五十五条规定："对建设单位肢解发包的，处工程合同价款 0.5% 以上 1% 以下的罚款。"但是，条款中并未明确界定罚款的计算基数，即"工程合同价款"的范围。A 开发公司认为，工程合同价款应是肢解发包部分的合同价款。该市住房城乡建设主管部门认为建设工程在房屋建筑中一般是指单位工程。按照《建设工程分类标准》的规定，单位工程是指具备独立施工条件并能形成独立使用功能的建筑物或者构筑物，因此，工程合同价款应是"总承包合同价款"。建议相关部门对《建设工程质量管理条例》中的"工程合同价款"作出更明确的定义。

案例 23　某工程项目施工单位违法分包案

一、基本案情

某工程项目建设单位为市项目管理办公室，施工单位为 A 建筑安装公司，监理单位为 B 监理公司。该项目总造价为 9239 万元，于 2011 年 9 月开工建设，2012 年 12 月竣工并交付使用。2015 年 5 月，住房城乡建设主管部门接到群众举报，称该工程涉嫌转包，遂展开调查。

二、查处情况

经查，该项目施工单位 A 建筑安装公司中标后，于 2011 年 9 月与 C 公司签订了施工（分包）协议书，约定合同价款为 1598 万元，将中标项目的主体结构部分交由该公司组织施工。施工过程中，除商砼、钢材由 A 公司负责采购外，其他主要建筑材料、周转材料和施工机械设备均由 C 公司购置或租赁。建设主管部门在案件查办过程中，对施工单位进行了约谈，并制作了调查询问笔录，施工单位和分包单位对上述行为供认不讳。

依据《建筑工程施工转包违法分包等违法行为认定查处管理办法（试行）》第九条第（四）项的规定，认定 A 公司在该项目施工过程中存在违法分包的行为，分包单位 C 公司存在接受违法分包的行为。调查取证工作结束后，建设主管部门于 2015 年 8 月依据《建设工程质量管理条例》的有关规定，依法向违法单位及责任人下达了行政处罚决定书。

三、处理结果

依据《建设工程质量管理条例》第六十二条第一款和《建筑工程施工转包违法分包等违法行为认定查处管理办法（试行）》第十三条第（二）项的规定，对 B 公司处以 11.98 万元（1598 万元 ×0.75%）的罚款。

依据《建设工程质量管理条例》第七十三条的规定，对 B 公司直接负责人甲某处以 0.9 万元（11.98 万元 ×0.75%）的罚款。

依据《房屋建筑和市政基础设施工程施工分包管理办法》第十八条的规定，对接受分包的 C 公司处以 2 万元的罚款。

四、法律法规辨析

《建设工程质量管理条例》第二十五条第三款规定："施工单位不得转包或者违法分包工程。"第七十八条第二款规定："本条例所称违法分包，是指下列行为：……（三）施工总承包单位将建设工程主体结构的施工分包给其他单位的……"本案中，A 公司将中标项目的主体结构部分交由 C 公司组织施工，属于法律所禁止的违法分包行为。

《建筑法》第六十七条第一款规定："承包单位将承包的工程转包的，或者违反本法规定进行分包的，责令改正，没收违法所得，并处罚款，可以责令停业整顿、降低资质等级；情节严重的，吊销资质证书。"《建设工程质量管理条例》第六十二条第一款规定："违反本条例规定，承包单位将承包的工程转包或者违法分包的，责令改正，没收违法所得，对施工单位处工程合同价款 0.5% 以上 1% 以下的罚款；可以责令停业整顿，降低资质等级；情节严重的，吊销资质证书。"根据以上规定，对 A 公司违法分包的行为，应责令改正，没收违法所得，处以合同价款 0.5%—1% 的罚款。

《建设工程质量管理条例》第七十三条规定："依照本条例规定，给予单位罚款处罚的，对单位直接负责的主管人员和其他直接责任人员处单位罚款数额 5% 以上 10% 以下的罚款。"根据该规定，对于 A 公司的直接负责的主管人员和其他直接责任人员应处以罚款。

修改前的《房屋建筑和市政基础设施工程施工分包管理办法》第十八条规定："违反本办法规定，转包、违法分包或者允许他人以本企业名义承揽工程的，按照《中华人民共和国建筑法》、《中华人民共和国招标投标法》和《建设工程质量管理条例》的规定予以处罚；对于接受转包、违法分包和用他人名义承揽工程的，处 1 万元以上 3 万元以下的罚款。"因此，可对接受分包单位 C 公司处 1 万元—3 万元罚款。

五、对比分析

本案针对 A 公司违法分包的行为，依法对 A 公司及其责任人员实施了行政处罚，处理的不足之处是：

第一，根据相关法律法规，对于违法分包的 A 公司应责令改正并没收违法所得，本案执法机关仅对其处以罚款，未责令改正并没收违法所得，处罚不到位。

第二，对接受违法分包的单位 C 公司的处罚依据不够明确。2014 年 8 月 27 日修订发布的《房屋建筑和市政基础设施工程施工分包管理办法》第十八条仅规定了对接受违法分包的单位应当予以处罚，但是没有具体处罚措施和数额的规定。实践中，如果接受违法分包的单位属于超越资质承揽工程的，可以依据《建设工程质量管理条例》第六十条规定进行处罚，但是对于符合资质要求接受违法分包的单位，目前对其处罚依据不足。

六、难点问题及建议

1. 对违法分包涉案单位进行惩戒不能以罚代管。在进行行政处罚的同时，应辅以行政管理措施，以加大对违法违规行为的打击震慑力度。

2. 建议立法中增加对接受违法分包单位的处罚措施的具体规定。

3. 违法分包中的"违法所得"难以认定，建议立法机关予以明确。

案例 24　某广场项目建设单位肢解发包和施工单位违法分包案

一、基本案情

某广场项目，建设单位为 A 公司，施工总承包单位为 B 公司。工程质量监督执法检查时发现，建设单位 A 公司与施工单位 B 公司签订合同后，又将装饰装修及通风空调工程发包给 C 公司，合同价款合计 4500 万元。施工总承包单位 B 公司将挡土墙工程以包工包料的形式分包给了 D 建筑劳务公司，将住宅工程劳务部分分包给了 E 公司（计取了模板及支撑体系——

板材及架料租赁费约 567 万元），将广场工程劳务部分分包给了 F 公司（计取了模板及支撑体系——板材及架料租赁费约 861 万元），三项违法分包合同价款合计 5888 万元。

二、查处情况

经查，该项目存在以下问题：（1）建设单位 A 公司将装饰装修及通风空调工程肢解发包给 C 公司，并直接向 C 公司支付了工程款。（2）施工总承包单位 B 公司将挡土墙工程以包工包料的形式违法分包给了 D 建筑劳务公司，将住宅工程劳务部分违法分包给了 E 公司，将广场工程劳务部分违法分包给了 F 公司。

三、处理结果

建设行政主管部门针对存在的问题责令限期改正，并进行了处罚。

责令改正情况：

1. 针对肢解发包问题，责令 A 公司限期改正。经 A 公司同意，总承包单位 B 公司将装饰装修和通风空调工程分包给 C 公司，并与 C 公司重新签订合同。

2. 针对 B 公司违法分包问题。（1）B 公司以包工包料的形式将挡土墙工程分包给 D 公司的问题，责令 B 公司限期改正，B 公司重新与 D 公司签订劳务分包合同，劳务合同额 43 万元，并与 G 建材公司签订材料供货合同。（2）B 公司与 E 公司签订的住宅工程劳务合同问题，责令 B 公司限期改正，B 公司重新与 E 公司签订劳务分包合同，劳务合同额 1683 万元，并与 H 建筑机械设备租赁有限公司签订模架体系、板材及架料租赁合同，合同额 567 万元。（3）B 公司与 F 公司签订的广场工程劳务分包合同，责令 B 公司限期改正，B 公司重新与 F 公司签订劳务分包合同，劳务合同额 2717 万元，并与 J 建筑机械设备租赁有限公司签订模架本系、板材及架料租赁合同，合同额 861 万元。

行政处罚情况：

1. 对建设单位 A 公司。依据《建筑法》第六十五条、《建设工程质量管理条例》第五十五条之规定，参照省《住房和城乡建设厅行政处罚自由裁量基准（试行）》的相关规定，处 22.5 万元罚款（4500 万元 × 0.5%）。

2. 对施工总承包单位 B 公司。依据《建筑法》第六十七条、《建设工程质量管理条例》第六十二条之规定，参照省《住房和城乡建设厅行政处罚自由裁量基准（试行）》相关规定，处 41.2 万元罚款（5888 万元 × 0.7%）。依据《建筑工程施工转包违法分包等违法行为认定查处管理办法（试行）》第十四条第二款规定，限制其在 3 个月内不得参加本区域内投标活动。

3. 对施工单位直接负责的责任人。依据《建设工程质量管理条例》第七十三条规定，对项目经理甲处单位罚款数额 5% 的罚款，计 2.1 万元（41.2 万元 × 5%）。

四、法律法规辨析

《建筑法》第二十四条规定："提倡对建筑工程实行总承包，禁止将建筑工程肢解发包。建筑工程的发包单位可以将建筑工程的勘察、设计、施工、设备采购一并发包给一个工程总承包单位，也可以将建筑工程勘察、设计、施工、设备采购的一项或者多项发包给一个工程总承包单位；但是，不得将应当由一个承包单位完成的建筑工程肢解成若干部分发包给几个承包单位。"本案中建设单位 A 公司分别与施工总承包单位 B 公司及专业承包单位 C 公司签订了工程承包合同，并直接向专业承包单位 C 公司支付工程款，属于肢解发包行为。

《建筑法》第六十五条规定："发包单位将工程发包给不具有相应资质条件的承包单位的，或者违反本法规定将建筑工程肢解发包的，责令改正，处以罚款。"《建设工程质量管理条例》第五十五条规定："违反本条例规定，建设单位将建设工程肢解发包的，责令改正，处工程合同价款 0.5% 以上 1% 以下的罚款……"根据以上规定，应责令建设单位改正，并处罚款。

《建筑法》第二十九条规定："建筑工程总承包单位可以将承包工程中的部分工程发包给具有相应资质条件的分包单位；但是，除总承包合同中约定的分包外，必须经建设单位认可。施工总承包的，建筑工程主体结构的施工必须由总承包单位自行完成。禁止分包单位将其承包的工程再分包。"B 公司以包工包料的形式将部分工程内容分包给劳务公司，属违法分包。

《建设工程质量管理条例》第六十二条规定："违反本条例规定，承包单位将承包的工程转包或者违法分包的，责令改正，没收违法所得……对施工单位处工程合同价款 0.5% 以上 1% 以下的罚款；可以责令停业整顿，降低资质等级；情节严重的，吊销资质证书。"本案中应对施工单位 B 公司处以责令改正、没收违法所得以及罚款等处罚措施。

《建筑工程施工转包违法分包等违法行为认定查处管理办法（试行）》第十四条第二款规定："对认定有转包、违法分包、挂靠、转让出借资质证书或者以其他方式允许他人以本单位的名义承揽工程等违法行为的施工单位，可依法限制其在 3 个月内不得参加违法行为发生地的招标投标活动、承揽新的工程项目，并对其企业资质是否满足资质标准条件进行核查，对达不到资质标准要求的限期整改，整改仍达不到要求的，资质审批机关撤回其资质证书。……"根据该规定，对施工单位 B 公司可依法限制其在一定期间内不得参加行为发生地的投标活动等。

《建设工程质量管理条例》第七十三条规定："依照本条例规定，给予单位罚款处罚的，对单位直接负责的主管人员和其他直接责任人员处单位罚款数额 5% 以上 10% 以下的罚款。"根据该条规定，本案应对 A 公司和 B 公司直接责任人员处以罚款。

五、对比分析

本案的事实认定准确，适用法律正确，处理结果也比较妥当。针对建设单位的肢解发包行为和施工单位的违法分包行为，建设主管部门并没有以罚代管，而是责令建设单位、施工单位改正，建设、施工单位在限期内改正了违法行为。这一整改措施很好地贯彻了立法精神，减少了违法行为所可能产生的负面影响。此外，建设主管部门除对施工单位进行罚款处罚外，还限制其在一定时间内不准在本行政区域内参与投标、承揽新工程，增加了违法成本，起到了一定的震慑作用。

本案的处罚结果中存在以下三个问题。

1. 缺乏对违法所得的认定和没收。根据相关法律规定，对于违法分包的施工单位应当没收违法所得，本案中没有认定违法所得并予以没收。

2. 对建设单位的责任人没有进行处罚。本案仅对施工单位的负责人进行了处罚，对建设单位的主要责任人员没有处罚。

3. 为了加大对违法行为的惩戒力度，还应将建设单位、施工总承包单位的不良行为记入诚信档案，并向社会公布。

六、难点问题及建议

1. 立法中应当增加对接受转包、接受违法分包的单位和个人进行处罚的规定。

2. 转包、违法分包、挂靠等违法行为的"违法所得"难以认定。建议立法机关对"违法所得"的计算方式予以明确。

案例 25　某保障性住房项目建设单位 未组织招标擅自发包案

一、基本案情

某市保障住房项目，建筑面积 8774.82 平方米，总合同价为 735.8 万元。建设单位为 A 开发公司，施工单位为 B 建筑公司，监理单位为 C 监理公司。

经该市建设局检查发现，该项目涉嫌存在未经招标直接选择施工单位违法发包的行为。

二、查处情况

经该市建设局立案调查，询问相关当事人并现场笔录，确认该项目存在未经招标直接选择施工单位违法发包的情况。经市建设局研究，决定按照《招标投标法》第三条和第四十九条的规定，对 A 开发公司处以相应的行政处罚。

三、处理结果

依据《招标投标法》第四十九条的规定，给予 A 开发公司合同价款 5‰ 的处罚，即罚款 3.679 万元。同时责令该项目停止施工，并依法重新招标。

四、法律法规辨析

《建筑法》第十九条规定："建筑工程依法实行招标发包，对不适于招标发包的可以直接发包。"《招标投标法》第三条规定："在中华人民共和国境内进行下列工程建设项目包括项目的勘察、设计、施工、监理以及与工程建设有关的重要设备、材料等的采购，必须进行招标：……（二）全部或者部分使用国有资金投资或者国家融资的项目……"该保障性住房项目作为政府投资的项目，应当适用招标投标法的规定，采用公开招标方式发包。

《招标投标法》第四十九条规定："违反本法规定，必须进行招标的项目而不招标的，将必须进行招标的项目化整为零或者以其他任何方式规避招标的，责令限期改正，可以处项目合同金额 5‰ 以上 10‰ 以下的罚款。"该项目未进行招标，建设局按总合同金额 735.8 万元的 5‰ 以上 10‰ 以下的额度对建设单位进行罚款符合法律规定。

五、对比分析

本案执法的法律适用方面比较恰当。该保障性住房项目未按规定进行招标，建设局对建设单位 A 公司，以总合同金额 735.8 万元为基数，处以 5‰ 的罚款，即 3.679 万元，责令重新招标，都在其法定权限范围内，是恰当的。

《招标投标法》第四十九条规定："……对全部或者部分使用国有资金的项目，可以暂停项目执行或者暂停资金拨付；对单位直接负责的主管人员和其他直接责任人员依法给予处分。"案件处理中，遗漏了对单位直接负责的主管人员和其他直接责任人员的处理，应依法给予上述人员相应的处分。

六、难点问题及建议

《招标投标法》第四十九条规定，必须进行招标而未招标的，应责令限期改正，可以处5‰以上10‰以下的罚款。实际执法过程中，发现该问题时，一般工程已经开工甚至完工，无法改正，因此责令改正难以落实。

因此，适用《招标投标法》第四十九条处罚时，可将能否改正作为裁量因素，对能够采取改正措施的从轻处罚，对无法采取改正措施的从重处罚。执法实践中如何执行，建议法律法规修订时予以明确。

第 二 篇
工程质量典型案例

一、工程质量案件查处的难点及共性问题

1. 处罚基数难以确定。某些法律法规规定处罚以合同价款为基数，但合同价款的认定各地在执行中存在差异。实践中又缺乏相关解释，案件处罚基数在确定上存在很大难度。发生质量问题的往往只是工程项目的一个分项或分部，而非整个工程，如以承包合同价款作为处罚基数，则与行政处罚法中的比例原则不相适应，而且处罚金额过大，容易出现执行难问题。

2. 违法行为的调查取证困难。由于建筑工程具有时序性、阶段性的特点，隐蔽工程部分的违法行为在执法检查过程中难以被发现。调查取证时，违法行为当事人除对查处认定的违法行为予以承认外，一般不积极配合对其他违法行为的调查，使调查取证工作很难进行。

3. 对同时违反法律法规不同条款的案件是并罚还是按最高标准处罚，现实中难以把握。比如，某施工单位进场的建筑材料没有检验就投入使用，该建筑材料又是不合格材料，不满足设计图纸和规范标准的要求，这种行为既违反了《建设工程质量管理条例》第二十八条，又违反了第二十九条，那么是按第六十四条、第六十五条合并进行处罚，还是取第六十四条、第六十五条中处罚额度较高的那条进行处罚，一线执法人员往往无法准确判断。

4. 违法行为处罚易整改难。质量问题被发现时，可能之后的几道工序已经完成，想要彻底整改，已建工程就必须全部拆除，容易造成巨大经济损

失和不良社会影响。但如果不予拆除，则质量问题及质量事故隐患始终存在。如钢筋连接未做试验，但混凝土已经浇筑完成，如不拆除难以保证钢筋连接质量。

5.对监理单位处罚的法律依据不足。一项工程出现质量问题，甚至质量事故，监理单位作为建设方委托的工程质量安全监督主体，有着不可推卸的责任。但是，现行的法律法规对监理单位不严格履行职责的责任追究条款较少，且处罚标准过低，难以起到应有的惩戒作用。

6.稽查执法队伍和人员的素质有待提高。部分稽查执法机构装备不足，执法手段落后，工作人员专业技术水平有限，主要体现在懂专业的技术人员占比不高，对新技术、新知识了解不多，既懂管理又熟悉法律法规和技术规范的复合型人才比较缺乏。

二、强化工程质量稽查执法工作的对策及建议

1.提高工程质量稽查执法人员的业务素质。执法人员应当熟悉建设工程有关法律法规和标准规范，具有扎实的专业知识和发现鉴别质量问题以及处理质量问题的能力。建设行政主管部门应积极组织培训学习，不断提高工程质量稽查执法人员的业务能力和素质，建立完善继续教育制度。

2.引入第三方检测机构，采用盲样抽检。可采用政府购买服务的方式，确定第三方检测机构。由于第三方检测机构具有先进的仪器设备，科学的检测技术，又是盲样抽检，检测工作相对独立、客观、专业，检测结论比较公正，执法人员可依据检测结果适时开展执法工作。

3.进一步强化调查取证工作。扎实做好勘察取证、询问记录、书证物证、证据保全等工作，对违法行为发生时间、地点、违法事实等应建立在询问笔录的基础上，必要时采集视频、照片、录音等视听资料证据，加入必要的旁证，充分收集相关证据，确保取证程序合法、证据确凿，形成完整的证据链。

4.督促做好质量问题的整改工作。为防止以罚代管或只罚不管，对于

一般工程质量问题，应督促有关单位限期整改；对于疑难问题或重大工程质量问题，应依据相关技术标准组织专家论证，充分听取专业技术人员的意见和建议，研究提出切实可行的整改方案。

5. 切实做好整改的监督检查工作。有关单位整改完毕后，建设行政主管部门可根据整改情况、质量问题的影响程度、相关技术规范等，对需要复查的进行现场监督检查，杜绝整改措施不力、整改不到位现象的发生。建议完善监督整改机制，确保工程尽快按照要求进行整改，未达到整改要求的不得复工，以确保施工质量。

6. 加大典型案件的曝光力度。广泛利用广播、电视、报刊及网络等媒体向社会曝光典型案件，营造舆论氛围，形成震慑作用，增加违法成本，强化守法意识。

7. 继续强化信用体系建设。建立完善全国统一的建筑市场诚信信息平台，构建信用奖惩联动机制，守法激励、失信惩戒，形成一处违法处处受制的惩戒体系。

三、对完善相关法律法规的建议

1. 建议明确法律条款的适用。《建设工程质量管理条例》第二十八条、第二十九条、第六十四条、第六十五条在执法实践中有时难以界定，建议在法律法规释义中予以说明，指导执法人员正确理解其具体含义。如商品混凝土进场未留置试块，浇筑后，实体检测发现混凝土强度不合格，这种情况是按材料进场未经检测还是按使用不合格材料、不按设计图施工、不符合规范标准进行处罚，应在法律法规修订时予以明确。

2. 建议规定责令改正的时限。现行法律法规对违法行为责令改正时间没有明确规定。如，《建设工程质量管理条例》第六十四条规定："违反本条例规定，施工单位在施工中偷工减料的，使用不合格的建筑材料、建筑构配件和设备的，或者有不按照工程设计图纸或者施工技术标准施工的其他行为的，责令改正，处工程合同价款百分之二以上百分之四以下的罚款……"建议法律法规修订时，或者在各地区地方性法规规章中，根据违法行为的具体情况，分类设定违法行为责令改正时限。

3. 建议明确违法所得的认定和计算标准。现行法律法规一般都有没收违法所得的规定，但没有明确违法所得的认定和计算标准，执法实践中很难操作，理论界对违法所得认定和计算方式争议较大，建议在法律法规修订时或在释义中予以明确。

4. 建议明确"合同价款"如何适用。相关法律法规的释义应明确"合同价款"是指建设工程合同总价款，还是指分部分项工程、单位工程的合同价款，应研究出台具体实施细则，避免出现畸轻畸重的行政处罚。

5. 建议地方及时修订相关地方性法规规章等。地方性法规应当注意与国家相关法律、行政法规衔接统一，对违法行为的处理，地方性法规应当与法律、行政法规相一致，避免冲突。建议地方住房城乡建设主管部门对当地的工程建设领域地方性法规、规章进行梳理，提请当地政府修改完善与国家法律法规相冲突的条款。

6. 建议相关法律法规罚则中限定最低罚款数额。案例分析过程中发现，对部分违法行为的处罚数额过低。如，某违法分包工程的合同价款 32 万元，按《建设工程质量管理条例》，总承包单位及直接负责的主管人员仅罚款1600 元及 80 元，对违法主体的教育和惩处作用极其有限。建议法律法规修订时增加"最低罚款"条款，如最低应对违法分包的总承包单位处 1 万元以上罚款，对直接负责的主管人员和其他责任人员处 5000 元以上罚款等。

7. 建议增加对项目总监、监理工程师不履职或履职不到位的处罚。如，法律法规中未明确总监理工程师长期不在岗的量化标准，导致违法行为认定困难。建议相关法律法规修订时，将监理单位及相关责任人员的职责进一步明确，加大对项目总监和监理工程师不履职和履职不到位行为的处罚力度。

8. 建议自由裁量中考虑多方面因素的影响。如《建设工程质量管理条例》第六十四条规定："违反本条例规定，施工单位在施工中偷工减料的，使用不合格的建筑材料、建筑构配件和设备的，或者有不按照工程设计图纸或者施工技术标准施工的其他行为的，责令改正，处工程合同价款百分之二以上百分之四以下的罚款……"，实践中，施工单位使用不合格的外墙材料与不合格的桩基材料造成的损失是不一致的。自由裁量标准中，要综合分析考量施工单位的违法行为影响主体结构安全的程度、工程项目维修与加固造成的损失、施工质量低于原设计要求的危害程度等重要因素，细化自由裁量的幅度，客观、准确、公正处理违法违规行为。

典 型 案 例

案例 26　某建材市场施工单位未按工程设计图纸施工案

一、基本案情

某建材市场项目，共有高层 3 栋，多层 2 栋，总建筑面积为 5.2 万平方米，合同金额为 3800 万元。项目建设单位为 A 开发公司，施工总承包单位为 B 工程公司，项目经理为甲某。项目于 2014 年 9 月开工建设。12 月，该工程在进行二层梁、板的钢筋绑扎时，当地建设主管部门巡查发现施工单位 B 工程公司存在未按照工程设计图纸施工的违法违规行为。

二、查处情况

经查，B 工程公司未按照工程设计图纸施工，框架梁柱节点配筋不足，抽查多处框架梁纵筋配筋数量、长度不足，不符合设计图纸和《混凝土结构工程施工质量验收规范》（GB50204—2002，2011 版）第 5.5.1 条的要求；所有折板楼梯梯板平直段厚度不足（如图 1 所示），不符合设计要求和《混凝土结构工程施工质量验收规范》（GB50204—2002，2011 版）第 8.3.1 条的规定。经执法人员对建设、设计、施工、监理单位责任人进行调查询问，确认情况属实。

综上所述，B 工程公司违反了某市建筑管理条例第四十条"未按设计文件施工"的规定。

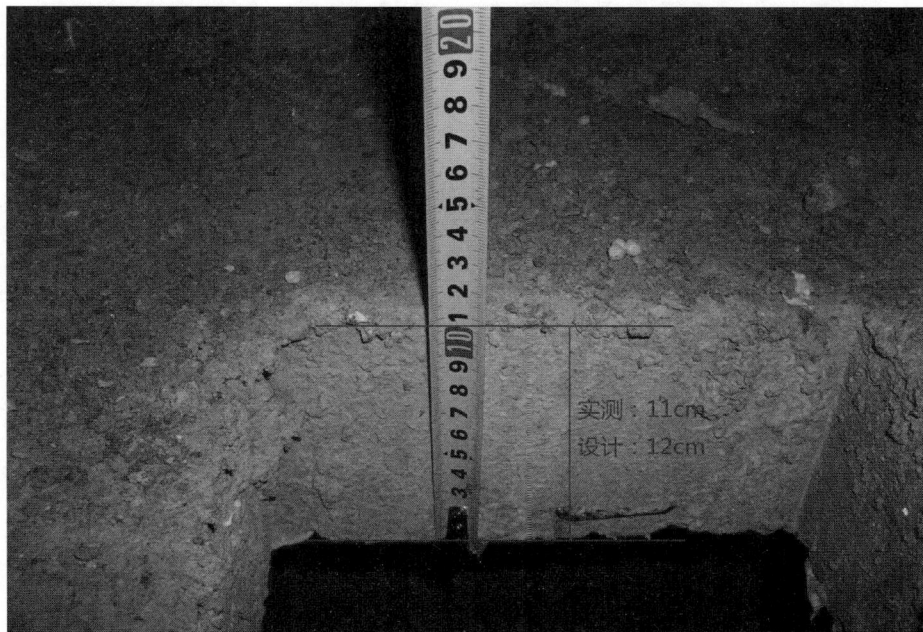

图 1　抽测楼梯梯板平直段厚度不足

三、处理结果

依据某市建筑管理条例第六十六条的规定，责令该项目停止施工，对 B 工程公司处 1 万元罚款。

依据《建筑施工项目经理质量安全违法违规行为记分管理规定》（建质〔2014〕123 号）第四条第二款的规定，给予项目经理甲某违法违规行为记 6 分处理。

四、法律法规辨析

某市建筑管理条例第六十六条规定："建筑企业违反本条例规定，有下列行为之一的，由县级以上建设行政主管部门没收违法所得，责令停止施工、停止六个月到十二个月的投标资格、降低资质等级或吊销资质证书，并可处以一万元至十万元罚款：……（七）未按设计文件施工，违反国家和市制定的有关技术标准、质量验评标准、施工规范、操作规程，造成质量隐患或事故的，赔偿损失，构成犯罪的，依法追究刑事责任……"对 B 工程公司上述违法违规行为，应当责令改正，处 1 万元至 10 万元罚款。

《建筑施工项目经理质量安全违法违规行为记分管理规定》（建质〔2014〕123 号）第四条第二款规定："项目经理有下列行为之一的，一次记 6 分：……（二）未按照工程设计图纸和施工技术标准组织施工的……"依此，项目经理甲某应当给予一次记 6 分的处理。

《建设工程质量管理条例》第六十四条规定："违反本条例规定，施工单位在施工中偷工减料的，使用不合格的建筑材料、建筑构配件和设备的，或者有不按照工程设计图纸或者施工技术标准施工的其他行为的，责令改正，处工程合同价款 2% 以上 4% 以下的罚款……"B 工程公司不按照工程设计图纸和施工技术标准施工，应当处工程合同价款 2% 以上 4% 以下的罚款。

《建设工程质量管理条例》第七十三条规定："依照本条例规定，给予单位罚款处罚的，对单位直接负责的主管人员和其他直接责任人员处单位罚款数额 5% 以上 10% 以下的罚款。"项目经理甲某作为直接责任人员，没有按照设计图纸和技术标准组织施工，应当处单位罚款数额 5% 以上 10% 以下的罚款。

五、对比分析

鉴于 B 工程公司技术人员对图纸理解不足，无主观恶意，属初次违法，根据某市城乡建设委员会行政处罚自由裁量基准，建设主管部门按照某市建筑管理条例的规定，作出责令停止施工，处 1 万元罚款的从轻处罚决定，但未没收违法所得。依据《建设工程质量管理条例》第六十四条和第七十三条的规定，还应处 B 工程公司合同价款 2% 以上 4% 以下（7.6 万元—15.2 万元）的罚款，并对项目经理甲某处单位罚款数额 5% 以上 10% 以下（0.38 万元—0.76 万元）的罚款，并责令改正。

本案涉及执法过程中适用法律问题。按照该市地方性法规规章，本案没有对直接责任人项目经理甲某及 B 工程公司负责人给予处罚。如果依据《建设工程质量管理条例》进行处罚，更能对违法行为起到震慑作用。

六、难点问题及建议

1. 行政法规和地方性法规如何适用的问题。不同法律法规对同一违法行为均可适用，但处罚标准往往存在较大差异。建议做好地方性法规和行政法规的衔接，对同一违法行为的处理，地方性法规应当与行政法规一致，避免冲突。

2. 在执法实践中，法律法规对具体违法行为的责令改正时间没有明确规定，在立法中需进一步完善。

3. 违法所得没有明确的计算标准，理论界对违法所得的计算方式争议较大，加上实践中取证手段单一，致使违法所得难以认定。

案例 27　某工程项目未按图纸施工工程质量案

一、基本案情

某工程项目Ⅲ区、Ⅳ区 32# 楼由 A 置业有限公司开发建设，施工单位 B 有限公司，监理单位 C 工程监理有限公司，框架结构，共 11 层，地上一、二层为商铺，三层及以上部分为住宅，建筑面积 11171 平方米，于 2014 年 4 月开工建设，工程合同价款为 709.1 万元。2014 年 12 月 23 日，在省住建厅工程质量治理两年行动第一次督查工作中，发现该工程项目 32# 楼存在质量问题：一是楼梯梯板个别施工缝部位的板厚不符合设计要求，设计值为 100 毫米，现场实测最小值为 80 毫米（如图 2 所示）；二是后浇带模板被拆除后无加固处理措施等（如图 3 所示）。

二、查处情况

发现问题后，建设主管部门于 2014 年 12 月 24 日对该项目下发了通知，要求该项目停工，督促责任单位立即整改，坚决消除工程质量安全隐患。2015 年 1 月 6 日对该项目质量问题进行立案查处。1 月 7 日，根据调查情况，依据相关法律法规，分别对施工企业、监理单位下发了建设行政处罚事先告知书。

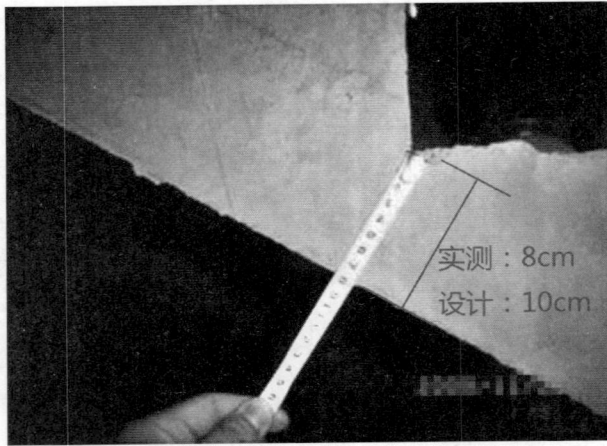

图 2　抽测楼梯梯板厚度不足

图 3　后浇带模板拆除后无加固措施

施工单位 B 有限公司、监理单位 C 监理公司高度重视所查出的质量安全问题，针对 32# 楼三层楼梯（37—40 轴）第四步处楼梯设计板厚为 100 毫米，实际只有 80 毫米（一步）的问题，经设计单位 D 建筑设计研究院有限公司对存在问题进行验算，80毫米板厚也满足强度要求，但不符合设计图纸要求（如图4所示）。

图4　楼梯梯板厚度不足

三、处理结果

依据《建设工程质量管理条例》第二十八条、第六十四条，该省建设工程质量管理办法第三十五条第（二）款、第五十五条规定，处理如下：（1）对施工单位B公司责令改正，负责返工、修理，处合同价款2%计14.182万元罚款的行政处罚。（2）对C监理有限公司责令限期改正，处1万元罚款的行政处罚。（3）责令施工单位B有限公司、监理单位C监理公司对施工现场相关管理人员进行处理。

四、法律法规辨析

《建设工程质量管理条例》第二十八条规定："施工单位必须按照工程设计图纸和施工技术标准施工，不得擅自修改工程设计，不得偷工减料。"本案中施工单位B公司违反了该规定。《建设工程质量管理条例》第六十四条规定："违反本条例规定，施工单位在施工中偷工减料的，使用不合格的建筑材料、建筑构配件和设备的，或者有不按照工程设计图纸或者施工技术标准施工的其他行为的，责令改正，处工程合同价款2%以上4%以下的罚款；

造成建设工程质量不符合规定的质量标准的，负责返工、修理，并赔偿因此造成的损失；情节严重的，责令停业整顿，降低资质等级或者吊销资质证书。"根据该规定，应对 B 公司处以责令改正、罚款的行政处罚，罚款数额为工程价款 709.1 万元的 2% 以上 4% 以下，即 14.182 万元以上 28.364 万元以下的罚款。如果造成其他危害后果的，还要承担返工、修理、赔偿损失、停业整顿、降低资质等级、吊销资质证书等法律责任。

《建设工程质量管理条例》第三十六条规定："工程监理单位应当依照法律、法规以及有关技术标准、设计文件和建设工程承包合同，代表建设单位对施工质量实施监理，并对施工质量承担监理责任。"该省建设工程质量管理办法第三十五条第（二）款规定："施工单位不按照经审查合格的施工图设计文件施工或者有违反法律、法规、工程建设强制性标准和合同约定行为的，工程监理人员应当予以制止；制止无效的，应当立即通知建设单位，并报告建设工程质量监督机构。"监理单位未对施工单位的行为及时制止，违反了该规定。该省建设工程质量管理办法第五十五条："违反本办法规定，监理单位有下列行为之一的，责令限期改正，处 5000 元以上 3 万元以下的罚款：（一）对施工单位不按照经审查合格的施工图设计文件施工或者有违反法律、法规、工程建设强制性标准和合同约定行为，未予以制止或者未报告的……"依据该规定，应对监理单位 C 公司处以 5000 元以上 3 万元以下的罚款。

五、对比分析

本案涉及的违法行为是建筑施工过程中未按照工程设计图施工。工程设计图是建筑施工的重要文件，是施工的依据。根据我国法律法规的规定，工程施工必须依据已经确定的设计图，不得擅自修改工程设计；如果要对设计图进行修改，必须遵循严格的法定程序。本案中施工单位 B 公司未按照工程设计图施工的行为，应当予以处罚，对监理单位履职不到位的行为同样应当予以处罚。

本案处理的不足之处是：未对施工单位、监理单位的直接负责主管人员和其他责任人员进行处罚。对施工单位负责人应当依据《建设工程质量管理

条例》第七十三条规定予以处罚。对监理单位的负责人应当依据该省建设
工程质量管理办法第五十七条"依照本办法第五十四条、第五十五条、第
五十六条规定，给予单位罚款处罚的，对单位直接负责的主管人员和其他直
接责任人员处单位罚款数额 5% 以上 10% 以下的罚款"的规定进行处罚。

六、难点问题及建议

此案表面上看是楼梯梯板厚度不满足设计要求，实质是施工单位、监
理单位质量管理、现场监理工作不到位。建议施工单位应进一步加强企业
内部质量管理体系建设，监理单位应实施有效的现场监理，确保工程按图
施工。

案例 28 某五金城项目施工单位未按设计图纸施工案

一、基本案情

某市国际五金城项目建设单位为 A 开发公司，施工总承包单位为 B 工
程公司。项目于 2013 年 10 月开工建设，案发时正在进行主体施工。2014
年 5 月 22 日，省工程质量巡查组对五金城 30# 楼工程进行了检查，发现该
工程存在填充墙砌体未按照工程设计图纸和施工技术标准施工的行为。按照
巡查组要求，2014 年 7 月 17 日，市建设行政主管部门对该案立案调查。

二、查处情况

建设主管部门在项目现场进行了调查取证并制作了调查笔录。

经查，施工单位 B 工程公司在国际五金城 30# 楼工程施工中存在下列
违法事实：第一，部分构造柱位移严重，构造柱顶部混凝土不密实（如图
5、图 6 所示）；第二，个别构造柱截面尺寸偏小，超出允许偏差，一些构造
柱未留马牙槎；第三，构造柱顶部植筋有漏筋现象（如图 7 所示），植筋位
置不准确，部分构造柱主筋搭接长度不够，箍筋数量不足，间距不准确；第
四，门窗洞口抱柱未按设计图纸施工。

图 5　构造柱位移严重

图 6　构造柱顶部混凝土孔洞、不密实

图 7　构造柱顶部植筋有漏筋现象

三、处理结果

B 工程公司的行为违反了《建设工程质量管理条例》第二十八条第一款的规定，依据第六十四条规定，建设主管部门按填充墙砌体部分合同价款的 2.5% 对 B 工程公司处以 1.45 万元的罚款。依据《建设工程质量管理条例》第七十三条的规定，建设主管部门对 B 工程公司直接责任人处以 0.145 万元的罚款。同时，建设主管部门将此违法行为记入省建设行政相对人违法行为记录系统。

四、法律法规辨析

《建设工程质量管理条例》第二十八条第一款规定："施工单位必须按照工程设计图纸和施工技术标准施工，不得擅自修改工程设计，不得偷工减料。"本案中，B 工程公司承建的国际五金城 30# 楼工程存在未按照工程设计图纸和施工技术标准施工的行为，并造成了工程质量缺陷。

《建设工程质量管理条例》第六十四条规定："违反本条例规定，施工单位在施工中偷工减料的，使用不合格的建筑材料、建筑构配件和设备的，或者有不按照工程设计图纸或者施工技术标准施工的其他行为的，责令改正，处工程合同价款 2% 以上 4% 以下的罚款；造成建设工程质量不符合规定的质量标准的，负责返工、修理，并赔偿因此造成的损失；情节严重的，责令停业整顿，降低资质等级或者吊销资质证书。"B 工程公司当事人在接受询问时提出，该工程在限期内已进行了改正。经执法人员调查，该工程确实在限期内进行了改正，经质量检测单位鉴定，该工程尚能满足设计和施工技术标准要求。建设主管部门据此对 B 工程公司按填充墙砌体部分合同价款的 2.5% 进行处罚，作出了罚款 1.45 万元的行政处罚。

《建设工程质量管理条例》第七十三条规定："依照本条例规定，给予单位罚款处罚的，对单位直接负责的主管人员和其他直接责任人员处单位罚款数额 5% 以上 10% 以下的罚款。"建设主管部门依照处罚上限对 B 工程公司直接责任人员处 0.145 万元的罚款。

五、对比分析

根据法律法规辨析，建设主管部门对 B 工程公司及直接责任人违法行为认定事实清楚，处罚依据充分。《建设工程质量管理条例》第六十四条规定："违反本条例规定，施工单位在施工中偷工减料的，使用不合格的建筑材料、建筑构配件和设备的，或者有不按照工程设计图纸或者施工技术标准施工的其他行为的，责令改正，处工程合同价款 2% 以上 4% 以下的罚款。"对于罚款基数"工程合同价款"的认定问题，该省住房和城乡建设厅关于区分单位工程整体和分部分项工程违法情形进行处罚有关问题的通知规定："建设主管部门发现施工单位在施工中偷工减料的，使用不合格的建筑材料、建筑构配件和设备的，或者不按照工程设计图纸、施工技术标准施工的违法行为时应责令其改正，严格按照国务院《建设工程质量管理条例》有关规定，区分单位工程整体和分部分项工程的违法情形，按违法行为涉及工程合同价款的 2% 以上 4% 以下对施工单位予以罚款，其中分部分项工程合同价款根据工程投标预算造价确认；违法行为造成建设工程质量不符合规定的质量标准的，施工单位负责返工、修理，并赔偿因此造成的损失；情节严重的，责令停业整顿，降低资质等级或者吊销资质证书。"因此，建设主管部门对 B 工程公司的处罚基数和罚款比例是依据该规范性文件确定的。

六、难点问题及建议

1. 处罚基数的确定问题。《建设工程质量管理条例》第六十四条并未对工程合同价款进行明确的定义，在执法实践中，对于该基数的确定是采用"总承包合同价款"还是"分包合同价款"或是其他价款，往往存在较大差异。该案是依填充墙体合同价款（该省明确分部分项工程合同价款由工程投标预算造价确认）为基数进行处罚的。建议法律法规释义中能明确处罚基数的确定原则。

2. 自由裁量基准的确定问题。本案执法人员考虑当事人已经按期改正，并满足相关要求，对 B 工程公司按照工程合同价款的 2.5%（中限）进行处罚，但对其直接责任人员按照单位罚款数额的 10% 即高限处罚，却没有说明其理由。建议各地出台行政处罚自由裁量基准，规范行政处罚行为。

案例 29　某住宅项目未按设计文件施工案

一、基本案情

某住宅项目的建设单位为 A 房地产开发有限公司，施工总承包单位为 B 建筑工程有限公司，监理单位为 C 监理有限公司，施工合同价款为 2265 万元。案发时形象进度主体已竣工，正在进行外墙、幕墙施工。2014 年 9 月 26 日，建设行政主管部门接到群众举报，反映该项目存在未按设计文件施工问题。

二、查处情况

经查发现，施工单位在进行外墙纸皮砖施工过程中，由于该建筑主体背面标高 17.35 米至 22.35 米 A—B 轴因主体施工浇筑混凝土时严重胀模，导致纸皮砖与外墙粘贴后不能找平，故擅自将该部位柱子钢筋直径 25 毫米的 1—8 号主筋 8 根（长度 0.5 米—1.2 米不等）割断，并将 8 根主筋外侧直径 12 毫米箍筋全部切除，将剪力墙内 1—3 号直径 12 毫米水平钢筋割断 3 根（长度 0.75 米—0.85 米不等），就直接进行抹灰隐蔽（如图 8 所示）。经省工程质量检测鉴定有限公司对该部位鉴定，结论为"因施工单位擅自割断钢筋，已影响结构承载力，应加固处理"。

综上所述，依据该省建筑管理条例第四十一条的规定，并通过对建设单位、施工单位、监理单位的询问和现场勘验，确认施工单位 B 建筑工程有限公司存在未按设计文件施工的违法事实。

三、处理结果

依据《×× 省建筑管理条例》第五十七条第七项的规定和《×× 省建设系统行政处罚自由裁量权实施标准》，市建设局对施工总承包单位处 22.65

图 8　混凝土结构胀模后剔凿切断部分钢筋

万元罚款（工程合同价款 2265 万元 ×1%）。

四、法律法规辨析

《建设工程质量管理条例》第二十八条规定："施工单位必须按照工程设计图纸和施工技术标准施工，不得擅自修改工程设计，不得偷工减料。"第六十四条规定："违反本条例规定，施工单位在施工中偷工减料的，使用不合格的建筑材料、建筑构配件和设备的，或者有不按照工程设计图纸或者施工技术标准施工的其他行为的，责令改正，处工程合同价款 2% 以上 4% 以下的罚款；造成建设工程质量不符合规定的质量标准的，负责返工、修理，并赔偿因此造成的损失；情节严重的，责令停业整顿，降低资质等级或者吊销资质证书。"因此，执法单位可以责令 B 建筑工程有限公司改正，并处工程合同价款 2% 以上 4% 以下的罚款。第七十三条规定："依照本条例规定，给予单位罚款处罚的，对单位直接负责的主管人员和其他直接责任人员处单位罚款数额 5% 以上 10% 以下的罚款。"按照该条规定，还应对 B 建筑工程有限公司直接负责的主管人员和其他直接责任人员处单位罚款数额 5% 以上 10% 以下的罚款。

《××省建筑管理条例》第四十一条规定："建设工程承包方应当按照设计文件施工，并遵守国家和省制定的有关技术标准、质量验评标准、施工规范、操作规程，对所承包的工程质量负责。不得无证、越级承包工程，不得采购、使用不合格的材料、设备、构配件、商品混凝土。"第五十七条规定："建设工程承包方违反本条例规定，有下列行为之一的，由县以上人民政府建设行政主管部门没收违法所得，给予警告、责令停止施工、停止 6 个月至 12 个月的投标资格、降低资质等级或吊销资质证书，并可处以工程造价 0.5% 到 2% 的罚款：……（七）未按设计文件施工，违反国家和省制定的有关技术指标、质量验评标准、施工规范、操作规程，造成质量隐患或事故的……"

五、对比分析

本案的处理，一是在选择适用的法律处罚方面存在不足。执法机关选择适用的是《××省建筑管理条例》第五十七条，与《建设工程质量管理条例》第六十四条、第七十三条存在冲突。按照上位法优于下位法的原则，应当适用《建设工程质量管理条例》，而不宜按照《××省建筑管理条例》处罚。二是处罚事实认定有待商榷。本案中，执法机关将总承包单位擅自割断钢筋的行为认定为未按照设计图纸施工进行处罚，实际上施工单位擅自割断钢筋的行为是由于前期混凝土浇筑过程中胀模，致使后期墙面施工无法继续而发生，故施工单位混凝土浇筑过程中未按照施工技术标准施工是本次质量事故发生的主要原因，在对施工单位处罚时应以混凝土未按施工技术标准施工作为违法行为为宜。

六、难点问题及建议

1. 违法行为发现难。施工总包单位未按设计文件施工，如没有人举报，监管部门将难以发现该违法行为，容易留下工程质量隐患。建议加强施工过程中的第三方监管责任，尤其是监理单位的监理责任。

2.监理单位的责任问题。《建设工程质量管理条例》第三十六条规定："工程监理单位应当依照法律、法规以及有关技术标准、设计文件和建设工程承包合同，代表建设单位对施工质量实施监理，并对施工质量承担监理责任。"本案中，混凝土结构工程出现质量问题，监理单位在验收后允许施工单位直接进入外墙施工工序，因此，还应当依据《建设工程质量管理条例》第六十七条的规定，对监理单位依法查处。

案例30　某商业住宅楼工程质量案

一、基本案情

某商业住宅楼，建筑面积 1.4 万平方米。项目建设单位 A 开发公司，施工单位 B 工程公司（房建二级资质）。2013 年 6 月，双方签订了该项目 2# 楼施工合同，工程合同价款为 1400 万元。施工单位于 2013 年 7 月进场施工，案发时 2# 楼主体已完工。

2014 年 4 月，建设主管部门组织抽查该项目 2# 楼建筑工程时，发现该项目 2# 楼 3 层墙与 4 层梁（1）交（C—D）轴节点、3 层墙与 4 层梁（9）交（G）轴节点、4 层墙与 5 层梁（19）交（D）轴节点混凝土强度达不到设计要求，经回弹检测推定值分别为 34.8 兆帕、35.7 兆帕、27.9 兆帕，未达到设计强度 C40 要求。

二、查处情况

发现该违法行为后，该省建设行政主管部门开始立案调查。经查看初查材料，并补充收集相关内业资料、检测报告、设计图纸、复核验算及审查记录单，基本查清了责任主体的质量问题。

经查，发现该项目建设单位曾委托 C 工程质量检测有限公司对该 2# 楼柱墙混凝土设计强度等级与梁板强度设计等级相差两个等级及以上的梁柱（剪力墙）节点的强度进行鉴定。根据检测机构出具的该项目 2# 楼回弹法检测混凝土强度的检测报告，检测 135 个梁柱（墙）测点，有 61 个测点强度推定值未达到设计要求（包括 6 个相差 5 兆帕以上的节点），其中：1 层有 19 个节点、2 层有 18 个节点、3 层有 11 个节点、4 层有 7 个节点、5 层有 6 个节点的检测结果低于设计强度等级 C40。

另查，该项目设计单位 D 建筑设计院有限公司根据检测报告对该项目 2# 楼一至五层部分剪力墙墙柱砼强度等级不足部分进行验算、复核，认为"未出现薄弱层，楼层抗剪承载力及承载力比值、楼层最大层间位移角、楼层位移比、墙柱轴压比及墙柱配筋、梁配筋等均可满足原设计要求"。图审机构 E 建筑工程施工图审查事务所对该项目复核后认为"根据剪力墙实际混凝土强度等级进行复核，剪力墙轴压比满足质量安全要求；根据新旧计算书及设计图纸复核，原施工图的剪力墙配筋及边缘构件配筋满足要求，不需加固补强"。

综上所述，该案主要查处了以下违法行为：根据《建设工程质量管理条例》第二十八条的规定，施工单位 B 建设工程有限公司存在不按照工程设计图纸或者施工技术标准施工的违法行为。

三、处理结果

依据《建设工程质量管理条例》第六十四条、《实施工程建设强制性标准监督规定》第十八条，结合该省《行政处罚自由裁量权标准（试行）》，决定对施工单位处合同价款 1400 万元 2% 的罚款，计人民币 28 万元。

四、法律法规辨析

《建设工程质量管理条例》第二十八条规定："施工单位必须按照工程设计图纸和施工技术标准施工，不得擅自修改工程设计，不得偷工减料。施工单位在施工过程中发现设计文件和图纸有差错的，应当及时提出意见和建议。"施工单位 B 工程公司存在施工中不按照工程设计图纸和施工技术标准施工的行为，有 61 个测点强度推定值未达到设计要求（包括 6 个相差 5 兆帕以上的测点），可以认定施工单位 B 建设工程有限公司未执行《混凝土结构工程施工质量验收规范》（GB50204—2002）中 7.4.1 条的"结构混凝土的强度等级必须符合设计要求"的强制性条文，违反了《实施工程建设强制性标准监督规定》第二条规定"在中华人民共和国境内从事新建、扩建、改建等工程建设活动，必须执行工程建设强制性标准"。

《建设工程质量管理条例》六十四条规定："违反本条例规定，施工单位在施工中偷工减料的，使用不合格的建筑材料、建筑构配件和设备的，或者有不按照工程设计图纸或者施工技术标准施工的其他行为的，责令改正，处工程合同价款 2% 以上 4% 以下的罚款；造成建设工程质量不符合规定的质量标准的，负责返工、修理，并赔偿因此造成的损失；情节严重的，责令停业整顿，降低资质等级或者吊销资质证书。"《实施工程建设强制性标准监督规定》第十八条规定："施工单位违反工程建设强制性标准的，责令改正，处工程合同价款 2% 以上 4% 以下的罚款；造成建设工程质量不符合规定的质量标准的，负责返工、修理，并赔偿因此造成的损失；情节严重的，责令停业整顿，降低资质等级或者吊销资质证书。"

根据上述规定，以该项目施工合同价款 1400 万元为标的，对该项目施工单位 B 工程公司，应作出罚款 28 万元—56 万元的行政处罚，并根据情节严重与否处以责令停业整顿、降低资质等级或者吊销资质证书等处罚。

五、对比分析

本案对事实的认定和法律适用是准确的，处罚结果综合考虑了案件的情节。本案涉及的主要违法行为是施工单位不按照工程设计图纸或者施工技术标准施工的行为。违反了《建设工程质量管理条例》《实施工程建设强制性标准监督规定》的规定。

施工单位 B 工程公司存在不按照工程设计图纸和施工技术标准施工的违法行为，经该项目设计单位、施工图审查机构复核，该工程质量未达到设计要求及规范规定，尚能保证结构安全，根据《××省建设厅行政处罚自由裁量权标准（试行）》，属从轻处罚情形，因此，给予 B 公司罚款幅度的下限处罚是合理的。

本案处理的不足之处是未对施工单位 B 工程公司负责人进行处罚。《建设工程质量管理条例》第七十三条规定："依照本条例规定，给予单位罚款处罚的，对单位直接负责的主管人员和其他直接责任人员处单位罚款数额

5% 以上 10% 以下的罚款。"

六、难点问题及建议

1. 通过本案的调查发现，自由裁量尺度的把握应综合考虑各方因素。在建设工程施工中，如存在不按照工程设计图纸或者施工技术标准施工、违反工程建设强制性标准的情况，建议办案过程中要综合分析考量施工单位的违法行为是否影响主体结构安全，是否需进行后期修正加固，是否符合原设计要求等重要情节，准确把握案件的自由裁量尺度。

2. 建议在查处过程中根据《建设工程监理规范》（GB/T50319—2013）的有关要求对监理行为进行检查，看是否存在未按监理规范进行监理的行为。应加强对监理单位的监管，监理单位发现施工单位不按施工技术标准进行施工的违法行为，应采取措施予以制止，不能制止的应及时向建设单位及建设行政主管部门报告。

3. 该工程大面积混凝土强度不足，仅采用回弹法测定混凝土强度作为事故处理手段和依据尚不够可靠。还应通过钻芯取样来推定混凝土强度（如

图 9　钻芯取样测试强度的试件及不合格试件

图 9 所示），并以此作为查办案件的重要依据。

案例 31　某新建厂房工程使用不合格钢筋案

一、基本案情

某新建厂房工程总建筑面积为 6.8 万平方米，建设单位为 A 开发公司，施工单位为 B 工程公司。项目于 2013 年 11 月开工。2014 年 8 月 26 日，建设主管部门对该项目进行建材监督抽检。经委托第三方检测机构抽检，发现 B 工程公司采购使用的 HRB400Φ8 热轧带肋钢筋重量偏差不合格。案发时正在进行主体结构施工。

二、查处情况

在掌握钢筋检测结果为不合格情况后，执法人员约谈了 B 工程公司法定代表人的授权代理人甲，对该批钢筋的采购和使用情况进行了调查。经调查，B 工程公司于 2014 年 8 月 14 日从 C（钢铁销售）公司购入 HRB400Φ8 热轧带肋钢筋 58.812 吨，已全部用于车间一层柱和二层底板。2014 年 8 月 16 日，该批次钢筋曾在 D 监理公司见证员乙的见证下，送 E 检测公司检测，检测结果合格。

根据调查情况，建设主管部门要求 B 工程公司立即停止使用该批钢筋，并请设计单位对已使用该批钢筋的部位进行技术复核。B 工程公司按照要求对剩余钢筋做了退货处理，设计单位也进行了技术复核，认为钢筋的强度尚能满足安全要求，对使用部位无须进行加固补强处理。

三、处理结果

依据《××市建设工程材料管理条例》的规定，同时考虑到 B 工程公司这一行为未对工程质量造成危害后果，结合《××市建筑建材业行政处罚常用裁量基准》，建设主管部门对 B 工程公司处以 2 万元罚款。

四、法律法规辨析

《××市建设工程材料管理条例》第十五条第一款规定："施工单位应当对建设工程材料进行进货检验和质量检测，不得使用不合格的建设工程材料。"建设主管部门在对涉案项目进行抽检时发现，B工程公司在项目上所用热轧带肋钢筋重量偏差不合格，直接影响到工程质量，遂要求B工程公司停止使用该批钢筋。

《××市建设工程材料管理条例》第二十五条第一款第（二）项规定，对于"建设工程总承包单位或者施工单位使用不合格建设工程材料或者使用禁止使用的用于建设工程的材料的"，"由市建委或者区、县建设行政管理部门责令改正，并可对单位处以2万元以上20万元以下的罚款；对主管人员和直接责任人员处以5000元以上5万元以下的罚款；构成犯罪的，依法追究刑事责任"。这批钢筋在使用前已经在D监理公司见证员乙某的见证下送E检测公司检测，且检测结果为合格，而建设主管部门抽检结果却不合格。经设计验算认可尚能满足安全要求，根据《××市建筑建材业行政处罚常用裁量基准》的规定，对B工程公司处以罚款2万元整。

五、对比分析

为保证施工质量，《建设工程质量管理条例》第二十九条规定："施工单位必须按照工程设计要求、施工技术标准和合同约定，对建筑材料、建筑构配件、设备和商品混凝土进行检验，检验应当有书面记录和专人签字；未经检验或者检验不合格的，不得使用。"

《建设工程质量管理条例》第六十四条规定："违反本条例规定，施工单位在施工中偷工减料的，使用不合格的建筑材料、建筑构配件和设备的……处工程合同价款2%以上4%以下的罚款……"这与本案适用的《××市建设工程材料管理条例》第二十五条第一款第（二）项规定的"处以2万元以上20万元以下的罚款"的罚则不同。

本案处理的不足之处是未对主管人员和直接责任人员进行处罚。《建设工程质量管理条例》第七十三条规定："依照本条例规定，给予单位罚款处罚的，对单位直接负责的主管人员和其他直接责任人员处单位罚款数额5%

以上 10% 以下的罚款。"这与《××市建设工程材料管理条例》第二十五条规定"对主管人员和直接责任人员还应处以 5000 元以上 5 万元以下的罚款"的罚则也不同。

六、难点问题及建议

本案难点是行政法规和地方性法规如何适用的问题。不同法律法规对同一违法行为均可适用,但处罚标准往往存在较大差异。建议做好地方性法规和行政法规的衔接,对同一违法行为的处理,地方性法规应当与行政法规一致,避免冲突。

案例 32　某住宅项目违反工程质量有关法规案

一、基本案情

某住宅项目 2014 年 4 月开工建设,总建筑面积 5 万平方米(共 3 栋建筑,其中地上建筑面积 3.4 万平方米,地下建筑面积 1.6 万平方米)。建设单位为 A 开发公司,法定代表人甲某;施工单位为 B 工程公司(房建贰级资质),法定代表人乙某,项目负责人丙某;勘察设计单位为 C 设计院(工程勘察乙级资质),法定代表人丁某,项目负责人戊某;监理单位为 D 监理公司,法定代表人己某,项目总监庚某。

执法部门抽查该项目时发现以下问题:(1)勘察设计单位 C 设计院超资质承揽了 1 万平方米以上的地下工程,违反了《勘察、设计、监理、施工等有关资质等级及承包工程范围》中《工程勘察乙级工程项目划分表》的规定;(2)该工程场地持力层承载力由 650 千帕变为 400 千帕未重新审图,挡土墙基础厚度不足,无计算书,负一层楼板活荷载取值不够;(3)一层现浇板厚度与设计不符(如图 10 所示),超出规范允许值,违反了《混凝土结构工程施工验收规范》(GB50204—2011)第 8.3.1 条规定;(4)质量安全标准化部分不规范,现场管理混乱,违反了《建筑工程施工现场环境与卫生标准》(JGJ146—2013)对环境卫生的要求;(5)专职安全员配备不足。案发时，3 号住宅楼工程已施工至三层底板。

图 10　现浇板厚度与设计不符（厚度不足）

二、查处情况

经查，勘察单位 C 设计院超越本单位资质等级承揽工程的行为，违反了《建设工程质量管理条例》第十八条的规定。施工单位 B 工程公司在部分工程（建筑施工面积 3700 平方米、合同造价 500 万元）中存在不按照工程设计图纸或者施工技术标准施工的行为。D 监理公司存在验收把关不严，未履行监理职责的违法行为。

案件调查期间，各参建单位已将有关问题整改完毕。场地持力层承载力由 650 千帕变为 400 千帕重新审图并通过，挡土墙验算后与加宽基础同时浇筑，变更负一层房屋使用性质，满足了荷载取值；悬挑脚手架工字钢移除后，原柱钢筋未发生位移，剔除松动混凝土，采用高一级标号混凝土浇筑；对施工现场环境卫生进行了整改，专职安全员到位。

三、处理结果

依据《建设工程质量管理条例》第六十条第一款，以该项目约定勘察费 2 万元为标的，对勘察单位 C 设计院，作出罚款 4 万元的行政处罚。依据《建设工程质量管理条例》第七十三条，对 C 设计院负责人丁某和项目负责人戊某分别作出罚款 4000 元的行政处罚。

依据《建设工程质量管理条例》第六十四条，对项目施工单位 B 工程公司，作出罚款 10 万元的行政处罚。依据《建设工程质量管理条例》第七十三条，对该项目负责人丙某作出罚款 1 万元的行政处罚。

依据《注册监理工程师管理规定》第三十一条，对 D 监理公司项目总监注册监理工程师庚某作出罚款 1 万元的行政处罚。

四、法律法规辨析

1. 勘察设计方面。《建设工程质量管理条例》第十八条规定勘察设计单位应在其资质等级许可的范围内承揽工程。C 设计院超资质承揽了 1.6 万平方米的地下工程，违反了《勘察、设计、监理、施工等有关资质等级及承包工程范围》中《工程勘察乙级工程项目划分表》"乙级企业承担民用工程地下空间（总建筑面积）为 1 万平方米及以下"的规定。

《建设工程质量管理条例》第六十条规定："违反本条例规定，勘察、设计、施工、工程监理单位超越本单位资质等级承揽工程的，责令停止违法行为，对勘察、设计单位或者工程监理单位处合同约定的勘察费、设计费或者监理酬金 1 倍以上 2 倍以下的罚款；对施工单位处工程合同价款 2% 以上 4% 以下的罚款，可以责令停业整顿，降低资质等级；情节严重的，吊销资质证书；有违法所得的，予以没收。"根据该规定，以该项目约定勘察费 2 万元为标的，可对 C 设计院作出 2 万元—4 万元的罚款；如情节严重的，应吊销资质证书；有违法所得的，予以没收。

《建设工程质量管理条例》第七十三条规定："依照本条例规定，给予单位罚款处罚的，对单位直接负责的主管人员和其他直接责任人员处单位罚款数额 5% 以上 10% 以下的罚款。"因此，应对 C 勘察单位的负责人丁和项目负责人戊分别处单位罚款数额 5% 以上 10% 以下的罚款。

2. 施工质量方面。《建设工程质量管理条例》第二十八条第一款规定："施工单位必须按照工程设计图纸和施工技术标准施工……"B 工程公司在施工中不按照工程设计图纸或者施工技术标准施工，一层现浇板厚度与设计不符，超出规范允许值，违反了《混凝土结构工程施工验收规范》

（GB50204—2011）第8.3.1条规定；质量安全标准化部分不规范，现场杂乱，违反了《建筑工程施工现场环境与卫生标准》（JGJ146—2013）对环境卫生的要求。

《建设工程质量管理条例》六十四条规定："违反本条例规定……责令改正，处工程合同价款2%以上4%以下的罚款；造成建设工程质量不符合规定的质量标准的，负责返工、修理，并赔偿因此造成的损失；情节严重的，责令停业整顿，降低资质等级或者吊销资质证书。"项目施工合同价款500万元，对该项目施工单位B可作出罚款10万元—20万元的行政处罚，并根据情节严重与否处以责令停业整顿、降低资质等级或者吊销资质证书等处罚。根据《建设工程质量管理条例》第七十三条规定，对施工单位项目负责人丙应作出罚款，数额为单位罚款数额的5%以上10%以下。

五、对比分析

主管部门对本案的事实认定和法律适用基本准确。本案主要涉及三个违法行为：一是勘察单位超越资质等级承揽工程；二是施工单位不按照工程设计图纸或者施工技术标准施工；三是监理单位未充分履行监理职责。

本案处理存在的问题：

1. 未依法对建设单位进行处罚。根据《建设工程质量管理条例》第五十四条规定："违反本条例规定，建设单位将建设工程发包给不具有相应资质等级的勘察、设计、施工单位或者委托给不具有相应资质等级的工程监理单位的，责令改正，处50万元以上100万元以下的罚款。"根据上述规定应对建设单位处以罚款。

2. 施工单位B公司施工过程中出现的无计算书、负一层楼板施工活荷载取值不够、挡土墙基础厚度不足等问题违反了相关的质量安全标准，应依法处理。

3. 对施工单位B公司认定为"存在不按照工程设计图纸或者施工技术标准施工的行为"，其认定不清，执法中，应明确界定属于哪一种违法行为。

4. 对C勘察设计单位的调查中，缺少对违法所得的认定，如有违法所得，按照《建设工程质量管理条例》第六十条的规定应"予以没收"。

5. 对注册监理工程师庚某作出罚款 1 万元的行政处罚存在问题。《注册监理工程师管理规定》第三十一条规定："……给予警告，责令其改正，没有违法所得的，处以 1 万元以下罚款，有违法所得的，处以违法所得 3 倍以下且不超过 3 万元的罚款……"案件调查中，缺少对违法所得的认定。此外，行政处罚中缺少"警告，责令其改正"的内容，不能仅一罚了事。

六、难点问题及建议

1. 如何消除违法行为的后果和影响？已经进行的工程如何处理？这一直是困扰工程建设执法的难题。在本案中，应责令建设单位委托有相应资质的勘察单位对勘察成果进行鉴定，对已经进行的工程进行核验。如果勘察成果无误，予以认定；如果勘察成果有误，应经专家论证，提出技术整改意见，必要时予以拆除。

2. 在实践中，存在违法所得缺乏认定标准的问题。建议立法部门予以明确。执法中，如发现违法所得，应当依法予以没收。

3. 对建设单位处罚难。在修订有关法律法规时，酌情调整对建设单位将建设工程发包给不具有相应资质等级单位行为的处罚额度。对建设单位除罚款等处罚措施外，还可以采取向建设单位的主管部门和纪检监察部门提出处罚建议等处理措施，以形成对建设单位的惩戒。

4. 对监理单位的质量管理责任处理不到位。本案仅对监理单位的监理工程师进行了处罚，没有依法对监理单位进行处罚。本案中的监理单位明显存在不履职行为，应处以罚款并计入不良记录。

案例 33　某地铁站防水工程不按照设计图纸施工案

一、基本案情

2014 年 12 月 4 日，建设行政主管部门到某地铁站工程土建施工 11 合同段进行现场检查。检查中，执法人员发现 A 公司在防水工程（合同价款为 19.2 万元）施工中存在以下问题：负一层第 6 流水段（6—9 轴）南侧墙顶水平施工缝防水加强层中线与水平施工缝不重合（偏离距离 40 厘米），不符合工程设计图纸的要求，涉嫌违反《建设工程质量管理条例》。2014 年 12 月 9 日，建设行政主管部门对其进行立案调查。

二、查处情况

2015 年 1 月，执法人员对该项目施工单位 A 公司的委托代理人进行了询问，并调取相关证据材料。执法人员查明，A 公司在 11 合同段防水工程施工中存在以下问题：负一层第 6 流水段（6—9 轴）南侧墙顶水平施工缝防水加强层中线与水平施工缝偏离 40 厘米，不符合工程设计图纸《主体结构施工缝防水图（一）》之侧墙膨润土防水毯施工缝防水构造图的要求，存在未按照工程设计图纸施工的违法行为。

三、处理结果

依据《建设工程质量管理条例》第六十四条规定，责令 A 公司改正，并处罚款 3840 元（19.2 万元 ×2%=3840 元）。

依据《建设工程质量管理条例》第七十三条规定，对 A 公司直接负责的主管人员处罚款 192 元（3840 元 ×5%=192 元）。

四、法律法规辨析

《建设工程质量管理条例》第二十八条规定："施工单位必须按照工程设计图纸和施工技术标准施工，不得擅自修改工程设计，不得偷工减料。施工单位在施工过程中发现设计文件和图纸有差错的，应当及时提出意见和建议。"

本案中 A 公司负一层第 6 流水段南侧墙顶水平施工缝防水加强层中线与水平施工缝不重合，不符合工程设计图纸要求。本案事实清楚，证据确凿，违法行为认定准确。《建设工程质量管理条例》第六十四条规定："违反本条例规定，施工单位在施工中偷工减料的，使用不合格的建筑材料、建筑构配件和设备的，或者有不按照工程设计图纸或者施工技术标准施工的其他行为的，责令改正，处工程合同价款 2% 以上 4% 以下的罚款；造成建设工程质量不符合规定的质量标准的，负责返工、修理，并赔偿因此造成的损失；情节严重的，责令停业整顿，降低资质等级或者吊销资质证书。"考虑到 A 公司能够主动配合调查取证，对存在的质量缺陷积极整改，及时消除质量隐患，建设主管部门一方面责令 A 公司予以改正，另一方面按防水工程合同价款（19.2 万元）的 2% 对 A 公司罚款 3840 元。同时，依据《建设工程质量管理条例》第七十三条的规定，"依照本条例规定，给予单位罚款处罚的，对单位直接负责的主管人员和其他直接责任人员处单位罚款数额 5% 以上 10% 以下的罚款"，建设主管部门按单位罚款数额 3840 元的 5% 给予 A 公司直接负责的主管人员处以 192 元的罚款。

五、对比分析

本案对违法单位及责任人的违法事实认定清楚，法律适用正确。但考虑到地铁属于重大公共工程项目，按上限处罚更适当。

六、难点问题及建议

依据《建设工程质量管理条例》第六十四条的规定，"施工单位有不按照工程设计图纸或者施工技术标准施工的其他行为的，责令改正，处工程合同价款 2% 以上 4% 以下的罚款"，但是，如何界定"工程合同价款"，是执法中常见的难点问题。建议完善现有法律法规，明确界定"工程合同价款"是指工程总合同价款还是分包合同价款。

本案中，按照分包工程合同价款对施工单位处 3840 元罚款，对施工单位直接负责的主管人员处 192 元罚款，不能起到惩处和教育作用。建议修改法律法规时，能限定最低罚款数额，真正起到对违法主体的教育和惩处作用。

案例 34　某国际广场工程项目质量责任案

一、基本案情

某国际广场项目占地面积为 2.23 万平方米，共有 17 栋建筑，总建筑面积为 60 万平方米。项目建设单位为 A 房地产开发有限公司，施工总承包单位为 B 有限公司，监理单位为 C 有限公司。项目于 2014 年 12 月开工建设，案发时正在进行主体施工。2015 年 3 月 28 日，项目所在地建设行政主管部门进行执法检查时，发现该项目存在质量安全隐患与管理人员不到岗等问题。

二、查处情况

经查发现，施工单位现场存在孔桩无动测报告、拉筋制作及留置不规范等质量隐患，另外项目经理未到岗履职。2015 年 3 月 9 日，建设行政主管部门向 B 有限公司发出行政处罚通知，责令其立即停工整改。

三、处理结果

依据《建设工程质量管理条例》第六十四、第六十五条的规定，建设主管部门对施工单位作出停工整改的行政处罚。

依据《建设施工项目经理质量安全违法违规行为记分管理规定》（建质〔2014〕123 号）第五条的规定，建设主管部门对本项目的项目经理作出一次性扣 3 分的行政处理。

四、法律法规辨析

《建设工程质量管理条例》第六十四条规定："……施工单位在施工中有不按照工程设计图纸或者施工技术标准施工的其他行为的，责令改正，处工程合同价款 2% 以上 4% 以下的罚款……"施工单位在施工过程中未规范留置拉结筋，已构成不按照工程设计图纸施工，施工单位未进行孔桩动测报告，属于不按照施工技术标准施工。第七十三条规定："依照本条例规定，给予单位罚款处罚的，对单位直接负责的主管人员和其他直接责任人员处单位罚款数额 5% 以上 10% 以下的罚款。"项目经理作为直接负责的主管人员应当予以处罚。

五、对比分析

本案中，虽然采取了责令停工整改和对项目经理扣分的监管措施，但没有进行行政处罚，处理结果存在明显遗漏。按照《建设工程质量管理条例》第六十四条规定"……或者有不按照工程设计图纸或者施工技术标准施工的其他行为的，责令改正，处工程合同价款 2% 以上 4% 以下的罚款……"，应对施工企业在责令改正的同时处以相应罚款，而不是仅责令改正了之。另外根据《行政处罚法》第八条的规定，对项目经理扣 3 分的处理不属于行政处罚，而应按《建设工程质量管理条例》第七十三条的规定进行处罚。

六、难点问题及建议

1. 对项目经理未到岗的认定，应当综合考虑其一贯履职情况，如果平时履职一直正常，在检查时仅仅是由于客观原因临时未到岗，不应认定为未到岗。

2. 执法和监管的关系。监管与执法属于两种不同的行政行为，监管是执法的前提。监管内容比较宽泛，包括行政强制措施、行政处理等行政行为，本案中责令停止施工与扣除 3 分均属于行政监管范畴，而不是行政处罚。

案例 35 某住宅项目施工单位违反强制标准施工案

一、基本案情

某住宅项目，建筑面积 13129.9 平方米，建设单位为 A 房地产开发有限公司，施工单位为 B 建设有限公司（房建施工总承包壹级）。2013 年 3 月 1 日，施工单位与建设单位签订了建筑安装工程施工合同，合同价款为 2500 万元。施工单位 B 建设有限公司于 2012 年 8 月进场施工，案发时主体工程已封顶，正在进行室内装修。2014 年 1 月 17 日，该省住房城乡建设厅督查组抽检发现，该项目 3# 楼 6 层剪力墙测点混凝土强度推定值低于设计强度等级。

二、查处情况

该省住房城乡建设厅督查组要求建设单位委托某建筑工程质量检测中心对 3# 楼 6 层剪力墙进行混凝土强度检测，对 1 至 8 层所有柱（墙）节点采用回弹法结合钻芯修正检测其现龄期砼强度。检测单位出具的《3# 楼结构构件砼强度检测报告》显示：采用回弹法检测的 341 个柱（墙）节点中，46 个柱（墙）节点现龄期砼强度推定值未达到设计强度等级。其中，1 层有 5 个节点检测结果低于砼设计强度等级 C45；2 层有 6 个节点检测结果低于砼设计强度等级 C45；3 层有 1 个节点检测结果低于砼设计强度等级 C45；4 层有 8 个节点检测结果低于砼设计强度等级 C45；5 层有 1 个节点检测结果低于砼设计强度等级 C40；6 层有 8 个节点检测结果低于砼设计强度等级 C40；7 层有 12 个节点检测结果低于砼设计强度等级 C40；8 层有 5 个节点检测结果低于砼设计强度等级 C35。设计单位复核后认为"砼强度不足的节点构件的承载力仍能满足正常使用要求，无须加固处理"，图审机构某建筑工程施工图审查事务有限公司复核后也认为满足要求。该省住房城乡建设厅经过对有关责任主体的违法违规行为进行调查取证，收集相关内业资料及图纸等，基本查清了责任主体的违法事实。

综上所述，按照《实施工程建设强制性标准监督规定》（建设部令第 81 号，下同）第二条规定，施工单位 B 建设有限公司违反了"结构混凝土的强度等级必须符合设计要求"的强制性条文。

三、处理结果

该省住房城乡建设厅根据《实施工程建设强制性标准监督规定》第

十八条，责令施工单位全面停工改正，对施工单位处合同价款 2500 万元 2% 的罚款，计人民币 50 万元。

四、法律法规辨析

《建设工程质量管理条例》第二十八条第一款规定："施工单位必须按照工程设计图纸和施工技术标准施工，不得擅自修改工程设计，不得偷工减料。"《建设工程质量管理条例》第六十四条规定："违反本条例规定，施工单位在施工中偷工减料的，使用不合格的建筑材料、建筑构配件和设备的，或者有不按照工程设计图纸或者施工技术标准施工的其他行为的，责令改正，处工程合同价款 2% 以上 4% 以下的罚款；造成建设工程质量不符合规定的质量标准的，负责返工、修理，并赔偿因此造成的损失；情节严重的，责令停业整顿，降低资质等级或者吊销资质证书。"《建设工程质量管理条例》第七十三条规定："依照本条例规定，给予单位罚款处罚的，对单位直接负责的主管人员和其他直接责任人员处单位罚款数额 5% 以上 10% 以下的罚款。"因此，执法单位在对施工单位处罚的同时，还应当对直接负责的主管人员和其他直接责任人员处单位罚款数额 5% 以上 10% 以下的罚款。

五、对比分析

本案执法单位该省住房和城乡建设厅对施工单位 B 公司的违法行为性质认定准确，但法律适用欠妥。本案混凝土强度低于设计要求，可认定为未按照工程设计图纸施工，违反了《建设工程质量管理条例》第二十八条的规定，应依据《建设工程质量管理条例》第六十四条、第七十三条对责任单位及责任人依法处罚。这也符合法律法规适用时，上位法优于下位法的基本原则。

六、难点问题及建议

本案反映的难点问题是处罚基数选择。相关条例规定处罚以合同价款为基数，但合同价款的认定各地在执行中存在差异。如以总承包合同价款作为处罚基数与行政处罚法的比例原则不相适应，处罚金额过大，势必导致处罚难、执行难的问题。以发生质量问题的分部分项工程合同价款作为处罚基数又缺乏相关解释，对此还需加以明确。

案例 36   某综合办公楼工程质量安全案

一、基本案情

某综合办公楼工程总建筑面积为 1.1 万平方米，结构形式为框架结构，施工合同价款 1321 万元。建设单位为 A 物流有限公司；设计单位为 B 设计有限公司，设计合同价款为 25 万元；施工总承包单位为 C 有限公司；监理单位为 D 监理有限公司。项目于 2014 年 6 月开工建设。

二、查处情况

某省住房城乡建设厅在两年行动抽查中发现，该项目存在以下问题：(1) 施工图设计文件未经审查擅自施工；(2) 部分混凝土框架柱上下错位（如图 11 所示）、部分主次梁相交处主梁梁底及梁侧有裂缝（如图 12 所示），

图 11   框架柱上下错位

部分梁柱节点处夹渣（如图 13 所示），违反强制性标准；（3）项目管理人员未履行管理责任；（4）设计文件未按照工程建设强制性标准进行设计。

　　针对上述违法行为，当地建设行政主管部门责令其进行整改：（1）A 物流有限公司于 2014 年 9 月委托 E 施工图审查事务所有限公司进行施工图审查；（2）委托检测机构对存在问题构件进行检测，根据检测结果确定加固补强处理方案；（3）调整了项目管理人员。

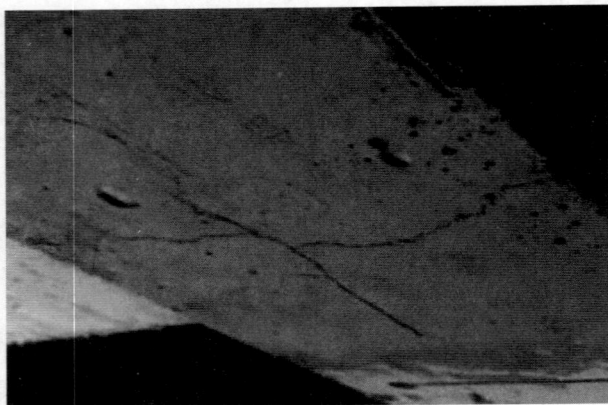

图 12　主次梁相交处梁底及梁侧有裂缝

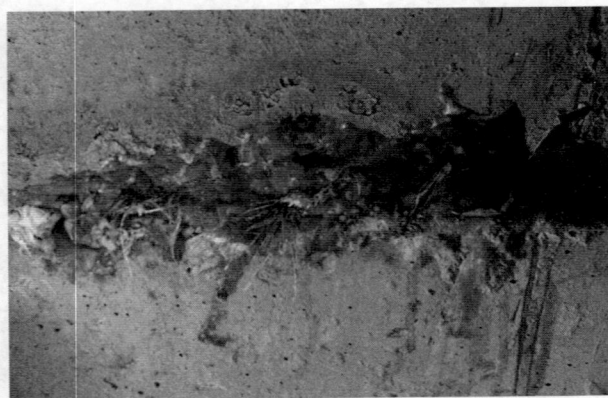

图 13　节点处混凝土夹渣严重

三、处理结果

1. 对建设单位 A 物流有限公司施工图未经审查擅自施工的行为，依据

《建设工程质量管理条例》第五十六条的规定，处 50 万元罚款，将不良行为在该省住房和城乡建设厅网站上曝光。

2. 对 B 设计有限公司未按照工程建设强制性标准进行设计的行为，依据《建筑法》第七十三条、《建设工程质量管理条例》第六十三条、该省住房和城乡建设厅《外省设计企业进入本省承接业务备案管理试行办法》的规定，处以 10 万元罚款，一年内不得进入本省承接设计业务。

3. 对施工单位 C 有限公司未按照强制性标准进行施工的行为，依据《建筑法》第七十四条、《建设工程质量管理条例》第六十四条以及《建筑市场诚信行为信息管理办法》的规定，处 52.84 万元的罚款（工程合同价款 1321 万 ×4%=52.84 万元），停业整顿 6 个月。

依据《建设工程质量管理条例》第七十二条、第七十三条和《建设工程安全生产管理条例》第五十八条的规定，对 C 有限公司负责人丙某处单位罚款数额 52.84 万元的 10%，计 5.28 万元罚款；对项目经理丁某处单位罚款数额 52.84 万元的 5%，计 2.64 万元罚款。吊销项目经理丁某的项目经理岗位证书和安全生产考核合格证；吊销专职安全员戊某的安全生产考核合格证。

依据《建设工程质量管理条例》第六十七条、《建设工程安全生产管理条例》第五十七条以及《注册监理工程师管理规定》第三十一条的规定，对 D 监理有限公司处以 10 万元罚款；对单位资质是否满足资质标准条件进行核查，如达不到资质标准要求，撤回其资质证书；将违规行为记入不良行为记录。

同时，依据《建设工程质量管理条例》第七十二、第七十三条和《建设工程安全生产管理条例》第五十八条的规定，给予总监理工程师己某处单位罚款数额 10 万元的 10%，计 1 万元罚款；吊销其监理执业资格证书及安全生产考核合格证，5 年内不予注册。

四、法律法规辨析

1. 建设单位。《建设工程质量管理条例》第十一条规定："建设单位应当将施工图设计文件报县级以上人民政府建设行政主管部门或者其他有关部门审查。施工图设计文件审查的具体办法，由国务院建设行政主管部门会同国务院其他有关部门制定。施工图设计文件未经审查批准的，不得使用。"因此，建设单位有义务将施工图设计文件报政府部门审查，未经审查不得施工。本案中，建设单位 A 物流有限公司违反了该规定。

《建设工程质量管理条例》第五十六条规定："违反本条例规定，建设单位有下列行为之一的，责令改正，处 20 万元以上 50 万元以下的罚款：……（四）施工图设计文件未经审查或者审查不合格，擅自施工的……"本案中，施工图设计未经审查擅自施工，应给予建设单位 20 万元以上 50 万元以下的罚款。

2. 设计单位。《建设工程质量管理条例》第十九条规定："勘察、设计单位必须按照工程建设强制性标准进行勘察、设计，并对其勘察、设计的质量负责。……"根据上述规定，设计单位 B 设计有限公司应按照工程建设强制性标准进行设计。

《建筑法》第七十三条规定："建筑设计单位不按照建筑工程质量、安全标准进行设计的，责令改正，处以罚款；造成工程质量事故的，责令停业整顿，降低资质等级或者吊销资质证书，没收违法所得，并处罚款；造成损失的，承担赔偿责任；构成犯罪的，依法追究刑事责任。"《建设工程质量管理条例》第六十三条规定："违反本条例规定，有下列行为之一的，责令改正，处 10 万元以上 30 万元以下的罚款：……（四）设计单位未按照工程建设强制性标准进行设计的。有前款所列行为，造成工程质量事故的，责令停业整顿，降低资质等级；情节严重的，吊销资质证书；造成损失的，依法承担赔偿责任。"根据上述规定，设计单位未按照工程建设强制性标准进行设计，应处以 10 万元以上 30 万元以下罚款。该省住房和城乡建设厅《外省设计企业进入本省承接业务备案管理试行办法》规定："……对违反勘察设计政策法规及我省勘察设计市场管理规定的，违规行为记入不良记录并向社会公布。列入不良记录的，一年内不得进入我省承揽业务，同时抄告其工商注册地省级住房城乡建设行政主管部门；不良记录累计两次，清出我省设计市场。"依照该规定，可责令设计单位 B 公司一年内不得进入该省承接设计业务。

3. 施工单位。《建筑法》第五十八条规定:"建筑施工企业对工程的施工质量负责。建筑施工企业必须按照工程设计图纸和施工技术标准施工,不得偷工减料。……"《建设工程质量管理条例》第二十八条规定:"施工单位必须按照工程设计图纸和施工技术标准施工,不得擅自修改工程设计,不得偷工减料。"根据上述规定可知,施工单位在施工过程中应该按照工程设计图纸和施工技术标准施工。而本案中施工单位未按照施工技术标准进行施工,导致施工质量存在"混凝土夹渣、裂缝"等问题。

《建筑法》第七十四条规定:"建筑施工企业在施工中……或者有其他不按照工程设计图纸或者施工技术标准施工的行为的,责令改正,处以罚款;情节严重的,责令停业整顿,降低资质等级或者吊销资质证书;造成建筑工程质量不符合规定的质量标准的,负责返工、修理,并赔偿因此造成的损失;构成犯罪的,依法追究刑事责任。"《建设工程质量管理条例》第六十四条规定:"违反本条例规定,施工单位在施工中……或者有不按照工程设计图纸或者施工技术标准施工的其他行为的,责令改正,处工程合同价款百分之二以上百分之四以下的罚款;造成建设工程质量不符合规定的质量标准的,负责返工、修理,并赔偿因此造成的损失;情节严重的,责令停业整顿,降低资质等级或者吊销资质证书。"依据上述两条规定,施工单位未按照施工技术标准施工,应处以合同价款1321万元的2%以上4%以下的罚款,并对企业资质是否满足资质标准条件进行核查。《建筑市场诚信行为信息管理办法》规定:"诚信行为记录由各省、自治区、直辖市建设行政主管部门在当地建筑市场诚信信息平台上统一公布。其中,不良行为记录信息的公布时间为行政处罚决定做出后7日内,公布期限一般为6个月至3年……"因此,根据上述规定,应将施工单位的违规行为记入不良行为记录。

根据《建设工程质量管理条例》第七十三条规定,给予单位罚款处罚的,应同时对单位直接负责的主管人员和其他直接责任人员处单位罚款数额5%以上10%以下的罚款。因此,应对D有限公司负责人丙某处单位罚款数额52.86万元的10%,计5.29万元罚款;对项目经理丁某处单位罚款数额52.86万元的5%,即2.64万元罚款。第七十二条规定:"违反本条例规定,注册建筑师、注册结构工程师、监理工程师等注册执业人员因过错造成质量事故的，责令停止执业1年；造成重大质量事故的，吊销执业资格证书，5年以内不予注册；情节特别恶劣的，终身不予注册。"根据上述规定，施工单位C有限公司项目经理及专职安全员自身存在过错，故吊销C有限公司项目经理丁某的岗位证书和安全生产考核合格证，吊销专职安全员戊某的安全生产考核合格证。

4.监理单位。《建筑法》第三十二条规定："建筑工程监理应当依照法律、行政法规及有关的技术标准、设计文件和建筑工程承包合同，对承包单位在施工质量、建设工期和建设资金使用等方面，代表建设单位实施监督。"《建设工程质量管理条例》第三十六条规定："监理单位应当依照法律、法规以及有关技术标准、设计文件和建设工程承包合同，代表建设单位对施工质量实施监理，并对施工质量承担监理责任。"《注册监理工程师管理规定》第二十六条规定："注册监理工程师应当履行下列义务：……（2）履行管理职责，执行技术标准、规范和规程；(3) 保证执业活动成果的质量，并承担相应责任……"根据以上规定，监理单位在工程施工过程中应严格按照规范标准的规定把好验收关，对工程施工质量履行监督的职责。本案中D监理有限公司对于不符合质量标准的工程并未履行监理职责，违反了相关法律法规的规定。

《建设工程安全生产管理条例》第五十七条规定："违反本条例的规定，工程监理单位有下列行为之一的，责令限期改正；逾期未改正的，责令停业整顿，并处10万元以上30万元以下的罚款；情节严重的，降低资质等级，直至吊销资质证书……（四）未依照法律、法规和工程建设强制性标准实施监理的。"根据以上规定可以看出，本案中项目监理单位未依照法律、法规和工程建设强制性标准实施监理，因此，对监理单位D监理有限公司处以10万元罚款；对单位资质是否满足资质标准条件进行核查，如达不到资质标准要求，撤销其资质证书。《建筑市场诚信行为信息管理办法》规定："诚信行为记录由各省、自治区、直辖市建设行政主管部门在当地建筑市场诚信信息平台上统一公布。其中，不良行为记录信息的公布时间为行政处罚决定做出后7日内，公布期限一般为6个月至3年……"因此，将监理单位的违规行为记入不良行为记录。

《建设工程质量管理条例》第七十三条规定："依照本条例规定，给予单位罚款处罚的，对单位直接负责的主管人员和其他直接责任人员处单位罚款数额 5% 以上 10% 以下的罚款。"《注册监理工程师管理规定》第七十二条规定："违反本条例规定，注册建筑师、注册结构工程师、监理工程师等注册执业人员因过错造成质量事故的，责令停止执业 1 年；造成重大质量事故的，吊销执业资格证书，5 年以内不予注册；情节特别恶劣的，终身不予注册。"依据上述规定，对总监理工程师已录处单位罚款数额 10 万元的 10%，即 1 万元罚款，吊销其监理执业资格证书及安全生产考核合格证，5 年内不予注册。

五、对比分析

本案对事实的认定和法律的适用是准确的。本案涉及四个违法行为：一是建设单位 A 物流有限公司存在施工图设计文件未经审查批准即投入使用的违法行为；二是 B 设计有限公司存在未按照工程建设强制性标准进行设计的违法行为；三是施工单位 C 有限公司存在不按照施工技术标准施工的违法行为；四是 D 监理有限公司存在未认真履行监理职责，未对工程施工质量进行监督管理的违法行为。

在本案的处罚方面，行政执法机关在考虑了案件情节的基础上，基本覆盖了本案所有相关责任主体。具体到处罚的结果上，经济处罚与资质查处同步进行，例如：对设计单位，不仅给予罚款 10 万元的经济处罚，而且还规定一年内不得进入本省承接设计业务；给予施工单位停业整顿 6 个月的处罚。这样的处罚对涉案单位具有较强的威慑作用。

本案处理的不足之处：针对施工单位和监理单位的单位负责人及相关人员进行了处罚，而未对建设单位及设计单位直接负责的主管人员和其他直接责任人员进行处罚。

六、难点问题及建议

1. 本案通过跟踪督办发现工程整改速度慢。建议完善监督整改机制，确保工程尽快按照要求进行整改，未达到整改要求的坚决不允许继续施工，以保证施工质量。

2. 当一个违法行为同时违反了两部及以上的法律法规时，依照哪一部法律法规进行处罚比较恰当是实践中的难题。建议建设行政主管部门制定实施细则，供执法人员行政处罚时参考。

案例 37　某卫生院迁址重建项目未按设计图纸施工案

一、基本案情

某镇卫生院迁址重建工程，建筑面积为 5505 平方米，工程合同价款为 742.5 万元，施工总承包单位为 A 公司，监理单位为 B 公司。项目于 2013 年 10 月开工建设。2014 年 9 月 16 日，省住房和城乡建设厅建筑节能专项检查组在检查时发现，该项目主楼工程外墙保温层未严格按照设计图纸要求进行施工。

二、查处情况

2014 年 9 月 25 日，第三方检测机构对该工程保温层进行了现场取芯检测，并出具了书面检测报告，检测结果显示保温层厚度不符合该省民用建筑节能工程现场检测技术规程（DB34/T1588—2012）技术要求。2014 年 12 月 8 日，市住建委城建监察大队联合市建筑管理处对该项目有关问题进行立案调查。执法人员通过询问有关当事人以及查看项目主要管理资料发现，A 公司未严格按照设计图纸要求进行施工，造成外墙保温层厚度不符合设计图纸及验收规范要求，第三方检测结果也证实了这一点。同时，执法人员发现，B 公司在监理时，未严格按照经审查合格的设计文件、监理合同以及规范要求对施工质量实施监理，未及时对保温工程进行检查验收，造成 A 公司在工程施工中偷工减料，保温层厚度不符合设计图纸要求。

对于以上问题，执法人员对 A 公司总经理助理甲、B 公司副总经理乙进行了询问。甲、乙对检查中发现的问题书面签字承认。同时，A 公司及 B 公司提交了书面整改报告。在报告中，A 公司承认因施工过程中管理人员监管不到位、作业人员质量意识淡薄、施工工艺不到位等原因造成保温层厚度不符合设计要求，事后进行了整改；B 公司承认未及时对保温工程进行检查验收，造成卫生院重建主楼保温层厚度不符合设计图纸要求，事后也进行了整改。

三、处理结果

结合以上事实，执法部门对涉案单位和个人作出了以下处理：(1) 对施工单位 A 公司、监理单位 B 公司全市通报批评；(2) 对 A 公司项目经理记不良行为记录一次，对 B 公司总监理工程师记不良行为记录一次；(3) 责令 A 公司对存在问题进行整改，依据《建设工程质量管理条例》第六十四条，处罚款 14.85 万元；(4) 责令 B 公司对存在问题进行整改，依据《×× 省建设工程质量管理办法》第五十五条，处罚款 1.75 万元。

四、法律法规辨析

本案中施工单位 A 公司没有按照工程设计图纸进行施工，导致卫生院重建主楼工程外墙保温层厚度不符合设计图纸及验收规范要求，违反了《建设工程质量管理条例》第二十八条第一款的规定"施工单位必须按照工程设计图纸和施工技术标准施工，不得擅自修改工程设计，不得偷工减料"。《建设工程质量管理条例》第六十四条规定："违反本条例规定，施工单位在施工中偷工减料的，使用不合格的建筑材料、建筑构配件和设备的，或者有不按照工程设计图纸或者施工技术标准施工的其他行为的，责令改正，处工程合同价款 2% 以上 4% 以下的罚款；造成建设工程质量不符合规定的质量标准的，负责返工、修理，并赔偿因此造成的损失；情节严重的，责令停业整顿，降低资质等级或者吊销资质证书。"依据上述规定，执法部门责令 A 公司对存在问题进行整改，并按工程合同价款 742.5 万元的 2% 对 A 公司处罚款 14.85 万元。

《×× 省建设工程质量管理办法》第三十三条规定："监理单位应当依照法律、法规以及有关标准、经审查合格的设计文件、建设工程承包合同和监理合同，对施工质量实施监理，并对施工质量承担监理责任。"第三十七条规定："监理单位应当及时进行工程检查、验收，出具真实、完整的监理报告。建设工程竣工后，监理单位应当如实出具工程质量评估报告。"第五十五条规定："违反本办法规定，监理单位有下列行为之一的，责令限期改正，处 5000 元以上 3 万元以下的罚款：（一）对施工单位不按照经审查合格的施工图设计文件施工或者有违反法律、法规、工程建设强制性标准和合同约定行为，未予以制止或者未报告的；（二）对建设单位违反有关法律、法规和工程建设强制性标准的要求，未拒绝执行的；（三）未按照规定及时进行工程检查、验收的。"本案中，监理单位 B 公司未尽职履行监理职责，造成卫生院外墙保温工程不符合设计图纸要求。依据《×× 省住房和城乡建设厅自由裁量权实施办法》，执法部门对监理单位 B 公司处 1.75 万元的罚款。

同时，依据《×× 市建筑市场不良行为记录管理实施细则》，对 A 公司项目经理记不良行为记录一次，对 B 公司总监理工程师记不良行为记录一次。

五、对比分析

按设计图纸施工是保障工程质量的必要条件。关于施工单位的质量责任和义务，除了《建设工程质量管理条例》外，其上位法也有明确的规定。《建筑法》第五十八条规定："建筑施工企业对工程的施工质量负责。建筑施工企业必须按照工程设计图纸和施工技术标准施工，不得偷工减料。工程设计的修改由原设计单位负责，建筑施工企业不得擅自修改工程设计。"第五十九条规定："建筑施工企业必须按照工程设计要求、施工技术标准和合同的约定，对建筑材料、建筑构配件和设备进行检验，不合格的不得使用。"第七十四条规定："建筑施工企业在施工中偷工减料的，使用不合格的建筑材料、建筑构配件和设备的，或者有其他不按照工程设计图纸或者施工技术标准施工的行为的，责令改正，处以罚款；情节严重的，责令停业整顿，降低资质等级或者吊销资质证书；造成建筑工程质量不符合规定的质量标准的，负责返工、修理，并赔偿因此造成的损失；构成犯罪的，依法追究刑事责任。"本案执法部门对 A 公司违法行为的事实认定准确，处罚得当。

有关监理单位的质量责任和义务，《建筑法》第三十二条规定："建筑工程监理应当依照法律、行政法规及有关的技术标准、设计文件和建筑工程承包合同，对承包单位在施工质量、建设工期和建设资金使用等方面，代表建设单位实施监督。工程监理人员认为工程施工不符合工程设计要求、施工技术标准和合同约定的，有权要求建筑施工企业改正。工程监理人员发现工程设计不符合建筑工程质量标准或者合同约定的质量要求的，应当报告建设单位要求设计单位改正。"同时，《建设工程质量管理条例》第三十六条规定："工程监理单位应当依照法律、法规以及有关技术标准、设计文件和建设工程承包合同，代表建设单位对施工质量实施监理，并对施工质量承担监理责任。"对于监理单位违反上述规定应承担的法律责任，本案执法部门依据《××省建设工程质量管理办法》对 B 公司处以 1.75 万元罚款。

六、难点问题及建议

本案中，若监理单位与建设单位或施工单位存在串通行为，对监理单位应承担的法律责任则应另行认定。《建筑法》第六十九条第一款规定："工程监理单位与建设单位或者建筑施工企业串通，弄虚作假、降低工程质量的，责令改正，处以罚款，降低资质等级或者吊销资质证书；有违法所得的，予以没收；造成损失的，承担连带赔偿责任；构成犯罪的，依法追究刑事责任。"《建设工程质量管理条例》第六十七条规定："工程监理单位有下列行为之一的，责令改正，处 50 万元以上 100 万元以下的罚款，降低资质等级或者吊销资质证书；有违法所得的，予以没收；造成损失的，承担连带赔偿责任：（一）与建设单位或者施工单位串通，弄虚作假、降低工程质量的；（二）将不合格的建设工程、建筑材料、建筑构配件和设备按照合格签字的。"因此，在执法过程中，执法部门还应注意对监理单位的违法行为进行深入调查。

案例 38 某公司设计文件违反工程建设强制性标准案

一、基本案情

某干部职工周转房项目，建筑面积 1783 平方米，地上 5 层，投资 392 万元。项目建设单位为县发展和改革局；勘察单位为 A 建筑勘察设计有限公司（丙级资质）；设计单位为 B 设计研究院有限公司（甲级资质），负责人甲；审图单位为 C 建设工程勘察设计咨询中心。

某商住楼 1 号项目，总建筑面积 25758.8 平方米，地上 23 层，地下 1 层，投资 5667 万元。项目建设单位为 D 房地产开发有限公司，勘察单位为 E 建筑勘察设计院（丙级），设计单位为 B 设计研究院有限公司，审图单位为 F 建设工程勘察设计咨询中心。

2014 年 12 月某省住建厅在该省勘察设计市场监督检查中发现，B 设计研究院有限公司设计的上述两个项目，施工图设计文件存在未按照工程建设强制性标准进行设计的违法行为。

二、查处情况

经查，某干部职工周转房项目存在的问题有：（1）基础位于地下水位以下，而地下水有弱腐蚀，该工程地下部分环境类别判定有误，不符合《工业建筑防腐蚀设计规范》（GB50046—2008）第 4.2.3、第 4.2.5 条及第 5.2.2 条规定；（2）栏杆、女儿墙等水平荷载未取值，不符合《建筑结构荷载规范》（GB50009—2012）第 5.2.2 条规定；（3）给水总立管敷设不符合《住宅设计规范》（GB50096—2011）第 8.1.7 条规定；（4）施工图设计依据的勘察报告未经审查。

某商住楼 1 号项目存在的问题有：左侧 1—5 层住宅通道消火栓位置不符合《高层民用建筑设计防火规范》（GB50045—95）第 7.4.6 条规定。

2014 年 12 月，省住建厅根据专家检查意见向设计单位 B 公司下发了整改通知书，B 公司按规定进行了整改。2015 年 1 月，省住建厅通报了检查结果通报，并在媒体进行了公布。通过对 B 公司进行调查取证及询问笔录，B 公司及项目负责人对违规行为无异议。2015 年 2 月，该省住建厅下达了行政处罚决定书。

三、处理结果

依据《建筑法》第七十三条、《建设工程质量管理条例》第六十三条、《建设工程勘察设计管理条例》第四十条的规定，对设计单位 B 公司处以 12 万元罚款。

依据《建设工程质量管理条例》第七十三条规定，对该项目负责人处单位罚款额 12 万元的 5%，即 6000 元罚款。

四、法律法规辨析

《建筑法》第七十三条规定："建筑设计单位不按照建筑工程质量、安全标准进行设计的，责令改正，处以罚款。"《建设工程质量管理条例》第六十三条规定："违反本条例规定，有下列行为之一的，责令改正，处 10 万元以上 30 万元以下的罚款：……（四）设计单位未按照工程建设强制性标准进行设计的。有前款所列行为，造成工程质量事故的，责令停业整顿，降低资质等级；情节严重的，吊销资质证书；造成损失的，依法承担赔偿责任。"《建设工程勘察设计管理条例》第四十条规定："违反本条例规定，有下列行为之一的，依照《建设工程质量管理条例》第六十三条的规定给予处罚：……（四）设计单位未按照工程建设强制性标准进行设计的。……"根据以上规定，对本案中的设计单位 B 公司应处以 10 万元以上 30 万元以下罚款。

《建设工程质量管理条例》第七十三条规定："依照本条例规定，给予单位罚款处罚的，对单位直接负责的主管人员和其他直接责任人员处单位罚款数额 5% 以上 10% 以下的罚款。"对 B 公司负责人甲应处单位罚款额 5% 的罚款。

五、对比分析

工程建设强制性标准是涉及工程质量、安全、卫生及环境保护等方面的必须适用的工程建设标准。在工程建设中适用强制性标准，是为了加强对工程建设全过程的管理，把工程建设和使用过程中的质量、安全隐患消灭在萌芽状态。《建设工程质量管理条例》对执行工程建设强制性标准作出了比较严格的规定，不执行国家强制性技术标准就要受到相应的处罚。

本案的处理结果存在以下问题：

1. 对违法主体是同一单位的两个案例要分开处理，不应该合并处理。

2. 就本案的案件事实来看，设计单位 B 公司承担的两个项目均出现多处不符合强制性标准的地方，合并处罚结果偏轻。

3. 没有对建设单位、审图单位进行查处。根据相关规定，设计文件必须要由审图机构审图。若本案所涉设计图纸已经审图机构审查合格，则设计图纸审查机构涉嫌存在"已出具审查合格书的施工图，仍有违反法律、法规和工程建设强制性标准的"行为，应当依法予以处罚。若本案所涉工程设计图纸未经审查或者审查不合格的，则建设单位涉嫌存在"施工图设计文件未经审查或者审查不合格擅自施工"行为，应当依法予以处罚。

六、难点问题及建议

工程设计必须符合强制性标准。对未依法设计的设计单位应当处罚。行政机关在对违法行为人进行处罚时，要综合考虑相关因素，要遵循公正原则以及处罚和教育相结合的原则。公正原则强调处罚与违法行为相适应，行政处罚的轻重必须与违法行为的性质、社会危害性的大小相适应。因此，如何把握行政处罚的合法性和合理性，是行政执法工作中的难点。对采用从轻、减轻处罚或者从重、加重处罚的，执法机关应进行相应的说明。

第 三 篇
施工安全典型案例

综　述

一、施工安全案件查处的难点及共性问题

1. 建筑施工安全隐患是动态的，且无处不在。施工安全隐患可能遍及施工现场的每个角落、发生于任何时刻、表现为各种形式，且多表现为动态的过程。通常情况下，某一安全隐患被消除后，又有可能在不同地点，甚至同一地点再次出现，随之再被消除，之后可能再会发生，是一个周而复始的"发生—消除—发生"的动态过程。这个过程只有随着建设工程的完结才能彻底结束。上述特点也正是该类问题多发且难以彻底消除的关键原因。

2. 建筑施工安全隐患无论大小都可能引发安全生产事故。在建筑施工现场，每一项施工安全隐患，哪怕是极其细微的，都有可能成为施工安全生产事故的诱因。哪怕是不值一提的小隐患，随着时间的累积、数量的叠加，都有可能导致不可挽回的施工安全生产事故，造成不可预估的人身、财产损失。由此可见，建筑施工安全隐患需要建筑施工相关人员高度重视，才有可能解决。

3. 施工现场管理内容过于庞杂。施工现场安全生产管理的内容庞杂，多工种立体交叉作业的特点是生产设施的临时性、作业环境的多变性和人员机械设备的流动性，加之建筑企业安全管理人员设置不合理、专业技术素质较低、安全生产管理制度不健全、现场安全防护设施不完善等因素，造成施工现场管理中的漏洞较多，建筑施工安全生产事故隐患点较多。

4. 监管力量严重不足。从全国看，各地建筑施工安全生产监督管理的

模式存在较大差异。由于对建设施工安全生产监督管理机构的定位不明确，导致许多地方并未设立专门的建筑施工安全生产监督管理等机构，仅是由建设主管部门的安全科等部门行使相关监督管理职能，在人力、物力上都存在很大的局限性，导致对建筑施工安全生产类问题的查处力度不足，成为该类案件多发的一个重要原因。

5. 现行法律法规可操作性不强。以《建设工程安全生产管理条例》为例，有多条规定均将"逾期未改"作为行政处罚的前提条件，从而导致建筑施工安全生产监督管理机构在查处施工安全类问题时，处理手段匮乏，惩戒力度不够。建筑施工安全生产方面现行法律法规可操作性不强的问题亟待解决。

二、遏制或减少建筑施工安全生产案件的对策

建筑施工安全生产问题的查处旨在及时消除安全生产事故隐患，行政处罚只是督促消除或减少安全生产隐患的一种手段，即当违法违规行为达到一定程度时才予以处罚。因此，为了遏制或减少建筑施工安全生产事故的发生，就需要建设工程参建各方主体本着及时、有效消除事故隐患的目的，认真做好施工现场安全管理的基础工作。着重做到以下几个方面：

1. 建立事故隐患排查治理制度。新修订的《安全生产法》把加强事前预防、强化隐患排查治理作为一项重要内容。一方面，生产经营单位必须建立事故隐患排查治理制度，采取技术、管理措施消除事故隐患。另一方面，政府有关部门要建立健全重大事故隐患治理督办制度，督促生产经营单位消除重大事故隐患，并对未建立隐患排查治理制度、未采取有效措施消除事故隐患的行为进行严格的行政处罚。

2. 推进安全生产标准化建设。生产经营单位应当重点开展"推进安全生产标准化建设，提高安全生产水平"确保安全生产，这是《安全生产法》在总则部分明确提出的要求，也是落实安全生产责任制、减少建筑施工安全生产事故的必然要求。

3. 加强教育培训，提升人员素质。通过建筑企业建立施工现场作业人员岗前培训制度、建设行政主管部门建立生产人员培训机制及建筑施工人员准入制度等方式，深入开展安全教育培训，提高建筑施工人员安全意识，从源头上有效减少施工现场管理漏洞，预防不安全行为，避免人为因素造成施工安全生产事故。

三、对安全生产事故稽查执法工作的建议

1. 加强建筑施工安全执法队伍建设。为充分落实政府监管责任，建议进一步明确各级建筑施工安全生产监督管理机构的定位、工作职责，在《建筑法》《建设工程安全管理条例》修订时增加设立和完善建设安全监督、稽查执法等机构设置的相关规定，形成安全日常监督与稽核调查相结合的监管方式，加大对建筑工程施工安全行为的查处力度，努力遏制建筑施工安全生产事故的发生。

2. 建议出台更有针对性、更易操作的相关细则。个别法规的部分条文存在操作性较差、震慑效果较弱的问题。比如，《建设工程安全生产管理条例》第六十四条规定："违反本条例的规定，施工单位有下列行为之一的，责令限期改正；逾期未改正的，责令停业整顿，并处 5 万元以上 1 0 万元以下的罚款；造成重大安全事故，构成犯罪的，对直接责任人员，依照刑法有关规定追究刑事责任：（一）施工前未对有关安全施工的技术要求作出详细说明的；（二）未根据不同施工阶段和周围环境及季节、气候的变化，在施工现场采取相应的安全施工措施，或者在城市市区内的建设工程的施工现场未实行封闭围挡的；（三）在尚未竣工的建筑物内设置员工集体宿舍的；（四）施工现场临时搭建的建筑物不符合安全使用要求的；（五）未对因建设工程施工可能造成损害的毗邻建筑物、构筑物和地下管线等采取专项防护措施的。施工单位有前款规定第（四）项、第（五）项行为，造成损失的，依法承担赔偿责任。"依据该条款，执法部门如发现责任单位存在上述五种行为之一，应先"责令限期改正"，如整改到位，就不能对有关责任单位进行处

罚。实际上，责任单位先期未履行安全责任已既成事实，安全隐患已经存在，并不应该因整改到位而免除处罚。该条例的第五十七条、第六十二条、第六十五条、第六十六条、第六十七条均存在类似情况。建议该条例修订时对有关条文予以修改完善，或以部令或以规范性文件的形式对上位法进行细化，强化和落实有关责任单位的安全生产责任。

3. 建议完善安全监督方面的程序要求。《建设工程安全生产管理条例》未对办理安全监督手续提出要求，且没有对未办理安全监督备案的罚则。建议法律法规修订时予以完善。

典 型 案 例

案例 39 某住宅项目安全生产事故案

一、基本案情

某市住宅项目总建筑面积为 13.4 万平方米，工程合同价款为 1.9 亿元。建设单位为 A 置业公司，施工总承包单位为 B 工程公司，劳务分包单位为 C 劳务公司，监理单位为 D 监理公司。工程于 2013 年 6 月开工建设，案发时主体已完工。2014 年 6 月 20 日，该市安监局接到举报，称该项目发生高空坠落事故，导致一名工人死亡。

二、查处情况

经查发现，C 劳务公司的 8 名木工居住在未完工的 19 号楼一层的一个房间内。6 月 20 日，工人甲某夜间上厕所经过一个未防护的预留洞口时，不慎跌入洞口，从一层坠至负一层地面，导致死亡（如图 14、图 15 所示）。事故发生后，C 劳务公司未按规定向总包单位和政府有关部门报告，而是私下与死者家属商谈赔偿抚恤协议。

综上所述，C 劳务公司在未竣工的建筑物内设置员工宿舍、安全措施不到位和瞒报事故，违反了《安全生产法》第四、第二十、第三十六条和《建设工程安全生产管理条例》第二十九条的规定。

图 14　楼梯无防护设施

图 15　预留洞口无防护设施

三、处理结果

1. 对责任单位的处理结果。依据《生产安全事故报告和调查处理条例》（国务院令第 493 号）第三十六条第一项的规定，处 C 劳务公司 220 万元的罚款；依据《建筑施工企业安全生产许可证管理规定》第二十三条的规定，吊销 C 劳务公司的安全生产许可证。

2. 对相关责任人的处理结果。依据《安全生产法》第八十一条第二款的规定，处 C 劳务公司项目负责人 2 万元罚款。依据《安全生产违法行为行政处罚办法》第四十四条第（一）项的规定，处 C 劳务公司现场生产负责人 0.9 万元罚款；处 B 工程公司项目执行经理 0.8 万元罚款；处 B 工程公司项目部副总工 0.7 万元罚款；处 D 监理公司项目部总监 0.5 万元罚款；处 D 监理公司安全监理员 0.4 万元罚款。

四、法律法规辨析

在责任认定上，除了 C 劳务公司应承担事故责任之外，B 工程公司、D 监理公司对此次事故均应承担相应责任。

1. 施工单位的责任。《建设工程安全生产管理条例》第二十九条规定："施工单位应当将施工现场的办公、生活区与作业区分开设置，并保持安全距离……施工单位不得在尚未竣工的建筑物内设置员工集体宿舍……"第六十四条规定："违反本条例的规定，施工单位有下列行为之一的，责令限期改正；逾期未改正的，责令停业整顿，并处 5 万元以上 10 万元以下的罚款；造成重大安全事故，构成犯罪的，对直接责任人员，依照刑法有关规定追究刑事责任：（一）施工前未对有关安全施工的技术要求作出详细说明的……（三）在尚未竣工的建筑物内设置员工集体宿舍的……"本案中 B 工程公司在未竣工的建筑物内安排宿舍的违法事实明确，建设主管部门应当给予责令限期改正；逾期未改正的，责令停业整顿，并处 5 万元以上 10 万元以下的罚款。

《建设工程安全生产管理条例》第二十八条规定："施工单位应当在……出入通道口、楼梯口、电梯井口、孔洞口、桥梁口等危险部位，设置明显的安全警示标志。安全警示标志必须符合国家标准。"第六十二条规定："违反本条例的规定，施工单位有下列行为之一的，责令限期改正；逾期未改正的，责令停业整顿，依照《中华人民共和国安全生产法》的有关规定处以罚款；造成重大安全事故，构成犯罪的，对直接责任人员，依照刑法有关规定追究刑事责任：……（三）未在施工现场的危险部位设置明显的安全警示标志，或者未按照国家有关规定在施工现场设置消防通道、消防水源、配备消防设施和灭火器材的……"本案中 B 工程公司未在施工现场预留洞口安装防护栏等基本安全措施的违法事实明确，建设主管部门应当给予责令限期改正；逾期未改正的，责令停业整顿，依照《中华人民共和国安全生产法》的有关规定处以罚款。

《建筑施工企业安全生产许可证管理规定》第二十三条规定："建筑施工企业不再具备安全生产条件的，暂扣安全许可证并限期整改；情节严重的，吊销安全生产许可证。"本案中，建设主管部门还可以暂扣或吊销 B 工程公司安全生产许可证。

2. 监理单位的责任。《建设工程安全生产管理条例》第五十七条规定："违反本条例规定，工程监理单位有下列行为之一的，责令限期改正；逾期未改正的，责令停业整顿，并处 10 万元以上 30 万元以下的罚款；情节严重的，降低资质等级，直至吊销资质证书；造成重大安全事故，构成犯罪的，对直接责任人员，依照刑法有关规定追究刑事责任；造成损失的，依法承担赔偿责任：……（二）发现安全事故隐患未及时要求施工单位整改或暂时停止施工的……"本案中监理单位未发现安全事故隐患，导致发生安全生产事故，应该责令限期改正，若情节严重，降低资质等级，直至吊销其资质证书。

关于瞒报事故的责任。《生产安全事故报告和调查处理条例》（国务院令第 493 号）第三十六条规定，"事故发生单位及其有关人员有下列行为之一的，对事故发生单位处 100 万元以上 500 万元以下的罚款；对主要负责人、直接负责的主管人员和其他责任人员处上一年年收入 60% 以上至 100% 的罚款……（一）谎报或者瞒报事故的……"因此可以根据情节的严重程度，给予事故发生单位和相关责任人员相应的处罚。

五、对比分析

本案查处的违法行为主要涉及三个方面：一是在未竣工的建筑物内设置集体宿舍；二是未对施工现场的预留洞口采取安全防护措施；三是瞒报事故。

针对上述违法行为，事故调查组分别对事故的直接责任单位劳务分包公司以及劳务公司的项目负责人和安全生产负责人，总承包单位的项目经理和项目部总工，监理单位的项目总监和安全监理作出了行政处罚。

本案的处理结果存在以下问题：

1. 施工总承包单位、监理单位均应对安全事故承担责任，并应受到相应的行政处罚。

2. 对同一违法主体不同性质的违法行为应分开处理，不应合并处理。

3. 没有说明对各责任单位处罚的自由裁量情形。

4. 依据《安全生产违法行为行政处罚办法》第四十四条第（一）项对各责任人员进行处罚时，应同时给予警告。

六、难点问题及建议

总承包单位和劳务分包单位的责任划分问题。《建设工程安全生产管理条例》第二十四条规定："建设工程实行施工总承包的，由总承包单位对施工现场的安全生产负总责……分包单位应当服从总承包单位的安全生产管理，分包单位不服从管理导致生产安全事故的，由分包单位承担主要责任。"在执法过程中，应对各责任单位的主要责任和次要责任进行认定。

根据《建设工程安全生产管理条例》第六十四条的规定，对总承包单位进行处罚的前提条件是"逾期未改正的"。对于已发生安全事故的，事故发生时的安全隐患已无法改正。事故发生后，进行改正只是补救措施。而根据该条例，若施工单位按期改正，则不能对其进行处罚。因此，建议《建设工程安全生产管理条例》修订时，可增加在责令改正的同时进行处罚的条款，促进施工单位进一步提高安全管理水平。

另外，事故发生后，应当首先消除安全隐患，制定专项施工方案，经监理单位验收合格后方可复工，需要专家论证的，应当按照有关规定进行专家论证。

案例 40 某施工现场物体打击造成人员伤亡事故案

一、基本案情

某中心区 A 地块工程项目占地面积为 2.2 万平方米，共有 18 幢建筑，其中 4 幢为 6 层结构建筑，14 幢为 3 层结构建筑，总建筑面积为 4.1 万平方米。建设单位为 A 开发公司，施工总承包单位为 B 工程公司，项目负责人是甲某，监理单位为 C 监理公司。项目于 2014 年 3 月开工建设，事发时正在进行工程的桩基施工。2014 年 4 月 10 日，该项目发生一起物体打击事故，造成一人死亡。

二、查处情况

建设主管部门对该案立案调查，通过询问有关当事人和查看项目主要管理资料，查明以下事实：

第一，施工单位允许他人以本单位的名义承揽工程。B 工程公司允许不具备资质的甲某使用公司资质证书、营业执照，以该公司名义承揽本工程，留下了安全隐患。

第二，项目经理未到岗履行安全管理职责造成伤亡事故。乙某作为该项目的项目经理，未到岗履行管理职责，对本次伤亡事故负有主要责任。

第三，监理单位未有效履行监理职责。C 监理公司未有效履行监理职责。在监理过程中发现该工程存在人员配备不到位、桩机与登记报备不一致、桩机作业人员未取得操作资格证书等安全隐患，未及时要求施工单位停止施工，也未向建设主管部门报告。

以上事实有当事人询问笔录、现场勘察记录、现场照片等为证。

根据以上事实，建设主管部门分别发出行政处罚告知书。B 工程公司对第一、二、四项三项违法事实无异议，但对违法事实第三项，当事人提出了听证申请。2015 年 1 月 21 日，建设主管部门召开了听证会。基于 B 工程公司能积极配合处理善后事宜，与死者家属达成民事赔偿协议，没有造成重大的社会负面影响和群体性事件，并及时改正挂靠等违法行为，经研究决定，以工程实际完工的工程量造价 850 万元的 3% 进行处罚。

三、处理结果

1. 项目负责人甲某执业活动违反了《注册建造师管理规定》第二十六条，属超业务范围从事执业活动的违法建设行为，根据该规定第三十七条，责令其改正违法行为并处 3 万元的罚款。

2. C 监理公司违反了《建设工程安全生产管理条例》第十四条，属未有效履行监理职责的违法行为，根据该条例第五十七条，责令当事人改正违法行为并处 20 万元的罚款。

3. B 工程公司违反了《建设工程质量管理条例》第二十五条，允许他人以本单位的名义承揽工程，根据该条例第六十一条，责令其改正违法行为并处 25.5 万元的罚款。

4. 乙某违反了《建设工程安全生产管理条例》第二十一条，未到岗履行安全管理职责，根据该条例第六十六条，责令当事人改正违法行为并处 10 万元的罚款。

四、法律法规辨析

《注册建造师管理规定》第二十六条规定："注册建造师不得有下列行为：……（八）超出执业范围和聘用单位业务范围内从事执业活动……"第三十七条规定："违反本规定，注册建造师在执业活动中有第二十六条所列行为之一的，由县级以上地方人民政府建设主管部门或者其他有关部门给予警告，责令改正，没有违法所得的，处以 1 万元以下的罚款；有违法所得的，处以违法所得 3 倍以下且不超过 3 万元的罚款。"本案依据《注册建造师管理规定》处理，适用不恰当。

《建设工程安全生产管理条例》第十四条规定："工程监理单位在实施监理过程中，发现存在安全事故隐患的，应当要求施工单位整改；情况严重的，应当要求施工单位暂时停止施工，并及时报告建设单位。施工单位拒不整改或者不停止施工的，工程监理单位应当及时向有关主管部门报告。"第五十七条规定："违反本条例的规定，工程监理单位有下列行为之一的，责令限期改正；逾期未改正的，责令停业整顿，并处 10 万元以上 30 万元以下的罚款；情节严重的，降低资质等级，直至吊销资质证书；造成重大安全事故，构成犯罪的，对直接责任人员，依照刑法有关规定追究刑事责任；造成损失的，依法承担赔偿责任：……（二）发现安全事故隐患未及时要求施工单位整改或者暂时停止施工的……"C 监理公司发现该工程存在人员配备不到位、桩机与登记报备不一致，桩机作业人员未取得操作资格证书等安全事故隐患，未及时要求施工单位停止施工，属未有效履行监理职责的违法行为，责令当事人改正违法行为并处 20 万元的罚款。

《建设工程质量管理条例》第二十五条规定："禁止施工单位超越本单位资质等级许可的业务范围或者以其他施工单位的名义承揽工程。禁止施工单位允许其他单位或者个人以本单位的名义承揽工程。"第六十一条规定："违反本条例规定，勘察、设计、施工、工程监理单位允许其他单位或者个人以本单位名义承揽工程的，责令改正，没收违法所得，……对施工单位处工程合同价款 2% 以上 4% 以下的罚款……"对 B 工程公司存在的允许他人以本单位名义承揽工程的行为，责令其改正，以实际完工的工程量造价 850 万元的 3% 进行处罚，处 25.5 万元的罚款。

《建设工程安全生产管理条例》第二十一条规定："施工单位的项目负责人应当由取得相应执业资格的人员担任，对建设工程项目的安全施工负责……消除安全事故隐患，及时、如实报告生产安全事故。"第六十六条规定："施工单位的主要负责人、项目负责人有前款违法行为，尚不够刑事处罚的，处 2 万元以上 20 万元以下的罚款或者按照管理权限给予撤职处分……"根据该条例，对乙某处 10 万元的罚款。

五、对比分析

《注册建造师管理规定》第二十六条规定："注册建造师不得有下列行为：……（八）超出执业范围和聘用单位业务范围内从事执业活动……"第三十七条规定："违反本规定，注册建造师在执业活动中有第二十六条所列行为之一的，由县级以上地方人民政府建设主管部门或者其他有关部门给予警告，责令改正，没有违法所得的，处以1万元以下的罚款；有违法所得的，处以违法所得3倍以下且不超过3万元的罚款。"此案中，甲有违法所得，但是难以查明其违法所得的数额。

《建设工程质量管理条例》第六十一条规定："违反本条例规定，勘察、设计、施工、工程监理单位允许其他单位或者个人以本单位名义承揽工程的，责令改正，没收违法所得……对施工单位处工程合同价款2%以上4%以下的罚款……"本案以实际完工的工程量造价850万元的3%对B公司进行处罚，并没有依据本案工程合同价款，处罚基数没有依据，应该以合同金额为处罚依据。

《建设工程质量管理条例》第七十三条规定："依照本条例规定，给予单位罚款处罚的，对单位直接负责的主管人员和其他直接责任人员处单位罚款数额5%以上10%以下的罚款。"本案未对B工程公司相关责任人进行处罚。

本案也应对未取得资质证书承揽工程的甲某予以处罚。

六、难点问题及建议

2014年发布的《建筑工程施工转包违法分包等违法行为认定查处管理办法（试行）》第十三条第三款规定："对认定有挂靠行为的施工单位或个人，依据《建筑法》第六十五条和《建设工程质量管理条例》第六十条规定，对超越本单位资质等级承揽工程的施工单位，责令停止违法行为，并处工程合同价款2%以上4%以下的罚款；可以责令停业整顿，降低资质等级；情节严重的，吊销资质证书；有违法所得的，予以没收。对未取得资质证书承揽工程的单位和个人，予以取缔，并处工程合同价款2%以上4%以下的罚款；有违法所得的，予以没收。对其他借用资质承揽工程的施工单位，按照超越本单位资质等级承揽工程予以处罚。"因此，类似案件可依照上述规定进行处理。

本案中，B工程公司和挂靠方甲某，应有违法所得，但案件查处时"违法所得"没有认定。建议法律法规修订时能明确"违法所得"的认定办法。

建设行政主管部门对B工程公司按"工程实际完工的工程量造价"进

行处罚与《建设工程质量管理条例》按"合同价款"进行处罚有差异，法律
依据不足，建议严格按照管理条例处罚。

案例 41　某商品住宅项目存在安全隐患案

一、基本案情

某商品住宅项目由该市 A 开发公司开发建设，省外 B 建筑公司（房建
一级资质）施工，省外 C 监理公司（监理甲级资质）监理。项目建筑面积
11832 平方米，合同价款 7040.08 万元，于 2013 年 8 月开工建设。2014 年
12 月，省住房城乡建设厅开展全省工程质量治理两年行动检查时发现，项
目 Ⅱ 标 28# 楼存在较明显的安全隐患，省住房城乡建设厅下发了执法建
议书。市住建委在后期督促整改过程中发现，B 公司对主管部门下发的
整改通知单逾期未整改到位且无相关回复，监理单位 C 公司未履行监理
职责。

二、查处情况

2015 年 1 月，受市住建委委托，市建设监督管理局对该项目进行了立
案调查。执法人员分别对项目负责人甲、项目总监理工程师乙和安全员丙、
监理员丁进行问询并做了笔录。甲承认，施工现场人货电梯、施工机具、安
全文明施工等方面存在部分安全隐患且未整改到位（如图 16 所示），同时对
人员和现场质量安全存在督促不到位的情况。项目总监理工程师乙指出，监
理人员例行检查时发现工程现场存在质量安全隐患，向 B 建筑公司下发了
监理通知单要求停工整改，但 B 建筑公司未整改到位且继续施工，监理单
位 C 公司未及时向建设单位和主管部门报告。项目安全员丙承认施工现场
存在人货电梯附着螺帽松动、极限开关不起作用、未按规定按期进行维修保
养等安全隐患，但未采取有效整改措施仍继续施工。项目监理员丁承认，施
工中已发现施工现场存在安全隐患，但施工单位 B 公司未按要求停工整改，
监理单位 C 公司未及时向主管部门报告。建设主管部门下发了整改通知单，

责令限期整改。

图16 人货电梯附着螺帽松动

整改时限到期后，建设主管部门再次检查发现施工现场的安全隐患并未整改。通过进一步查阅 B 建筑公司质量安全资料、C 监理公司监理例会会议纪要、监理通知单等相关资料，执法人员确认 B 建筑公司和 C 监理公司存在以下违法事实：在施工阶段对工程质量安全疏于管理，质量安全责任意识淡薄，对主管部门下发的整改通知单未积极整改到位且无相关回复，C 监理公司未将现场情况及时报告主管部门。

三、处理结果

依据《建设工程安全生产管理条例》第六十五条，责令 B 建筑公司对存在问题进行整改，并处 20 万元罚款的行政处罚。

依据《建设工程安全生产管理条例》第五十七条，责令 C 监理公司对存在问题进行整改，并处 10 万元罚款的行政处罚。

四、法律法规辨析

《建设工程安全生产管理条例》第三十四条第二款规定："施工现场的安全防护用具、机械设备、施工机具及配件必须由专人管理，定期进行检查、维修和保养，建立相应的资料档案，并按照国家有关规定及时报废。"本案中，B公司施工现场存在人货电梯附着螺帽松动、极限开关不起作用、未按规定按期进行维修保养等各类安全隐患，在未采取有效整改措施的情况下继续施工，执法部门对B建筑公司违法行为事实认定清楚，依据充分。《建设工程安全生产管理条例》第六十五条第（一）项规定："违反本条例的规定，施工单位有下列行为之一的，责令限期改正；逾期未改正的，责令停业整顿，并处10万元以上30万元以下的罚款；情节严重的，降低资质等级，直至吊销资质证书；造成重大安全事故，构成犯罪的，对直接责任人员，依照刑法有关规定追究刑事责任；造成损失的，依法承担赔偿责任：（一）安全防护用具、机械设备、施工机具及配件在进入施工现场前未经查验或者查验不合格即投入使用的……"鉴于B建筑公司未按照整改通知进行整改，建设主管部门对B建筑公司处以20万元的罚款。

《建设工程安全生产管理条例》第十四条第二款规定："工程监理单位在实施监理过程中，发现存在安全事故隐患的，应当要求施工单位整改；情况严重的，应当要求施工单位暂时停止施工，并及时报告建设单位。施工单位拒不整改或者不停止施工的，工程监理单位应当及时向有关主管部门报告。"本案中，C监理公司在例行检查时已发现B建筑公司工程现场存在安全隐患，遂要求B建筑公司停工整改。但是，B建筑公司未整改到位且继续施工，C监理公司并未及时向主管部门报告。因此，依据上述规定，市建设监督管理局对C监理公司的违法事实认定清楚。《建设工程安全生产管理条例》第五十七条第（三）项规定："违反本条例的规定，工程监理单位有下列行为之一的，责令限期改正；逾期未改正的，责令停业整顿，并处10万元以上30万元以下的罚款；情节严重的，降低资质等级，直至吊销资质证书；造成损失的，依法承担赔偿责任：……（三）施工单位拒不整改或者不停止施工，未及时向有关主管部门报告的……"C监理公司行为属于上述第（三）种情形，建设主管部门对C监理公司处责令改正，并处10万元罚款的行政处罚。

五、对比分析

本案主要涉及两个问题：一是如何对涉案单位违法行为进行认定；二是如何对涉案单位应承担的法律责任进行裁量。

《建筑法》第四十四条第一款规定："建筑施工企业必须依法加强对建筑安全生产的管理，执行安全生产责任制度，采取有效措施，防止伤亡和其他安全生产事故的发生。"《建设工程安全生产管理条例》第三十四条对其作出了更为具体的规定。本案中，市建设监督管理局依据现场检查资料以及当事人询问笔录，认定 B 建筑公司在施工中存在人货电梯附着螺帽松动、极限开关不起作用、未按规定按期进行维修保养，依据充分，认定准确。

对于施工单位应承担的法律责任，《建筑法》第七十一条第一款规定："建筑施工企业违反本法规定，对建筑安全事故隐患不采取措施予以消除的，责令改正，可以处以罚款；情节严重的，责令停业整顿，降低资质等级或者吊销资质证书；构成犯罪的，依法追究刑事责任。"《建设工程安全生产管理条例》第六十五条第一款规定："违反本条例的规定，施工单位有下列行为之一的，责令限期改正；逾期未改正的，责令停业整顿，并处 10 万元以上30 万元以下的罚款。"鉴于 B 建筑公司并未对所存在安全隐患进行整改，建设主管部门除了责令 B 建筑公司改正并处20 万元罚款外，为防止危害发生，还应责令 B 建筑公司停业整顿，彻底消除安全隐患后再施工。对 C 监理公司，依据《建设工程安全生产管理条例》第五十七条第（三）项规定，也应责令停业整顿，并处罚款。

同时，依据《全国建筑市场不良行为记录认定标准》，执法部门还应将B 建筑公司和 C 监理公司上述行为记入不良行为记录。

六、难点问题及建议

1. 行政处罚裁量权一直是执法中存在较多争议的难点问题。执法部门在法律法规范围内行使行政处罚裁量权仍缺乏充分的依据和标准，如本案中，10 万元—30 万元的罚款裁量幅度较大。建议地方建设行政主管部门可出台相应的行政处罚裁量权标准，为同类案件的处罚提供最直接的依据。

2. 安全隐患为何迟迟得不到消除是一个难点问题。一是现行法律法规

均没有针对施工单位、监理单位法定代表人的处罚措施，安全隐患未能引起
领导的重视，是很难得到解决的。二是本案中，甲、乙、丙、丁均发现了该
工程存在施工安全隐患，个别人也尽了一些责任，但均存在尽职履责不到位
的问题，现实中一些安全事故就是在这种情况下发生的。因此，建议修订法
律法规时，要完善追究法定代表人和有关人员责任的措施，使安全生产责任
制落到实处。

3. "逾期未改"作为处罚的前提，导致行政执法工作的效果受到一定影
响。对于已发生安全事故的，对事故发生时的安全隐患进行改正只是补救措
施。而根据《建设工程安全生产管理条例》，若施工单位按期改正，则无法
对其进行处罚。建议该条例修订时，增加"责令改正的同时，并给予行政处
罚"的内容。

案例 42　某棚户区改造工程项目生产安全隐患案

一、基本案情

某棚户区改造工程项目共有 3 栋高层建筑，总建筑面积为 7.8 万平方
米。项目建设单位为 A 开发公司，施工总承包单位为 B 工程公司，监理单
位为 C 监理公司。项目于 2014 年 6 月开工建设，案发时正在进行主体施工。
2014 年 12 月，建设主管部门检查发现该工程在管理、工程质量和安全方面
均存在许多安全隐患。

二、查处情况

经查，发现以下违法行为。

施工单位：（1）砌块、免烧结砖合格证时间与报验表填写的出厂时间不
符；（2）混凝土浇筑存在爆模、漏浆，砌体灰缝控制不严，滚转砌筑均不符
合规范要求（如图17、图18所示）；（3）项目现场安全员人数配备不足；（4）
施工现场未按要求配备消防设施、设备，无水源，无水管，板房材质不是防
火等级 A 级材料，消防安全意识薄弱；（5）施工用电管理混乱，未做到"三

图 17　混凝土浇筑爆模

图 18　混凝土浇筑漏浆

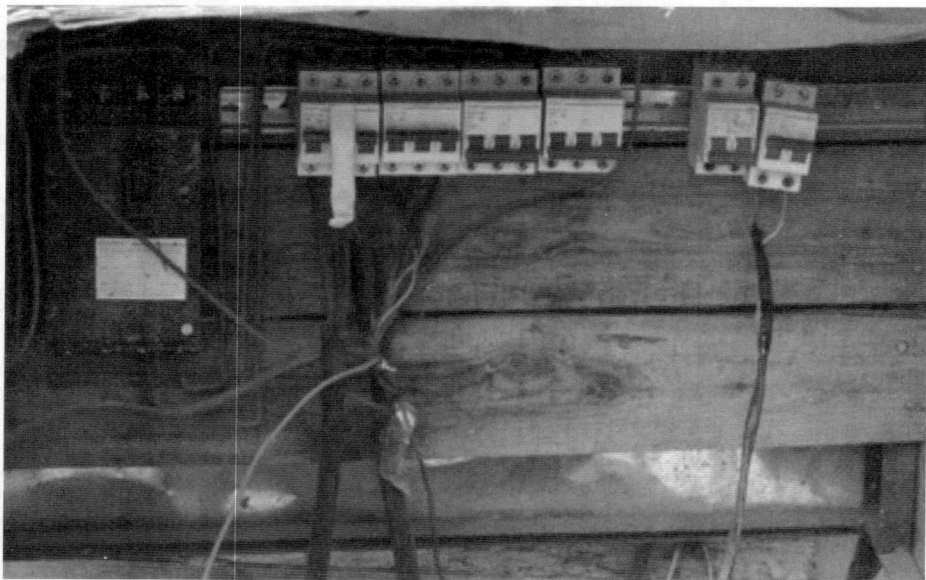

图 19　施工现场电器线路敷设混乱

级配电，两级保护"（如图 19 所示）。

监理单位：（1）总监无任命书，总监及总监代表安全证书已过期；（2）未对施工单位（分包单位）资质、资格和部分施工专项方案进行审查及验收；（3）安全生产管理体系不健全。

综上所述，依据《建设工程安全生产管理条例》第二十一条第二款、第二十九条第二款、第三十一条、第三十六条等规定，B 工程公司违反了法定安全责任；依据《建设工程安全生产管理条例》第十四条规定，C 监理公司违反了监理单位的安全责任。

三、处理结果

依据《安全生产法》第九十四条的规定，责令 B 工程公司限期整改，并处 2 万元罚款。

依据《建设工程安全生产管理条例》第五十七条的规定，责令 C 监理公司限期改正，对该公司及项目总监全市通报批评，纳入重点监管单位。在规定期限内，C 监理公司进行了改正。

四、法律法规辨析

《建设工程安全生产管理条例》第二十一条第二款规定："施工单位的项目负责人应当由取得相应执业资格的人员担任，对建设工程项目的安全施工负责，落实安全生产责任制度、安全生产规章制度和操作规程，确保安全生产费用的有效使用，并根据工程的特点组织制定安全施工措施，消除安全事故隐患，及时、如实报告生产安全事故。"第二十九条第二款规定："施工现场临时搭建的建筑物应当符合安全使用要求。施工现场使用的装配式活动房屋应当具有产品合格证。"第三十一条规定："施工单位应当在施工现场建立消防安全责任制度，确定消防安全责任人，制定用火、用电、使用易燃易爆材料等各项消防安全管理制度和操作规程，设置消防通道、消防水源，配备消防设施和灭火器材，并在施工现场入口处设置明显标志。"本案中，B工程公司存在诸多违反上述安全生产责任的行为，现场安全员人数配备不足，未按要求配备消防设施、设备等。《安全生产法》第九十四条规定："生产经营单位有下列行为之一的，责令限期改正，可以处5万元以下的罚款；逾期未改正的，责令停产停业整顿，并处5万元以上10万元以下的罚款，对其直接负责的主管人员和其他直接责任人员处1万元以上2万元以下的罚款：（一）未按照规定设置安全生产管理机构或者配备安全生产管理人员……"因此，建设主管部门在责令B有限公司限期改正的同时，可以对其处5万元以下的罚款。

《建设工程质量管理条例》第六十四条规定："违反本条例规定，施工单位在施工中偷工减料的，使用不合格的建筑材料、建筑构配件和设备的，或者有不按照工程设计图纸或者施工技术标准施工的其他行为的，责令改正，处工程合同价款2%以上4%以下的罚款；造成建设工程质量不符合规定的质量标准的，负责返工、修理，并赔偿因此造成的损失；情节严重的，责令停业整顿，降低资质等级或者吊销资质证书。"本案中，施工单位砌块、免烧结砖合格证时间与报验表填写的出厂时间不符以及砌体灰缝控制不严等问题，违反该条规定，执法部门可以依据该条规定进行处罚。

《建设工程安全生产管理条例》第十四条规定："工程监理单位应当审查施工组织设计中的安全技术措施或者专项施工方案是否符合工程建设强制性

标准。工程监理单位在实施监理过程中，发现存在安全事故隐患的，应当要求施工单位整改……"第五十七条规定："工程监理单位未对施工组织设计中的安全技术措施或者专项施工方案进行审查的，责令限期改正；逾期未改正的，责令停业整顿，并处 10 万元以上 30 万元以下的罚款；情节严重的，降低资质等级，直至吊销资质证书；造成重大安全事故，构成犯罪的，对直接责任人员，依照刑法有关规定追究刑事责任；造成损失的，依法承担赔偿责任。"C 监理公司未对施工现场存在的安全生产事故隐患及时发现并制止，应当责令限期改正。C 监理公司在规定期限内进行了改正。

五、对比分析

建设行政主管部门在对违法事实认定的基础上，责令 C 监理公司限期改正，在该公司整改完成之后，决定对 C 监理公司及项目总监全市通报批评，纳入重点监管单位，不再予以处罚。责令 B 工程公司限期整改并处 2 万元罚款的法律适用及处理结果符合法律法规的规定。

为预防此类问题的发生，还可将违法主体的违法行为记入不良行为记录，必要时可予以曝光。

六、难点问题及建议

1.《安全生产法》的执法主体问题。《安全生产法》第九条规定："国务院安全生产监督管理部门依照本法，对全国安全生产工作实施综合监督管理；县级以上地方各级人民政府安全生产监督管理部门依照本法，对本行政区域内安全生产工作实施综合监督管理。

"国务院有关部门依照本法和其他有关法律、行政法规的规定，在各自的职责范围内对有关行业、领域的安全生产工作实施监督管理；县级以上地方各级人民政府有关部门依照本法和其他有关法律、法规的规定，在各自的职责范围内对有关行业、领域的安全生产工作实施监督管理。

"安全生产监督管理部门和对有关行业、领域的安全生产工作实施监督管理的部门，统称负有安全生产监督管理职责的部门。"

对此，有的地方住房城乡建设主管部门还存在认识误区，未能与当地安监部门形成工作合力。建议在今后工作中予以加强。

2.建筑市场主体遵守建设安全生产领域的强制性规范意识薄弱。建议建设主管部门和安全生产主管部门加强协调配合，定期对辖区内施工单位和施工现场进行检查，早发现，早纠正。

案例 43 某施工总承包单位未履行安全生产管理职责案

一、基本案情

某商业项目总建筑面积为 13.4 万平方米。项目建设单位为 A 开发公司，施工总承包单位为 B 工程公司（房建壹级资质）。项目于 2013 年 9 月开工建设，案发时正在进行结构施工。

二、查处情况

当地建设主管部门在一次检查中发现 B 工程公司存在以下安全管理问题：（1）群塔作业没有防碰撞措施；（2）开关箱内设置二路动力插座（如图 20 所示）；（3）切割机等小型设备无开关箱（如图 21 所示）；（4）临边洞口部分未防护（如图 22 所示）；（5）塔机（S5801t）小车断绳保护装置无效；（6）施工升降机（S10134s）电缆导向架设置数量不足、标准节悬臂自由端超标（如图 23 所示）；（7）钢丝绳货用升降机电缆导向架未设、通信装置显示屏无显示（如图 24 所示）。

针对以上问题，执法人员当即在现场下达整改通知书，责令 B 工程公司限期整改，并约谈了该公司负责人。B 工程公司负责人对存在的问题没有异议，承认公司在安全管理上存在缺陷并承诺在规定期限内完成整改。

三、处理结果

依据《××市建设工程施工安全监督管理办法》以及《××市建筑建材业行政处罚常用裁量基准》，建设主管部门对 B 工程公司作出了罚款 2.5万元的处罚。

图 20 开关箱内设置二路动力插座

图 21 切割机等小型设备无开关箱

图 22 临边洞口无防护

图 23 升降机标准节悬臂自由端超标

图24　货用升降机电缆未设导向架

四、法律法规辨析

有关施工安全防护设施的设置，《××市建设工程施工安全监督管理办法》第十四条规定："施工单位应当按照有关的国家标准、行业标准或者地方标准，在施工现场设置安全防护设施，并达到下列要求：（一）根据建设工程的施工进度，及时调整和完善安全防护设施；（二）在施工现场的事故易发区域，设置专项的安全防护设施，并设立醒目的警示标志；（三）根据季节或者天气特点，设置或者调整专项的安全防护设施，并进行相关的安全检查。建设工程涉及公共安全的，施工单位应当按照有关规定，在施工现场周围设置专项的公共安全防护设施。公共安全防护设施的有关费用应当在施工承包合同中约定。施工承包合同中未作约定的，应当由建设单位负担。"在结构施工中，B工程公司没有及时根据施工进度调整和完善安全防护设施，如群塔作业没有防碰撞措施、切割机等小型设备无开关箱、临边洞口部分未防护等，导致施工现场出现安全隐患。执法人员据此向B工程公司下达整改通知书，责令 B 工程公司及时消除安全隐患。

有关施工机械、机具和电气设备的安装、使用，《××市建设工程施工安全监督管理办法》第十五条规定："施工单位安装、使用施工机械、机具和电气设备，应当符合下列规定：（一）在安装前，应当按照规定的安全技术标准进行检测，经检测合格后方可安装；（二）在使用前，应当按照规定的安全技术标准进行安全性能试验，经验收合格后方可使用；（三）在使用期间，应当指定专人负责维护、保养，保证其完好、安全。"在施工现场检查时，执法人员发现 B 工程公司违反了上述第（三）项规定。比如，开关箱内设置二路动力插座，塔基小车短绳保护装置无效，施工升降机电缆导向架设置数量不足、标准节悬臂自由端超标，未设钢丝绳货用升降机电缆导向架，通信装置显示屏无显示等。

依据《××市建设工程施工安全监督管理办法》第二十四条第二款第（三）项规定，违反第十四条、第十五条、第十六条的，责令其限期改正，并可处以 3000 元以上 3 万元以下的罚款。B 工程公司在该工程中疏于管理，未能按照有关技术标准和管理规定的要求完善安全设施，不能保障安全生产。为促使 B 工程公司加强安全管理，执法部门依据上述规定对 B 工程公司依法实施了行政处罚。对于罚款额度，执法部门依据《××市建筑建材业行政处罚常用裁量基准》的规定，对 B 工程公司违反第十四条的行为处以 1 万元罚款，对 B 工程公司违反第十五条的行为处以 1.5 万元罚款，两项合并共处罚款 2.5 万元。

五、对比分析

有关施工安全生产问题，涉及《安全生产法》《安全生产许可证条例》《建设工程安全生产管理条例》等相关法律法规。对于 B 工程公司在结构施工中存在的安全问题，除了《××市建设工程施工安全监督管理办法》等地方政府规章外，其上位法《建设工程安全生产管理条例》也作出了规定。其中，第二十八条规定："施工单位应当在施工现场入口处、施工起重机械、临时用电设施、脚手架、出入通道口、楼梯口、电梯井口、孔洞口、桥梁口、隧道口、基坑边沿、爆破物及有害危险气体和液体存放处等危险部位，设置明显的安全警示标志。安全警示标志必须符合国家标准。施工单位应当根据不同施工阶段和周围环境及季节、气候的变化，在施工现场采取相应的安全施工措施。施工现场暂时停止施工的，施工单位应当做好现场防护，所需费用由责任方承担，或者按照合同约定执行。"第三十四条第二款规定："施工现场的安全防护用具、机械设备、施工机具及配件必须由专人管理，定期进行检查、维修和保养，建立相应的资料档案，并按照国家有关规定及时报废。"

对于 B 工程公司应承担的法律责任，《建设工程安全生产管理条例》第六十二条第（三）项规定："违反本条例的规定，施工单位有下列行为之一的，责令限期改正，逾期未改正的，责令停业整顿，依照《中华人民共和国安全生产法》的有关规定处以罚款；造成重大安全事故，构成犯罪的，对直接责任人员，依照刑法有关规定追究刑事责任：……（三）未在施工现场的危险部位设置明显的安全警示标志，或者未按照国家有关规定在施工现场设置消防通道、消防水源、配备消防设施和灭火器材的。"《建设工程安全生产管理条例》第六十四条规定："违反本条例的规定，施工单位有下列行为之一的，责令限期改正，逾期未改正的，责令停业整顿，并处 5 万元以上 10 万元以下的罚款；造成重大安全事故，构成犯罪的，对直接责任人员，依照刑法有关规定追究刑事责任：……（二）未根据不同施工阶段和周围环境及季节、气候的变化，在施工现场采取相应的安全施工措施，或者在城市市区内的建设工程的施工现场未实行封闭围挡的……"鉴于 B 工程公司的违法行为并未造成安全事故，且 B 工程公司针对所存在的安全问题积极认真整改，因此依据《建设工程安全生产管理条例》，执法部门可责令 B 工程公司限期改正。对于 B 工程公司的违法行为，地方政府规章《××市建设工程施工安全监督管理办法》又规定具体的罚款数额，这与其上位法并不冲突。因此，执法部门的处罚依据充分，裁量准确得当。

六、难点问题及建议

1. 现行行政法规虽对专项施工方案的编制和审批作出了具体规定，但并未涉及施工方案执行问题，当出现施工单位未按施工方案施工的情形，执法部门往往缺乏必要的执法依据。因此，建议对不按方案施工的行为制定处罚措施。

2.《建设工程安全生产管理条例》要求达到一定规模的危险性较大的分部分项工程应编制专项施工方案，其中包括高度 5 米以上的模板工程。模板工程危险性较大，也是安全事故频发领域，对于高度为 5 米以下的模板工程，若施工单位不按有关要求施工，执法部门则无处罚依据。建议修订《危险性较大的分部分项工程安全管理办法》，增加处罚条款，不区分高度、跨度、载荷等因素，将所有模板工程列入危险性较大工程予以管理。

案例 44　某酒店工程项目钢管模板支撑架坍塌事故案

一、基本案情

某酒店工程项目，总建筑面积为 1.98 万平方米。项目建设单位为 A 置业有限公司，施工总承包单位为 B 建筑工程有限公司（资质为房建壹级），监理单位为 C 监理有限公司。项目于 2013 年 9 月开工建设。2014 年 10 月，该项目在进行酒店附属游泳池混凝土浇筑作业时，由于模板支撑架搭设不符合规范及承载能力要求、施工工序穿插不合理，发生一起扣件式钢管模板支撑架坍塌事故（如图 25 所示），造成 2 人死亡。

图 25　钢管模板支撑架坍塌现场

二、查处情况

经查，B 建筑工程有限公司未编制模板支架安全专项施工方案并进行专家论证，未对本区域支架进行设计及验算，未对钢管扣件等材料进行入场验收，未形成模板支撑架的验收记录，在未签发混凝土浇灌许可证的情况下擅自进行浇筑作业，现场安全管理不到位，施工工序穿插不合理，对事故发生负有重要责任。

B 建筑工程有限公司：(1) 法定代表人甲某，未依法履行安全生产管理职责，没有建立健全本单位安全生产责任制，没有以书面形式制定和明确相关人员责任，未到过施工现场进行检查，对项目经理和项目技术负责人长期不在施工现场的情况失察，对事故发生负有领导责任。(2) 公司项目负责人乙某，未按规定参加项目部检查，未及时发现、制止模板支撑架的搭设不符合规范要求和施工工序穿插不合理的问题，对事故发生负有直接责任。(3) 公司现场技术负责人丙某，未按规定编制模板支撑架安全专项施工方案并进行专家论证，经常不在岗履行职责，未及时发现并制止模板支撑架搭设不符合规范要求和施工工序穿插不合理的问题，对事故发生负有直接责任。(4) 安全员丁某，在事发部位未编制专项方案并进行专家论证的情况下开展安全管理，未及时发现并制止模板支撑架搭设不符合规范要求和施工工序穿插不合理的问题，对事故发生负有直接责任。(5) 施工员戊某和己某，在事发部位未编制专项方案并进行专家论证的情况下组织施工，未及时发现并制止模板支撑架搭设不符合规范要求和施工工序穿插不合理的问题，对事故发生负有直接责任。

C 监理有限公司：(1) 没有对施工单位未编制专项施工方案并进行专家论证的违规行为提出整改意见，未对事发地点模板支撑系统进行验收，未对现场安全生产进行有效监管，未及时发现并制止施工单位的违规浇筑行为，对事故发生负有监理责任。(3) 总监理工程师庚某，没有按照法律、法规和工程建设强制性标准实施监理，在事发部位未编制专项方案并进行专家论证的情况下，没有提出整改意见，未及时发现并制止模板支撑架搭设不符合规范要求和施工工序穿插不合理的问题，对事故发生负有责任。(3) 总监代表辛某，在事发部位未编制专项方案并进行专家论证的情况下进行旁站监理，未签发混凝土浇灌许可就转序进行混凝土浇筑，未及时发现和制止模板支撑架搭设不符合规范要求和施工工序穿插不合理的问题，对事故发生负有责任。

三、处理结果

安全生产监管部门依据《生产安全事故报告和调查处理条例》第三十七条的规定，对 B 建筑工程有限公司处以罚款 19 万元，对 C 监理有限公司处以罚款 10 万元。依据《生产安全事故报告和调查处理条例》第三十八条第一款规定，对 B 建筑工程有限公司法定代表人甲某处以罚款 14400 元。依据《安全生产违法行为行政处罚办法》（安监总局令第 15 号，下同）第四十四条规定，对 B 建筑工程有限公司项目负责人乙某给予警告，并处罚款 9000 元，建议移送司法机关依法处理；对 B 建筑工程有限公司现场技术负责人丙某给予警告，并处罚款 8000 元；对 B 建筑工程有限公司安全员丁某给予警告，并处罚款 9000 元，建议移送司法机关依法处理；对 B 建筑工程有限公司施工员戊某给予警告，并处罚款 9000 元，建议移送司法机关依法处理；对 B 建筑工程有限公司施工员己某给予警告，并处罚款 8000 元；对 C 监理有限公司总监理工程师庚某给予警告，并处罚款 8000 元；对 C 监理有限公司总监代表辛某给予警告，并处罚款 9000 元，建议移送司法机关依法处理。

建设行政主管部门依据《建筑施工企业安全生产许可证管理规定》（建设部令第 128 号，下同）第二十二条规定，暂扣 B 建筑工程有限公司安全生产许可证 50 天；依据《建设工程安全生产管理条例》第五十七条规定，责令 C 监理有限公司停业整顿 30 日；依据《生产安全事故报告和调查处理条例》第四十条规定，吊销甲某、乙某、丙某、丁某、己某取得的安全生产考核合格证书；依据《建设工程安全生产管理条例》第五十八条规定，停止庚某、辛某执业资格 6 个月。

四、法律法规辨析

《生产安全事故报告和调查处理条例》第三条第一款第（四）项规定：

"一般事故，是指造成3人以下死亡，或者10人以下重伤，或者1000万元以下直接经济损失的事故。"本案中的坍塌事故造成2人死亡，应属于安全生产事故中的一般事故等级。因此，对相关责任主体的处罚都要在这个前提下进行。

《生产安全事故报告和调查处理条例》第三十七条规定："事故发生单位对事故发生负有责任的，依照下列规定处以罚款：（一）发生一般事故的，处10万元以上20万元以下的罚款……"本案中，按照《建设工程安全生产管理条例》第二十六条关于施工单位应当对模板工程等"达到一定规模的危险性较大的分部分项工程编制专项施工方案，并附具安全验算结果"的规定，B建筑工程有限公司对造成2人死亡的安全事故负有主要责任。C监理有限公司违反了《建设工程安全生产管理条例》第十四条规定："工程监理单位应当审查施工组织设计中的安全技术措施或者专项施工方案是否符合工程建设强制性标准。工程监理单位在实施监理过程中，发现存在安全事故隐患的，应当要求施工单位整改；情况严重的，应当要求施工单位暂时停止施工，并及时报告建设单位。"C监理有限公司没有对施工单位未编制专项施工方案并进行专家论证的违规行为提出整改意见，对事故负有重要责任。应当给予C监理有限公司10万元—20万元的行政处罚。

《生产安全事故报告和调查处理条例》第三十八条规定："事故发生单位主要负责人未依法履行安全生产管理职责，导致事故发生的，依照下列规定处以罚款：（一）发生一般事故的，处上一年年收入30%的罚款……"B建筑工程有限公司法定代表人甲某违反《建设工程安全生产管理条例》第二十一条关于"施工单位主要负责人依法对本单位的安全生产工作全面负责"的规定，应作出处以其年收入30%的罚款的决定。

《生产安全事故报告和调查处理条例》第四十条规定："事故发生单位对事故发生负有责任的，由有关部门依法暂扣或者吊销其有关证照；对事故发生单位负有事故责任的有关人员，依法暂停或者撤销其与安全生产有关的执业资格、岗位证书……"《安全生产违法行为行政处罚办法》第四十四条规定："生产经营单位及其主要负责人或者其他人员有下列行为之一的，给予警告，并可以对生产经营单位处1万元以上3万元以下罚款，对其主要负责人、其他有关人员处 1 千元以上 1 万元以下的罚款：（一）违反操作规程或者安全管理规定作业的……"B 建筑工程有限公司项目负责人乙某存在未按规定参加项目部检查等行为，现场技术负责人丙某存在经常不到岗履行职责等行为。安全员丁某、施工员戊某和己某存在未及时发现并制止模板支撑架搭设不符合规范要求和施工工序穿插不合理的现象等行为。C 监理有限公司的总监理工程师庚某和总监代表辛某等也存在相应监督职责缺失、不到位的问题。以上人员对事故发生均负有责任，应当依法暂停或者撤销其有关的执业资格、岗位证书，还可以对其处 1 千元以上 1 万元以下的罚款。

《建筑施工企业安全生产许可证管理规定》第二十二条规定："取得安全生产许可证的建筑施工企业，发生重大安全事故的，暂扣安全生产许可证并限期整改。"同时，住房和城乡建设部印发的《建筑施工企业安全生产许可证动态监管暂行办法》（建质〔2008〕121 号）第十四条规定，暂扣安全生产许可证处罚视事故发生级别和安全生产条件降低情况，按下列标准执行：（一）发生一般事故的，暂扣安全生产许可证 30 至 60 日；（二）发生较大事故的，暂扣安全生产许可证 60 至 90 日；（三）发生重大事故的，暂扣安全生产许可证 90 至 120 日。因此，应当给予 B 建筑工程有限公司暂扣安全生产许可证 30 至 60 日的处罚。

《建设工程安全生产管理条例》第五十七条规定："违反本条例的规定，工程监理单位有下列行为之一的，责令限期改正；逾期未改正的，责令停业整顿，并处 10 万元以上 30 万元以下的罚款；情节严重的，降低资质等级，直至吊销资质证书；造成重大安全事故，构成犯罪的，对直接责任人员，依照刑法有关规定追究刑事责任；造成损失的，依法承担赔偿责任：（一）未对施工组织设计中的安全技术措施或者专项施工方案进行审查的；（二）发现安全事故隐患未及时要求施工单位整改或者暂时停止施工的；（三）施工单位拒不整改或者不停止施工，未及时向有关主管部门报告的；（四）未依照法律法规和工程建设强制性标准实施监理的。"C 监理有限公司存在没有对施工单位未编制专项施工方案并进行专家论证的违规行为提出整改意见等违规行为，应当依法受到处罚。

《建设工程安全生产管理条例》第五十八条规定："注册执业人员未执行法律、法规和工程建设强制性标准的，责令停止执业3个月以上1年以下。"总监理工程师庚某存在没有按照法律、法规和工程建设强制性标准实施监理等行为。总监代表辛某存在在事发部位未编制专项方案并进行专家论证的情况下进行旁站监理，未签发混凝土浇灌许可证就转序进行混凝土浇筑等违法行为，应当责令其停止执业3个月以上1年以下。

五、对比分析

本案较为复杂，在事实方面，既涉及对整个事故性质、等级的认定，又涉及对不同主体以及不同层次主体的责任认定；在法律适用方面，涉及的法律法规依据种类较多、层次不一，既有行政法规，又有部门规章，同一主体同一行为也有触犯不同种类法律法规的情况。

对施工单位来说，既有单位责任，又有个人责任。其中单位在安全事故中承担主要责任，罚款基本按照处罚幅度的上限，给予19万元的罚款是恰当的。但是依据《建筑施工企业安全生产许可证管理规定》第二十二条规定暂扣安全生产许可证50天，不妥，因为本案的安全事故不属于"重大"等级。对个人责任的处罚基本没有遗漏，都是资质罚与罚款同时采用，都是在规定的处罚幅度范围内进行。唯一欠缺的是没有法定代表人甲某的上年度收入数据。

对监理单位来说，同样既有单位责任，又有个人责任。监理单位的责任由总监理工程师和总监代表两人的过错行为所导致，执法部门给予单位10万元罚款处罚，选择的是处罚幅度中限，是与监理单位对事故承担责任但承担的不是主要责任相对应的。对总监理工程师和总监代表的处罚，也是有执业资格处罚和经济处罚两种，处罚幅度较为合理。唯一值得探讨的是监理单位负责人的责任。依据《生产安全事故报告和调查处理条例》第三十八条第一款规定，对施工单位法定代表人进行了处罚。本条规定为："事故发生单位主要负责人未依法履行安全生产管理职责，导致事故发生的。"本案没有理清监理单位法定代表人是否履行了相应的安全生产管理职责，也未对其处罚。

本案中出现了两个执法主体，一是安全生产监管部门，二是住房和城乡建设部门。按照《建设工程安全生产管理条例》第三十九条和第四十条的规定，安全生产监督管理部门对建设工程安全生产工作实施综合监督管理。建设行政主管部门对建设工程安全生产实施监督管理。因此，两个部门均有权限对本案中的违法行为进行监督管理。

六、难点问题及建议

本案反映的难点问题：一是法律适用较为复杂，不同的法律依据规定存在差异。二是责任承担的认定较为困难，每类主体的责任到底是什么程度缺乏量化指标。三是现有规章未随着国务院行政法规的修改而及时修订。

提出以下建议：

1. 对相关法律法规进行梳理，找出不一致的地方，条件成熟时，尽量统一。本案中对施工单位法定代表人的处罚与对其他人的处罚依据的是两个不同的法规。对法定代表人的处罚依据的是《生产安全事故报告和调查处理条例》第三十八条的规定，对其他人的处罚依据的是《安全生产违法行为行政处罚办法》第四十四条的规定，实际上，后一规定已经涵盖了法定代表人。只是，执法部门选择适用的是处罚较重的规定。

2. 修改《建筑施工企业安全生产许可证管理规定》。该规章于2004年7月5日颁布施行，其中第二十二条规定："取得安全生产许可证的建筑施工企业，发生重大安全事故的，暂扣安全生产许可证并限期整改。"当时，生产安全事故分为一级重大、二级重大、三级重大、四级重大四个级别，即所有的安全事故都属重大安全事故，发生生产安全事故后，均应暂扣安全生产许可证并限期整改。2007年7月1日，国务院颁布了《生产安全事故报告和调查处理条例》，将生产安全事故级别调整为一般、较大、重大和特别重大，分别对应原四、三、二、一级重大事故。为避免法律适用的冲突，可修改《建筑施工企业安全生产许可证管理规定》中的相关条款。

案例 45　某粮食仓储及码头配套工程项目安全事故案

一、基本案情

某粮食仓储及码头配套工程项目，建设单位为 A 物流公司，施工单位为外省 B 安装公司，劳务分包单位为 C 劳务公司，监理单位为 D 监理公司。2015 年 6 月 7 日，在进行立筒顶盖施工模板支架平台安装时，因模板支架平台突然跌落，致使站在模板支架平台上施工的 4 名工人随模板支架坠落地面，经抢救无效死亡。

二、查处情况

事故发生后，省住房和城乡建设厅对该市住房和城乡建设局、建设工程安全监督站、城建办负责人和建设单位、施工单位、监理单位的负责人进行警示约谈；对该市住房和城乡建设局进行为期 3 个月的安全生产挂牌督办；建议施工单位 B 安装公司所在的省建设主管部门暂扣其安全生产许可证；拟在事故调查报告完成后，根据调查报告责任认定情况，对劳务分包单位 C 劳务公司作出暂扣建筑施工安全生产许可证的行政处罚。

查处过程中发现：(1) B 安装公司违反安全生产规章制度和操作规程，擅自将原立筒仓墙体滑膜施工时留下的吊挂架作为立筒仓顶盖施工模板支架平台。(2) B 安装公司以包代管，疏于对分包单位 C 公司的安全管理。项目管理人员不到位、不履职，项目安全生产管理责任不落实，项目经理甲以及负有安全管理职责的乙、丙、丁、戊未尽职履行安全生产管理职责，未组织实施项目安全检查及隐患排查，未及时消除安全事故隐患。(3) B 安装公司未编制专项安全施工组织设计，未采取安全技术措施。

三、处理结果

2015 年 6 月，市住房和城乡建设局对该工程施工单位 B 安装公司、监理单位 D 监理公司、劳务分包单位 C 劳务公司作出撤销信用手册的决定，并责令 B、C、D 公司在该市的所有工程全面停工、立即组织全面核查，核查未通过不得复工。

省住房和城乡建设厅向 B 安装公司所在的省住房和城乡建设厅发函，建议对该工程施工单位 B 安装公司作出暂扣安全生产许可证的行政处罚；向该市住房和城乡建设局提出要求，对劳务分包单位 C 劳务公司作出吊销资质证书的决定。

9 月，市安全生产委员会对这起安全事故作出结案报告，并依法对有关责任单位进行了罚款。根据责任认定情况，省住房和城乡建设厅提请住房和城乡建设部吊销该项目的项目经理甲的建造师注册证书，建议 B 安装公司所在的省住房和城乡建设厅吊销 B 安装工程公司乙、丙、丁、戊等人的安全生产考核合格证书。

四、法律法规辨析

《安全生产许可证条例》第十四条第二款规定："安全生产许可证颁发管理机关应当加强对取得安全生产许可证的企业的监督检查，发现其不再具备本条例规定的安全生产条件的，应当暂扣或者吊销安全生产许可证。"本案中，B 安装公司违反安全生产规章制度和操作规程，擅自将原立筒仓墙体滑膜施工时留下的吊挂架作为立筒仓顶盖施工模板支架平台，造成 4 人死亡的安全生产事故，因此建设行政主管部门暂扣 B 公司安全生产许可证的行政处罚法律依据充分。

《建筑施工企业负责人及项目负责人施工现场带班暂行办法》第三条规定："建筑施工企业应当建立企业负责人及项目负责人施工现场带班制度，并严格考核。"施工现场带班包括企业负责人带班检查和项目负责人带班生产。对于带班的时间要求，第六条规定，"建筑施工企业负责人要定期带班检查，每月检查时间不少于其工作日的 25%"；第十一条规定，"项目负责人每月带班生产时间不得少于本月施工时间的 80%"。特别是涉及超过一定规模的危险性较大的分部分项工程施工时，建筑施工企业负责人应到施工现场进行带班检查。本案 B 公司项目管理人员不到位、不履职，项目安全生产管理责任不落实，是造成本次安全生产事故的直接原因之一。B 公司项目经理甲以及负有安全管理职责的乙、丙、丁、戊未尽职履行安全生产管理职责，未组织实施项目安全检查及隐患排查，未及时消除安全事故隐患，违反了《建设工程安全生产管理条例》第二十一条规定，对事故负有主要责任。《生产安全事故报告和调查处理条例》第四十条规定，"事故发生单位对事故发生负有责任的，由有关部门依法暂扣或者吊销其有关证照；对事故发生单位负有事故责任的有关人员，依法暂停或者撤销其与安全生产有关的执业资格、岗位证书"，因此 C 劳务公司被处以吊销资质证书的行政处罚，项目经理甲被处以吊销一级建造师注册证书的行政处罚，乙、丙、丁、戊被处以吊销安全生产考核合格证书的行政处罚。

五、对比分析

本案安全事故共造成 4 人死亡，依据《生产安全事故报告和调查处理条例》第三条的有关规定，"造成 3 人以上 10 人以下死亡，或者 10 人以上 50 人以下重伤，或者 1000 万元以上 5000 万元以下直接经济损失的事故"应认定为较大事故。

1. 施工企业应承担的法律责任。《建筑法》第三十八条规定："建筑施工企业在编制施工组织设计时，应当根据建筑工程的特点制定相应的安全技术措施；对专业性较强的工程项目，应当编制专项安全施工组织设计，并采取安全技术措施。"对于"专业性较强的工程项目"，《建设工程安全生产管理条例》第二十六条作出了详细规定，其中易发生生产安全事故的模板工程即在其列。《建筑法》第七十一条第一款规定："建筑施工企业违反本法规定，对建筑安全事故隐患不采取措施予以消除的，责令改正，可以处以罚款；情节严重的，责令停业整顿，降低资质等级或者吊销资质证书；构成犯罪的，依法追究刑事责任。"据此，本案建设行政主管部门依法吊销了 C 劳务分包公司的资质证书。鉴于 B 公司作为总包单位以包代管，疏于对分包单位 C 公司的安全管理导致安全事故发生，依据《建筑法》第四十五条和《建设工程安全生产管理条例》第二十四条的规定，涉案 B 公司作为总包单位应对施工现场的安全生产承担连带责任。

《安全生产法》第一百零九条规定："发生生产安全事故，对负有责任的生产经营单位除要求其依法承担相应的赔偿等责任外，由安全生产监督管理部门依照下列规定处以罚款：……（二）发生较大事故的，处五十万元以上一百万元以下的罚款……"因此，可对施工企业进行罚款。

2. 相关责任人应承担的法律责任。第一，关于施工单位主要负责人。《安全生产法》第十八条以及《建设工程安全生产管理条例》第二十一条第一款规定："施工单位主要负责人对本单位的安全生产负总责，负有组织制定本单位安全生产规章制度和操作规程，督促、检查本单位的安全生产工作，对所承担的建设工程进行定期和专项安全检查，及时消除生产安全事故隐患等职责。"依据《安全生产法》第九十二条的规定，"生产经营单位的主要负责人未履行本法规定的安全生产管理职责，导致发生生产安全事故的，由安全生产监督管理部门依照下列规定处以罚款：……（二）发生较大事故的，处上一年年收入百分之四十的罚款……"

第二，关于项目负责人。《建设工程安全生产管理条例》第二十一条第二款规定："施工单位的项目负责人应当由取得相应执业资格的人员担任，对建设工程项目的安全施工负责，落实安全生产责任制度、安全生产规章制度和操作规程，确保安全生产费用的有效使用，并根据工程的特点组织制定安全施工措施，消除安全事故隐患，及时、如实报告生产安全事故。"本案B公司项目经理甲未能尽职履行安全生产职责，疏于施工现场的管理，对此起事故的发生负有责任。依据《建设工程安全生产管理条例》第五十八条的规定，建设行政主管部门对甲给予吊销建造师注册证书、5年内不予注册的行政处罚。除此之外，依据《刑法》第一百三十四条的规定，甲还涉嫌构成重大责任事故罪，司法机关应依照法定程序追究其刑事责任。

第三，关于安全生产管理人员。《安全生产法》第二十二条规定："生产经营单位的安全生产管理机构以及安全生产管理人员履行下列职责：……（三）督促落实本单位重大危险源的安全管理措施……（五）检查本单位的安全生产状况，及时排查生产安全事故隐患，提出改进安全生产管理的建议……（七）督促落实本单位安全生产整改措施。"对于未履行上述职责的安全管理人员应承担的法律责任，《安全生产法》第九十三条规定："生产经营单位的安全生产管理人员未履行本法规定的安全生产管理职责的，责令限期改正；导致发生生产安全事故的，暂停或者撤销其与安全生产有关的资格；构成犯罪的，依照刑法有关规定追究刑事责任。"

3. 监理单位应承担的法律责任。依据《建设工程安全生产管理条例》第二十六条的规定，对达到一定规模的危险性较大的分部分项工程，施工单位应当编制专项施工方案，并附具安全验算结果，经施工单位技术负责人、总监理工程师签字后实施，由专职安全生产管理人员进行现场监督。上述所指分部分项工程包括涉案模板工程。

《建设工程安全生产管理条例》第十四条规定："工程监理单位应当审查施工组织设计中的安全技术措施或者专项施工方案是否符合工程建设强制性标准。工程监理单位在实施监理过程中，发现存在安全事故隐患的，应当要求施工单位整改；情况严重的，应当要求施工单位暂时停止施工，并及时报告建设单位。施工单位拒不整改或者不停止施工的，工程监理单位应当及时向有关主管部门报告。工程监理单位和监理工程师应当按照法律、法规和工程建设强制性标准实施监理，并对建设工程安全生产承担监理责任。"

本案监理过程中，D 监理公司发现 C 劳务分包公司未按批准的施工方案施工后，虽然发出了停工通知书，但在 C 公司没有执行监理停工通知的情况下，没有再次制止施工，也没有向建设行政主管部门报告，最终导致事故的发生。《建设工程安全生产管理条例》第五十七条规定："违反本条例的规定，工程监理单位有下列行为之一的，责令限期改正；逾期未改正的，责令停业整顿，并处 10 万元以上 30 万元以下的罚款；情节严重的，降低资质等级，直至吊销资质证书；造成重大安全事故，构成犯罪的，对直接责任人员，依照刑法有关规定追究刑事责任；造成损失的，依法承担赔偿责任：（一）未对施工组织设计中的安全技术措施或者专项施工方案进行审查的；（二）发现安全事故隐患未及时要求施工单位整改或者暂时停止施工的；（三）施工单位拒不整改或者不停止施工，未及时向有关主管部门报告的；（四）未依照法律、法规和工程建设强制性标准实施监理的。"因此，可对监理单位处以罚款。

六、难点问题及建议

模板支架坍塌在建筑施工安全事故中较为常见，所造成的人员伤亡和损失较大。本起安全事故属于典型的因管理失控、违规施工、冒险蛮干酿成的事故。这起事故突出反映出施工中常见的三个主要问题：一是施工总包单位没有严格履行总包管理责任，包而不管，监管不到位；二是施工分包单位没有按经批准的施工方案重新搭设立筒仓顶盖施工模板支架平台，擅自将原立筒仓墙体滑膜施工时留下的吊挂架作为立筒仓顶盖施工模板支架平台，在将该平台向下降低标高的过程中，因工人操作不当，造成平台失稳散脱酿成事故；三是监理单位发现项目施工分包单位不按批准的施工方案施工后，分包单位不履行停工指令，监理单位未及时向建设行政主管部门报告。

从本起事故可以看出，建设工程安全生产管理仍存在诸多薄弱环节，主要表现为项目责任主体安全生产责任落实不到位，违法分包和转包导致安全责任虚化，执业人员脱岗、无证上岗，安全管理流于形式，现场不按批准方案施工等问题。

据此，提出建议如下：

1. 建设行政主管部门严格执法，法律责任追究准确到位，提高责任主体违法成本，抑制违法动机。

2. 强化执法部门对深基坑工程、地下暗挖工程、高大模板工程、脚手架工程、起重机械安装拆卸工程等易发生重大事故的分部分项工程的安全监督，形成长效的事前隐患排查机制。

3. 建立责任主体自身安全管理机制，提高责任主体参与安全管理的积极性，推动他律管理模式逐步向自律管理模式转变。

案例 46 某县房地产开发项目质量安全隐患案

一、基本案情

某县一房地产开发项目总建筑面积 6.19 万平方米，开发单位为本县 A 开发公司，设计单位为本省 B 设计公司，施工单位为外省 C 工程公司，监

理单位为 D 监理公司。其中该项目 7 号楼合同价款 650.5 万元。项目于
2011 年 7 月开工。2014 年 10 月，该省住房和城乡建设厅收到举报，反映该
住宅小区项目存在质量问题：8 号楼 102 室业主在装修过程中违规拆改承重
墙体，将厨房与阳台间的门连窗洞口墙垛（墙宽 370 毫米，墙长 280 毫米）
拆除，致使墙内构造柱裸露；同时发现该段构造柱以碎砖代替混凝土填塞
（该段长约 1 米）。

二、查处情况

收到举报后，省住房和城乡建设厅于 2014 年 11 月向地级市住房和城乡
建设委员会发函，要求依法处理并按期回复调查处理情况。市建设主管部门
又将举报材料转县主管部门查处。县质监站对 7 号楼进行了全面的排查，7
号楼为 6 层砖混结构，共 50 户住户，其中大部分业主正在装修。质监站抽
查了 30 户，凿开相同部位（墙体阴角处）抹灰层，用钳子砸除构造柱混凝土
表皮探查，均未发现构造柱内用碎砖填塞现象，开发单位、物业公司和质监
部门也未接到其他用户投诉类似质量问题。经该县级市质监站核实，该小区
8 号楼 102 室某段构造柱以碎砖代替混凝土填塞的问题属实（如图 26 所示）。

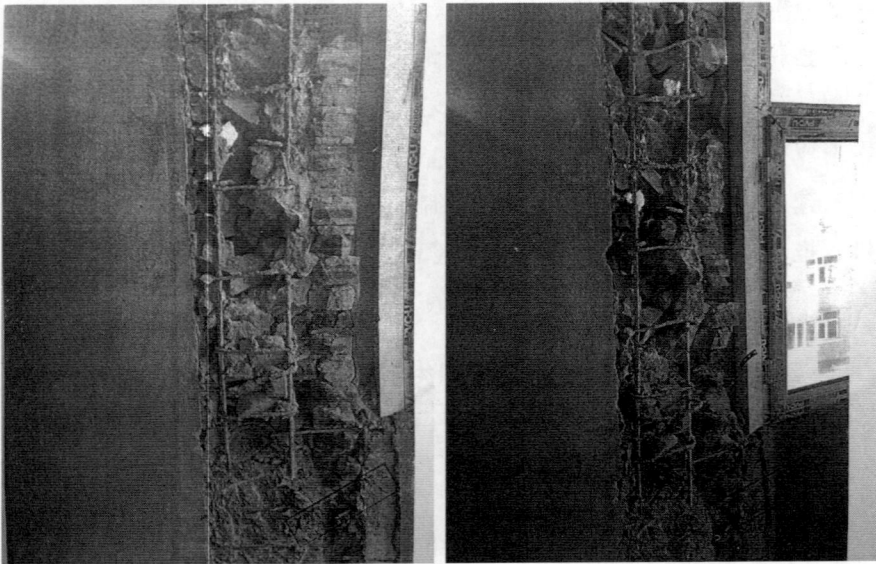

图 26　构造柱以碎砖代替混凝土填塞

质监站遂要求 A 开发公司联系 B 设计公司现场查勘并出具修复方案，由 C 工程公司依据处理方案对质量缺陷部分进行维修，并赔偿因此造成的损失。质监站向 A 开发公司下发整改通知单，要求在一周内将该问题处理完毕，同时督促业主恢复主体结构的墙体，以免造成结构安全隐患。

在调查过程中，该县住房和城乡建设局发现 A 开发公司没有履行竣工验收手续，擅自将该小区交付业主使用。县住房和城乡建设局要求 A 开发公司立即停止交房，限期办理验收手续。

三、处理结果

C 工程公司依据处理方案对质量缺陷部分进行维修，并赔偿因此造成的损失；地级市住房和城乡建设委员会决定对 C 工程公司和 D 监理公司予以全市通报批评，对建造师甲和总监理工程师乙给予不良行为记录。

县住房和城乡建设局要求 A 开发公司立即停止交房，限期办理验收手续，并根据《建设工程质量管理条例》第五十八条，对 A 开发公司处以13.01 万元的罚款。

对 8 号楼 102 室业主装修过程中违规拆改承重墙而降低了该楼房抗震设防能力的行为，县住房和城乡建设局责令其停止装修，限期整改，并对其进行了批评教育。

四、法律法规辨析

本案例涉及三方面问题：一是未经竣工验收擅自交付使用问题；二是构造柱质量问题；三是违规装修问题。

1. 未经竣工验收擅自交付使用问题。《建筑法》第六十一条规定："交付竣工验收的建筑工程，必须符合规定的建筑工程质量标准，有完整的工程技术经济资料和经签署的工程保修书，并具备国家规定的其他竣工条件。建筑工程竣工经验收合格后，方可交付使用；未经验收或者验收不合格的，不得交付使用。"《建设工程质量管理条例》第十六条第三款规定："建设工程经验收合格的，方可交付使用。"第五十八条规定："违反本条例规定，建设单位有下列行为之一的，责令改正，处工程合同价款百分之二以上百分之四以下的罚款；造成损失的，依法承担赔偿责任：（一）未组织竣工验收，擅自交付使用的；（二）验收不合格，擅自交付使用的；（三）对不合格的建设工程按照合格工程验收的。"A 公司在没有履行竣工验收手续的前提下，擅自将该工程交付给业主装修使用，违法事实清楚。针对 A 公司的违法行为，县住房和城乡建设局责令 A 公司停止交房，限期办理验收手续，并对其罚款 13.01 万元。

2. 构造柱质量问题。C 公司在主体施工过程中偷工减料，用碎砖填塞构造柱，对结构安全带来了较大隐患，造成工程质量不合格。《建设工程质量管理条例》第二十八条第一款规定："施工单位必须按照工程设计图纸和施工技术标准施工，不得擅自修改工程设计，不得偷工减料。"第六十四条规定："违反本条例规定，施工单位在施工中偷工减料的，使用不合格的建筑材料、建筑构配件和设备的，或者有不按照工程设计图纸或者施工技术标准施工的其他行为的，责令改正，处工程合同价款 2% 以上 4% 以下的罚款；造成建设工程质量不符合规定的质量标准的，负责返工、修理，并赔偿因此造成的损失；情节严重的，责令停业整顿，降低资质等级或者吊销资质证书。"因此，应对 C 公司依法进行处罚。

3. 违规装修问题。8 号楼 102 业主拆改承重墙进行装修，降低了该楼房的抗震设防能力。《建设工程质量管理条例》第十五条规定："涉及建筑主体和承重结构变动的装修工程，建设单位应当在施工前委托原设计单位或者具有相应资质等级的设计单位提出设计方案；没有设计方案的，不得施工。房屋建筑使用者在装修过程中，不得擅自变动房屋建筑主体和承重结构。"县住房和城乡建设局责令 102 室业主停止装修，并责成 A 公司组织对质量缺陷部位进行加固维修。

五、对比分析

本案的处理，未对 C 公司在主体施工过程中偷工减料，用碎砖填塞构造柱的违法行为进行处罚。依据《建设工程质量管理条例》第六十四条的规定，应对施工单位处工程合同价款 2% 以上 4% 以下的罚款（即 13.01 万元以上 26.02 万元以下），并由其负责返工，修理缺陷部位，赔偿因此造成的损失；情节严重的，还可责令停业整顿，降低资质等级或者吊销资质证书。

在本案中，该县住房和城乡建设局还应追究监理单位的质量责任。《建设工程质量管理条例》第三十六条规定："工程监理单位应当依照法律、法规以及有关技术标准、设计文件和建设工程承包合同，代表建设单位对施工质量实施监理，并对施工质量承担监理责任。"第三十七条第二款规定："未经监理工程师签字，建筑材料、建筑构配件和设备不得在工程上使用或者安装，施工单位不得进行下一道工序的施工。未经总监理工程师签字，建设单位不拨付工程款，不进行竣工验收。"《建设工程质量管理条例》第六十七条规定："工程监理单位有下列行为之一的，责令改正，处50万元以上100万元以下的罚款，降低资质等级或者吊销资质证书；有违法所得的，予以没收；造成损失的，承担连带赔偿责任：（一）与建设单位或者施工单位串通，弄虚作假、降低工程质量的；（二）将不合格的建设工程、建筑材料、建筑构配件和设备按照合格签字的。"对于监理单位承担的法律责任，应依法进行处罚。

此外，《建设工程质量管理条例》第七十三条规定："依照本条例规定，给予单位罚款处罚的，对单位直接负责的主管人员和其他直接责任人员处单位罚款数额百分之五以上百分之十以下的罚款。"建设行政主管部门在对建设单位、施工单位和监理单位处以罚款的同时，还应对单位直接负责的主管人员和其他直接责任人员依照上述规定处以罚款。

六、难点问题及建议

该案已责成C工程公司按修复方案对质量问题进行修复。对此，质监站要求开发单位联系原设计单位现场查勘，并出具修复方案，但开发单位与102室业主就经济补偿问题未能达成一致，该业主不同意修复。质监站向开发单位下发了整改通知单，要求其在一周内将该质量问题处理完毕，并要求其督促业主恢复主体结构的墙体，以免存在结构安全隐患，但业主仍坚持先补偿后维修，致使修复方案未达成一致，该构造柱碎砖填塞问题没有得到有效处理。

本案涉及两种不同法律关系：行政法律关系和民事法律关系。一是建设单位、施工单位、监理单位及其直接责任人违反《建筑法》及《建设工程质量管理条例》应承担相应的法律责任。二是建设单位与购房人之间的民事合同法律关系。他们之间的纠纷可以依照《合同法》的相关规定进行处理。就本案而言，建设行政主管部门可责成建设单位收回已移交房屋，待竣工验收通过后再行交房。由此延期交房的，购房人可依据合同追究建设单位的违约责任。购房人认为仍存在质量问题的，双方可以协商解决，协商不成的，可依照合同约定解决争议。

　　《建设工程质量管理条例》第六十九条规定："违反本条例规定，涉及建筑主体或者承重结构变动的装修工程，没有设计方案擅自施工的，责令改正，处 50 万元以上 100 万元以下的罚款；房屋建筑使用者在装修过程中擅自变动房屋建筑主体和承重结构的，责令改正，处 5 万元以上 10 万元以下的罚款……"因此，还应当追究业主违规装修的责任。现实中存在对个人行政处罚难的问题，缺乏有力措施保证该行政处罚执行到位。

案例 47　某供热站热源厂工程模板支撑体系坍塌事故案

一、基本案情

　　某市供热站热源厂工程于 2013 年 3 月立项，土地、规划等手续已办理完毕。该工程为 6 层框架结构，高度 28.5 米，建筑面积 6472.94 平方米，中标价 3225 万元。工程建设单位是 A 供热公司，勘察单位是 B 勘察设计院（甲级），设计单位是外省 C 市政设计院（甲级），施工单位是 D 工程公司（房建贰级），监理单位是 E 监理公司（监理甲级）。

　　2014 年 10 月 25 日，施工人员开始进行锅炉房框架梁、柱混凝土浇筑施工。在浇筑 9—12 轴框架梁时，由于 10 轴处集中注入的混凝土超过梁面高度，模板被撑裂，正在浇筑的梁、柱向内侧发生倾覆，模板支撑体系坍塌（如图 27 所示），导致正在作业的 6 名施工人员随之坠落。其中 3 人坠落至一层地面死亡，另外 3 人坠落至二层操作平台上受伤。

图 27　事故现场模板坍塌处

二、查处情况

事故发生当日，省安监局牵头，会同省监察厅、公安厅、人力资源和社会保障厅、住房和城乡建设厅、总工会以及市政府有关部门组成事故调查组，对该起事故进行调查。

经查，施工单位 D 工程公司用脚手架体代替支撑架进行梁模板施工，钢管规格、间距不符合要求，小横杆数量严重不足，立杆垂直度偏差过大，操作层脚手板、安全平网及建筑外防护未按要求设置（如图28、图29、图30、图31所示），架体稳定性差，导致浇筑混凝土梁、柱模板支撑架坍塌，引起梁、柱模板支撑架及内侧双排脚手架向内侧倒塌。此外，作业人员在浇筑框架梁、柱混凝土过程中，梁柱平面混凝土浇筑顺序不合理，集中浇筑混凝土导致梁柱模架系统及脚手架由于荷载过大发生倾覆。

该模板支撑体系是高大模板支撑体系，属于危险性较大的分部分项工程。调查组同时发现，D 工程公司对脚手架及高支模专项施工方案的编制、审批把关不严，未组织专家对其进行论证，缺乏编制依据，与该工程实际情况不符（如图32所示）。施工现场建设、监理、施工单位主要负责人工程质

图 28　未按要求设置操作层脚手板及安全平网

图 29　脚手架搭设不规范

图 30　防护设置不规范

图 31　用脚手架代替支撑架

图 32　高支模方案未经论证搭设

量安全管理不到位，施工人员违反操作规程、违章作业，也是造成本次事故的重要原因。

　　案件查办过程中还发现：建设单位在招投标阶段存在排斥潜在投标人的行为，在未按规定办理施工许可手续的情况下擅自开工建设。从项目工程款支付凭证、社保缴纳情况以及项目所需的主要建筑材料、构配件、大型机械设备的采购往来账来看，施工总承包单位存在违法分包行为。

三、处理结果

　　1. 施工单位。D 工程公司对事故的发生负有主要责任。省安监局对其处以 25 万元的罚款，省住房和城乡建设厅对该公司作出房屋建筑工程施工总承包资质二级降为三级的行政处罚。

　　D 工程公司总经理甲对事故的发生负有主要领导责任，省安监局对其处以 5 万元的罚款。副总经理乙全面负责现场施工的协调工作，对事故发生负有直接领导责任，省安监局对其处以 10 万元的罚款。分公司副经理丙对事故发生负有直接责任，涉嫌重大责任事故罪，移送司法机关依法追究刑事责任。施工现场项目经理丁对事故发生负有主要管理责任，涉嫌重大责任事故罪，移送司法机关依法追究刑事责任，同时吊销其二级建造师执业资格，5年内不予注册。省安监局对项目安全员（兼架子班班长）、技术员分别处以9800元的罚款，对施工员、质检员、木工班班长分别处以8800的罚款，省住房和城乡建设厅吊销安全员建筑施工企业安全管理人员考核合格证书。

2.监理单位。E监理公司对事故发生负有重要监理责任。省安监局对其处以15万元罚款，省住房和城乡建设厅责令其停业整顿6个月（停业整顿期间，暂扣资质证书）停止建筑活动。

E监理公司项目总监代表戊对事故发生负有主要责任，移送司法机关依法追究刑事责任，暂停其监理从业资格一年（12个月）。项目总监理工程师己对事故发生负有主要责任，省安监局对其处9800元的罚款，省住房和城乡建设厅决定停止其执业资格半年。

3.建设单位及建设主管部门。A供热公司违反基本建设程序，对工程项目的安全生产工作统一协调和管理不到位，对事故的发生负有主要责任，省安监局对其处以25万元的罚款。

A供热公司原经理、现经理、副经理兼总工程师分别被处以行政记过、行政警告、撤职的行政处分。县住房和城乡建设局建筑管理站站长、副站长分别被处以行政警告和行政记过处分。

本案发生后，引起地方政府有关部门的高度重视，三方责任主体切实加大整改力度，努力创建文明工地，取得了较好效果（如图33、图34、图35所示）。

四、法律法规辨析

对于D工程公司，《建设工程安全生产管理条例》明确规定了施工单位应承担的安全责任。第二十六条规定："对于达到一定规模的土方开挖工程、模板工程、脚手架工程等危险性较大的分部分项工程编制专项施工方案，并附具安全验算结果，经施工单位技术负责人、总监理工程师签字后实施，由专职安全生产管理人员进行现场监督。"对前款所列工程中涉及深基坑、地

图 33 整改后设置实名制通道

图 34 整改后的脚手架及防护网

图 35　整改后的施工现场

下暗挖工程、高大模板工程的专项施工方案，施工单位还应当组织专家进行论证、审查。D 工程公司在未取得施工许可证的情况下擅自组织施工，对危险性较大的分部分项工程施工编制的专项施工方案没有针对性和可操作性，没有进行专家论证，对高支模施工过程存在的危险和安全隐患未辨识，且在建设行政主管部门 3 次责令要求全面停工的情况下，仍然强行施工等，对事故的发生负有主要责任。依据《建设工程安全生产管理条例》第六十五条的规定，省安监局对 D 工程公司罚款 25 万元，省住房和城乡建设厅降低其资质等级的行政处罚存在遗漏。根据《建设工程安全生产管理条例》第六十五条的规定，还应对其责令停业整顿。在追究 D 工程公司行政责任的同时，行政主管部门可依据第二十三、第五十八、第六十六条等条款的规定，追究 D 工程公司主要负责人、项目负责人、专职安全管理人员等责任人员的行政责任，涉嫌构成犯罪的，移交司法机关追究其刑事责任。

对 E 监理公司，《建设工程安全生产管理条例》第十四条规定："工程监理单位应当审查施工组织设计中的安全技术措施或者专项施工方案是否符合工程建设强制性标准。工程监理单位在实施监理过程中，发现存在安全事故隐患的，应当要求施工单位整改；情况严重的，应当要求施工单位暂时停止施工，并及时报告建设单位。施工单位拒不整改或者不停止施工的，工程监理单位应当及时向有关主管部门报告。工程监理单位和监理工程师应当按照法律、法规和工程建设强制性标准实施监理，并对建设工程安全生产承担监理责任。"E 监理公司在施工现场监理人员与标书所列人员不相符；同时，现场监理不到位，在施工单位的安全技术措施、专项施工方案没有通过审查的情况下，对建设单位、施工单位存在的质量安全违法违规行为和安全隐患没有及时监督整改，且在建设行政主管部门 3 次责令要求全面停工的情况下，也没有采取制止措施，对事故发生负有重要监理责任。《建设工程安全生产管理条例》第五十七条规定："违反本条例的规定，工程监理单位有下列行为之一的，责令限期改正；逾期未改正的，责令停业整顿，并处 10 万元以上 30 万元以下的罚款；情节严重的，降低资质等级，直至吊销资质证书；造成重大安全事故，构成犯罪的，对直接责任人员，依照刑法有关规定追究刑事责任；造成损失的，依法承担赔偿责任：（一）未对施工组织设计中的安全技术措施或者专项施工方案进行审查的；（二）发现安全事故隐患未及时要求施工单位整改或者暂时停止施工的；（三）施工单位拒不整改或者不停止施工，未及时向有关主管部门报告的；（四）未依照法律、法规和工程建设强制性标准实施监理的"。监理单位存在上述行为，省安监局对其处以 15 万元罚款，省住房和城乡建设厅责令该企业停业整顿 6 个月（停业整顿期间，暂扣资质证书）停止建筑活动。

五、对比分析

1. 缺乏对建设单位未办理施工许可擅自施工的行政处罚。《建筑法》第七条规定："建筑工程开工前，建设单位应当按照国家有关规定向工程所在地县级以上人民政府建设行政主管部门申请领取施工许可证；但是，国务院建设行政主管部门确定的限额以下的小型工程除外。按照国务院规定的权限和程序批准开工报告的建筑工程，不再领取施工许可证。"本案涉案工程既不属于限额以下的小型工程，也不属于具有开工报告的工程，A 供热公司应该在开工前申领施工许可证。A 供热公司在未按规定办理施工许可手续的情况下擅自开工建设，且拒不执行建设行政主管部门 3 次下达的停工整改通知书，违反《建筑法》和基本建设程序的规定，对工程项目的安全生产工作统一协调和管理不到位，强行要求施工单位施工，对事故的发生负有主要责任。《建筑法》第六十四条规定："违反本法规定，未取得施工许可证或者开工报告未经批准擅自施工的，责令改正，对不符合开工条件的责令停止施工，可以处以罚款。"依据 2014 年颁布的《建筑工程施工许可管理办法》（住房和城乡建设部令第 18 号）第四条有关办理施工许可证应具备的条件，A 供热公司并未按照规定办理质量、安全监督手续，不符合开工条件。《建设工程质量管理条例》第五十七条规定："违反本条例规定，建设单位未取得施工许可证或者开工报告未经批准，擅自施工的，责令停止施工，限期改正，处工程合同价款 1% 以上 2% 以下的罚款。"本案建设单位 A 供热公司未取得施工许可证擅自施工的行为，违法事实清楚，证据确凿，建设主管部门应对建设单位责令停止施工，限期改正，处工程合同价款 1% 以上 2% 以下的罚款（32.25 万元以上 64.5 万元以下）。

2. 缺乏对施工单位未办理施工许可证擅自施工的处罚。《建筑工程施工许可管理办法》第十二条规定："对于未取得施工许可证或者为规避办理施工许可证将工程项目分解后擅自施工的，由有管辖权的发证机关责令停止施工，限期改正，对建设单位处工程合同价款 1% 以上 2% 以下罚款；对施工单位处 3 万元以下罚款。"由此可见，建设主管部门在对 A 供热公司处以罚款的同时，还应对 D 工程公司作出相应的处罚。

3. 缺乏对单位直接负责的主管人员和其他直接责任人员的行政处罚。《建设工程质量管理条例》七十三条规定："依照本条例规定，给予单位罚款处罚的，对单位直接负责的主管人员和其他直接责任人员处单位罚款数额 5% 以上 10% 以下的罚款。"《建筑工程施工许可管理办法》第十五条第一款规定："依照本办法规定，给予单位罚款处罚的，对单位直接负责的主管人员和其他直接责任人员处单位罚款数额 5% 以上 10% 以下罚款。"因此，本案除对 A 供热公司负责人和其他直接责任人员给予行政处分外，还应"处单位罚款数额 5% 以上 10% 以下罚款"。

4.缺乏对施工单位违法分包行为的行政处罚。

六、难点问题及建议

本案反映出，工程安全隐患排查整治落实难，工程转包和违法分包行为查证认定难，地方政府对市政公用项目疏于监管，安全事故隐患迟迟得不到消除。

提出以下建议：

1.建设行政主管部门应依法加强工程质量安全监管，切实落实五方主体责任，提高从业人员的责任意识，全面落实工程质量终身责任制、安全生产责任制，从而遏制和减少建筑施工安全生产事故的发生。

2.建设、施工单位应履行安全生产职责，强化安全生产管理，变被动整改为主动排查，全过程跟踪隐患排查过程。监理单位应切实履行职责，对隐患排查整治不落实的，要及时向建设行政主管部门报告。

案例 48　某服务区宾馆项目挡土墙坍塌事故案

一、基本案情

某服务区宾馆项目建筑面积 3500 平方米，占地面积 730 平方米，合同额 900 万元。项目建设单位为 A 开发公司，施工单位是 B 工程公司（房建施工总承包叁级），设计单位是 C 设计院（建筑工程设计乙级）。2014 年 11 月，该项目正在进行一层砌体和柱模板安装施工时，后侧挡土墙发生坍塌，导致正在施工的 6 名工人被埋或砸伤，共造成 4 人死亡、2 人受伤（如图 36、图 37 所示）

二、查处情况

经查，项目建设单位 A 开发公司在 2013 年 7 月前完成了环境影响报告等部分备案、审批手续，但未办理报建、报监、施工许可手续。该项目设计

图 36　事故现场

图 37　现场救援

人员甲为 C 设计院挂靠人员，持有建筑工程专业高级工程师证书，无设计资格证书。2014 年 8 月中旬，甲提交了除挡土墙之外的设施设计图纸，在建设单位催要挡土墙设计时，甲表示不用出图纸，口头交代即可。

2014 年 7 月，自然人乙以施工单位 B 工程公司名义与建设单位 A 开发公司签订宾馆建设工程施工合同，约定由 B 工程公司独立完成，不得转包。乙无任何资格证书，名义上为施工现场负责人，未与施工单位签订劳务合同及聘用合同。2014 年 7 月，乙又与没有任何资质的自然人丙签订了项目负责人施工责任合同，将该工程的部分施工工程转包给丙，施工材料由乙负责购买。

另外，建设单位项目负责人丁根据甲现场口头交代，于 2014 年 8 月委托自然人戊以包工不包料形式组织 13 名民工开始实施挡土墙施工，完成后未组织验收。

综上所述，建设单位自行组织无施工资质的劳务队伍施工，在未完全取得建设工程相关手续情况下，违规进行项目建设，对该起事故的发生负有主要责任。项目负责人丁违反《建筑工程边坡技术规范》的有关规定，对事故的发生负有直接责任。B 工程公司作为施工总承包单位，允许自然人乙以其单位的名义承揽工程，对事故的发生负有一定责任。C 设计院未对甲设计的建筑施工图纸进行严格审定，对事故发生负有责任。

三、处理结果

项目所在县住建局根据《建设工程质量管理条例》第五十七条规定，决定对建设单位 A 开发公司处人民币 9 万元的罚款（900 万元 ×1%）。根据《建设工程质量管理条例》第六十一条的规定，责令施工单位 B 工程公司停止施工，并处 18 万元罚款（900 万元 ×2%）。县安监局依《生产安全事故报告和调查处理条例》的规定进行了相应处罚。将对事故负有责任的甲、乙、丙等移送司法机关处理。

四、法律法规辨析

《建设工程质量管理条例》第五十七条规定："违反本条例规定，建设单位未取得施工许可证或者开工报告未经批准，擅自施工的，责令停止施工，限期改正，处工程合同价款 1% 以上 2% 以下的罚款。"建设单位 A 开发公司在未办理报建、报监、施工许可手续的情况下，擅自组织开工，应处工程合同价款 1% 以上 2% 以下的罚款（即 9 万元以上 18 万元以下）。

《建设工程质量管理条例》第六十一条规定："违反本条例规定，勘察、设计、施工、工程监理单位允许其他单位或者个人以本单位名义承揽工程的，责令改正，没收违法所得，对勘察、设计单位和工程监理单位处合同约定的勘察费、设计费和监理酬金 1 倍以上 2 倍以下的罚款；对施工单位处工程合同价款 2% 以上 4% 以下的罚款；可以责令停业整顿，降低资质等级；情节严重的，吊销资质证书。"甲与设计单位 C 设计院没有劳动合同关系却以设计院的名义承揽工程，自然人乙以 B 工程公司名义与建设单位 A 开发公司签订宾馆建设工程施工合同，设计单位和施工单位都存在允许个人以本单位名义承揽工程的行为。对设计院应处以其所得设计费的 1 倍以上 2 倍以下的罚款，对 B 工程公司应处工程合同价款 2% 以上 4% 以下的罚款。

《建设工程质量管理条例》第七十三条规定："依照本条例规定，给予单位罚款处罚的，对单位直接负责的主管人员和其他直接责任人员处单位罚款数额 5% 以上 10% 以下的罚款。"建设单位、设计单位和施工单位的负责人应处所在单位罚款数额 5% 以上 10% 以下的罚款。

五、对比分析

本案所涉及的主体较多，关系较为复杂。建设单位存在不按规定履行报批手续的违法行为，也存在违规组织个人施工的问题；设计单位既存在允许他人借用资质的违法行为，也存在监管责任不到位的问题；施工单位存在允许他人借用资质的问题，也存在监管不严，借用资质的个人再次发生违法劳务分包的问题。这些违法行为的存在本身具有独立性，又是安全事故的原因。

该案处理结果有以下不足：（1）未对设计单位处罚，设计单位允许自然人甲以本单位名义承揽设计业务，应按《建设工程质量管理条例》第六十一条的规定进行处罚。（2）缺乏对建设单位、施工单位及设计单位负责的主管人员和其他直接责任人员的处罚。

六、难点问题及建议

本案反映了两个方面的问题：一是企业安全生产责任制落实不到位，是发生安全事故的重要原因；二是安全事故发生原因与安全事故处罚的相对独立性问题。

提出以下建议：

1. 进一步落实企业安全生产主体责任。建设单位要严格执行工程建设招投标等项目管理基本程序，施工总承包方应对工程建设安全生产实行全过程管理，严格程序，严格把关，严防类似事故的再次发生。

2. 严格区分安全事故与安全事故各类原因的关系，各类主体的违法行为本身具有独立性，即使未发生安全事故也应受到相应处罚。

3. 《建设工程质量管理条例》缺乏对设计单位不按规定设计的违法行为的罚则。该案中甲表示不需要施工图纸，口头交代即可进行挡土墙施工的行为也是事故发生的原因之一。建议《建设工程质量管理条例》修订时增加对此类为的处罚条款。

案例 49　某动迁安置项目项目经理未履行管理职责案

一、基本案情

某市动迁安置配套住房工程由 A 公司承建，合同价为 17565.2 万元，施工单位项目经理为甲。该工程于 2014 年 3 月 20 开工。2014 年 10 月 16 日，执法人员检查该工地时发现，甲长期不在岗且未向建设单位请假。离岗期间，甲未能对工程项目施工质量安全负责，未能落实质量安全责任制、质量安全管理规章制度和操作规程，导致工程现场管理混乱，工程资料存在代签现象，项目现场存在诸多安全隐患。案发时主体已完工。

二、查处情况

2014 年 10 月，市质监站执法人员发现问题后，随即开具建设工程巡查整改通知书并立案调查。经调查，项目经理甲长期不在岗履职，对工程的进度与概况均不了解。该工程所涉及的安全生产岗位责任制、安全技术操作规程、带班记录及工程资料等文书，均由不同的人代签。甲离岗未报告建设单位，也未委托他人代为管理工地。其行为违反了《建设工程安全生产管理条例》的相关规定。

三、处理结果

当地住房和城乡建设部门依据《建设工程安全生产管理条例》第六十六条第三款的规定，对甲作出了罚款人民币 2 万元的行政处罚。

四、法律法规辨析

《建设工程安全生产管理条例》第二十一条第二款规定："施工单位的项目负责人应当由取得相应执业资格的人员担任，对建设工程项目的安全施工负责，落实安全生产责任制度、安全生产规章制度和操作规程，确保安全生产费用的有效使用，并根据工程的特点组织制定安全施工措施，消除安全事故隐患，及时、如实报告生产安全事故。"甲作为施工项目的项目经理，已取得建造师执业资格，可是其长期不在岗执业，没有尽到施工项目主要负责人的安全生产管理职责，应承担相应的法律责任。

《建设工程安全生产管理条例》第六十六条规定："违反本条例的规定，施工单位的主要负责人、项目负责人未履行安全生产管理职责的，责令限期改正；逾期未改正的，责令施工单位停业整顿……施工单位的主要负责人、项目负责人有前款违法行为，尚不够刑事处罚的，处 2 万元以上 20 万元以下的罚款或者按照管理权限给予撤职处分；自刑罚执行完毕或者受处分之日起，5 年内不得担任任何施工单位的主要负责人、项目负责人。"

鉴于本案施工项目并未造成安全生产事故，建设行政主管部门依照下限对甲处以 2 万元的罚款。

五、对比分析

《注册建造师管理规定》第二十五条规定，"遵守法律、法规和有关管理规定，恪守职业道德"是注册建造师应当履行的义务之一。2011 年，住房和城乡建设部发布《建筑施工企业负责人及项目负责人施工现场带班暂行办法》，对施工项目负责人带班生产制度作出了具体规定，其中，项目负责人（项目经理）是工程项目质量安全管理的第一责任人，应对工程项目落实带班制度负责，应在施工现场组织协调工程项目的质量安全生产活动。第十条规定："项目负责人带班生产时，要全面掌握工程项目质量安全生产状况，加强对重点部位、关键环节的控制，及时消除隐患。要认真做好带班生产记录并签字存档备查。"第十一条规定："项目负责人每月带班生产时间不得少于本月施工时间的80%。因其他事务需离开施工现场时，应向工程项目的建设单位请假，经批准后方可离开。离开期间应委托项目相关负责人负责其外出时的日常工作。"本案项目经理甲长期不在岗，远低于带班生产要求，且未向建设单位请假，给施工项目质量和安全带来了严重隐患。

《注册建造师管理规定》第二十六条规定，"注册建造师不得有下列行为：……（五）允许他人以自己的名义从事执业活动"。本案项目经理长期不在岗，由他人代管施工现场，工程资料由他人代签，属于"允许他人以自己的名义从事执业活动"的行为。第三十七条规定："违反本规定，注册建造师在执业活动中有第二十六条所列行为之一的，由县级以上地方人民政府建设主管部门或者其他有关部门给予警告，责令改正，没有违法所得的，处以1万元以下的罚款；有违法所得的，处以违法所得3倍以下且不超过3万元的罚款。"依据上述规定，可对甲给予警告，责令改正，并认定甲的违法所得再进行处罚。

六、难点问题及建议

涉及项目经理不在岗履职的违法行为，执法部门既可依据《注册建造师管理规定》第二十六条和第三十七条对其进行处罚，也可依据《建设工程安全生产管理条例》第六十六条第三款的规定处罚。依据上位法优于下位法的原则，此类案件应适用《建设工程安全生产管理条例》。因此，当地住房和城乡建设部门的处罚得当。

案例 50　某项目总监理工程师未履行监理职责案

一、基本案情

某市住宅项目新建工程，总建筑面积 14.2 万平方米，项目建设单位为
A 公司，施工总承包单位为 B 公司（房建特级资质），监理单位为 C 公司
（监理甲级资质）。该项目于 2013 年 7 月开工建设。2014 年 9 月，建设行政
主管部门检查时发现项目总监理工程师甲长期不参加工程例会，应由本人签
署的工程资料存在代签名现象，没有按规定使用执业印章，并且工地现场危
险性较大的分部分项工程悬挑脚手架搭设施工时，不按规定到岗，不按照技
术标准、规范和规程履行管理职责。案发时该工程正在进行主体结构施工。

二、查处情况

对于现场检查中发现的违法行为，执法人员及时制作现场检查笔录并
立案，经调取相关资料并询问当事人，认定甲违反了《注册监理工程师管理
规定》（建设部令第 147 号）第二十六条的规定。

三、处理结果

依据《注册监理工程师管理规定》第三十一条的规定，执法部门责令
其改正，并对其罚款人民币 1 万元。

四、法律法规辨析

《建设工程质量管理条例》第三十八条规定："监理工程师应当按照工
程监理规范的要求，采取旁站、巡视和平行检验等形式，对建设工程实施
监理。"

《注册监理工程师管理规定》第二十六条规定："注册监理工程师应当
履行下列义务：（一）遵守法律、法规和有关管理规定；（二）履行管理职责，
执行技术标准、规范和规程；（三）保证执业活动成果的质量，并承担相应

责任；（四）接受继续教育，努力提高执业水准；（五）在本人执业活动所形成的工程监理文件上签字、加盖执业印章；（六）保守在执业中知悉的国家秘密和他人的商业、技术秘密；（七）不得涂改、倒卖、出租、出借或者以其他形式非法转让注册证书或者执业印章；（八）不得同时在两个或者两个以上单位受聘或者执业；（九）在规定的执业范围和聘用单位业务范围内从事执业活动；（十）协助注册管理机构完成相关工作。"

《注册监理工程师管理规定》第三十一条规定："注册监理工程师在执业活动中有下列行为之一的，由县级以上地方人民政府建设主管部门给予警告，责令其改正，没有违法所得的，处以1万元以下罚款，有违法所得的，处以违法所得3倍以下且不超过3万元的罚款；造成损失的，依法承担赔偿责任；构成犯罪的，依法追究刑事责任：（一）以个人名义承接业务的；（二）涂改、倒卖、出租、出借或者以其他形式非法转让注册证书或者执业印章的；（三）泄露执业中应当保守的秘密并造成严重后果的；（四）超出规定执业范围或者聘用单位业务范围从事执业活动的；（五）弄虚作假提供执业活动成果的；（六）同时受聘于两个或者两个以上的单位，从事执业活动的；（七）其它违反法律、法规、规章的行为。"

五、对比分析

1.本案中，甲作为项目总监理工程师长期不在岗，未在现场执业，同时违反了《注册监理工程师管理规定》第二十六条中第（一）、第（二）项的规定，而《建设工程质量管理条例》与《建设工程安全生产管理条例》均对监理工程师的质量与安全责任作出了具体规定。

执法部门检查发现现场有危险性较大的分部分项工程悬挑脚手架搭设施工时，甲并未在场且存在工程资料上他人代替签名的情形，给施工活动造成了严重的安全隐患。因此，执法部门依据《注册监理工程师管理规定》第三十一条第（七）项内容对甲进行处罚是准确的。

2.处罚额度有待商榷。依据《注册监理工程师管理规定》第三十一条的规定，对注册监理工程师在执业活动中有"（七）其它违反法律、法规、规章的行为"的，如果当事人没有违法所得，处以1万元以下罚款；如果有违法所得，应处以违法所得 3 倍以下且不超过 3 万元的罚款。本案例中，执法部门应进一步核实甲在该项目中的违法所得（可依项目中所得工资、提成等报酬确定），并据此核算处罚数额。

此外，执法部门应依据《建设工程安全生产管理条例》第五十八条的规定，"注册执业人员未执行法律、法规和工程建设强制性标准的，责令停止执业 3 个月以上 1 年以下；情节严重的，吊销执业资格证书，5 年内不予注册；造成重大安全事故的，终身不予注册；构成犯罪的，依照刑法有关规定追究刑事责任"，对甲进行处理。

六、难点问题及建议

在执法过程中，除了追究监理执业人员的法律责任外，执法部门也不能忽视追究工程监理单位的法律责任。《建设工程安全生产管理条例》第十四条规定："工程监理单位和监理工程师应当按照法律、法规和工程建设强制性标准实施监理，并对建设工程安全生产承担监理责任。"依据该规定，执法部门可按照《建设工程安全生产管理条例》第五十七条的规定，认定监理单位违法的具体情形，依法作出相应的处理。

案例 51　某商住项目施工质量安全隐患案

一、基本案情

某商住项目 9 号楼工程共计 1.2 万平方米，合同价款为 3000 万元。建设单位为 A 开发公司，项目负责人为甲；施工单位为 B 建筑公司，项目经理为乙；监理单位为外省 C 监理公司，项目总监为丙；由 D 机械公司负责起重机安装工作。全国工程质量治理两年行动监督执法检查发现该商住项目 9 号楼工程违反工程建设强制性标准，存在质量安全隐患。

二、查处情况

执法检查组发现该项目主要存在两个问题：一是受力钢筋焊接未做焊接

工艺试验；二是塔式起重机起升高度限位器、回转限位器、小车断绳保护装置、主卷扬钢丝绳滑轮的钢丝绳防脱装置等多个安全装置失效，且回转塔身与回转支承连接螺栓松动严重（如图38所示）。检查组向市住建局下发了建设工程质量安全监督执法建议书，要求省建设主管部门督促落实，立即消除工程质量安全隐患。市住建局随即展开调查，经现场查看并查阅有关资料确认以上违法违规事实，即责令该工程停工整顿。

图38　回转塔身与回转支承连接螺栓松动

三、处理结果

根据《建筑起重机械安全监管管理规定》第二十九条第（三）项，责令 D 机械公司限期改正，予以警告，并处 1 万元的罚款。

根据《建筑起重机械安全监管管理规定》第三十条第（一）项，责令施工单位 B 建筑公司限期改正，予以警告，并处 5000 元的罚款。

根据《建筑起重机械安全监管管理规定》第三十二条，责令监理单位 C 监理公司限期改正，予以警告，并处 5000 元的罚款。在全系统进行通报。

在督查小组的监督下，B 建筑公司和 D 机械公司对现场塔式起重机所有装置重新进行安装和调试，对不合格的装置全部进行了更换并委托有资质的检测单位重新进行了检测，检测结果合格。

四、法律法规辨析

《钢筋焊接及验收规程》（JGJ18—2012）第4.1.3条规定："在钢筋工程焊接开工之前，参与该项工程施焊的焊工必须进行现场条件下的焊接工艺试验，应经试验合格后，方准于焊接生产。"在该行业标准中，第3.0.6、第4.1.3、第5.1.7、第5.1.8、第6.0.1、第7.0.4条为强制性条文，施工单位B建筑公司必须严格执行。

《塔式起重机安全规程》（GB5144—2006）第6.3.3条规定："6.3.3.1塔机应安装吊钩上极限位置的起升高度限位器。起升高度限位器应满足GB/T 9462—1999中4.7.1的规定。6.3.3.2吊钩下极限位置的限位器，可根据用户要求设置。"其中，第6.3.3.1条为强制性标准，第6.3.3.2条为推荐性标准。本案塔式起重机起升高度限位器失效，不符合第6.3.3.1条强制性标准，起重机在运行过程中存在冲顶的安全隐患。

《塔式起重机安全规程》（GB5144—2006）第6.3.4条规定："回转限位器回转部分不设集电器的塔机，应安装回转限位器。塔机回转部分在非工作状态下应能自由旋转；对有自锁作用的回转机构，应安装安全极限力矩联轴器。"督查组现场发现在回转限位器已经失效的情形下，B建筑公司依然继续使用，违反了上述强制性标准。

对于小车断绳保护装置，《塔式起重机安全规程》（GB5144—2006）第6.4条规定："小车变幅的塔机，变幅的双向均应设置断绳保护装置。"依据该强制性标准，尽管变幅双向均已设置断绳保护装置，可是由于疏于管理，小车断绳保护装置处于失效状态，安全防护措施流于形式。

对于主卷扬钢丝绳滑轮的钢丝绳防脱装置，《塔式起重机安全规程》（GB5144—2006）第6.6条规定："钢丝绳防脱装置滑轮、起升卷筒及动臂变幅卷筒均应设有钢丝绳防脱装置，该装置与滑轮或卷筒侧板最外缘的间隙不应超过钢丝绳直径的20%。吊钩应设有防钢丝绳脱钩的装置。"现场检查过程中，督查组发现主卷扬钢丝绳滑轮的钢丝绳防脱装置失效，不符合上述强制性标准的要求，存在重大安全隐患。

对于连接螺栓，《塔式起重机安全规程》（GB5144—2006）第4.2.2.4条规定："采用高强度螺栓连接时，其连接表面应清除灰尘、油漆、油迹和锈蚀。应使用力矩扳手或专用扳手，按使用说明书要求拧紧。塔机出厂时应根据用户需要提供力矩扳手或专用扳手。"本案施工现场回转塔身与回转支撑连接螺栓松动严重，不符合上述强制性标准要求，存在重大安全隐患。

《建筑起重机械安全监管管理规定》第二十九条第（三）项规定："违反本规定，安装单位有下列行为之一的，由县级以上地方人民政府建设主管部门责令限期改正，予以警告，并处以5000元以上3万元以下罚款：……（三）未按照建筑起重机械安装、拆卸工程专项施工方案及安全操作规程组织安装、拆卸作业的。……"机械安装企业D机械公司违反多项操作规程，据此，住房城乡建设主管部门责令D机械公司限期改正，予以警告，并处1万元的罚款。

《建筑起重机械安全监管管理规定》第三十条第（一）项规定："违反本规定，使用单位有下列行为之一的，由县级以上地方人民政府建设主管部门责令限期改正，予以警告，并处以5000元以上3万元以下罚款：（一）未履行第十八条第（一）、（二）、（四）、（六）项安全职责的……"第十八条第（六）项规定："使用单位应当履行下列安全职责：……（六）建筑起重机械出现故障或者发生异常情况的，立即停止使用，消除故障和事故隐患后，方可重新投入使用。"施工单位B建筑公司作为起重机械的使用公司，未履行消除安全事故隐患的义务，据此，住房城乡建设主管部门责令施工单位B建筑公司限期改正，予以警告，并处5000元的罚款。

《建筑起重机械安全监管管理规定》第三十二条规定："违反本规定，监理单位未履行第二十二条第（一）、（二）、（四）、（五）项安全职责的，由县级以上地方人民政府建设主管部门责令限期改正，予以警告，并处以5000元以上3万元以下罚款。"第二十二条第（五）项规定："监理单位应当履行下列安全职责：……（五）监督检查建筑起重机械的使用情况……"C监理公司未履行对起重机械使用情况监督检查的义务，据此，住房城乡建设主管部门责令监理单位C监理公司限期改正，予以警告，并处5000元的罚款。

质量与安全是建设工程领域的核心，事故的发生大多源于隐患的累积。强制性标准是保障工程质量和安全的基础。依据《中华人民共和国标准化法》和《中华人民共和国标准化法实施条例》的规定，强制性标准一经颁布必须执行，在一定范围内通过法律、行政法规等强制性手段加以实施，具有法律属性。

对于五方主体而言，法律、行政法规均对执行工程建设强制性标准提出了要求。其中，《建筑法》第五十九条规定："建筑施工企业必须按照工程设计要求、施工技术标准和合同的约定，对建筑材料、建筑构配件和设备进行检验，不合格的不得使用。"《建筑法》第三十二条第一款规定："建筑工程监理应当依照法律、行政法规及有关的技术标准、设计文件和建筑工程承包合同，对承包单位在施工质量、建设工期和建设资金使用等方面，代表建设单位实施监督。"《建设工程质量管理条例》第二十八条第一款规定："施工单位必须按照工程设计图纸和施工技术标准施工，不得擅自修改工程设计，不得偷工减料。"本案例主要涉及两个问题：一是受力钢筋焊接工艺试验；二是塔式起重机安全隐患。《建设工程质量管理条例》第二十九条规定："施工单位必须按照工程设计要求、施工技术标准和合同约定，对建筑材料、建筑构配件、设备和商品混凝土进行检验，检验应当有书面记录和专人签字；未经检验或者检验不合格的，不得使用。"

五、对比分析

1. 对涉案企业的处罚不到位。第一，关于施工企业。处罚遗漏了"不按照施工技术标准"施工的行为。《建设工程质量管理条例》第六十四条规定："违反本条例规定，施工单位在施工中偷工减料的，使用不合格的建筑材料、建筑构配件和设备的，或者有不按照工程设计图纸或者施工技术标准施工的其他行为的，责令改正，处工程合同价款百分之二以上百分之四以下的罚款；造成建设工程质量不符合规定的质量标准的，负责返工、修理，并赔偿因此造成的损失；情节严重的，责令停业整顿，降低资质等级或者吊销资质证书。"依据上述规定并结合涉案合同额，本案建设行政主管部门对 B 建筑公司处以 5000 元的罚款处罚偏轻。

　　第二，关于工程监理企业。《建设工程安全生产管理条例》第十四条规定："工程监理单位应当审查施工组织设计中的安全技术措施或者专项施工方案是否符合工程建设强制性标准。工程监理单位在实施监理过程中，发现存在安全事故隐患的，应当要求施工单位整改；情况严重的，应当要求施工单位暂时停止施工，并及时报告建设单位。施工单位拒不整改或者不停止施工的，工程监理单位应当及时向有关主管部门报告。工程监理单位和监理工程师应当按照法律、法规和工程建设强制性标准实施监理，并对建设工程安全生产承担监理责任。"第五十七条规定："违反本条例的规定，工程监理单位有下列行为之一的，责令限期改正；逾期未改正的，责令停业整顿，并处10万元以上30万元以下的罚款；情节严重的，降低资质等级，直至吊销资质证书；造成重大安全事故，构成犯罪的，对直接责任人员，依照刑法有关规定追究刑事责任；造成损失的，依法承担赔偿责任：（一）未对施工组织设计中的安全技术措施或者专项施工方案进行审查的；（二）发现安全事故隐患未及时要求施工单位整改或者暂时停止施工的；（三）施工单位拒不整改或者不停止施工，未及时向有关主管部门报告的；（四）未依照法律、法规和工程建设强制性标准实施监理的。"

　　第三，关于起重机械供应商。《建设工程安全生产管理条例》第五十九条规定："违反本条例的规定，为建设工程提供机械设备和配件的单位，未按照安全施工的要求配备齐全有效的保险、限位等安全设施和装置的，责令限期改正，处合同价款1倍以上3倍以下的罚款；造成损失的，依法承担赔偿责任。"依照该规定，县住建局对D机械公司的处罚额度低于法定处罚额度。

　　2. 未对有关涉案人员进行处罚。本案涉及的起重吊装工程属于危险性较大的分部分项工程，施工单位技术负责人、总监理工程师、监理工程师、专职安全管理人员，建设行政主管部门有关工作人员均负有一定的安全责任。

　　《建设工程质量管理条例》第五十八条规定："注册执业人员未执行法律、法规和工程建设强制性标准的，责令停止执业3个月以上1年以下；情节严重的，吊销执业资格证书，5年内不予注册；造成重大安全事故的，终身不予注册；构成犯罪的，依照刑法有关规定追究刑事责任。"同时，《建设工程安全生产管理条例》第六十六条第一款和第三款规定："违反本条例的规定，施工单位的主要负责人、项目负责人未履行安全生产管理职责的，责令限期改正；逾期未改正的，责令施工单位停业整顿；造成重大安全事故、重大伤亡事故或者其他严重后果，构成犯罪的，依照刑法有关规定追究刑事责任。施工单位的主要负责人、项目负责人有前款违法行为，尚不够刑事处罚的，处 2 万元以上 20 万元以下的罚款或者按照管理权限给予撤职处分；自刑罚执行完毕或者受处分之日起，5 年内不得担任任何施工单位的主要负责人、项目负责人。"

《建设工程安全生产管理条例》第四十七条规定："县级以上地方人民政府建设行政主管部门和其他有关部门应当加强对有关建设工程质量的法律、法规和强制性标准执行情况的监督检查。"若经查实，县住建局有关工作人员存在玩忽职守、滥用职权、营私舞弊等行为，建设行政主管部门还应依法给予行政处分。

六、难点问题及建议

1.《钢筋焊接及验收规程》（JGJ18—2012）规定，在钢筋工程焊接开工之前，参与该项工程施焊的焊工必须进行现场条件下的焊接工艺试验，应经试验合格后，方准予焊接生产。但是，焊接工艺是否评定并无强制性要求。在实践中，有些常规焊接工艺比较成熟，施工单位按照标准规范施工作业，只要质量合格便可省略焊接工艺评定，以提高工作效率。鉴于我国施工企业技术与管理水平参差不齐的现状，各地可考虑本地企业实际状况，明确是否需要进行焊接工艺评定，确保钢筋施工质量。

2.《建设工程质量管理条例》第三十六条规定："工程监理单位应当依照法律、法规以及有关技术标准、设计文件和建设工程承包合同，代表建设单位对施工质量实施监理，并对施工质量承担监理责任。"但是，在施工单位不执行强制性标准的情况下，《建设工程质量管理条例》对工程监理单位未尽到监理职责没有设置相应的法律责任条款。建议法律法规修订时明确相应的法律责任。

第四篇
施工许可典型案例

一、施工许可案件发生的原因分析

1. 主观上故意提前开工或提前投入使用。例如，一些市政公用工程受现行财政预算制度影响，为保证年内预算完成，一些项目仓促上马，边施工边报批前期手续，甚至提前投入使用。一些房地产开发项目为了快速回笼资金，也采用提前开工、提前交付使用的办法来降低项目风险及资金成本。另外，有些地方迫于住房保障任务的压力，避免问责，也存在边施工边办手续、提前分配入住的现象。

2. 建设单位在项目施工组织方面存在漏洞，随意拆分单体工程办理施工许可证，可能造成被动的无证开工。如某项目将一个连体地下地库划分为若干区域，各区域地库与其上面楼栋单独办理施工许可证，由于土方采用整体开挖方案，导致其他没有办理施工许可证的区域擅自开工而受到查处。

3. 对有关政策法规学习不够，认为没有必要办理施工许可证而主观故意擅自开工。此类情况主要发生在改扩建、装饰装修的小工程上。一些房地产开发项目前期办理施工许可证时未包含的精装修部分，也容易出现无证开工现象。

二、施工许可案件查处的难点及共性问题

1. 责令改正落实难，缺乏强制手段，违法行为很难及时纠正。比如，某建设主管部门发现某项目无证开工，要求该项目建设单位与施工单位停工整改，但是建设和施工单位不予配合，建设主管部门又没有强制手段，可能留下质量安全隐患。

2. 处罚基数的认定在实际查处过程中既是难点也是重点。针对建设单位擅自开工行为的处罚，《建设工程质量管理条例》第五十七条规定以工程合同价款作为处罚基数，但在实际操作中各地对工程合同价款的解读也不尽相同。现行施工承发包模式一般为施工总承包，而施工总承包合同中一般包含多个分部、多个单位工程。在某些案件查处过程中发现擅自提前开工的只是个别单位工程甚至是分部工程，工程合同价款究竟是采用总承包合同价款还是分部、单位工程合同价款，各地在处罚基数的认定上存在差异。如处罚基数采用总承包合同价款，一些提前开工的项目与基本完工的项目造成的后果严重性明显不一样，而处罚结果却一样，容易使当事人产生抵触情绪，有失公平。再者，针对没有签订施工合同的无证开工项目，其处罚基数一般采用当地造价指数而忽略项目的自身特点，容易造成处罚基数较实际偏低的情况。

3. 自由裁量权的运用不合理。对于给予罚款的行政处罚，其罚款金额除受基数影响较大外，法定幅度内的自由裁量也很关键。在实际查处过程中，某些地区对违法情节、违法后果的认定与自由裁量标准的适用方面有很大偏差，甚至完全脱离或超出法定幅度。

4. 多个相关违法行为能否并案处理尚不明确。如某地查处某项目无证开工的同时发现该项目使用未经审查的施工图、未按照规定委托监理单位、未依法招投标选定施工单位、未办理质量安全监督手续等情况，这时是分别处罚还是一并处罚，难以确定。

5. 对采用建设—转让（BT）、建设—经营—转让（BOT）、公共部门—

私人企业—合作（PPP）等项目融资模式的联合体项目，难以确定责任主体。由于项目融资权责关系较为复杂，在法律法规缺位的情况下，业主、投资人、承包商等权责边界还不甚清晰，责任单位难以确定。

三、施工许可案件稽查执法的建议和对策

1. 加强专项巡查力度和责令改正的执行力度，做到早发现早制止，必要时增加行政强制手段，大幅提升违法成本，压缩违法所得空间。

2. 针对罚款基数认定、自由裁量标准、责任单位及责任人员认定等问题出台相应的指导意见。

3. 建议在今后立法中加大对相关参建单位的处罚力度，记入不良记录并限制承揽新业务。施工单位和监理单位作为项目参建单位，有义务也有能力避免违反基本建设程序案件的发生。现行法律法规对该类参建单位处罚较轻，不能形成震慑作用。尤其要加强对监理单位的管理，落实监理单位对承接项目的监理责任，针对建设单位和施工单位拒不停工而监理单位又不向主管部门报告的，应依据《建设工程安全生产管理条例》第五十七条第（三）项的规定严肃查处。

四、对完善相关法律法规的建议

1. 建议明确"工程合同价款"的定义。"工程合同价款"是指"总承包合同价款"还是"分包合同价款"，抑或是指分部分项工程、单位工程的合同价款，应研究出台具体实施细则，避免出现畸轻畸重的行政处罚。

2. 建议修改对"单位直接负责的主管人员和其他直接责任人员"的处罚条款。《建筑工程施工许可管理办法》（住房和城乡建设部令第 18 号）第十五条规定，"依照本办法规定，给予单位罚款处罚的，对单位直接负责的主管人员和其他直接责任人员处单位罚款数额 5% 以上 10% 以下罚款。单

位及相关责任人受到处罚的，作为不良行为记录予以通报"。该条款适用时有两个问题难以把握：一是直接负责的主管人员和其他直接责任人员各包含哪些人员，边界不清晰；二是当单位罚款数额较大时，对个人给予的罚款也常因数额巨大而难以执行。建议立法或法律法规修订时明确设置罚款最低和最高数额。

《建设工程质量管理条例》第五十六条第（六）项规定中"未按国家规定办理质量监督手续的"，建议修改为"未按国家规定办理质量监督手续擅自开工的"，强化未办理工程质量监督手续的建设单位的法律责任。

4. 建议补充监理单位在施工许可方面的监管责任。《建筑工程施工许可管理办法》明确了施工单位的法律责任，但没有明确监理单位法律责任。建议明确监理单位对未取得施工许可的建设单位的监督责任，并补充对监理单位的处罚条款。

5. 建议《建筑法》修订时增加对自然人从事建筑活动的行政审批规定。《建筑法》第七条规定："建筑工程开工前，建设单位应当按照国家有关规定向工程所在地县级以上人民政府建设行政主管部门申请领取施工许可证……"面对现实中自然人从事建筑活动的情况较多，建议对自然人可否认定为建设单位、如何办理施工许可，在《建筑法》修订时予以明确。

案例 52　某建设项目未办理施工许可证擅自施工案

一、基本案情

某建设项目四标段共有 2 栋（多层）建筑，总建筑面积为 8300 平方米，合同价 2000 万元。项目建设单位为 A 开发公司，施工单位为 B 工程公司（施工总承包一级）。项目于 2014 年 7 月开工建设，建设主管部门在日常巡查时，发现该项目存在未依法办理许可的情形，案发时工程主体已基本完工。

二、查处情况

经查，该建设项目四标段于 2014 年 6 月图纸审查合格。因该项目是该市的教育系统重点项目，为尽快投入使用，2014 年 7 月，建设单位 A 开发公司在未办理施工许可的情况下同该项目的二标段中标单位 B 工程公司签订框架合作协议，约定 B 工程公司承揽四标段工程，全额垫资建设。建设主管部门巡查发现该问题后责令该项目停止施工。

综上所述，该建设项目四标段未办理施工许可，违反了《建筑法》第七条的规定。

三、处理结果

根据《建筑法》第六十四条、《建设工程质量管理条例》第五十七条的规定，对 A 开发公司按照中标合同价的 1% 处以罚款，即 20 万元。

四、法律法规辨析

《建筑法》第六十四条规定："违反本法规定，未取得施工许可证或者开工报告未经批准擅自施工的，责令改正，对不符合开工条件的责令停止施工，可以处以罚款。"A 开发公司未办理施工许可即组织施工，违反基本建设程序。建设主管部门有权责令停止施工，并可处以罚款。

《建设工程质量管理条例》第五十七条规定："违反本条例规定，建设单位未取得施工许可证或者开工报告未经批准，擅自施工的，责令停止施工，限期改正，处工程合同价款 1% 以上 2% 以下的罚款。"据此，可对建设单位处工程合同价款 1% 以上 2% 以下的罚款。

《建设工程质量管理条例》第七十三条规定："依照本条例规定，给予单位罚款处罚的，对单位直接负责的主管人员和其他直接责任人员处单位罚款数额 5% 以上 10% 以下的罚款。"建设主管部门在对 A 开发公司进行处罚时，还应当对该公司直接负责的主管人员和其他直接责任人员处单位罚款数额 5% 以上 10% 以下的罚款。

《建筑工程施工许可管理办法》（住房和城乡建设部令第 18 号）第十二条规定："对于未取得施工许可证或者为规避办理施工许可证将工程项目分解后擅自施工的，由有管辖权的发证机关责令停止施工，限期改正，对建设单位处工程合同价款 1% 以上 2% 以下罚款；对施工单位处 3 万元以下罚款。"依据该规定，还应当对施工单位进行处罚。

五、对比分析

本案中事实较为清楚的部分是建设单位在未办理施工许可的情况下擅自组织施工。本案处理的不足之处在于忽略了对单位相关责任人应该给予单位罚款数额 5% 以上 10% 以下的罚款。

修订后的《建筑工程施工许可管理办法》（住房和城乡建设部令第 18 号）于 2014 年 10 月 25 日起开始实施，本案擅自开工时间是 2014 年 7 月份，处罚时应当依据修订前的《建筑工程施工许可管理办法》（建设部令第

71 号），并注意修订前后《建筑工程施工许可管理办法》对施工企业处罚标准的变化。

六、难点问题及建议

建设单位 A 开发公司是否进行了招标不清楚，如未进行招标，施工单位未取得中标资格，对其处合同价款 1% 的罚款有些偏轻。建议建设主管部门对未取得施工许可违法行为的处罚制定自由裁量标准。

案例 53　某商品住宅工程未取得施工许可证擅自施工案

一、基本案情

某商品住宅工程，建筑面积 6 万平方米。建设单位为 A 置业公司，施工总承包单位为 B 工程公司（房建壹级资质），合同价为 8900 万元。2014 年 11 月，建设主管部门发现该工程存在"未办理施工许可证擅自施工、肢解发包"的违法行为。经调查，发现建设单位 A 置业公司擅自将桩基础工程发包给 C 工程公司，合同价为 280 万元，在未取得建筑工程施工许可证的情况下擅自开工建设。

二、查处情况

经查，该工程在未取得施工许可证的情况下擅自进行桩基础施工。2014 年 11 月 15 日，建设主管部门下达了停工通知书，并责令其立即办理施工许可证等相关手续。20 日建设主管部门核查时发现该工程仍未停工，再次下达了建设行政执法停工通知书以后，工程停止施工。12 月 12 日复查时发现工程擅自恢复施工，仍未到建设行政主管部门申请办理施工许可证。12 月 16 日，建设主管部门对该工程依法立案查处。调查发现，建设单位在未通知总包单位的情况下，与 C 工程公司签订了桩基础施工合同。总承包单位未进场参与工程施工管理。这种行为属于建设单位将施工合同范围内的单位工程或分部分项工程又另行发包的肢解发包行为。

综上所述，本案中主要查处了以下违法违规问题：（1）根据《建筑法》第二十四条规定及《建设工程质量管理条例》第七条规定，A 置业公司存在肢解发包的违法行为；（2）根据《建筑法》第七条规定及《建筑工程施工许可管理办法》（住房和城乡建设部令第 18 号）第二条规定，A 置业公司和 C 工程公司存在未取得施工许可证擅自施工的违法行为。

三、处理结果

1. 依据《建筑法》第六十五条以及《建设工程质量管理条例》第五十五条规定，给予建设单位桩基合同价款280 万元1% 的罚款处罚，即2.8 万元。依据《建设工程质量管理条例》第七十三条规定，给予建设单位负责人甲某处单位罚款额 2.8 万元 10% 的罚款，即 0.28 万元。同时对以上单位和个人的不良行为记录予以通报。

2. 依据《建筑工程施工许可管理办法》（住房和城乡建设部令第 18 号）第十二条规定，给予施工单位处 1.5 万元的罚款；依据第十五条规定，对单位直接负责的主管人员乙某按单位罚款 1.5 万元的 10% 给予罚款处罚。同时对以上单位和个人的不良行为记录予以通报。

四、法律法规辨析

《建筑法》第二十四条规定："提倡对建筑工程实行总承包，禁止将建筑工程肢解发包。"《建设工程质量管理条例》第七条规定："建设单位应当将工程发包给具有相应资质等级的单位。建设单位不得将建设工程肢解发包。"本案中，建设单位 B 置业公司擅自将施工合同范围内的工程或分部分项工程又另行肢解发包，属于肢解发包的违法行为。

《建筑法》第六十五条规定："发包单位将工程发包给不具有相应资质条件的承包单位的，或者违反本法规定将建筑工程肢解发包的，责令改正，处以罚款。"《建设工程质量管理条例》第五十五条规定："违反本条例规定，建设单位将建设工程肢解发包的，责令改正，处工程合同价款 0.5% 以上 1%以下的罚款；对全部或者部分使用国有资金的项目，并可以暂停项目执行或者暂停资金拨付。"根据上述规定，以该项目肢解工程合同价款 280 万元为标的额，对建设单位 B 置业公司作出合同价款 0.5% 以上 1% 以下的处罚。

《建筑法》第七条规定："建筑工程开工前，建设单位应当按照国家有关规定向工程所在地县级以上人民政府建设行政主管部门申请领取施工许可证。"本案中 A 置业公司在尚未办理施工许可证的情况下开始桩基础施工，违反了法律规定。

《建筑法》第六十四条规定："违反本法规定，未取得施工许可证或者开工报告未经批准擅自施工的，责令改正，对不符合开工条件的责令停止施工，可以处以罚款。"可见，对 A 置业公司可以采取责令改正、责令停止施工以及罚款等行政处罚措施。《建设工程质量管理条例》第五十七条规定："违反本条例规定，建设单位未取得施工许可证或者开工报告未经批准，擅自施工的，责令停止施工，限期改正，处工程合同价款 1% 以上 2% 以下的罚款。"《建筑工程施工许可管理办法》（住房和城乡建设部令第 18 号）第十二条规定："对于未取得施工许可证或者为规避办理施工许可证将工程项目分解后擅自施工的，由有管辖权的发证机关责令停止施工，限期改正，对建设单位处工程合同价款 1% 以上 2% 以下罚款；对施工单位处 3 万元以下罚款。"根据上述规定，基于 A 置业公司未取得施工许可证擅自施工的违法行为，应当被处以工程合同价款 1% 以上 2% 以下的罚款。

综上所述，本案中，A 置业公司的违法行为包括两项：一是肢解发包行为，二是未取得施工许可证擅自施工。针对这两项违法行为，给予建设单位 A 置业公司桩基础工程合同价款（280 万元）1% 的罚款处罚，即罚款 2.8 万元，并对以上单位和个人的不良行为记录予以通报。

《建筑工程施工许可管理办法》第十二条规定："对于未取得施工许可证或者为规避办理施工许可证将工程项目分解后擅自施工的，由有管辖权的发证机关责令停止施工，限期改正，对建设单位处工程合同价款 1% 以上 2% 以下罚款；对施工单位处 3 万元以下罚款。"根据该条规定，应给予施工单位 3 万元以下的罚款，本案根据实际，处以桩基础施工单位 C 工程公司 1.5 万元的罚款。

此外，《建设工程质量管理条例》第七十三条规定："依照本条例规定，给予单位罚款处罚的，对单位直接负责的主管人员和其他直接责任人员处单位罚款数额 5% 以上 10% 以下的罚款。"根据该规定，本案对 A 置业公司的负责人员甲某处单位罚款数额 10% 的罚款处罚即 0.28 万元，同时对 C 工程有限公司的负责人员乙某处以单位罚款数额 10% 的罚款，即 0.15 万元。

五、对比分析

通过对比分析发现，建设主管部门没有对其他直接责任人员进行处罚。

六、难点问题及建议

本案难点在于处罚基数的确定问题。《建设工程质量管理条例》第五十七条规定："违反本条例规定，建设单位未取得施工许可证或者开工报告未经批准，擅自施工的，责令停止施工，限期改正，处工程合同价款 1% 以上 2% 以下的罚款。"A 置业公司未办理施工许可证的违法行为如以总包合同价为基数进行罚款，应处 8900 万元的 1% 以上 2% 以下，即 89 万元以上 178 万元以下的罚款；如按桩基础工程合同价，应处 280 万元的 1% 以上 2% 以下，即 2.8 万元以上 5.6 万元的罚款。两种罚款基数不同算出的罚款数额相差较大。"工程合同价款"是"总承包合同价款"还是"分包合同价款"，建议在法律法规释义中予以明确。

案例 54　某商业改造项目未办理施工许可证擅自施工案

一、基本案情

某商业改造项目，总建筑面积 1.6 万平方米，合同价款 6000 万元。地上共 5 层，局部为 2 层，均为商业用房，总高度 23 米。项目建设单位为 A 开发公司，施工总承包单位为 B 总包公司（房建总承包特级）。该项目在未办理质量监督手续和未取得建筑工程施工许可证的情况下，于 2013 年 5 月进行基础土方开挖和支护工程施工，擅自开工建设。

二、查处情况

经查，在未办理质量监督手续和未取得建筑工程施工许可证的情况下，A 开发公司与施工单位 B 总包公司签订项目施工合同，并开始基础土方开挖和支护工程施工。该省住房和城乡建设厅对 A 开发公司下达了行政处罚决定书。

三、处理结果

依据《建筑法》第六十四条和《建设工程质量管理条例》第五十七条的规定，对 A 开发公司处工程合同价款 1%（6000 万 ×1%=60 万元）罚款的行政处罚。

四、法律法规辨析

《建筑法》第七条规定："建筑工程开工前，建设单位应当按照国家有关规定向工程所在地县级以上人民政府建设行政主管部门申请领取施工许可证。"《建设工程质量管理条例》第十三条规定："建设单位在领取施工许可证或者开工报告前，应当按照国家有关规定办理工程质量监督手续。"《建筑法》第六十四条规定："违反本法规定，未取得施工许可证或者开工报告未经批准擅自施工的，责令改正，对不符合开工条件的责令停止施工，可以处以罚款。"可见，对 A 开发公司可以采取责令改正、责令停止施工以及罚款等行政处罚措施。

《建设工程质量管理条例》第五十六条规定："违反本条例规定，建设单位有下列行为之一的，责令改正，处 20 万元以上 50 万元以下的罚款：……（六）未按照国家规定办理工程质量监督手续的……"根据该条规定，A 开发公司未办理工程质量监督手续的行为应当被处以 20 万元以上 50 万元以下的罚款。

《建设工程质量管理条例》第五十七条规定："违反本条例规定，建设单位未取得施工许可证或者开工报告未经批准，擅自施工的，责令停止施工，限期改正，处工程合同价款 1% 以上 2% 以下的罚款。"根据该条规定，对 A 开发公司未取得施工许可证的行为应当处以工程合同价款 1% 以上 2% 以下的罚款。

本案中，A 开发公司的违法行为包括两项：一是未办理工程质量监督手续，二是未取得施工许可证。针对这两项违法行为应当合并处罚。此外，《建设工程质量管理条例》第七十三条规定："依照本条例规定，给予单位罚款处罚的，对单位直接负责的主管人员和其他直接责任人员处单位罚款数额 5% 以上 10% 以下的罚款。"根据该规定，本案在对 A 开发公司进行处罚的同时，要对其直接负责的主管人员与其他直接责任人员进行处罚。

五、对比分析

工程质量监督是建设行政主管部门或其委托的工程质量监督机构根据国家的法律法规和工程建设强制性标准，对责任主体和有关机构履行质量责任的行为以及工程实体质量进行监督检查、维护公众利益的行政执法行为。根据我国法律规定，建设单位在开工前或领取施工许可证前应到工程所在地建设主管部门办理工程质量监督手续。建筑工程施工许可证是建筑工程符合开工条件的法律凭证，也是房屋权属登记的主要依据之一。为了加强对建筑活动的监督管理，维护建筑市场秩序，保证建筑工程的质量和安全，1999 年 12 月 1 日起在全国施行建筑工程施工许可证制度，任何建设单位在开工前必须办理施工许可证。

本案处罚存在以下问题：

1. 仅针对 A 开发公司未办理施工许可证的行为处合同价款 1% 的罚款，没有对 A 开发公司未办理质量监督手续的行为进行处罚。《建设工程质量管理条例》五十六条和五十七条分别针对两种行为规定了处罚标准，并未规定对其中一种违法行为的处罚可以代替对另一种违法行为的处罚。当违法主体具有两种违法行为时，应当合并进行处罚，而不能任意免除对其中一种违法行为的处罚。

2. 未责令建设单位改正和责令其停止施工。

3. 未按《建筑工程施工许可管理办法》（建设部令第 91 号）对施工单位进行处罚。目前建设部第 91 号令已废止，2014 年 10 月 25 日后的违法行为应按新的《建筑工程施工许可管理办法》（住房和城乡建设部令第 18 号）进行处罚。

4. 未对直接负责的主管人员和其他直接责任人员进行处罚。

六、难点问题及建议

1. 在执法对象涉及两个以上的违法行为时，应当对其并罚，不能随意免除对其中部分违法行为的处罚。

2. 在对单位进行处罚时，要同时对直接负责的主管人员和其他直接责任人员进行相应的处罚。

3. 执法工作中应重视对建设单位未办理质量监督手续的查办和处罚。应当先要求停止施工，责令限期改正，再补办手续。对建设单位不能以罚代管。

案例 55　某商业综合楼工程建设单位未办理施工许可证擅自施工案

一、基本案情

某市商业综合楼工程建设单位为某村民委员会，建筑面积 36655 平方米。工程于 2010 年 10 月开工建设，施工单位为 A 建设工程有限公司。该工程为 1 个单体工程，地面 16 层，地下 1 层，合同造价 3700 万元。案发时主体已封顶，正在进行内部装修。市规划管理局于 2012 年 4 月向该项目核发了建设工程规划许可证。

二、查处情况

建设主管部门接到群众举报后进行了立案调查。经现场调查并询问有关当事人，确认村民委员会作为建设单位，在未办理质量监督手续、未取得建筑工程施工许可证的情况下，于 2010 年 10 月开工建设，违反了《建筑法》和《建设工程质量管理条例》的有关规定。

三、处理结果

对于某综合楼项目未办理质量监督手续、未取得建筑工程施工许可证的违法行为，建设主管部门依据《建筑法》第六十四条和《建设工程质量管理条例》第五十七条的规定，对村民委员会处罚款37万元（3700万元 ×1%）。

四、法律法规辨析

《建筑法》第七条规定："建筑工程开工前，建设单位应当按照国家有关规定向工程所在地县级以上人民政府建设行政主管部门申请领取施工许可证。"《建设工程质量管理条例》第十三条规定："建设单位在领取施工许可证或者开工报告前，应当按照国家有关规定办理工程质量监督手续。"根据以上规定，建设单位已构成未取得施工许可证擅自施工的违法行为。

《建筑法》第六十四条规定："违反本法规定，未取得施工许可证或者开工报告未经批准擅自施工的，责令改正，对不符合开工条件的责令停止施工，可以处以罚款。"《建设工程质量管理条例》第五十七条规定："违反本条例规定，建设单位未取得施工许可证或者开工报告未经批准，擅自施工的，责令停止施工，限期改正，处工程合同价款1% 以上2% 以下的罚款。"根据以上规定，对本案中的村民委员会未取得施工许可证的行为应当责令改正、责令停止施工，并处工程合同价款1% 以上2% 以下的罚款。

《建设工程质量管理条例》第五十六条规定："违反本条例规定，建设单位有下列行为之一的，责令改正，处20万元以上50万元以下的罚款：……（六）未按照国家规定办理工程质量监督手续的……"根据该条规定，对村民委员会未办理工程质量监督手续的行为应处以责令改正和罚款20万元—50万元的处罚。

《建筑工程施工许可管理办法》第十二条规定："对于未取得施工许可证或者为规避办理施工许可证将工程项目分解后擅自施工的，由有管辖权的发证机关责令停止施工，限期改正，对建设单位处工程合同价款1% 以上2% 以下罚款；对施工单位处3 万元以下罚款。"根据该规定，对施工企业应处以3 万元以下罚款。

此外，《建设工程质量管理条例》第七十三条规定："依照本条例规定，给予单位罚款处罚的，对单位直接负责的主管人员和其他直接责任人员处单位罚款数额 5% 以上 10% 以下的罚款。"根据该规定，本案在对建设单位进行处罚的同时，还要对其直接负责的主管人员与其他直接责任人员进行处罚。

五、对比分析

本案的处理存在以下问题：

1. 对建设单位只进行了罚款，未依法责令限期改正、停止施工。

2. 仅针对建设单位未办理施工许可证的行为处合同价款 1% 的罚款，没有对建设单位未办理质量监督手续的行为进行处罚。

3. 缺乏对施工单位的处罚。施工单位在建设单位未取得施工许可证的情况下仍开工建设，也负有责任，依法应当予以处罚。

4. 未对主要责任人员进行处罚。虽然主要的法律责任由法人主体或单位组织来承担，但是只有同时对直接负责的主管人员和其他直接责任人员进行处罚，才能真正起到震慑作用。

六、难点问题及建议

1. 执法工作中应重视对建设单位未办理质量监督手续的查办和处罚。对建设单位不能以罚代管，还应当责令改正，同时应加大处罚力度，并通过媒体曝光、记入信用档案、列入黑名单等方式遏制该行为的发生。

2. 建议对未取得施工许可证就擅自施工的施工单位除罚款外，还应记入诚信档案。

3. 监理单位对没有取得施工许可证的项目未履行监理职责的，也应给予行政处罚，采取行政处理措施，建议法律法规修订时予以明确。

案例 56　某实验中学项目未取得施工许可证擅自施工案

一、基本案情

　　某县实验中学项目建筑面积约 5.8 万平方米，包括教学楼、试验楼、图书馆、办公楼、学生宿舍、食堂等，概算总投资约 2 亿元。2014 年 4 月 18 日，举报人反映该项目存在转包以及未取得施工许可证擅自施工问题。4 月 28 日，省住房和城乡建设厅将举报件转市住房和城乡建设局调查处理。9 月 19 日，省住房和城乡建设厅到实验中学项目施工现场督办。

二、查处情况

　　该项目采用 BT 模式，投资人为 A 房地产开发集团公司，2013 年 7 月，县人民政府与 A 集团公司签订投资协议，项目建设单位为县教育和科学技术局（以下简称县教科局），施工单位为 A 集团公司下属 B 建设工程有限公司。

　　2013 年 8 月，A 集团公司与自然人甲签订合作开发协议，约定双方共同出资建设县实验中学项目，A 集团公司出资 70%，甲出资 30%，甲为投资方项目负责人。随后，甲又与自然人乙达成协议作为资金合伙人，共同投资县实验中学项目（甲出资的 30% 部分有乙的股份）。

　　2013 年 11 月，实验中学项目部分建筑物开工建设，合同金额 1.258 亿元。建设过程中，甲与 A 集团公司发生经济纠纷，拟撤出投资，双方未达成协议，于是乙向住房和城乡建设部等相关部门举报县实验中学项目存在转包以及未取得施工许可证擅自施工问题。2014 年 4 月 26 日，A 集团公司已返还甲所投入的全部资金，并解除与甲签订的合作协议，B 公司也解聘了甲实验中学项目部负责人职务。

　　经县住建局核查，实验中学项目的项目经理、施工员、安全员、质检员、材料员、资料员等均为 B 公司委派的人员，甲也为 A 集团公司职工，不存在工程转包问题。但项目报建手续不全，未办理建筑工程施工许可证擅自施工情况属实。

三、处理结果

2014年7月，县住建局向投资人A集团公司下达行政处罚告知书，罚款20万元；向施工单位B公司下达行政处罚告知书，罚款5000元。2014年9月，县住建局撤销了向A集团公司下达的行政处罚告知书，改为向县教科局下达行政处罚告知书，处罚款125.8万元。

四、法律法规辨析

《建筑法》第七条规定："建筑工程开工前，建设单位应当按照国家有关规定向工程所在地县级以上人民政府建设行政主管部门申请领取施工许可证……"因此，除了国务院规定的限额以下的小型工程、已取得开工报告的工程等，建设单位必须申请领取施工许可证，未按规定领取的，一律不得开工。

《建筑法》第六十四条规定："违反本法规定，未取得施工许可证或者开工报告擅自施工的，责令改正，对不符合开工条件的责令停止施工，可以处以罚款。"至于罚款的数额，《建筑法》并没有具体规定。《建设工程质量管理条例》第五十七条规定："违反本条例规定，建设单位未取得施工许可证或者开工报告未经批准，擅自施工的，责令停止施工，限期改正，处工程合同价款1%以上2%以下的罚款。"

《建筑工程施工许可管理办法》（建设部令第71号）第十条规定，"对于未取得施工许可证或者为规避办理施工许可证将工程项目分解后擅自施工的，由有管辖权的发证机关责令改正，对于不符合开工条件的责令停止施工，并对建设单位和施工单位分别处以罚款。"对于罚款数额，《建筑工程施工许可管理办法》（建设部令第71号）第十三条规定："本办法中的罚款，法律、法规有幅度规定的从其规定。无幅度规定的，有违法所得的处5000元以上30000元以下的罚款，没有违法所得的处5000元以上10000元以下的罚款。"

《建设工程质量管理条例》第五十七条对建设单位的违法行为罚款数额

有明确规定，因此县住房和城乡建设局应对建设单位"处工程合同价款1%以上2%以下的罚款"。

五、对比分析

1. 行政处罚相对人不当。BT项目中的建设单位是项目业主，负责用地、拆迁、勘察设计、提供施工图纸、选择监理单位等，投资人负责融资、施工与管理。业主支付回购款后，工程全部所有权转移至业主。项目业主是BT项目的建设单位，其负有办理施工许可证的义务。因此，涉案实验中学项目应由县教科局办理施工许可证，也是适格的行政处罚的行政相对人。本案前期处罚决定适用法律有误，经该省住建厅纠正，县住建局撤销了前期向A集团公司下达的行政处罚告知书，改为依据《建设工程质量管理条例》第五十七条的规定，向县教科局下达行政处罚告知书，对县教科局处125.8万元（1.258亿元 ×1%）的罚款。

2. 处罚有漏项。依据《建设工程质量管理条例》第五十七条的规定，除了对建设单位处以罚款，还应责令停止施工，限期改正。第七十三条规定："依照本条例规定，给予单位罚款处罚的，对单位直接负责的主管人员和其他直接责任人员处单位罚款数额5%以上10%以下的罚款。"因此，还应对县教科局的直接负责的主管人员和其他直接责任人员处6.29万元—12.58万元的罚款。

3. 调查内容不全面。在工程转包问题的调查核实中，县住建局只对项目经理、施工员、安全员、质检员、材料员、资料员与B公司的人事关系进行了核查，没有核查B公司是否为其缴纳社会保险，工程款是否由B公司直接拨给材料商、分包单位及机械租赁商，分包合同、机械租赁合同签订主体是否为B公司与租赁单位等，核查内容不全面。

六、难点问题及建议

近年来，基础设施项目和公用事业项目逐步向社会资本开放，投资主体日益呈现多元化趋势，BT、BOT、PPP等项目融资模式应用越来越普遍。由于项目融资权责关系较为复杂，业主、投资人、承包商等权责边界还不甚清晰，导致在项目被行政处罚时，各方主体互相推诿。此外，本案行政处罚相对人县教科局本身也是行政机关，行政处罚往往难以执行。以上问题，建议法律法规修改时予以完善。

本案的处罚对象是行政机关，除对单位予以处罚外，对直接负责的主管人员和其他直接责任人员同时处以罚款就显得更为必要。

第 五 篇

企业资质管理典型案例

综　述

一、企业资质管理案的共性问题

近年来，因利益驱使和监管体系存在漏洞等原因，建筑业企业资质申报材料造假问题屡禁不止。一般来说，建筑业企业资质申报材料造假案中最突出的问题是工程代表业绩造假和工程技术人员资料造假。

工程代表业绩造假包括虚构业绩、篡改业绩（以小报大）、套用业绩、使用过期业绩等。其中，虚构业绩是指凭空捏造不存在的工程业绩，该业绩的中标通知书、施工合同、竣工验收报告等材料均系伪造。以小报大是指企业实际完成的工程业绩的部分或全部实际指标低于考核标准，企业增大业绩材料中的相关指标后将该业绩作为工程代表业绩申报。套用业绩是指企业将其他建筑业企业实际完成的工程业绩作为本企业的工程代表业绩申报，其申报材料中涉及企业名称部分均系篡改。过期业绩是指企业将已超出资质申报所规定时限的业绩改变竣工验收报告时间以满足申报条件。

工程技术人员资料造假，主要包括职称证书造假、身份证造假、劳动合同造假、社保缴费证明造假等。有的企业在申报资质时共用其他企业的人员，一般其提供的身份证、劳动合同和社保缴费证明均系伪造；有的企业职称人员数量不足，其提供的部分职称证书系伪造；有的企业仅缴纳部分人员的社会保险，其提供的部分人员社保缴费证明系伪造。

此外，还存在财务报表数据、审计报告、机械设备购置发票造假等现象。

二、企业资质管理案发生原因分析

建筑业产业结构单一、门槛低，建筑企业往往从事较简单、低层次的重复劳动，核心竞争力不强，资质成为其参与市场竞争重要的入门券，而资质的等级、类别、范围直接关系到企业在建筑市场的竞争地位和能力，进而影响企业的经营效益。因此，建筑业企业资质晋级对企业的生存和发展产生重大、直接影响。

1. 工程业绩无法满足考核指标要求是建筑业企业工程代表业绩造假的主要原因。按照《建筑业企业资质标准》规定，部分高等级建筑业企业可进入低等级建筑业企业承揽的工程范围，在竞标时低等级建筑业企业劣势明显，特别是对能够满足资质升级考核指标要求以上的工程，其投资规模已经足够引起高等级建筑业企业参与竞争的积极性，导致低等级建筑业企业基本无法中标。因此，低等级建筑业企业为了在市场中存活，就必须将资质升到更高等级，在业绩缺乏的情况下，工程代表业绩造假成了建筑业企业普遍采用的方法。

2. 节约经营成本是建筑业企业人员资料造假的主要原因。由于建筑业企业资质标准对人员数量的考核指标较高，特别是对企业职称人员数量要求较高，建筑业企业在聘用和培养职称人员方面经济负担较重，为了节约经营成本，企业一般不会严格按标准聘用足够数量的人员，特别是职称人员，因此人员资料造假也成为一个常见的问题。

3. 建筑业企业人才相对匮乏也是企业资料造假的原因之一。面对庞大的建筑企业数量，部分资质类别设置需要的专业技术人员社会上存量相对较少，远远满足不了众多企业申报资质所需人员的要求。因此，制作假证或假聘用就成为常用办法。

三、加强企业资质案件查处的建议

随着我国新型城镇化的不断深入，建筑施工企业在适应市场需求、推动国民经济发展方面作出了积极的贡献。但是部分企业在利益的驱使下，通过资质申报材料造假骗取资质，提高资质等级来获取更大的利益。这就需要我们分析和探讨如何更有效地查处企业资质申报材料造假案，从根源上减少造假行为的发生。

1. 逐步建立部、省、市信息数据共享机制。当今现代化处理技术发展迅速，部分资质申报材料造假甚至可以达到以假乱真的地步，资质审查人员在甄别这些材料时有一定的难度。建筑业企业资质造假的查处就是要解决市场监管与行政审批脱离、企业申报的真实信息和数据难以采集的问题。只有加快建立企业业绩、注册人员等信息的基础信息库，健全数据采集、报送、发布制度，以"权威发布、信息共享"为原则，建立统一的信用信息平台、统一的信息评价标准、统一的信息法规体系、统一的信息惩戒机制，实现注册人员、企业、工程项目和质量安全事故数据库之间的动态关联，实行住房和城乡建设部数据库与省级住房城乡建设主管部门数据库数据信息的同步共享，才能解决资质审批和真实信息数据缺失之间的矛盾，从监管上杜绝资质造假的发生。

2. 加大对建筑企业资质申报造假问题的查处力度。一是在严把资质审批关的同时，加大查处力度，严查资质申报中的弄虚作假行为，重点加大对涉及群众举报的企业资质申报材料的核查力度。二是加强诚信体系建设。进一步完善信用体系法律制度，包括信用管理体系运行所需的基础法律、信用市场监管法律及失信行为的惩罚机制等。通过将企业造假行为记入诚信档案，定期对参与造假的企业和个人进行通报。三是强化行政执法监督，建立批中批后监管双管齐下的监管模式。在资质审批过程严把审查关，资质审批后应对已取得资质的企业进行动态核查，对不符合建筑施工企业资质标准的企业撤回资质许可，对存在资质申报造假的企业予以相应的行政处罚，并明确企业法定代表人的法律责任。

3. 加强各级住房城乡建设主管部门对资质审批的监督管理。一是强化建设主管部门对资质审批的责任意识，严格程序、严把资质审查关，加强对资质审查工作人员的教育和培训，对不符合申请资质等级标准或材料造假的一律不予审核。二是开展定期检查、抽查制度。上级建设主管部门可定期对下级资质审批情况开展检查、抽查，对违规审批或弄虚造假骗取资质的行为予以通报并作出行政处罚。

4. 建立行政审批责任追究制度。为加强行政审批监督管理，促进行政审批人员依法行政，防止和纠正行政审批过错，各级建设主管部门应按照谁审批、谁负责的原则，制定行政审批责任追究制度，明确审批人员特别是资质初审人员的责任和义务。对在资质审查过程中存在未履行法定职责，以及存在失职、渎职等违法违规行为的，视情节轻重给予责任人员警告直至开除的行政处分，构成犯罪的移送司法机关依法追究刑事责任；对建设主管部门资质审查第一责任人以及其他直接责任人员依法给予行政处罚和行政处理。

四、完善建筑业企业资质管理的建议

1. 完善和改进资质申报审查方法。实现建筑业资质申报和审查信息化、网络化，运用现代信息手段，通过自动查重功能，有效解决人员共用、一人多证、人员挂靠的问题。加强与人力资源社会保障部门的协调沟通，建立健全行政主管部门与人力资源社会保障部门的信息共享机制，共享建筑业企业人员社保和人员资格证书等信息，实现资质申报前网上实时查询，并确定为必要的工作程序，明确责任人员，有效解决职称证件和社保缴费证明造假的问题。

2. 加快实现"全国建筑市场监管与诚信信息发布平台"联网运行。将建设工程项目信息录入数据库，全面实行新建工程信息备案制、已完工程补备制，要求新建工程"先开工备案，后开工，先竣工，后竣工备案"，已完工程"纸质材料，录入系统，实行补备"，实现网上可查询所有业绩信息、施工资料等，杜绝或减少工程代表业绩造假问题。

3. 继续完善建筑业企业资质标准及招投标标准。针对建筑企业的人才结构、技术能力、管理水平等综合因素，科学、合理设定建筑业企业资质标准及招投标标准。限制特级、一级企业数量，限制招投标中对企业资质的过高要求，降低申报企业工程技术人员总数的限制，提高骨干专业技术人员的资格要求，实现工程规模、难易程度与资质等级标准相匹配，不同资质等级的企业在不同的市场环境中有序竞争。

4. 建立行刑衔接和执法联动机制。各级建设行政主管部门可与公安等部门建立工作协调机制，制定案件移送制度。对在资质审批、核查或检查中发现的造假行为，除对造假企业实施行政处罚外，还应对涉嫌犯罪的行为根据《行政执法机关移送涉嫌犯罪案件的规定》及时移送至公安机关处理，实现行政执法与刑事执法的有效衔接，避免出现"有案不送""以罚代刑"的现象。

5. 建议增加对企业资质申报材料造假问题的惩罚力度。当前法律法规对企业资质申报材料造假行为的惩罚力度过小，企业违法违规成本较低。建议相关法律法规修订时加大对造假企业的处罚力度，建立完善诚信档案制度，形成"一处造假、处处受制"的局面。明确资质造假企业负责人的法律责任，并与其个人信用挂钩，使企业负责人"不敢造假、不能造假、不愿造假"。

6. 研究细化注册执业人员管理办法。严格把握执业资格证书和执业的关联度，将执业证书信息数字化，建立证书管理系统，实现执业与证书的联动机制，定期将人员执业信息上报至证书管理系统，输入证书号即可查询已完成项目及正进行项目。对于确有时间、精力、经验的技术人员，并与本职工作不冲突的，建议可认定在一家单位兼职，同时限制在职与兼职时间比例。允许高等院校、科研院所的教授和研究人员在本单位企业和同城企业兼职，所属单位要出具同意兼职的证明文件。对有多种类执业证的人员，在同一时期只能注册一到两个企业，不允许身兼数职。

典 型 案 例

案例 57 某水利水电工程建设有限公司资质造假案

一、基本案情

A 水利水电工程建设有限公司（以下简称 A 公司）成立于 2000 年，系国有参股的股份制企业，隶属于某县水利局，现具有水利水电工程施工总承包二级资质、河湖整治工程专业承包二级资质等相关资质，法定代表人为甲。2015 年 2 月，A 公司向住房和城乡建设部申请水利水电工程施工总承包一级资质、河湖整治工程专业承包一级资质。经审核后，住房和城乡建设部于 6 月初公示同意其水利水电工程施工总承包一级资质、河湖整治工程专业承包一级资质。

2015 年 6 月，住房和城乡建设部接到群众举报称：一是 A 公司申报业绩材料涉嫌造假，虚报夸大其承揽施工的工程业绩；二是人员信息严重不实，注册建造师中除 3 人系本公司职工外，其余全部属于挂靠人员，高级工程师中有 6 人非本单位人员；三是 A 公司申报资料中提供的人员社保信息全部为伪造。

二、查处情况

2015 年 6 月，住房和城乡建设部、水利部组成联合调查组，在有关人员配合下，对举报人反映的"A 公司在申报水利水电工程施工总承包一级资质和河湖整治工程专业承包一级资质过程中弄虚作假问题"进行了实地核查。调查组通过查阅资料、走访座谈、实地核查等形式，经询问相关当事人，确认反映的问题基本属实。A公司在申请资质过程中存在以下问题：

1. 代表业绩造假。经查，申报材料中的3个代表工程业绩申报材料与事实不符，存在虚报夸大过闸流量、装机总量、防渗能力等问题。经询问，资质审核具体负责人表示对以上3个业绩没有进行实地查看核实。A公司法定代表人、人力资源部负责人等公司内部人员，均承认上述3个代表工程业绩的数据夸大造假。

2. 人员信息不实。经查，举报反映的人员资料造假情况属实。经询问A公司法定代表人、人力资源部负责人等公司内部人员，均承认本公司申报资质提供的人员信息不实。

3. 人员社保信息造假。调查组赴县人社局调阅2014年11月社保缴费凭证，显示A公司实际缴纳社保人员145人，与其资质申报材料中申报的234人不符。经询问A公司法定代表人、人力资源部负责人等公司内部人员，承认其提供了虚假社保材料。

三、处理结果

鉴于A公司弄虚作假，调查组建议不予许可核发水利水电工程施工总承包一级资质、河湖整治工程专业承包一级资质，且1年之内不允许其再次申报该两项资质。责成某县住建局写出书面检查，对有关责任人员提出批评，并对本市建设工程企业资质管理工作进行全面检查整改。最终，住房和城乡建设部采纳了上述建议。

四、法律法规辨析

2015年3月1日起正式施行的《建筑业企业资质管理规定》第十二条规定："申请本规定第九条所列资质的，应当向企业工商注册所在地省、自治区、直辖市人民政府住房城乡建设主管部门提出申请。……省、自治区、直辖市人民政府住房城乡建设主管部门应当自受理申请之日起20个工作日内初审完毕，并将初审意见和申请材料报国务院住房城乡建设主管部门。"因此本案的初审责任部门应当为该省住房城乡建设主管部门。

第十四条规定："企业申请建筑业企业资质，应当提交以下材料：……（五）企业主要人员证明文件复印件……"根据该条规定，企业主要人员证明文件复印件是必须提供的资料，申请相应资质等级的企业需要具备相应数量的技术人员。

第十五条规定："企业申请建筑业企业资质，应当如实提交有关申请材料。资质许可机关收到申请材料后，应当按照《中华人民共和国行政许可法》的规定办理受理手续。"该条规定强调了企业在申请资质时如实提交申请材料的义务。

第三十五条规定："申请企业隐瞒有关真实情况或者提供虚假材料申请建筑业企业资质的，资质许可机关不予许可，并给予警告，申请企业在1年内不得再次申请建筑业企业资质。"根据该规定，对于提供虚假材料申请资质的单位，资质许可机关应不予许可并给予警告，申请企业1年内不得再次申请建筑业企业资质。

五、对比分析

本案是企业申报资质时申报资料弄虚作假的问题。有关法律法规中，对建筑业企业的从业资质进行了分级，不同级别的企业可以承揽不同范围、层次的业务。相应的，不同级别的企业也需要具备不同的条件，其中一项重要的条件即相应专业领域内的执业人员数量。必要数量的专业执业人员是保证企业能够从事相应行业、领域内的建筑工程业务的必要条件。但是我国目前又存在具有相应资格的执业人员数量偏少的情况，导致执业人员的人数不能满足企业承揽业务的需要。因此，现实中人员借用的问题比较普遍，即某些专业人员并不在该公司上班，也没有实际承担过该公司项目，但是作为挂名人员出现在企业申请文件中，这种行为属于资格挂靠，实际上是违反有关法律法规的行为。

同时，申报资质时要提供相应的业绩资料，保证申报资料的真实性是对申报单位的基本要求。本案中A公司提供了虚假的业绩资料，属于违规行为。

本案处理结果存在的不足：一是未依据《建筑业企业资质管理规定》第

三十五条的规定对当事人作出警告的行政处罚；二是本案中反映的人员造假问题，可能涉嫌执业人员出借证照，应当依据《注册建造师管理规定》第三十七条的规定依法查处。

六、难点问题及建议

1. 当前法律法规对企业资质申报材料造假行为的惩罚力度过小，企业违法违规成本较低，资料造假现象较多。因此，建议在今后修订有关法律法规时，能够加大对企业资质申报材料造假问题的惩罚力度，对于造假企业法定代表人、直接负责的主管人员以及其他直接责任人员的法律责任应予以明确规定。

2. 严格把握执业资格证书和执业的关联度。建议要求资质申报单位报送近一年来相关技术人员从业情况的文件，以佐证执业人员确实在本企业从事工程施工管理工作。

3. 建议对资质审核部门存在工作失误、失职的主要责任人员和经办人进行行政处分。

案例 58　某工程咨询有限公司使用虚假材料申报资质案

一、基本案情

A 工程咨询有限公司（以下简称"A 公司"）成立于 2005 年 11 月，法定代表人甲。A 公司 2005 年 11 月初次申请取得建筑工程设计丙级资质，2008 年 12 月申请取得房屋工程监理丙级资质，2010 年 8 月申请取得建筑工程设计乙级资质。2013 年年底，A 公司申报工程设计甲级资质，经本省住房和城乡建设厅初审合格后，将有关材料报住房和城乡建设部审批。

2014 年 9 月，住房和城乡建设部接群众举报称该公司申报材料造假，按照举报件办理的有关规定，将举报材料转该省住房和城乡建设厅核查处理。

二、查处情况

经查，A公司申报工程设计甲级资质材料中的"注册执业人员"存在问题：乙、丙、丁等人属兼职人员，很少在单位上班，且丙已于2014年年初调离该公司；戊、己、庚、辛、壬、癸等人从未在该公司上班，也没有承担过该公司的项目，属于挂靠人员。调查时，A公司无法提供上述专业技术人员的业绩证明，相关负责人承认本公司存在人员借用问题。

三、处理结果

根据《建设工程勘察设计资质管理规定》第三十条的规定，省住房和城乡建设厅对A公司给予警告，且1年内不再受理该公司资质申请，并建议住房和城乡建设部对该公司建设工程设计甲级资质申请不予行政许可。

四、法律法规辨析

《建设工程勘察设计资质管理规定》第三条规定："从事建设工程勘察、工程设计活动的企业，应当按照其拥有的注册资本、专业技术人员、技术装备和勘察设计业绩等条件申请资质，经审查合格，取得建设工程勘察、工程设计资质证书后，方可在资质许可的范围内从事建设工程勘察、工程设计活动。"第十一条规定："企业首次申请工程勘察、工程设计资质，应当提供以下材料：……（六）工程勘察、工程设计资质申请表中所列注册执业人员的身份证明、注册执业证书；（七）工程勘察、工程设计资质标准要求的非注册专业技术人员的职称证书、毕业证书、身份证明及个人业绩材料；（八）工程勘察、工程设计资质标准要求的注册执业人员、其他专业技术人员与原聘用单位解除聘用劳动合同的证明及新单位的聘用劳动合同……" 第十二条规定："企业申请资质升级应当提交以下材料：……（二）工程勘察、工程设计资质标准要求的非注册专业技术人员与本单位签订的劳动合同及社保证明……"因此，勘察设计单位要申请资质，必须具备一定数量的注册执业人员和非注册专业技术人员，并在申请资质时提供相应证明。

第三十条规定："企业隐瞒有关情况或者提供虚假材料申请资质的，资质许可机关不予受理或者不予行政许可并给予警告，该企业在1年内不得再次申请该资质。"根据该规定，对于提供虚假材料申请资质的单位，资质许可机关应不予许可并给予警告，申请企业一年内不得再次申请该资质。

五、对比分析

按照现行资质管理的有关规定，给予 A 公司警告且 1 年内不再受理该公司资质申请符合规定，但存在以下不足：一是对 A 公司申请材料造假行为应向社会通报；二是对挂靠在 A 公司的戊、己、庚、辛、壬、癸等人的不良行为应记入不良行为记录。

六、难点问题及建议

本案的难点在于如何区分企业人员的正常流动和资格挂靠。本案中，乙和丁属于兼职人员，实践中是否允许这种行为存在，没有明确具体的规定，是否定性为挂靠人员，执法实践中难以把握。

提出如下建议：

1. 降低对申报企业工程、经济等技术人员的总量要求，合理设定企业核心技术人员的人数和层级要求，严格限制核心专业技术人员的非正常流动。

2. 对跨项目履职和兼职的技术人员的执业情况进行认定，对于确有时间、精力、经验的技术人员，并与本职工作不冲突的，可以允许在同城内适当兼职，并限制比例。允许高等院校、科研院所的教授和研究人员等在同城内兼职，所属单位出具同意兼职的证明文件，以解决企业需求与专业技术人员匮乏以及技术人员作用得不到发挥的矛盾。

3. 对不实际执业、随意挂靠的人员应进行处罚，如将挂靠人员列入黑名单，记入诚信档案等。

案例 59 A 工程公司资质申报材料造假案

一、基本案情

某市施工单位 A 工程公司成立于 2008 年 11 月，法定代表人甲。2014 年 2 月，该公司申报房建一级资质，经部资质审核发现业绩存疑未通过。6 月，A 工程公司再次申报。经部资质审核，10 月底在部网站公示同意其房建一级资质。11 月初，住房和城乡建设部接乙某举报后，按规定冻结了 A 工程公司资质审批流程，并将举报信转该公司所在省住建厅核实。省住建厅将举报材料转该公司所在市建设主管部门核实后，认为举报问题不属实。2015 年 1 月，住房和城乡建设部接到该省住建厅的回函后，解锁重新进入审查程序，并于 2 月在部网站公告同意 A 工程公司房建一级资质，公告到期后向该公司发放了资质证书。

4 月，乙某又以同样问题进行了举报。举报反映的问题有：

1. 人员社保信息弄虚作假。房建总承包一级企业应具有缴纳社保的工程技术和经济管理人员不少于 300 人，而该单位实际缴纳社保人员仅 38 人。

2. 一级建造师涉嫌挂靠。申报材料中的 13 名一级建造师，只有 7 人是该公司员工，其余为挂靠人员。

3. 申报业绩材料涉嫌造假。代表业绩某建筑工程面积不达标，某构筑物工程非该公司承建。

二、查处情况

2015 年 4 月，住房和城乡建设部组成调查组，在某省住建厅的配合下，对乙某反映的问题进行了实地核查。调查组通过查阅原始资料，核实 A 工程公司人员社保缴费凭证，询问相关当事人，确认乙反映的情况属实。

1. 关于人员社保信息弄虚作假问题。通过赴当地人社局调阅 2014 年 3—10 月份社保缴费凭证，显示 A 工程公司实际缴纳社保人员 38 人。经询问 A 公司法定代表人甲，承认其提供了虚假社保材料，并通过私人关系加盖了社保征缴专用章。

2. 关于一级建造师挂靠问题。经查验社保缴费凭证，并询问甲以及相关当事人，查明申报材料中的 13 名一级建造师中有 3 人系挂靠人员。另外，查明总会计师系挂靠人员。

3. 关于代表业绩造假问题。经核实，某建筑工程面积为 9.3 万平方米，与申报材料中 10 万平方米面积不符。经查询某市建设主管部门工程项目管理信息，询问相关人员，未查到某构筑物工程备案信息，甲承认该构筑物非其公司承建。经询问市招投标办公室、质监站相关负责同志及当事人，并现场比对笔迹，查明 A 工程公司代表业绩某建筑工程和某构筑物工程业绩核查表中，中标通知书发布机构意见、合同备案意见和竣工验收备案意见栏均非主管部门人员签字盖章，系 A 工程公司伪造。经询问，甲本人予以承认。

三、处理结果

鉴于 A 工程公司弄虚作假，市建设主管部门及相关机构人员失职失察，调查组建议撤销 A 工程公司房建一级资质，要求市建设主管部门写出书面检查，并对本市建设工程企业资质管理工作进行全面检查整改。2015 年 5 月，住房和城乡建设部依法撤销该公司房建一级资质的行政许可，且该公司 3 年内不得再次申请该资质。市建设主管部门对 A 公司处以 3 万元的罚款。市建设主管部门也对存在工作失误和失职的资质审核部门的负责人和经办人进行了行政处分。

四、法律法规辨析

2015 年 3 月 1 日起正式施行的《建筑业企业资质管理规定》第十四条规定："企业申请建筑业企业资质，应当提交以下材料：……（五）企业主要人员证明文件复印件……"根据该条规定，企业主要人员证明文件复印件是必须提供的资料，申请相应资质等级的企业需要具备相应数量的技术人员。

第十五条规定："企业申请建筑业企业资质，应当如实提交有关申请材料。资质许可机关收到申请材料后，应当按照《中华人民共和国行政许可法》的规定办理受理手续。"该条规定强调了企业在申请资质时如实提交申请材料的义务。

根据《建筑业企业资质管理规定》第三十六条规定，对于以欺骗、贿赂等不正当手段取得建筑业企业资质的，由原资质许可机关予以撤销；由县级以上地方人民政府住房城乡建设主管部门或者其他有关部门给予警告，并处3万元的罚款；申请企业3年内不得再次申请建筑业企业资质。

现实中某些企业借用非本公司技术人员执业资格证书进行资质申报的现象仍然存在，即某些专业人员并不在该公司上班，也没有实际承担过该公司项目，但是作为挂名人员出现在企业申请文件中，这种行为属于资格挂靠，是违反有关法律法规的行为。

同时，申报资质时要提供相应的业绩资料。保证申报资料的真实性是对申报单位的基本要求。本案中A工程公司提供了虚假的业绩资料，属于违法行为。

五、对比分析

本案的处理结果基本得当。对于A工程公司除撤销已批准的资质外，还处以3年内不得再次申请建筑业企业资质，并由当地住房城乡建设主管部门处3万元的罚款。该处理决定使违法企业在未来一段时间内不能再次提出资质申请，企业的违法成本大大增加，有一定的威慑力。同时，本案中的地方资质审查机关在审查时未能发现申请机关资质造假，在后来上级机关反复要求核查的情况下，仍然坚持举报不属实，确认该企业不存在资质申请造假行为，存在失职情节。因此，该市建设主管部门在向上级写书面检查的同时，对参与资质审核的有关责任人员进行了行政处分。

六、难点问题及建议

本案的难点：一是业绩申报材料的真实性难以认定；二是建设行政主管部门和人力资源社会保障部门的信息共享机制没有建立。

提出以下建议：

1. 严格把握执业资格证书和执业的关联度，提高与人力资源社会保障部门的联动。建立执业资格证书与工程业绩、社保情况、劳动合同相关联的信息系统，实现自动检索、自动查重等功能，降低企业申报材料造假的可能性。

2.当前法律法规对企业资质申报材料造假行为的惩罚力度不大，企业违法违规成本较低。因此，建议有关法律法规修订时，能够加大对企业资质申报材料造假问题的惩罚力度，落实法定代表人、直接负责的主管人员和其他直接责任人员的法律责任。

3.建议建设行政主管部门认真进行资料核实，通过查对原件、现场调查、走访了解等多种方式判断申报材料的真实性。对于资质申报弄虚作假未被发现的企业所在地的建设主管部门（初审部门）直接负责的主管人员和其他直接责任人员应加大责任追究力度，主要责任人也应承担相应的领导责任。

案例 60　A 集团公司和 B 有限公司资质升级造假案

一、基本案情

A 集团公司和 B 有限公司的法定代表人均为甲某，在各地共设有 6 个子公司、13 个分公司。近年来获取了 3 项一级资质，其中，A 集团公司 2009 年 9 月获得城市园林绿化一级资质，B 有限公司 2008 年 10 月获得市政公用工程施工总承包一级资质、2010 年 11 月获得房屋建筑工程施工总承包一级资质。2013 年 5 月，群众向住房和城乡建设部反映 A 集团公司与 B 有限公司使用虚假材料骗取资质的问题。

二、查办情况

2013 年 6 月，住房和城乡建设部组成调查组，对群众反映的 A 集团公司、B 有限公司通过资料造假骗取资质等问题进行了实地核查。经查，举报人反映的问题基本属实。

1.人员核查情况。经核对企业社保缴纳情况和人员的资格证书原件，现有人员基本符合 3 项资质的规定要求。

2. 工程业绩核查情况。调查组实地核查了公司申报资质所用的 12 项代表工程业绩。

城市园林绿化一级资质工程业绩核查情况。A 集团公司 2009 年 9 月获得了城市园林绿化一级资质，2012 年 12 月获准该资质延续。按照相关资质标准要求，申报资质延续的企业应提供 5 项工程业绩。经核查，5 项工程均由 A 集团公司施工，业绩规模和工程性质符合《城市园林绿化企业资质等级标准》要求，但其资质延续申报材料中 5 个项目竣工验收资料均存在伪造行为：（1）工程一于 2011 年 10 月竣工验收，A 集团公司伪造了 2011 年 7 月竣工验收资料。（2）工程二和工程三当时虽已基本完工，但未竣工验收，A 集团公司申报资质延续时伪造了竣工验收资料。（3）工程四和工程五虽已完工，但因种种原因未办理竣工验收手续，A 集团公司申报资质延续时伪造了竣工验收资料。

房屋建筑工程施工总承包一级资质工程业绩核查情况。B 有限公司申请房屋建筑工程施工总承包一级资质时上报工程业绩 4 项。该公司未能向核查组提供这 4 项工程的施工许可证、图纸、工程结算等原始资料。经查，其中 3 个工程均不属实，申报材料为伪造；1 个工程无法提供立项、规划、施工许可等手续。

市政公用工程施工总承包一级资质工程业绩核查情况。B 公司申请市政公用工程施工总承包一级资质时上报工程业绩 2 项。该公司未能向核查组提供这 2 项工程的施工许可证、图纸、工程结算等原始资料，申报材料为伪造。

三、处理结果

根据《行政许可法》《建筑业企业资质管理规定》，当地建设行政主管部门作出以下处理：

1. 对 A 集团公司申请城市园林绿化一级资质延续中弄虚作假的行为予以书面警告，要求该企业切实加强内部管理，提高守法经营和诚信意识。

2. 撤销 B 有限公司房屋建筑工程施工总承包一级和市政公用工程施工

总承包一级 2 项资质的行政许可，且 3 年内不得再次申请该 2 项资质。

四、法律法规辨析

《建筑业企业资质管理规定》第十五条规定："企业申请建筑业企业资质，应当如实提交有关申请材料。资质许可机关收到申请材料后，应当按照《中华人民共和国行政许可法》的规定办理受理手续。"该条规定强调了企业在申请资质时如实提交申请材料的义务。

第三十六条规定："对于以欺骗、贿赂等不正当手段取得建筑业企业资质的，由原资质许可机关予以撤销；由县级以上地方人民政府住房城乡建设主管部门或者其他有关部门给予警告，并处 3 万元的罚款；申请企业 3 年内不得再次申请建筑业企业资质。"根据该规定，对于通过虚假材料骗取资质的企业，应当处以撤销资质、警告、3 万元罚款及 3 年内不得再次申请相应资质的处罚。

五、对比分析

本案行政执法机关对 A 公司在申请资质延续中的弄虚作假行为给予了书面警告，对 B 公司申请资质弄虚作假的行为处以撤销相应资质且 3 年内不得再次申请该 2 项资质的处罚，基本符合有关法律法规的规定。

本案处理的不足之处在于：未对 B 有限公司进行罚款。根据《建筑业企业资质管理规定》第三十六条规定，应当由建设主管部门对违法主体处以 3 万元的罚款。

六、难点问题及建议

本案的难点问题是工程业绩造假发现难。建议各级建设主管部门在进行资质审查时认真核实资料，通过实地调查、信息查询、调阅原始资料、走访相关人员等方式了解企业的真实情况，不能仅依靠企业递交的申报资料来核实认定工程业绩的真实性。

附　　录

附录一 相关法律、法规、规章以及标准摘录

中华人民共和国行政处罚法

1996 年 3 月 17 日中华人民共和国主席令第 63 号公布

根据 2009 年 8 月 27 日第十一届全国人民代表大会常务委员会第十次会议《关于修改部分法律的决定》修正，并根据中华人民共和国主席令第 18 号公布

第一章 总 则

第一条 为了规范行政处罚的设定和实施，保障和监督行政机关有效实施行政管理，维护公共利益和社会秩序，保护公民、法人或者其他组织的合法权益，根据宪法，制定本法。

第二条 行政处罚的设定和实施，适用本法。

第三条 公民、法人或者其他组织违反行政管理秩序的行为，应当给予行政处罚的，依照本法由法律、法规或者规章规定，并由行政机关依照本法规定的程序实施。

没有法定依据或者不遵守法定程序的，行政处罚无效。

第四条 行政处罚遵循公正、公开的原则。

设定和实施行政处罚必须以事实为依据，与违法行为的事实、性质、情节以及社会危害程度相当。

对违法行为给予行政处罚的规定必须公布；未经公布的，不得作为行政处罚的依据。

第五条 实施行政处罚，纠正违法行为，应当坚持处罚与教育相结合，教育公民、法人或者其他组织自觉守法。

第六条 公民、法人或者其他组织对行政机关所给予的行政处罚，享有陈述权、申辩权；对行政处罚不服的，有权依法申请行政复议或者提起行政诉讼。

公民、法人或者其他组织因行政机关违法给予行政处罚受到损害的，有权依法提出赔偿要求。

第七条　公民、法人或者其他组织因违法受到行政处罚，其违法行为对他人造成损害的，应当依法承担民事责任。

违法行为构成犯罪的，应当依法追究刑事责任，不得以行政处罚代替刑事处罚。

第二章　行政处罚的种类和设定

第八条　行政处罚的种类：

（一）警告；

（二）罚款；

（三）没收违法所得、没收非法财物；

（四）责令停产停业；

（五）暂扣或者吊销许可证、暂扣或者吊销执照；

（六）行政拘留；

（七）法律、行政法规规定的其他行政处罚。

第九条　法律可以设定各种行政处罚。

限制人身自由的行政处罚，只能由法律设定。

第十条　行政法规可以设定除限制人身自由以外的行政处罚。

法律对违法行为已经作出行政处罚规定，行政法规需要作出具体规定的，必须在法律规定的给予行政处罚的行为、种类和幅度的范围内规定。

第十一条　地方性法规可以设定除限制人身自由、吊销企业营业执照以外的行政处罚。

法律、行政法规对违法行为已经作出行政处罚规定，地方性法规需要作出具体规定的，必须在法律、行政法规规定的给予行政处罚的行为、种类和幅度的范围内规定。

第十二条　国务院部、委员会制定的规章可以在法律、行政法规规定的给予行政处罚的行为、种类和幅度的范围内作出具体规定。

尚未制定法律、行政法规的，前款规定的国务院部、委员会制定的规章对违反行政管理秩序的行为，可以设定警告或者一定数量罚款的行政处罚。罚款的限额由国务院规定。

国务院可以授权具有行政处罚权的直属机构依照本条第一款、第二款的规定，规定行政处罚。

第十三条　省、自治区、直辖市人民政府和省、自治区人民政府所在地的市人民政府以及经国务院批准的较大的市人民政府制定的规章可以在法律、法规规定的给予行政处罚的行为、种类和幅度的范围内作出具体规定。

尚未制定法律、法规的，前款规定的人民政府制定的规章对违反行政管理秩序的行为，可以设定警告或者一定数量罚款的行政处罚。罚款的限额由省、自治区、直辖市人民代表大会常务委员会规定。

第十四条　除本法第九条、第十条、第十一条、第十二条以及第十三条的规定外，其他规范性文件不得设定行政处罚。

第三章　行政处罚的实施机关

第十五条　行政处罚由具有行政处罚权的行政机关在法定职权范围内实施。

第十六条　国务院或者经国务院授权的省、自治区、直辖市人民政府可以决定一个行政机关行使有关行政机关的行政处罚权，但限制人身自由的行政处罚权只能由公安机关行使。

第十七条　法律、法规授权的具有管理公共事务职能的组织可以在法定授权范围内实施行政处罚。

第十八条　行政机关依照法律、法规或者规章的规定，可以在其法定权限内委托符合本法第十九条规定条件的组织实施行政处罚。行政机关不得委托其他组织或者个人实施行政处罚。

委托行政机关对受委托的组织实施行政处罚的行为应当负责监督，并对该行为的后果承担法律责任。

受委托组织在委托范围内，以委托行政机关名义实施行政处罚；不得再委托其他任何组织或者个人实施行政处罚。

第十九条　受委托组织必须符合以下条件：

（一）依法成立的管理公共事务的事业组织；

（二）具有熟悉有关法律、法规、规章和业务的工作人员；

（三）对违法行为需要进行技术检查或者技术鉴定的，应当有条件组织进行相应的技术检查或者技术鉴定。

第四章　行政处罚的管辖和适用

第二十条　行政处罚由违法行为发生地的县级以上地方人民政府具有行政处罚权的行政机关管辖。法律、行政法规另有规定的除外。

第二十一条　对管辖发生争议的，报请共同的上一级行政机关指定管辖。

第二十二条　违法行为构成犯罪的，行政机关必须将案件移送司法机关，依法追究刑事责任。

第二十三条　行政机关实施行政处罚时，应当责令当事人改正或者限期改正违法行为。

第二十四条　对当事人的同一个违法行为，不得给予两次以上罚款的行政处罚。

第二十五条　不满十四周岁的人有违法行为的，不予行政处罚，责令监护人加以管教；已满十四周岁不满十八周岁的人有违法行为的，从轻或者减轻行政处罚。

第二十六条　精神病人在不能辨认或者不能控制自己行为时有违法行为的，不予行政处罚，但应当责令其监护人严加看管和治疗。间歇性精神病人在精神正常时有违法行为的，应当给予行政处罚。

第二十七条　当事人有下列情形之一的，应当依法从轻或者减轻行政处罚：

（一）主动消除或者减轻违法行为危害后果的；

（二）受他人胁迫有违法行为的；

（三）配合行政机关查处违法行为有立功表现的；

（四）其他依法从轻或者减轻行政处罚的。

违法行为轻微并及时纠正，没有造成危害后果的，不予行政处罚。

第二十八条　违法行为构成犯罪，人民法院判处拘役或者有期徒刑时，行政机关已经给予当事人行政拘留的，应当依法折抵相应刑期。

违法行为构成犯罪，人民法院判处罚金时，行政机关已经给予当事人罚款的，应当折抵相应罚金。

第二十九条　违法行为在二年内未被发现的，不再给予行政处罚。法律另有规定的除外。

前款规定的期限，从违法行为发生之日起计算；违法行为有连续或者继续状态的，从行为终了之日起计算。

第五章　行政处罚的决定

第三十条　公民、法人或者其他组织违反行政管理秩序的行为，依法应当给予行政处罚的，行政机关必须查明事实；违法事实不清的，不得给予行政处罚。

第三十一条　行政机关在作出行政处罚决定之前，应当告知当事人作出行政处罚决定的事实、理由及依据，并告知当事人依法享有的权利。

第三十二条　当事人有权进行陈述和申辩。行政机关必须充分听取当事人的意见，对当事人提出的事实、理由和证据，应当进行复核；当事人提出的事实、理由或者证据成立的，行政机关应当采纳。

行政机关不得因当事人申辩而加重处罚。

第一节　简易程序

第三十三条　违法事实确凿并有法定依据，对公民处以五十元以下、对法人或者其他组织处以一千元以下罚款或者警告的行政处罚的，可以当场作出行政处罚决定。当事人应当依照本法第四十六条、第四十七条、第四十八条的规定履行行政处罚决定。

第三十四条　执法人员当场作出行政处罚决定的，应当向当事人出示执法身份证件，填写预定格式、编有号码的行政处罚决定书。行政处罚决定书应当当场交付当事人。

前款规定的行政处罚决定书应当载明当事人的违法行为、行政处罚依据、罚款数额、时间、地点以及行政机关名称，并由执法人员签名或者盖章。

执法人员当场作出的行政处罚决定，必须报所属行政机关备案。

第三十五条 当事人对当场作出的行政处罚决定不服的，可以依法申请行政复议或者提起行政诉讼。

<h3 style="text-align:center">第二节 一般程序</h3>

第三十六条 除本法第三十三条规定的可以当场作出的行政处罚外，行政机关发现公民、法人或者其他组织有依法应当给予行政处罚的行为的，必须全面、客观、公正地调查，收集有关证据；必要时，依照法律、法规的规定，可以进行检查。

第三十七条 行政机关在调查或者进行检查时，执法人员不得少于两人，并应当向当事人或者有关人员出示证件。当事人或者有关人员应当如实回答询问，并协助调查或者检查，不得阻挠。询问或者检查应当制作笔录。

行政机关在收集证据时，可以采取抽样取证的方法；在证据可能灭失或者以后难以取得的情况下，经行政机关负责人批准，可以先行登记保存，并应当在七日内及时作出处理决定，在此期间，当事人或者有关人员不得销毁或者转移证据。

执法人员与当事人有直接利害关系的，应当回避。

第三十八条 调查终结，行政机关负责人应当对调查结果进行审查，根据不同情况，分别作出如下决定：

（一）确有应受行政处罚的违法行为的，根据情节轻重及具体情况，作出行政处罚决定；

（二）违法行为轻微，依法可以不予行政处罚的，不予行政处罚；

（三）违法事实不能成立的，不得给予行政处罚；

（四）违法行为已构成犯罪的，移送司法机关。

对情节复杂或者重大违法行为给予较重的行政处罚，行政机关的负责人应当集体讨论决定。

第三十九条 行政机关依照本法第三十八条的规定给予行政处罚，应当制作行政处罚决定书。行政处罚决定书应当载明下列事项：

（一）当事人的姓名或者名称、地址；

（二）违反法律、法规或者规章的事实和证据；

（三）行政处罚的种类和依据；

（四）行政处罚的履行方式和期限；

（五）不服行政处罚决定，申请行政复议或者提起行政诉讼的途径和期限；

（六）作出行政处罚决定的行政机关名称和作出决定的日期。

行政处罚决定书必须盖有作出行政处罚决定的行政机关的印章。

第四十条 行政处罚决定书应当在宣告后当场交付当事人；当事人不在场的，行政机关应当在七日内依照民事诉讼法的有关规定，将行政处罚决定书送达当事人。

第四十一条　行政机关及其执法人员在作出行政处罚决定之前，不依照本法第三十一条、第三十二条的规定向当事人告知给予行政处罚的事实、理由和依据，或者拒绝听取当事人的陈述、申辩，行政处罚决定不能成立；当事人放弃陈述或者申辩权利的除外。

<h3 align="center">第三节　听证程序</h3>

第四十二条　行政机关作出责令停产停业、吊销许可证或者执照、较大数额罚款等行政处罚决定之前，应当告知当事人有要求举行听证的权利；当事人要求听证的，行政机关应当组织听证。当事人不承担行政机关组织听证的费用。听证依照以下程序组织：

（一）当事人要求听证的，应当在行政机关告知后三日内提出；

（二）行政机关应当在听证的七日前，通知当事人举行听证的时间、地点；

（三）除涉及国家秘密、商业秘密或者个人隐私外，听证公开举行；

（四）听证由行政机关指定的非本案调查人员主持；当事人认为主持人与本案有直接利害关系的，有权申请回避；

（五）当事人可以亲自参加听证，也可以委托一至二人代理；

（六）举行听证时，调查人员提出当事人违法的事实、证据和行政处罚建议；当事人进行申辩和质证；

（七）听证应当制作笔录；笔录应当交当事人审核无误后签字或者盖章。

当事人对限制人身自由的行政处罚有异议的，依照治安管理处罚条例有关规定执行。

第四十三条　听证结束后，行政机关依照本法第三十八条的规定，作出决定。

<h3 align="center">第六章　行政处罚的执行</h3>

第四十四条　行政处罚决定依法作出后，当事人应当在行政处罚决定的期限内，予以履行。

第四十五条　当事人对行政处罚决定不服申请行政复议或者提起行政诉讼的，行政处罚不停止执行，法律另有规定的除外。

第四十六条　作出罚款决定的行政机关应当与收缴罚款的机构分离。

除依照本法第四十七条、第四十八条的规定当场收缴的罚款外，作出行政处罚决定的行政机关及其执法人员不得自行收缴罚款。

当事人应当自收到行政处罚决定书之日起十五日内，到指定的银行缴纳罚款。银行应当收受罚款，并将罚款直接上缴国库。

第四十七条　依照本法第三十三条的规定当场作出行政处罚决定，有下列情形之一的，执法人员可以当场收缴罚款：

（一）依法给予二十元以下的罚款的；

（二）不当场收缴事后难以执行的。

第四十八条　在边远、水上、交通不便地区，行政机关及其执法人员依照本法第三十三条、第三十八条的规定作出罚款决定后，当事人向指定的银行缴纳罚款确有困难，经当事人提出，行政机关及其执法人员可以当场收缴罚款。

第四十九条　行政机关及其执法人员当场收缴罚款的，必须向当事人出具省、自治区、直辖市财政部门统一制发的罚款收据；不出具财政部门统一制发的罚款收缴的，当事人有权拒绝缴纳罚款。

第五十条　执法人员当场收缴的罚款，应当自收缴罚款之日起二日内，交至行政机关；在水上当场收缴的罚款，应当自抵岸之日起二日内交至行政机关；行政机关应当在二日内将罚款缴付指定的银行。

第五十一条　当事人逾期不履行行政处罚决定的，作出行政处罚决定的行政机关可以采取下列措施：

（一）到期不缴纳罚款的，每日按罚款数额的百分之三加处罚款；

（二）根据法律规定，将查封、扣押的财物拍卖或者将冻结的存款划拨抵缴罚款；

（三）申请人民法院强制执行。

第五十二条　当事人确有经济困难，需要延期或者分期缴纳罚款的，经当事人申请和行政机关批准，可以暂缓或者分期缴纳。

第五十三条　除依法应当予以销毁的物品外，依法没收的非法财物必须按照国家规定公开拍卖或者按照国家有关规定处理。

罚款、没收违法所得或者没收非法财物拍卖的款项，必须全部上缴国库，任何行政机关或者个人不得以任何形式截留、私分或者变相私分；财政部门不得以任何形式向作出行政处罚决定的行政机关返还罚款、没收的违法所得或者返还没收非法财物的拍卖款项。

第五十四条　行政机关应当建立健全对行政处罚的监督制度。县级以上人民政府应当加强对行政处罚的监督检查。

公民、法人或者其他组织对行政机关作出的行政处罚，有权申诉或者检举；行政机关应当认真审查，发现行政处罚有错误的，应当主动改正。

第七章　法律责任

第五十五条　行政机关实施行政处罚，有下列情形之一的，由上级行政机关或者有关部门责令改正，可以对直接负责的主管人员和其他直接责任人员依法给予行政处分：

（一）没有法定的行政处罚依据的；

（二）擅自改变行政处罚种类、幅度的；

（三）违反法定的行政处罚程序的；

（四）违反本法第十八条关于委托处罚的规定的。

第五十六条　行政机关对当事人进行处罚不使用罚款、没收财物单据或者使用非法定部门制发的罚款、没收财物单据的，当事人有权拒绝处罚，并有权予以检举。上级行政机关或者有关部门对使用的非法单据予以收缴销毁，对直接负责的主管人员和其他直接责任人员依法给予行政处分。

第五十七条　行政机关违反本法第四十六条的规定自行收缴罚款的，财政部门违反本法第五十三条的规定向行政机关返还罚款或者拍卖款项的，由上级行政机关或者有关部门责令改正，对直接负责的主管人员和其他直接责任人员依法给予行政处分。

第五十八条　行政机关将罚款、没收的违法所得或者财物截留、私分或者变相私分的，由财政部门或者有关部门予以追缴，对直接负责的主管人员和其他直接责任人员依法给予行政处分；情节严重构成犯罪的，依法追究刑事责任。

执法人员利用职务上的便利，索取或者收受他人财物、收缴罚款据为己有，构成犯罪的，依法追究刑事责任；情节轻微不构成犯罪的，依法给予行政处分。

第五十九条　行政机关使用或者损毁扣押的财物，对当事人造成损失的，应当依法予以赔偿，对直接负责的主管人员和其他直接责任人员依法给予行政处分。

第六十条　行政机关违法实行检查措施或者执行措施，给公民人身或者财产造成损害、给法人或者其他组织造成损失的，应当依法予以赔偿，对直接负责的主管人员和其他直接责任人员依法给予行政处分；情节严重构成犯罪的，依法追究刑事责任。

第六十一条　行政机关为牟取本单位私利，对应当依法移交司法机关追究刑事责任的不移交，以行政处罚代替刑罚，由上级行政机关或者有关部门责令纠正；拒不纠正的，对直接负责的主管人员给予行政处分；徇私舞弊、包庇纵容违法行为的，比照刑法第一百八十八条的规定追究刑事责任。

第六十二条　执法人员玩忽职守，对应当予以制止和处罚的违法行为不予制止、处罚，致使公民、法人或者其他组织的合法权益、公共利益和社会秩序遭受损害的，对直接负责的主管人员和其他直接责任人员依法给予行政处分；情节严重构成犯罪的，依法追究刑事责任。

第八章　附　则

第六十三条　本法第四十六条罚款决定与罚款收缴分离的规定，由国务院制定具体实施办法。

第六十四条　本法自 1996 年 10 月 1 日起施行。

本法公布前制定的法规和规章关于行政处罚的规定与本法不符合的，应当自本法公布之日起，依照本法规定予以修订，在 1997 年 12 月 31 日前修订完毕。

附：刑法有关条文

第一百八十八条　司法工作人员徇私舞弊，对明知是无罪的人而使他受追诉、对明知是有罪的人而故意包庇不使他受追诉，或者故意颠倒黑白做枉法裁判的，处五年以下有期徒刑、拘役或者剥夺政治权利；情节特别严重的，处五年以上有期徒刑。

中华人民共和国建筑法

1997 年 11 月 1 日中华人民共和国主席令第 91 号公布

根据 2011 年 4 月 22 日全国人民代表大会常务委员会第二十次《关于修改〈中华人民共和国建筑法〉的决定》修正，并以中华人民共和国主席令第 46 号公布

第一章 总 则

第一条 为了加强对建筑活动的监督管理，维护建筑市场秩序，保证建筑工程的质量和安全，促进建筑业健康发展，制定本法。

第二条 在中华人民共和国境内从事建筑活动，实施对建筑活动的监督管理，应当遵守本法。

本法所称建筑活动，是指各类房屋建筑及其附属设施的建造和与其配套的线路、管道、设备的安装活动。

第三条 建筑活动应当确保建筑工程质量和安全，符合国家的建筑工程安全标准。

第四条 国家扶持建筑业的发展，支持建筑科学技术研究，提高房屋建筑设计水平，鼓励节约能源和保护环境，提倡采用先进技术、先进设备、先进工艺、新型建筑材料和现代管理方式。

第五条 从事建筑活动应当遵守法律、法规，不得损害社会公共利益和他人的合法权益。

任何单位和个人都不得妨碍和阻挠依法进行的建筑活动。

第六条 国务院建设行政主管部门对全国的建筑活动实施统一监督管理。

第二章 建筑许可

第一节 建筑工程施工许可

第七条 建筑工程开工前，建设单位应当按照国家有关规定向工程所在地县级以上人民政府建设行政主管部门申请领取施工许可证；但是，国务院建设行政主管部门确定的限额以下的小型工程除外。

按照国务院规定的权限和程序批准开工报告的建筑工程，不再领取施工许可证。

第八条 申请领取施工许可证，应当具备下列条件：

（一）已经办理该建筑工程用地批准手续；

（二）在城市规划区的建筑工程，已经取得规划许可证；

（三）需要拆迁的，其拆迁进度符合施工要求；

（四）已经确定建筑施工企业；

（五）有满足施工需要的施工图纸及技术资料；

（六）有保证工程质量和安全的具体措施；

（七）建设资金已经落实；

（八）法律、行政法规规定的其他条件。

建设行政主管部门应当自收到申请之日起十五日内，对符合条件的申请颁发施工许可证。

第九条　建设单位应当自领取施工许可证之日起三个月内开工。因故不能按期开工的，应当向发证机关申请延期；延期以两次为限，每次不超过三个月。既不开工又不申请延期或者超过延期时限的，施工许可证自行废止。

第十条　在建的建筑工程因故中止施工的，建设单位应当自中止施工之日起一个月内，向发证机关报告，并按照规定做好建筑工程的维护管理工作。

建筑工程恢复施工时，应当向发证机关报告；中止施工满一年的工程恢复施工前，建设单位应当报发证机关核验施工许可证。

第十一条　按照国务院有关规定批准开工报告的建筑工程，因故不能按期开工或者中止施工的，应当及时向批准机关报告情况。因故不能按期开工超过六个月的，应当重新办理开工报告的批准手续。

第二节　从业资格

第十二条　从事建筑活动的建筑施工企业、勘察单位、设计单位和工程监理单位，应当具备下列条件：

（一）符合国家规定的注册资本；

（二）与其从事的建筑活动相适应的具有法定执业资格的专业技术人员；

（三）有从事相关建筑活动所应有的技术装备；

（四）法律、行政法规规定的其他条件。

第十三条　从事建筑活动的建筑施工企业、勘察单位、设计单位和工程监理单位，按照其拥有的注册资本、专业技术人员、技术装备和已完成的建筑工程业绩等资质条件，划分为不同的资质等级，经资质审查合格，取得相应等级的资质证书后，方可在其资质等级许可的范围内从事建筑活动。

第十四条　从事建筑活动的专业技术人员，应当依法取得相应的执业资格证书，并在执业资格证书许可的范围内从事建筑活动。

第三章　建筑工程发包与承包

第一节　一般规定

第十五条　建筑工程的发包单位与承包单位应当依法订立书面合同，明确双方的权利和义务。

发包单位和承包单位应当全面履行合同约定的义务。不按照合同约定履行义务的，依法承担违约责任。

第十六条　建筑工程发包与承包的招标投标活动，应当遵循公开、公正、平等竞争的原则，择优选择承包单位。

建筑工程的招标投标，本法没有规定的，适用有关招标投标法律的规定。

第十七条　发包单位及其工作人员在建筑工程发包中不得收受贿赂、回扣或者索取其他好处。

承包单位及其工作人员不得利用向发包单位及其工作人员行贿、提供回扣或者给予其他好处等不正当手段承揽工程。

第十八条　建筑工程造价应当按照国家有关规定，由发包单位与承包单位在合同中约定。公开招标发包的，其造价的约定，须遵守招标投标法律的规定。

发包单位应当按照合同的约定，及时拨付工程款项。

第二节　发　包

第十九条　建筑工程依法实行招标发包，对不适于招标发包的可以直接发包。

第二十条　建筑工程实行公开招标的，发包单位应当依照法定程序和方式，发布招标公告，提供载有招标工程的主要技术要求、主要的合同条款、评标的标准和方法以及开标、评标、定标的程序等内容的招标文件。

开标应当在招标文件规定的时间、地点公开进行。开标后应当按照招标文件规定的评标标准和程序对标书进行评价、比较，在具备相应资质条件的投标者中，择优选定中标者。

第二十一条　建筑工程招标的开标、评标、定标由建设单位依法组织实施，并接受有关行政主管部门的监督。

第二十二条　建筑工程实行招标发包的，发包单位应当将建筑工程发包给依法中标的承包单位。建筑工程实行直接发包的，发包单位应当将建筑工程发包给具有相应资质条件的承包单位。

第二十三条　政府及其所属部门不得滥用行政权力，限定发包单位将招标发包的建筑工程发包给指定的承包单位。

第二十四条　提倡对建筑工程实行总承包，禁止将建筑工程肢解发包。

建筑工程的发包单位可以将建筑工程的勘察、设计、施工、设备采购一并发包给一个工程总承包单位，也可以将建筑工程勘察、设计、施工、设备采购的一项或者多项发包给一个工程总承包单位；但是，不得将应当由一个承包单位完成的建筑工程肢解成若干部分发包给几个承包单位。

第二十五条　按照合同约定，建筑材料、建筑构配件和设备由工程承包单位采购的，发包单位不得指定承包单位购入用于工程的建筑材料、建筑构配件和设备或者指定生产厂、供应商。

第三节　承　包

第二十六条　承包建筑工程的单位应当持有依法取得的资质证书，并在其资质等级许可的业务范围内承揽工程。

禁止建筑施工企业超越本企业资质等级许可的业务范围或者以任何形式用其他建筑施工企业的名义承揽工程。禁止建筑施工企业以任何形式允许其他单位或者个人使用本企业的资质证书、营业执照，以本企业的名义承揽工程。

第二十七条　大型建筑工程或者结构复杂的建筑工程，可以由两个以上的承包单位联合共同承包。共同承包的各方对承包合同的履行承担连带责任。

两个以上不同资质等级的单位实行联合共同承包的，应当按照资质等级低的单位的业务许可范围承揽工程。

第二十八条　禁止承包单位将其承包的全部建筑工程转包给他人，禁止承包单位将其承包的全部建筑工程肢解以后以分包的名义分别转包给他人。

第二十九条　建筑工程总承包单位可以将承包工程中的部分工程发包给具有相应资质条件的分包单位；但是，除总承包合同中约定的分包外，必须经建设单位认可。施工总承包的，建筑工程主体结构的施工必须由总承包单位自行完成。

建筑工程总承包单位按照总承包合同的约定对建设单位负责；分包单位按照分包合同的约定对总承包单位负责。总承包单位和分包单位就分包工程对建设单位承担连带责任。

禁止总承包单位将工程分包给不具备相应资质条件的单位。禁止分包单位将其承包的工程再分包。

第四章　建筑工程监理

第三十条　国家推行建筑工程监理制度。

国务院可以规定实行强制监理的建筑工程的范围。

第三十一条　实行监理的建筑工程，由建设单位委托具有相应资质条件的工程监理单位监理。建设单位与其委托的工程监理单位应当订立书面委托监理合同。

第三十二条　建筑工程监理应当依照法律、行政法规及有关的技术标准、设计文件和建筑工程承包合同，对承包单位在施工质量、建设工期和建设资金使用等方面，代表建设单位实施监督。

工程监理人员认为工程施工不符合工程设计要求、施工技术标准和合同约定的，有权要求建筑施工企业改正。

工程监理人员发现工程设计不符合建筑工程质量标准或者合同约定的质量要求的，应当报告建设单位要求设计单位改正。

第三十三条　实施建筑工程监理前，建设单位应当将委托的工程监理单位、监理的内容及监理权限，书面通知被监理的建筑施工企业。

第三十四条　工程监理单位应当在其资质等级许可的监理范围内，承担工程监理业务。

工程监理单位应当根据建设单位的委托，客观、公正地执行监理任务。

工程监理单位与被监理工程的承包单位以及建筑材料、建筑构配件和设备供应单位不得有隶属关系或者其他利害关系。

工程监理单位不得转让工程监理业务。

第三十五条　工程监理单位不按照委托监理合同的约定履行监理义务，对应当监督检查的项目不检查或者不按照规定检查，给建设单位造成损失的，应当承担相应的赔偿责任。

工程监理单位与承包单位串通，为承包单位谋取非法利益，给建设单位造成损失的，应当与承包单位承担连带赔偿责任。

第五章　建筑安全生产管理

第三十六条　建筑工程安全生产管理必须坚持安全第一、预防为主的方针，建立健全安全生产的责任制度和群防群治制度。

第三十七条　建筑工程设计应当符合按照国家规定制定的建筑安全规程和技术规范，保证工程的安全性能。

第三十八条　建筑施工企业在编制施工组织设计时，应当根据建筑工程的特点制定相应的安全技术措施；对专业性较强的工程项目，应当编制专项安全施工组织设计，并采取安全技术措施。

第三十九条　建筑施工企业应当在施工现场采取维护安全、防范危险、预防火灾等措施；有条件的，应当对施工现场实行封闭管理。

施工现场对毗邻的建筑物、构筑物和特殊作业环境可能造成损害的，建筑施工企业应当采取安全防护措施。

第四十条　建设单位应当向建筑施工企业提供与施工现场相关的地下管线资料，建筑施工企业应当采取措施加以保护。

第四十一条　建筑施工企业应当遵守有关环境保护和安全生产的法律、法规的规定，采取控制和处理施工现场的各种粉尘、废气、废水、固体废物以及噪声、振动对环境的污染和危害的措施。

第四十二条　有下列情形之一的，建设单位应当按照国家有关规定办理申请批准手续：

（一）需要临时占用规划批准范围以外场地的；

（二）可能损坏道路、管线、电力、邮电通讯等公共设施的；

（三）需要临时停水、停电、中断道路交通的；

（四）需要进行爆破作业的；

（五）法律、法规规定需要办理报批手续的其他情形。

第四十三条 建设行政主管部门负责建筑安全生产的管理，并依法接受劳动行政主管部门对建筑安全生产的指导和监督。

第四十四条 建筑施工企业必须依法加强对建筑安全生产的管理，执行安全生产责任制度，采取有效措施，防止伤亡和其他安全生产事故的发生。

建筑施工企业的法定代表人对本企业的安全生产负责。

第四十五条 施工现场安全由建筑施工企业负责。实行施工总承包的，由总承包单位负责。分包单位向总承包单位负责，服从总承包单位对施工现场的安全生产管理。

第四十六条 建筑施工企业应当建立健全劳动安全生产教育培训制度，加强对职工安全生产的教育培训；未经安全生产教育培训的人员，不得上岗作业。

第四十七条 建筑施工企业和作业人员在施工过程中，应当遵守有关安全生产的法律、法规和建筑行业安全规章、规程，不得违章指挥或者违章作业。作业人员有权对影响人身健康的作业程序和作业条件提出改进意见，有权获得安全生产所需的防护用品。作业人员对危及生命安全和人身健康的行为有权提出批评、检举和控告。

第四十八条 建筑施工企业应当依法为职工参加工伤保险缴纳工伤保险费。鼓励企业为从事危险作业的职工办理意外伤害保险，支付保险费。

第四十九条 涉及建筑主体和承重结构变动的装修工程，建设单位应当在施工前委托原设计单位或者具有相应资质条件的设计单位提出设计方案；没有设计方案的，不得施工。

第五十条 房屋拆除应当由具备保证安全条件的建筑施工单位承担，由建筑施工单位负责人对安全负责。

第五十一条 施工中发生事故时，建筑施工企业应当采取紧急措施减少人员伤亡和事故损失，并按照国家有关规定及时向有关部门报告。

第六章 建筑工程质量管理

第五十二条 建筑工程勘察、设计、施工的质量必须符合国家有关建筑工程安全标准的要求，具体管理办法由国务院规定。

有关建筑工程安全的国家标准不能适应确保建筑安全的要求时，应当及时修订。

第五十三条 国家对从事建筑活动的单位推行质量体系认证制度。从事建筑活动的单位根据自愿原则可以向国务院产品质量监督管理部门或者国务院产品质量监督管理部门授权的部门认可的认证机构申请质量体系认证。经认证合格的，由认证机构颁发质量体系认证证书。

第五十四条 建设单位不得以任何理由，要求建筑设计单位或者建筑施工企业在工程设计或者施工作业中，违反法律、行政法规和建筑工程质量、安全标准，降低工程质量。

建筑设计单位和建筑施工企业对建设单位违反前款规定提出的降低工程质量的要求，应当予以拒绝。

第五十五条 建筑工程实行总承包的，工程质量由工程总承包单位负责，总承包单位将建筑工程分包给其他单位的，应当对分包工程的质量与分包单位承担连带责任。分包单位应当接受总承包单位的质量管理。

第五十六条 建筑工程的勘察、设计单位必须对其勘察、设计的质量负责。勘察、设计文件应当符合有关法律、行政法规的规定和建筑工程质量、安全标准、建筑工程勘察、设计技术规范以及合同的约定。设计文件选用的建筑材料、建筑构配件和设备，应当注明其规格、型号、性能等技术指标，其质量要求必须符合国家规定的标准。

第五十七条 建筑设计单位对设计文件选月的建筑材料、建筑构配件和设备不得指定生产厂、供应商。

第五十八条 建筑施工企业对工程的施工质量负责。

建筑施工企业必须按照工程设计图纸和施工技术标准施工，不得偷工减料。工程设计的修改由原设计单位负责，建筑施工企业不得擅自修改工程设计。

第五十九条 建筑施工企业必须按照工程设计要求、施工技术标准和合同的约定，对建筑材料、建筑构配件和设备进行检验，不合格的不得使用。

第六十条 建筑物在合理使用寿命内，必须确保地基基础工程和主体结构的质量。

建筑工程竣工时，屋顶、墙面不得留有渗漏、开裂等质量缺陷；对已经发现的质量缺陷，建筑施工企业应当修复。

第六十一条 交付竣工验收的建筑工程，必须符合规定的建筑工程质量标准，有完整的工程技术经济资料和经签署的工程保修书，并具备国家规定的其他竣工条件。

建筑工程竣工经验收合格后，方可交付使用；未经验收或者验收不合格的，不得交付使用。

第六十二条 建筑工程实行质量保修制度。

建筑工程的保修范围应当包括地基基础工程、主体结构工程、屋面防水工程和其他土建工程，以及电气管线、上下水管线的安装工程，供热、供冷系统工程等项目；保修的期限应当按照保证建筑物合理寿命年限内正常使用，维护使用者合法权益的原则确定。具体的保修范围和最低保修期限由国务院规定。

第六十三条 任何单位和个人对建筑工程的质量事故、质量缺陷都有权向建设行政主管部门或者其他有关部门进行检举、控告、投诉。

第七章 法律责任

第六十四条 违反本法规定，未取得施工许可证或者开工报告未经批准擅自施工的，责令改正，对不符合开工条件的责令停止施工，可以处以罚款。

第六十五条 发包单位将工程发包给不具有相应资质条件的承包单位的，或者违反本法规定将建筑工程肢解发包的，责令改正，处以罚款。

超越本单位资质等级承揽工程的，责令停止违法行为，处以罚款，可以责令停业整顿，降低资质等级；情节严重的，吊销资质证书；有违法所得的，予以没收。

未取得资质证书承揽工程的，予以取缔，并处罚款；有违法所得的，予以没收。

以欺骗手段取得资质证书的，吊销资质证书，处以罚款；构成犯罪的，依法追究刑事责任。

第六十六条 建筑施工企业转让、出借资质证书或者以其他方式允许他人以本企业的名义承揽工程的，责令改正，没收违法所得，并处罚款，可以责令停业整顿，降低资质等级；情节严重的，吊销资质证书。对因该项承揽工程不符合规定的质量标准造成的损失，建筑施工企业与使用本企业名义的单位或者个人承担连带赔偿责任。

第六十七条 承包单位将承包的工程转包的，或者违反本法规定进行分包的，责令改正，没收违法所得，并处罚款，可以责令停业整顿，降低资质等级；情节严重的，吊销资质证书。

承包单位有前款规定的违法行为的，对因转包工程或者违法分包的工程不符合规定的质量标准造成的损失，与接受转包或者分包的单位承担连带赔偿责任。

第六十八条 在工程发包与承包中索贿、受贿、行贿，构成犯罪的，依法追究刑事责任；不构成犯罪的，分别处以罚款。没收贿赂的财物，对直接负责的主管人员和其他直接责任人员给予处分。

对在工程承包中行贿的承包单位，除依照前款规定处罚外，可以责令停业整顿，降低资质等级或者吊销资质证书。

第六十九条 工程监理单位与建设单位或者建筑施工企业串通，弄虚作假、降低工程质量的，责令改正，处以罚款，降低资质等级或者吊销资质证书；有违法所得的，予以没收；造成损失的，承担连带赔偿责任；构成犯罪的，依法追究刑事责任。

工程监理单位转让监理业务的，责令改正，没收违法所得，可以责令停业整顿，降低资质等级；情节严重的，吊销资质证书。

第七十条 违反本法规定，涉及建筑主体或者承重结构变动的装修工程擅自施工的，责令改正，处以罚款；造成损失的，承担赔偿责任；构成犯罪的，依法追究刑事责任。

第七十一条 建筑施工企业违反本法规定，对建筑安全事故隐患不采取措施予以消除的，责令改正，可以处以罚款；情节严重的，责令停业整顿，降低资质等级或者吊销资质证书；构成犯罪的，依法追究刑事责任。

建筑施工企业的管理人员违章指挥、强令职工冒险作业，因而发生重大伤亡事故或者造成其他严重后果的，依法追究刑事责任。

第七十二条 建设单位违反本法规定，要求建筑设计单位或者建筑施工企业违反建筑工程质量、安全标准，降低工程质量的，责令改正，可以处以罚款；构成犯罪的，依法追究刑事责任。

第七十三条 建筑设计单位不按照建筑工程质量、安全标准进行设计的，责令改正，处以罚款；造成工程质量事故的，责令停业整顿，降低资质等级或者吊销资质证书，没收违法所得，并处罚款；造成损失的，承担赔偿责任；构成犯罪的，依法追究刑事责任。

第七十四条 建筑施工企业在施工中偷工减料的，使用不合格的建筑材料、建筑构配件和设备的，或者有其他不按照工程设计图纸或者施工技术标准施工的行为的，责令改正，处以罚款；情节严重的，责令停业整顿，降低资质等级或者吊销资质证书；造成建筑工程质量不符合规定的质量标准的，负责返工、修理，并赔偿因此造成的损失；构成犯罪的，依法追究刑事责任。

第七十五条 建筑施工企业违反本法规定，不履行保修义务或者拖延履行保修义务的，责令改正，可以处以罚款，并对在保修期内因屋顶、墙面渗漏、开裂等质量缺陷造成的损失，承担赔偿责任。

第七十六条 本法规定的责令停业整顿、降低资质等级和吊销资质证书的行政处罚，由颁发资质证书的机关决定；其他行政处罚，由建设行政主管部门或者有关部门依照法律和国务院规定的职权范围决定。

依照本法规定被吊销资质证书的，由工商行政管理部门吊销其营业执照。

第七十七条 违反本法规定，对不具备相应资质等级条件的单位颁发该等级资质证书的，由其上级机关责令收回所发的资质证书，对直接负责的主管人员和其他直接负责人员给予行政处分；构成犯罪的，依法追究刑事责任。

第七十八条 政府及其所属部门的工作人员违反本法规定，限定发包单位将招标发包给指定的承包单位的，由上级机关责令改正；构成犯罪的，依法追究刑事责任。

第七十九条 负责颁发建筑工程许可证的部门及其工作人员对不符合施工条件的建筑工程颁发施工许可证的，负责工程质量监督检查或者竣工验收的部门及其工作人员对不合格的建筑工程出具质量合格文件或者按合格工程验收的，由上级机关责令改正，对责任人员给予行政处分；构成犯罪的，依法追究刑事责任；造成损失的，由该部门承担相应的赔偿责任。

第八十条 在建筑物的合理使用寿命内，因建筑工程质量不合格受到损害的，有权向责任者要求赔偿。

第八章 附 则

第八十一条 本法关于施工许可、建筑施工企业资质审查和建筑工程发包、承包、禁止转包，以及建筑工程监理、建筑工程安全和质量管理的规定，适用于其他专业建筑工程的建筑活动，具体办法由国务院规定。

第八十二条　建设行政主管部门和其他有关部门在对建筑活动实施监督管理中，除按照国务院有关规定收取费用外，不得收取其他费用。

第八十三条　省、自治区、直辖市人民政府确定的小型房屋建筑工程的建筑活动，参照本法执行。

依法核定作为文物保护的纪念建筑物和古建筑等的修缮，依照文物保护的有关法律规定执行。

抢险救灾及其他临时性房屋建筑和农民自建低层住宅的建筑活动，不适用本法。

第八十四条　军用房屋建筑工程建筑活动的具体管理办法，由国务院、中央军事委员会依据本法制定。

第八十五条　本法自 1998 年 3 月 1 日起施行。

中华人民共和国招标投标法

1999 年 8 月 30 日中华人民共和国主席令第 21 号公布

第一章　总　则

第一条　为了规范招标投标活动，保护国家利益、社会公共利益和招标投标活动当事人的合法权益，提高经济效益，保证项目质量，制定本法。

第二条　在中华人民共和国境内进行招标投标活动，适用本法。

第三条　在中华人民共和国境内进行下列工程建设项目包括项目的勘察、设计、施工、监理以及与工程建设有关的重要设备、材料等的采购，必须进行招标：

（一）大型基础设施、公用事业等关系社会公共利益、公众安全的项目；

（二）全部或者部分使用国有资金投资或者国家融资的项目；

（三）使用国际组织或者外国政府贷款、援助资金的项目。

前款所列项目的具体范围和规模标准，由国务院发展计划部门会同国务院有关部门制订，报国务院批准。

第四条　任何单位和个人不得将依法必须进行招标的项目化整为零或者以其他任何方式规避招标。

第五条　招标投标活动应当遵循公开、公平、公正和诚实信用的原则。

第六条　依法必须进行招标的项目，其招标投标活动不受地区或者部门的限制。任何单位和个人不得违法限制或者排斥本地区、本系统以外的法人或者其他组织参加投标，不得以任何方式非法干涉招标投标活动。

第七条　招标投标活动及其当事人应当接受依法实施的监督。

有关行政监督部门依法对招标投标活动实施监督，依法查处招标投标活动中的违法行为。

对招标投标活动的行政监督及有关部门的具体职权划分，由国务院规定。

<h2 style="text-align:center">第二章　招　标</h2>

第八条　招标人是依照本法规定提出招标项目、进行招标的法人或者其他组织。

第九条　招标项目按照国家有关规定需要履行项目审批手续的，应当先履行审批手续，取得批准。

招标人应当有进行招标项目的相应资金或者资金来源已经落实，并应当在招标文件中如实载明。

第十条　招标分为公开招标和邀请招标。

公开招标，是指招标人以招标公告的方式邀请不特定的法人或者其他组织投标。

邀请招标，是指招标人以投标邀请书的方式邀请特定的法人或者其他组织投标。

第十一条　国务院发展计划部门确定的国家重点项目和省、自治区、直辖市人民政府确定的地方重点项目不适宜公开招标的，经国务院发展计划部门或者省、自治区、直辖市人民政府批准，可以进行邀请招标。

第十二条　招标人有权自行选择招标代理机构，委托其办理招标事宜。任何单位和个人不得以任何方式为招标人指定招标代理机构。

招标人具有编制招标文件和组织评标能力的，可以自行办理招标事宜。任何单位和个人不得强制其委托招标代理机构办理招标事宜。依法必须进行招标的项目，招标人自行办理招标事宜的，应当向有关行政监督部门备案。

第十三条　招标代理机构是依法设立、从事招标代理业务并提供相关服务的社会中介组织。

招标代理机构应当具备下列条件：

（一）有从事招标代理业务的营业场所和相应资金；

（二）有能够编制招标文件和组织评标的相应专业力量；

（三）有符合本法第三十七条第三款规定条件、可以作为评标委员会成员人选的技术、经济等方面的专家库。

第十四条　从事工程建设项目招标代理业务的招标代理机构，其资格由国务院或者省、自治区、直辖市人民政府的建设行政主管部门认定。具体办法由国务院建设行政主管部门会同国务院有关部门制定。从事其他招标代理业务的招标代理机构，其资格认定的主管部门由国务院规定。

招标代理机构与行政机关和其他国家机关不得存在隶属关系或者其他利益关系。

第十五条　招标代理机构应当在招标人委托的范围内办理招标事宜，并遵守本法关于招标人的规定。

第十六条 招标人采用公开招标方式的，应当发布招标公告。依法必须进行招标的项目的招标公告，应当通过国家指定的报刊、信息网络或者其他媒介发布。

招标公告应当载明招标人的名称和地址、招标项目的性质、数量、实施地点和时间以及获取招标文件的办法等事项。

第十七条 招标人采用邀请招标方式的，应当向三个以上具备承担招标项目的能力、资信良好的特定的法人或者其他组织发出投标邀请书。

投标邀请书应当载明本法第十六条第二款规定的事项。

第十八条 招标人可以根据招标项目本身的要求，在招标公告或者投标邀请书中，要求潜在投标人提供有关资质证明文件和业绩情况，并对潜在投标人进行资格审查；国家对投标人的资格条件有规定的，依照其规定。

招标人不得以不合理的条件限制或者排斥潜在投标人，不得对潜在投标人实行歧视待遇。

第十九条 招标人应当根据招标项目的特点和需要编制招标文件。招标文件应当包括招标项目的技术要求、对投标人资格审查的标准、投标报价要求和评标标准等所有实质性要求和条件以及拟签订合同的主要条款。

国家对招标项目的技术、标准有规定的，招标人应当按照其规定在招标文件中提出相应要求。

招标项目需要划分标段、确定工期的，招标人应当合理划分标段、确定工期，并在招标文件中载明。

第二十条 招标文件不得要求或者标明特定的生产供应者以及含有倾向或者排斥潜在投标人的其他内容。

第二十一条 招标人根据招标项目的具体情况，可以组织潜在投标人踏勘项目现场。

第二十二条 招标人不得向他人透露已获取招标文件的潜在投标人的名称、数量以及可能影响公平竞争的有关招标投标的其他情况。

招标人设有标底的，标底必须保密。

第二十三条 招标人对已发出的招标文件进行必要的澄清或者修改的，应当在招标文件要求提交投标文件截止时间至少十五日前，以书面形式通知所有招标文件收受人。该澄清或者修改的内容为招标文件的组成部分。

第二十四条 招标人应当确定投标人编制投标文件所需要的合理时间；但是，依法必须进行招标的项目，自招标文件开始发出之日起至投标人提交投标文件截止之日止，最短不得少于二十日。

第三章 投 标

第二十五条 投标人是响应招标、参加投标竞争的法人或者其他组织。

依法招标的科研项目允许个人参加投标的，投标的个人适用本法有关投标人的规定。

第二十六条 投标人应当具备承担招标项目的能力；国家有关规定对投标人资格条件或者招标文件对投标人资格条件有规定的，投标人应当具备规定的资格条件。

第二十七条 投标人应当按照招标文件的要求编制投标文件。投标文件应当对招标文件提出的实质性要求和条件作出响应。招标项目属于建设施工的，投标文件的内容应当包括拟派出的项目负责人与主要技术人员的简历、业绩和拟用于完成招标项目的机械设备等。

第二十八条 投标人应当在招标文件要求提交投标文件的截止时间前，将投标文件送达投标地点。招标人收到投标文件后，应当签收保存，不得开启。投标人少于三个的，招标人应当依照本法重新招标。在招标文件要求提交投标文件的截止时间后送达的投标文件，招标人应当拒收。

第二十九条 投标人在招标文件要求提交投标文件的截止时间前，可以补充、修改或者撤回已提交的投标文件，并书面通知招标人。补充、修改的内容为投标文件的组成部分。

第三十条 投标人根据招标文件载明的项目实际情况，拟在中标后将中标项目的部分非主体、非关键性工作进行分包的，应当在投标文件中载明。

第三十一条 两个以上法人或者其他组织可以组成一个联合体，以一个投标人的身份共同投标。

联合体各方均应当具备承担招标项目的相应能力；国家有关规定或者招标文件对投标人资格条件有规定的，联合体各方均应当具备规定的相应资格条件。由同一专业的单位组成的联合体，按照资质等级较低的单位确定资质等级。

联合体各方应当签订共同投标协议，明确约定各方拟承担的工作和责任，并将共同投标协议连同投标文件一并提交招标人。

联合体中标的，联合体各方应当共同与招标人签订合同，就中标项目向招标人承担连带责任。

招标人不得强制投标人组成联合体共同投标，不得限制投标人之间的竞争。

第三十二条 投标人不得相互串通投标报价，不得排挤其他投标人的公平竞争，损害招标人或者其他投标人的合法权益。

投标人不得与招标人串通投标，损害国家利益、社会公共利益或者他人的合法权益。

禁止投标人以向招标人或者评标委员会成员行贿的手段谋取中标。

第三十三条　投标人不得以低于成本的报价竞标，也不得以他人名义投标或者以其他方式弄虚作假，骗取中标。

第四章　开标、评标和中标

第三十四条　开标应当在招标文件确定的提交投标文件截止时间的同一时间公开进行；开标地点应当为招标文件中预先确定的地点。

第三十五条　开标由招标人主持，邀请所有投标人参加。

第三十六条　开标时，由投标人或者其推选的代表检查投标文件的密封情况，也可以由招标人委托的公证机构检查并公证；经确认无误后，由工作人员当众拆封，宣读投标人名称、投标价格和投标文件的其他主要内容。

招标人在招标文件要求提交投标文件的截止时间前收到的所有投标文件，开标时都应当当众予以拆封、宣读。

开标过程应当记录，并存档备查。

第三十七条　评标由招标人依法组建的评标委员会负责。

依法必须进行招标的项目，其评标委员会由招标人的代表和有关技术、经济等方面的专家组成，成员人数为五人以上单数，其中技术、经济等方面的专家不得少于成员总数的三分之二。前款专家应当从事相关领域工作满八年并具有高级职称或者具有同等专业水平，由招标人从国务院有关部门或者省、自治区、直辖市人民政府有关部门提供的专家名册或者招标代理机构的专家库内的相关专业的专家名单中确定；一般招标项目可以采取随机抽取方式，特殊招标项目可以由招标人直接确定。与投标人有利害关系的人不得进入相关项目的评标委员会；已经进入的应当更换。

评标委员会成员的名单在中标结果确定前应当保密。

第三十八条　招标人应当采取必要的措施，保证评标在严格保密的情况下进行。

任何单位和个人不得非法干预、影响评标的过程和结果。

第三十九条　评标委员会可以要求投标人对投标文件中含义不明确的内容作必要的澄清或者说明，但是澄清或者说明不得超出投标文件的范围或者改变投标文件的实质性内容。

第四十条　评标委员会应当按照招标文件确定的评标标准和方法，对投标文件进行评审和比较；设有标底的，应当参考标底。评标委员会完成评标后，应当向招标人提出书面评标报告，并推荐合格的中标候选人。

招标人根据评标委员会提出的书面评标报告和推荐的中标候选人确定中标人。招标人也可以授权评标委员会直接确定中标人。

国务院对特定招标项目的评标有特别规定的，从其规定。

第四十一条　中标人的投标应当符合下列条件之一：

（一）能够最大限度地满足招标文件中规定的各项综合评价标准；

（二）能够满足招标文件的实质性要求，并且经评审的投标价格最低；但是投标价格低于成本的除外。

第四十二条　评标委员会经评审，认为所有投标都不符合招标文件要求的，可以否决所有投标。

依法必须进行招标的项目的所有投标被否决的，招标人应当依照本法重新招标。

第四十三条　在确定中标人前，招标人不得与投标人就投标价格、投标方案等实质性内容进行谈判。

第四十四条　评标委员会成员应当客观、公正地履行职务，遵守职业道德，对所提出的评审意见承担个人责任。

评标委员会成员不得私下接触投标人，不得收受投标人的财物或者其他好处。

评标委员会成员和参与评标的有关工作人员不得透露对投标文件的评审和比较、中标候选人的推荐情况以及与评标有关的其他情况。

第四十五条　中标人确定后，招标人应当向中标人发出中标通知书，并同时将中标结果通知所有未中标的投标人。

中标通知书对招标人和中标人具有法律效力。中标通知书发出后，招标人改变中标结果的，或者中标人放弃中标项目的，应当依法承担法律责任。

第四十六条　招标人和中标人应当自中标通知书发出之日起三十日内，按照招标文件和中标人的投标文件订立书面合同。招标人和中标人不得再行订立背离合同实质性内容的其他协议。

招标文件要求中标人提交履约保证金的，中标人应当提交。

第四十七条　依法必须进行招标的项目，招标人应当自确定中标人之日起十五日内，向有关行政监督部门提交招标投标情况的书面报告。

第四十八条　中标人应当按照合同约定履行义务，完成中标项目。中标人不得向他人转让中标项目，也不得将中标项目肢解后分别向他人转让。

中标人按照合同约定或者经招标人同意，可以将中标项目的部分非主体、非关键性工作分包给他人完成。接受分包的人应当具备相应的资格条件，并不得再次分包。

中标人应当就分包项目向招标人负责，接受分包的人就分包项目承担连带责任。

第六章　法律责任

第四十九条　违反本法规定，必须进行招标的项目而不招标的，将必须进行招标的项目化整为零或者以其他任何方式规避招标的，责令限期改正，可以处项目合同金额千分之五以上千分之十以下的罚款；对全部或者部分使用国有资金的项目，可以暂停项目执行或者暂停资金拨付；对单位直接负责的主管人员和其他直接责任人员依法给予处分。

第五十条　招标代理机构违反本法规定，泄露应当保密的与招标投标活动有关的情况和资料的，或者与招标人、投标人串通损害国家利益、社会公共利益或者他人合法权益的，处五万元以上二十五万元以下的罚款，对单位直接负责的主管人员和其他直接责任人员处单位罚款数额百分之五以上百分之十以下的罚款；有违法所得的，并处没收违法所得；情节严重的，暂停直至取消招标代理资格；构成犯罪的，依法追究刑事责任。给他人造成损失的，依法承担赔偿责任。

前款所列行为影响中标结果的，中标无效。

第五十一条　招标人以不合理的条件限制或者排斥潜在投标人的，对潜在投标人实行歧视待遇的，强制要求投标人组成联合体共同投标的，或者限制投标人之间竞争的，责令改正，可以处一万元以上五万元以下的罚款。

第五十二条　依法必须进行招标的项目的招标人向他人透露已获取招标文件的潜在投标人的名称、数量或者可能影响公平竞争的有关招标投标的其他情况的，或者泄露标底的，给予警告，可以并处一万元以上十万元以下的罚款；对单位直接负责的主管人员和其他直接责任人员依法给予处分；构成犯罪的，依法追究刑事责任。

前款所列行为影响中标结果的，中标无效。

第五十三条　投标人相互串通投标或者与招标人串通投标的，投标人以向招标人或者评标委员会成员行贿的手段谋取中标的，中标无效，处中标项目金额千分之五以上千分之十以下的罚款，对单位直接负责的主管人员和其他直接责任人员处单位罚款数额百分之五以上百分之十以下的罚款；有违法所得的，并处没收违法所得；情节严重的，取消其一年至二年内参加依法必须进行招标的项目的投标资格并予以公告，直至由工商行政管理机关吊销营业执照；构成犯罪的，依法追究刑事责任。给他人造成损失的，依法承担赔偿责任。

第五十四条　投标人以他人名义投标或者以其他方式弄虚作假，骗取中标的，中标无效，给招标人造成损失的，依法承担赔偿责任；构成犯罪的，依法追究刑事责任。

依法必须进行招标的项目的投标人有前款所列行为尚未构成犯罪的，处中标项目金额千分之五以上千分之十以下的罚款，对单位直接负责的主管人员和其他直接责任人员处单位罚款数额百分之五以上至百分之十以下的罚款；有违法所得的，并处没收违法所得；情节严重的，取消其一年至三年内参加依法必须进行招标的项目的投标资格并予以公告，直至由工商行政管理机关吊销营业执照。

第五十五条　依法必须进行招标的项目，招标人违反本法规定，与投标人就投标价格、投标方案等实质性内容进行谈判的，给予警告，对单位直接负责的主管人员和其他直接责任人员依法给予处分。

前款所列行为影响中标结果的，中标无效。

第五十六条　评标委员会成员收受投标人的财物或者其他好处的，评标委员会成员或者参加评标的有关工作人员向他人透露对投标文件的评审和比较、中标候选人的推荐以及与评标有关的其他情况的，给予警告，没收收受的财物，可以并处三千元以上五万元以下的罚款，对有所列违法行为的评标委员会成员取消担任评标委员会成员的资格，不得再参加任何依法必须进行招标的项目的评标；构成犯罪的，依法追究刑事责任。

第五十七条　招标人在评标委员会依法推荐的中标候选人以外确定中标人的，依法必须进行招标的项目在所有投标被评标委员会否决后自行确定中标人的，中标无效。责令改正，可以处中标项目金额千分之五以上千分之十以下的罚款；对单位直接负责的主管人员和其他直接责任人员依法给予处分。

第五十八条　中标人将中标项目转让给他人的，将中标项目肢解后分别转让给他人的，违反本法规定将中标项目的部分主体、关键性工作分包给他人的，或者分包人再次分包的，转让、分包无效，处转让、分包项目金额千分之五以上千分之十以下的罚款；有违法所得的，并处没收违法所得；可以责令停业整顿；情节严重的，由工商行政管理机关吊销营业执照。

第五十九条　招标人与中标人不按照招标文件和中标人的投标文件订立合同的，或者招标人、中标人订立背离合同实质性内容的协议的，责令改正；可以处中标项目金额千分之五以上千分之十以下的罚款。

第六十条　中标人不履行与招标人订立的合同的，履约保证金不予退还，给招标人造成的损失超过履约保证金数额的，还应当对超过部分予以赔偿；没有提交履约保证金的，应当对招标人的损失承担赔偿责任。

中标人不按照与招标人订立的合同履行义务，情节严重的，取消其二年至五年内参加依法必须进行招标的项目的投标资格并予以公告，直至由工商行政管理机关吊销营业执照。

因不可抗力不能履行合同的，不适用前两款规定。

第六十一条　本章规定的行政处罚，由国务院规定的有关行政监督部门决定。本法已对实施行政处罚的机关作出规定的除外。

第六十二条　任何单位违反本法规定，限制或者排斥本地区、本系统以外的法人或者其他组织参加投标的，为招标人指定招标代理机构的，强制招标人委托招标代理机构办理招标事宜的，或者以其他方式干涉招标投标活动的，责令改正；对单位直接负责的主管人员和其他直接责任人员依法给予警告、记过、记大过的处分，情节较重的，依法给予降级、撤职、开除的处分。

个人利用职权进行前款违法行为的，依照前款规定追究责任。

第六十三条　对招标投标活动依法负有行政监督职责的国家机关工作人员徇私舞弊、滥用职权或者玩忽职守，构成犯罪的，依法追究刑事责任；不构成犯罪的，依法给予行政处分。

第六十四条　依法必须进行招标的项目违反本法规定，中标无效的，应当依照本法规定的中标条件从其余投标人中重新确定中标人或者依照本法重新进行招标。

第七章　附　则

第六十五条　投标人和其他利害关系人认为招标投标活动不符合本法有关规定的，有权向招标人提出异议或者依法向有关行政监督部门投诉。

第六十六条　涉及国家安全、国家秘密、抢险救灾或者属于利用扶贫资金实行以工代赈、需要使用农民工等特殊情况，不适宜进行招标的项目，按照国家有关规定可以不进行招标。

第六十七条　使用国际组织或者外国政府贷款、援助资金的项目进行招标，贷款方、资金提供方对招标投标的具体条件和程序有不同规定的，可以适用其规定，但违背中华人民共和国的社会公共利益的除外。

第六十八条　本法自 2000 年 1 月 1 日起施行。

中华人民共和国安全生产法

2002 年 6 月 29 日中华人民共和国主席令第 70 号公布

　　根据 2009 年 8 月 27 日第十一届全国人民代表大会常务委员会第十次会议《关于修改部分法律的决定》第一次修正

　　根据 2014 年 8 月 31 日第十二届全国人民代表大会常务委员会第十次会议通过《全国人民代表大会常务委员会关于修改〈中华人民共和国安全生产法〉的决定》第二次修正，并以中华人民共和国主席令第 13 号发布

第一章　总　则

第一条　为了加强安全生产工作，防止和减少生产安全事故，保障人民群众生命和财产安全，促进经济社会持续健康发展，制定本法。

第二条　在中华人民共和国领域内从事生产经营活动的单位（以下统称生产经营单位）的安全生产，适用本法；有关法律、行政法规对消防安全和道路交通安全、铁路交通安全、水上交通安全、民用航空安全以及核与辐射安全、特种设备安全另有规定的，适用其规定。

第三条　安全生产工作应当以人为本，坚持安全发展，坚持安全第一、预防为主、综合治理的方针，强化和落实生产经营单位的主体责任，建立生产经营单位负责、职工参与、政府监管、行业自律和社会监督的机制。

第四条　生产经营单位必须遵守本法和其他有关安全生产的法律、法规，加强安全生产管理，建立、健全安全生产责任制和安全生产规章制度，改善安全生产条件，推进

安全生产标准化建设，提高安全生产水平，确保安全生产。

第五条　生产经营单位的主要负责人对本单位的安全生产工作全面负责。

第六条　生产经营单位的从业人员有依法获得安全生产保障的权利，并应当依法履行安全生产方面的义务。

第七条　工会依法对安全生产工作进行监督。

生产经营单位的工会依法组织职工参加本单位安全生产工作的民主管理和民主监督，维护职工在安全生产方面的合法权益。生产经营单位制定或者修改有关安全生产的规章制度，应当听取工会的意见。

第八条　国务院和县级以上地方各级人民政府应当根据国民经济和社会发展规划制定安全生产规划，并组织实施。安全生产规划应当与城乡规划相衔接。

国务院和县级以上地方各级人民政府应当加强对安全生产工作的领导，支持、督促各有关部门依法履行安全生产监督管理职责，建立健全安全生产工作协调机制，及时协调、解决安全生产监督管理中存在的重大问题。

乡、镇人民政府以及街道办事处、开发区管理机构等地方人民政府的派出机关应当按照职责，加强对本行政区域内生产经营单位安全生产状况的监督检查，协助上级人民政府有关部门依法履行安全生产监督管理职责。

第九条　国务院安全生产监督管理部门依照本法，对全国安全生产工作实施综合监督管理；县级以上地方各级人民政府安全生产监督管理部门依照本法，对本行政区域内安全生产工作实施综合监督管理。

国务院有关部门依照本法和其他有关法律、行政法规的规定，在各自的职责范围内对有关行业、领域的安全生产工作实施监督管理；县级以上地方各级人民政府有关部门依照本法和其他有关法律、法规的规定，在各自的职责范围内对有关行业、领域的安全生产工作实施监督管理。

安全生产监督管理部门和对有关行业、领域的安全生产工作实施监督管理的部门，统称负有安全生产监督管理职责的部门。

第十条　国务院有关部门应当按照保障安全生产的要求，依法及时制定有关的国家标准或者行业标准，并根据科技进步和经济发展适时修订。

生产经营单位必须执行依法制定的保障安全生产的国家标准或者行业标准。

第十一条　各级人民政府及其有关部门应当采取多种形式，加强对有关安全生产的法律、法规和安全生产知识的宣传，增强全社会的安全生产意识。

第十二条　有关协会组织依照法律、行政法规和章程，为生产经营单位提供安全生产方面的信息、培训等服务，发挥自律作用，促进生产经营单位加强安全生产管理。

第十三条　依法设立的为安全生产提供技术、管理服务的机构，依照法律、行政法规和执业准则，接受生产经营单位的委托为其安全生产工作提供技术、管理服务。

生产经营单位委托前款规定的机构提供安全生产技术、管理服务的，保证安全生产的责任仍由本单位负责。

第十四条　国家实行生产安全事故责任追究制度，依照本法和有关法律、法规的规定，追究生产安全事故责任人员的法律责任。

第十五条　国家鼓励和支持安全生产科学技术研究和安全生产先进技术的推广应用，提高安全生产水平。

第十六条　国家对在改善安全生产条件、防止生产安全事故、参加抢险救护等方面取得显著成绩的单位和个人，给予奖励。

第二章　生产经营单位的安全生产保障

第十七条　生产经营单位应当具备本法和有关法律、行政法规和国家标准或者行业标准规定的安全生产条件；不具备安全生产条件的，不得从事生产经营活动。

第十八条　生产经营单位的主要负责人对本单位安全生产工作负有下列职责：

（一）建立、健全本单位安全生产责任制；

（二）组织制定本单位安全生产规章制度和操作规程；

（三）组织制定实施本单位安全生产教育和培训计划；

（四）保证本单位安全生产投入的有效实施；

（五）督促、检查本单位的安全生产工作，及时消除生产安全事故隐患；

（六）组织制定并实施本单位的生产安全事故应急救援预案；

（七）及时、如实报告生产安全事故。

第十九条　生产经营单位的安全生产责任制应当明确各岗位的责任人员、责任范围和考核标准等内容。

生产经营单位应当建立相应的机制，加强对安全生产责任制落实情况的监督考核，保证安全生产责任制的落实。

第二十条　生产经营单位应当具备的安全生产条件所必需的资金投入，由生产经营单位的决策机构、主要负责人或者个人经营的投资人予以保证，并对由于安全生产所必需的资金投入不足导致的后果承担责任。

有关生产经营单位应当按照规定提取和使用安全生产费用，专门用于改善安全生产条件。安全生产费用在成本中据实列支。安全生产费用提取、使用和监督管理的具体办法由国务院财政部门会同国务院安全生产监督管理部门征求国务院有关部门意见后制定。

第二十一条　矿山、金属冶炼、建筑施工、道路运输单位和危险物品的生产、经营、储存单位，应当设置安全生产管理机构或者配备专职安全生产管理人员。

前款规定以外的其他生产经营单位，从业人员超过一百人的，应当设置安全生产管理机构或者配备专职安全生产管理人员；从业人员在一百人以下的，应当配备专职或者兼职的安全生产管理人员。

第二十二条　生产经营单位的安全生产管理机构以及安全生产管理人员履行下列

职责：

（一）组织或者参与拟订本单位安全生产规章制度、操作规程和生产安全事故应急救援预案；

（二）组织或者参与本单位安全生产教育和培训，如实记录安全生产教育和培训情况；

（三）督促落实本单位重大危险源的安全管理措施；

（四）组织或者参与本单位应急救援演练；

（五）检查本单位的安全生产状况，及时排查生产安全事故隐患，提出改进安全生产管理的建议；

（六）制止和纠正违章指挥、强令冒险作业、违反操作规程的行为；

（七）督促落实本单位安全生产整改措施。

第二十三条　生产经营单位的安全生产管理机构以及安全生产管理人员应当恪尽职守，依法履行职责。

生产经营单位作出涉及安全生产的经营决策，应当听取安全生产管理机构以及安全生产管理人员的意见。

生产经营单位不得因安全生产管理人员依法履行职责而降低其工资、福利等待遇或者解除与其订立的劳动合同。

危险物品的生产、储存单位以及矿山、金属冶炼单位的安全生产管理人员的任免，应当告知主管的负有安全生产监督管理职责的部门。

第二十四条　生产经营单位的主要负责人和安全生产管理人员必须具备与本单位所从事的生产经营活动相应的安全生产知识和管理能力。

危险物品的生产、经营、储存单位以及矿山、金属冶炼、建筑施工、道路运输单位的主要负责人和安全生产管理人员，应当由主管的负有安全生产监督管理职责的部门对其安全生产知识和管理能力考核合格。考核不得收费。

危险物品的生产、储存单位以及矿山、金属冶炼单位应当有注册安全工程师从事安全生产管理工作。鼓励其他生产经营单位聘用注册安全工程师从事安全生产管理工作。注册安全工程师按专业分类管理，具体办法由国务院人力资源和社会保障部门、国务院安全生产监督管理部门会同国务院有关部门制定。

第二十五条　生产经营单位应当对从业人员进行安全生产教育和培训，保证从业人员具备必要的安全生产知识，熟悉有关的安全生产规章制度和安全操作规程，掌握本岗位的安全操作技能，了解事故应急处理措施，知悉自身在安全生产方面的权利和义务。未经安全生产教育和培训合格的从业人员，不得上岗作业。

生产经营单位使用被派遣劳动者的，应当将被派遣劳动者纳入本单位从业人员统一管理，对被派遣劳动者进行岗位安全操作规程和安全操作技能的教育和培训。劳务派遣单位应当对被派遣劳动者进行必要的安全生产教育和培训。

　　生产经营单位接收中等职业学校、高等学校学生实习的，应当对实习学生进行相应的安全生产教育和培训，提供必要的劳动防护用品。学校应当协助生产经营单位对实习学生进行安全生产教育和培训。

　　生产经营单位应当建立安全生产教育和培训档案，如实记录安全生产教育和培训的时间、内容、参加人员以及考核结果等情况。

　　第二十六条　生产经营单位采用新工艺、新技术、新材料或者使用新设备，必须了解、掌握其安全技术特性，采取有效的安全防护措施，并对从业人员进行专门的安全生产教育和培训。

　　第二十七条　生产经营单位的特种作业人员必须按照国家有关规定经专门的安全作业培训，取得相应资格，方可上岗作业。

　　特种作业人员的范围由国务院安全生产监督管理部门会同国务院有关部门确定。

　　第二十八条　生产经营单位新建、改建、扩建工程项目（以下统称建设项目）的安全设施，必须与主体工程同时设计、同时施工、同时投入生产和使用。安全设施投资应当纳入建设项目概算。

　　第二十九条　矿山、金属冶炼建设项目和用于生产、储存、装卸危险物品的建设项目，应当按照国家有关规定进行安全评价。

　　第三十条　建设项目安全设施的设计人、设计单位应当对安全设施设计负责。

　　矿山、金属冶炼建设项目和用于生产、储存、装卸危险物品的建设项目的安全设施设计应当按照国家有关规定报经有关部门审查，审查部门及其负责审查的人员对审查结果负责。

　　第三十一条　矿山、金属冶炼建设项目和用于生产、储存、装卸危险物品的建设项目的施工单位必须按照批准的安全设施设计施工，并对安全设施的工程质量负责。

　　矿山、金属冶炼建设项目和用于生产、储存危险物品的建设项目竣工投入生产或者使用前，应当由建设单位负责组织对安全设施进行验收；验收合格后，方可投入生产和使用。安全生产监督管理部门应当加强对建设单位验收活动和验收结果的监督核查。

　　第三十二条　生产经营单位应当在有较大危险因素的生产经营场所和有关设施、设备上，设置明显的安全警示标志。

　　第三十三条　安全设备的设计、制造、安装、使用、检测、维修、改造和报废，应当符合国家标准或者行业标准。

　　生产经营单位必须对安全设备进行经常性维护、保养，并定期检测，保证正常运转。维护、保养、检测应当作好记录，并由有关人员签字。

　　第三十四条　生产经营单位使用的危险物品的容器、运输工具，以及涉及人身安全、危险性较大的海洋石油开采特种设备和矿山井下特种设备，必须按照国家有关规定，由专业生产单位生产，并经取得专业资质的检测、检验机构检测、检验合格，取得安全使用证或者安全标志，方可投入使用。检测、检验机构对检测、检验结果负责。

第三十五条　国家对严重危及生产安全的工艺、设备实行淘汰制度，具体目录由国务院安全生产监督管理部门会同国务院有关部门制定并公布。法律、行政法规对目录的制定另有规定的，适用其规定。

省、自治区、直辖市人民政府可以根据本地区实际情况制定并公布具体目录，对前款规定以外的危及生产安全的工艺、设备予以淘汰。

生产经营单位不得使用应当淘汰的危及生产安全的工艺、设备。

第三十六条　生产、经营、运输、储存、使用危险物品或者处置废弃危险物品的，由有关主管部门依照有关法律、法规的规定和国家标准或者行业标准审批并实施监督管理。

生产经营单位生产、经营、运输、储存、使用危险物品或者处置废弃危险物品，必须执行有关法律、法规和国家标准或者行业标准，建立专门的安全管理制度，采取可靠的安全措施，接受有关主管部门依法实施的监督管理。

第三十七条　生产经营单位对重大危险源应当登记建档，进行定期检测、评估、监控，并制定应急预案，告知从业人员和相关人员在紧急情况下应当采取的应急措施。

生产经营单位应当按照国家有关规定将本单位重大危险源及有关安全措施、应急措施报有关地方人民政府安全生产监督管理部门和有关部门备案。

第三十八条　生产经营单位应当建立健全生产安全事故隐患排查治理制度，采取技术、管理措施，及时发现并消除事故隐患。事故隐患排查治理情况应当如实记录，并向从业人员通报。

县级以上地方各级人民政府负有安全生产监督管理职责的部门应当建立健全重大事故隐患治理督办制度，督促生产经营单位消除重大事故隐患。

第三十九条　生产、经营、储存、使用危险物品的车间、商店、仓库不得与员工宿舍在同一座建筑物内，并应当与员工宿舍保持安全距离。

生产经营场所和员工宿舍应当设有符合紧急疏散要求、标志明显、保持畅通的出口。禁止锁闭、封堵生产经营场所或者员工宿舍的出口。

第四十条　生产经营单位进行爆破、吊装以及国务院安全生产监督管理部门会同国务院有关部门规定的其他危险作业，应当安排专门人员进行现场安全管理，确保操作规程的遵守和安全措施的落实。

第四十一条　生产经营单位应当教育和督促从业人员严格执行本单位的安全生产规章制度和安全操作规程；并向从业人员如实告知作业场所和工作岗位存在的危险因素、防范措施以及事故应急措施。

第四十二条　生产经营单位必须为从业人员提供符合国家标准或者行业标准的劳动防护用品，并监督、教育从业人员按照使用规则佩戴、使用。

第四十三条　生产经营单位的安全生产管理人员应当根据本单位的生产经营特点，对安全生产状况进行经常性检查；对检查中发现的安全问题，应当立即处理；不能处理的，应当及时报告本单位有关负责人，有关负责人应当及时处理。检查及处理情况应当如实记录在案。

生产经营单位的安全生产管理人员在检查中发现重大事故隐患，依照前款规定向本单位有关负责人报告，有关负责人不及时处理的，安全生产管理人员可以向主管的负有安全生产监督管理职责的部门报告，接到报告的部门应当依法及时处理。

第四十四条 生产经营单位应当安排用于配备劳动防护用品、进行安全生产培训的经费。

第四十五条 两个以上生产经营单位在同一作业区域内进行生产经营活动，可能危及对方生产安全的，应当签订安全生产管理协议，明确各自的安全生产管理职责和应当采取的安全措施，并指定专职安全生产管理人员进行安全检查与协调。

第四十六条 生产经营单位不得将生产经营项目、场所、设备发包或者出租给不具备安全生产条件或者相应资质的单位或者个人。

生产经营项目、场所发包或者出租给其他单位的，生产经营单位应当与承包单位、承租单位签订专门的安全生产管理协议，或者在承包合同、租赁合同中约定各自的安全生产管理职责；生产经营单位对承包单位、承租单位的安全生产工作统一协调、管理，定期进行安全检查，发现安全问题的，应当及时督促整改。

第四十七条 生产经营单位发生生产安全事故时，单位的主要负责人应当立即组织抢救，并不得在事故调查处理期间擅离职守。

第四十八条 生产经营单位必须依法参加工伤保险，为从业人员缴纳保险费。

国家鼓励生产经营单位投保安全生产责任保险。

第三章 从业人员的权利义务

第四十九条 生产经营单位与从业人员订立的劳动合同，应当载明有关保障从业人员劳动安全、防止职业危害的事项，以及依法为从业人员办理工伤保险的事项。

生产经营单位不得以任何形式与从业人员订立协议，免除或者减轻其对从业人员因生产安全事故伤亡依法应承担的责任。

第五十条 生产经营单位的从业人员有权了解其作业场所和工作岗位存在的危险因素、防范措施及事故应急措施，有权对本单位的安全生产工作提出建议。

第五十一条 从业人员有权对本单位安全生产工作中存在的问题提出批评、检举、控告；有权拒绝违章指挥和强令冒险作业。

生产经营单位不得因从业人员对本单位安全生产工作提出批评、检举、控告或者拒绝违章指挥、强令冒险作业而降低其工资、福利等待遇或者解除与其订立的劳动合同。

第五十二条 从业人员发现直接危及人身安全的紧急情况时，有权停止作业或者在采取可能的应急措施后撤离作业场所。

生产经营单位不得因从业人员在前款紧急情况下停止作业或者采取紧急撤离措施而

降低其工资、福利等待遇或者解除与其订立的劳动合同。

第五十三条　因生产安全事故受到损害的从业人员，除依法享有工伤保险外，依照有关民事法律尚有获得赔偿的权利的，有权向本单位提出赔偿要求。

第五十四条　从业人员在作业过程中，应当严格遵守本单位的安全生产规章制度和操作规程，服从管理，正确佩戴和使用劳动防护用品。

第五十五条　从业人员应当接受安全生产教育和培训，掌握本职工作所需的安全生产知识，提高安全生产技能，增强事故预防和应急处理能力。

第五十六条　从业人员发现事故隐患或者其他不安全因素，应当立即向现场安全生产管理人员或者本单位负责人报告；接到报告的人员应当及时予以处理。

第五十七条　工会有权对建设项目的安全设施与主体工程同时设计、同时施工、同时投入生产和使用进行监督，提出意见。

工会对生产经营单位违反安全生产法律、法规，侵犯从业人员合法权益的行为，有权要求纠正；发现生产经营单位违章指挥、强令冒险作业或者发现事故隐患时，有权提出解决的建议，生产经营单位应当及时研究答复；发现危及从业人员生命安全的情况时，有权向生产经营单位建议组织从业人员撤离危险场所，生产经营单位必须立即作出处理。

工会有权依法参加事故调查，向有关部门提出处理意见，并要求追究有关人员的责任。

第五十八条　生产经营单位使用被派遣劳动者的，被派遣劳动者享有本法规定的从业人员的权利，并应当履行本法规定的从业人员的义务。

第四章　安全生产的监督管理

第五十九条　县级以上地方各级人民政府应当根据本行政区域内的安全生产状况，组织有关部门按照职责分工，对本行政区域内容易发生重大生产安全事故的生产经营单位进行严格检查。

安全生产监督管理部门应当按照分类分级监督管理的要求，制定安全生产年度监督检查计划，并按照年度监督检查计划进行监督检查，发现事故隐患，应当及时处理。

第六十条　负有安全生产监督管理职责的部门依照有关法律、法规的规定，对涉及安全生产的事项需要审查批准（包括批准、核准、许可、注册、认证、颁发证照等，下同）或者验收的，必须严格依照有关法律、法规和国家标准或者行业标准规定的安全生产条件和程序进行审查；不符合有关法律、法规和国家标准或者行业标准规定的安全生产条件的，不得批准或者验收通过。对未依法取得批准或者验收合格的单位擅自从事有关活动的，负责行政审批的部门发现或者接到举报后应当立即予以取缔，并依法予以处理。对已经依法取得批准的单位，负责行政审批的部门发现其不再具备安全生产条件的，应当撤销原批准。

第六十一条　负有安全生产监督管理职责的部门对涉及安全生产的事项进行审查、

验收，不得收取费用；不得要求接受审查、验收的单位购买其指定品牌或者指定生产、销售单位的安全设备、器材或者其他产品。

第六十二条 安全生产监督管理部门和其他负有安全生产监督管理职责的部门依法开展安全生产行政执法工作，对生产经营单位执行有关安全生产的法律、法规和国家标准或者行业标准的情况进行监督检查，行使以下职权：

（一）进入生产经营单位进行检查，调阅有关资料，向有关单位和人员了解情况；

（二）对检查中发现的安全生产违法行为，当场予以纠正或者要求限期改正；对依法应当给予行政处罚的行为，依照本法和其他有关法律、行政法规的规定作出行政处罚决定；

（三）对检查中发现的事故隐患，应当责令立即排除；重大事故隐患排除前或者排除过程中无法保证安全的，应当责令从危险区域内撤出作业人员，责令暂时停产停业或者停止使用相关设施、设备；重大事故隐患排除后，经审查同意，方可恢复生产经营和使用；

（四）对有根据认为不符合保障安全生产的国家标准或者行业标准的设施、设备、器材以及违法生产、储存、使用、经营、运输的危险物品予以查封或者扣押，对违法生产、储存、使用、经营危险物品的作业场所予以查封，并依法作出处理决定。

监督检查不得影响被检查单位的正常生产经营活动。

第六十三条 生产经营单位对负有安全生产监督管理职责的部门的监督检查人员（以下统称安全生产监督检查人员）依法履行监督检查职责，应当予以配合，不得拒绝、阻挠。

第六十四条 安全生产监督检查人员应当忠于职守，坚持原则，秉公执法。

安全生产监督检查人员执行监督检查任务时，必须出示有效的监督执法证件；对涉及被检查单位的技术秘密和业务秘密，应当为其保密。

第六十五条 安全生产监督检查人员应当将检查的时间、地点、内容、发现的问题及其处理情况，作出书面记录，并由检查人员和被检查单位的负责人签字；被检查单位的负责人拒绝签字的，检查人员应当将情况记录在案，并向负有安全生产监督管理职责的部门报告。

第六十六条 负有安全生产监督管理职责的部门在监督检查中，应当互相配合，实行联合检查；确需分别进行检查的，应当互通情况，发现存在的安全问题应当由其他有关部门进行处理的，应当及时移送其他有关部门并形成记录备查，接受移送的部门应当及时进行处理。

第六十七条 负有安全生产监督管理职责的部门依法对存在重大事故隐患的生产经营单位作出停产停业、停止施工、停止使用相关设施或者设备的决定，生产经营单位应当依法执行，及时消除事故隐患。生产经营单位拒不执行，有发生生产安全事故的现实危险的，在保证安全的前提下，经本部门主要负责人批准，负有安全生产监督管理职责的部门可以采取通知有关单位停止供电、停止供应民用爆炸物品等措施，强制生产经营单位履行决定。通知应当采用书面形式，有关单位应当予以配合。

负有安全生产监督管理职责的部门依照前款规定采取停止供电措施，除有危及生产安全的紧急情形外，应当提前二十四小时通知生产经营单位。生产经营单位依法履行行政决定、采取相应措施消除事故隐患的，负有安全生产监督管理职责的部门应当及时解除前款规定的措施。

第六十八条 监察机关依照行政监察法的规定，对负有安全生产监督管理职责的部门及其工作人员履行安全生产监督管理职责实施监察。

第六十九条 承担安全评价、认证、检测、检验的机构应当具备国家规定的资质条件，并对其作出的安全评价、认证、检测、检验的结果负责。

第七十条 负有安全生产监督管理职责的部门应当建立举报制度，公开举报电话、信箱或者电子邮件地址，受理有关安全生产的举报；受理的举报事项经调查核实后，应当形成书面材料；需要落实整改措施的，报经有关负责人签字并督促落实。

第七十一条 任何单位或者个人对事故隐患或者安全生产违法行为，均有权向负有安全生产监督管理职责的部门报告或者举报。

第七十二条 居民委员会、村民委员会发现其所在区域内的生产经营单位存在事故隐患或者安全生产违法行为时，应当向当地人民政府或者有关部门报告。

第七十三条 县级以上各级人民政府及其有关部门对报告重大事故隐患或者举报安全生产违法行为的有功人员，给予奖励。具体奖励办法由国务院安全生产监督管理部门会同国务院财政部门制定。

第七十四条 新闻、出版、广播、电影、电视等单位有进行安全生产公益宣传教育的义务，有对违反安全生产法律、法规的行为进行舆论监督的权利。

第七十五条 负有安全生产监督管理职责的部门应当建立安全生产违法行为信息库，如实记录生产经营单位的安全生产违法行为信息；对违法行为情节严重的生产经营单位，应当向社会公告，并通报行业主管部门、投资主管部门、国土资源主管部门、证券监督管理机构以及有关金融机构。

第五章 生产安全事故的应急救援与调查处理

第七十六条 国家加强生产安全事故应急能力建设，在重点行业、领域建立应急救援基地和应急救援队伍，鼓励生产经营单位和其他社会力量建立应急救援队伍，配备相应的应急救援装备和物资，提高应急救援的专业化水平。

国务院安全生产监督管理部门建立全国统一的生产安全事故应急救援信息系统，国务院有关部门建立健全相关行业、领域的生产安全事故应急救援信息系统。

第七十七条 县级以上地方各级人民政府应当组织有关部门制定本行政区域内生产安全事故应急救援预案，建立应急救援体系。

第七十八条   生产经营单位应当制定本单位生产安全事故应急救援预案，与所在地县级以上地方人民政府组织制定的生产安全事故应急救援预案相衔接，并定期组织演练。

第七十九条   危险物品的生产、经营、储存单位以及矿山、金属冶炼、城市轨道交通运营、建筑施工单位应当建立应急救援组织；生产经营规模较小的，可以不建立应急救援组织，但应当指定兼职的应急救援人员。

危险物品的生产、经营、储存、运输单位以及矿山、金属冶炼、城市轨道交通运营、建筑施工单位应当配备必要的应急救援器材、设备和物资，并进行经常性维护、保养，保证正常运转。

第八十条   生产经营单位发生生产安全事故后，事故现场有关人员应当立即报告本单位负责人。

单位负责人接到事故报告后，应当迅速采取有效措施，组织抢救，防止事故扩大，减少人员伤亡和财产损失，并按照国家有关规定立即如实报告当地负有安全生产监督管理职责的部门，不得隐瞒不报、谎报或者不报，不得故意破坏事故现场、毁灭有关证据。

第八十一条   负有安全生产监督管理职责的部门接到事故报告后，应当立即按照国家有关规定上报事故情况。负有安全生产监督管理职责的部门和有关地方人民政府对事故情况不得隐瞒不报、谎报或者迟报。

第八十二条   有关地方人民政府和负有安全生产监督管理职责的部门的负责人接到生产安全事故报告后，应当按照生产安全事故应急救援预案的要求立即赶到事故现场，组织事故抢救。

参与事故抢救的部门和单位应当服从统一指挥，加强协同联动，采取有效的应急救援措施，并根据事故救援的需要采取警戒、疏散等措施，防止事故扩大和次生灾害的发生，减少人员伤亡和财产损失。

事故抢救过程中应当采取必要措施，避免或者减少对环境造成的危害。

任何单位和个人都应当支持、配合事故抢救，并提供一切便利条件。

第八十三条   事故调查处理应当按照科学严谨、依法依规、实事求是、注重实效的原则，及时、准确地查清事故原因，查明事故性质和责任，总结事故教训，提出整改措施，并对事故责任者提出处理意见。事故调查报告应当依法及时向社会公布。事故调查和处理的具体办法由国务院制定。

事故发生单位应当及时全面落实整改措施，负有安全生产监督管理职责的部门应当加强监督检查。

第八十四条   生产经营单位发生生产安全事故，经调查确定为责任事故的，除了应当查明事故单位的责任并依法予以追究外，还应当查明对安全生产的有关事项负有审查批准和监督职责的行政部门的责任，对有失职、渎职行为的，依照本法第七十七条的规定追究法律责任。

第八十五条   任何单位和个人不得阻挠和干涉对事故的依法调查处理。

第八十六条　县级以上地方各级人民政府安全生产监督管理部门应当定期统计分析本行政区域内发生生产安全事故的情况，并定期向社会公布。

第六章　法律责任

第八十七条　负有安全生产监督管理职责的部门的工作人员，有下列行为之一的，给予降级或者撤职的处分；构成犯罪的，依照刑法有关规定追究刑事责任：

（一）对不符合法定安全生产条件的涉及安全生产的事项予以批准或者验收通过的；

（二）发现未依法取得批准、验收的单位擅自从事有关活动或者接到举报后不予取缔或者不依法予以处理的；

（三）对已经依法取得批准的单位不履行监督管理职责，发现其不再具备安全生产条件而不撤销原批准或者发现安全生产违法行为不予查处的。

（四）在监督检查中发现重大事故隐患，不依法及时处理的。

负有安全生产监督管理职责的部门的工作人员有前款规定以外的滥用职权、玩忽职守、徇私舞弊行为的，依法给予处分；构成犯罪的，依照刑法有关规定追究刑事责任。

第八十八条　负有安全生产监督管理职责的部门，要求被审查、验收的单位购买其指定的安全设备、器材或者其他产品的，在对安全生产事项的审查、验收中收取费用的，由其上级机关或者监察机关责令改正，责令退还收取的费用；情节严重的，对直接负责的主管人员和其他直接责任人员依法给予处分。

第八十九条　承担安全评价、认证、检测、检验工作的机构，出具虚假证明的，没收违法所得；违法所得在十万元以上的，并处违法所得二倍以上五倍以下的罚款；没有违法所得或者违法所得不足十万元的，单处或者并处十万元以上二十万元以下的罚款；对其直接负责的主管人员和其他直接责任人员处二万元以上五万元以下的罚款；给他人造成损害的，与生产经营单位承担连带赔偿责任；构成犯罪的，依照刑法有关规定追究刑事责任。

对有前款违法行为的机构，吊销其相应资质。

第九十条　生产经营单位的决策机构、主要负责人或者个人经营的投资人不依照本法规定保证安全生产所必需的资金投入，致使生产经营单位不具备安全生产条件的，责令限期改正，提供必需的资金；逾期未改正的，责令生产经营单位停产停业整顿。

有前款违法行为，导致发生生产安全事故的，对生产经营单位的主要负责人给予撤职处分，对个人经营的投资人处二万元以上二十万元以下的罚款；构成犯罪的，依照刑法有关规定追究刑事责任。

第九十一条　生产经营单位的主要负责人未履行本法规定的安全生产管理职责的，责令限期改正；逾期未改正的，处二万元以上五万元以下的罚款，责令生产经营单位停产停业整顿。

生产经营单位的主要负责人有前款违法行为，导致发生生产安全事故的，给予撤职处分；构成犯罪的，依照刑法有关规定追究刑事责任。

生产经营单位的主要负责人依照前款规定受刑事处罚或者撤职处分的，自刑罚执行完毕或者受处分之日起，五年内不得担任任何生产经营单位的主要负责人；对重大、特别重大生产安全事故负有责任的，终身不得担任本行业生产经营单位的主要负责人。

第九十二条　生产经营单位的主要负责人未履行本法规定的安全生产管理职责，导致发生生产安全事故的，由安全生产监督管理部门依照下列规定处以罚款：

（一）发生一般事故的，处上一年年收入百分之三十的罚款；

（二）发生较大事故的，处上一年年收入百分之四十的罚款；

（三）发生重大事故的，处上一年年收入百分之六十的罚款；

（四）发生特别重大事故的，处上一年年收入百分之八十的罚款。

第九十三条　生产经营单位的安全生产管理人员未履行本法规定的安全生产管理职责的，责令限期改正；导致发生生产安全事故的，暂停或者撤销其与安全生产有关的资格；构成犯罪的，依照刑法有关规定追究刑事责任。

第九十四条　生产经营单位有下列行为之一的，责令限期改正，可以处五万元以下的罚款；逾期未改正的，责令停产停业整顿，并处五万元以上十万元以下的罚款，对其直接负责的主管人员和其他直接责任人员处一万元以上二万元以下的罚款：

（一）未按照规定设置安全生产管理机构或者配备安全生产管理人员的；

（二）危险物品的生产、经营、储存单位以及矿山、金属冶炼、建筑施工、道路运输单位的主要负责人和安全生产管理人员未按照规定经考核合格的；

（三）未按照规定对从业人员、被派遣劳动者、实习学生进行安全生产教育和培训，或者未按照规定如实告知有关的安全生产事项的；

（四）未如实记录安全生产教育和培训情况的；

（五）未将事故隐患排查治理情况如实记录或者未向从业人员通报的；

（六）未按照规定制定生产安全事故应急救援预案或者未定期组织演练的；

（七）特种作业人员未按照规定经专门的安全作业培训并取得相应资格，上岗作业的。

第九十五条　生产经营单位有下列行为之一的，责令停止建设或者停产停业整顿，限期改正；逾期未改正的，处五十万元以上一百万元以下的罚款，对其直接负责的主管人员和其他直接责任人员处二万元以上五万元以下的罚款；构成犯罪的，依照刑法有关规定追究刑事责任：

（一）未按照规定对矿山、金属冶炼建设项目或者用于生产、储存、装卸危险物品的建设项目进行安全评价的；

（二）矿山、金属冶炼建设项目或者用于生产、储存、装卸危险物品的建设项目没有安全设施设计或者安全设施设计未按照规定报经有关部门审查同意的；

（三）矿山、金属冶炼建设项目或者用于生产、储存、装卸危险物品的建设项目的施工单位未按照批准的安全设施设计施工的；

（四）矿山、金属冶炼建设项目或者用于生产、储存危险物品的建设项目竣工投入生产或者使用前，安全设施未经验收合格的。

第九十六条　生产经营单位有下列行为之一的，责令限期改正，可以处五万元以下的罚款；逾期未改正的，处五万元以上二十万元以下的罚款，对其直接负责的主管人员和其他直接责任人员处一万元以上二万元以下的罚款；情节严重的，责令停产停业整顿；构成犯罪的，依照刑法有关规定追究刑事责任：

（一）未在有较大危险因素的生产经营场所和有关设施、设备上设置明显的安全警示标志的；

（二）安全设备的安装、使用、检测、改造和报废不符合国家标准或者行业标准的；

（三）未对安全设备进行经常性维护、保养和定期检测的；

（四）未为从业人员提供符合国家标准或者行业标准的劳动防护用品的；

（五）危险物品的容器、运输工具，以及涉及人身安全、危险性较大的海洋石油开采特种设备和矿山井下特种设备未经具有专业资质的机构检测、检验合格，取得安全使用证或者安全标志，投入使用的；

（六）使用应当淘汰的危及生产安全的工艺、设备的。

第九十七条　未经依法批准，擅自生产、经营、运输、储存、使用危险物品或者处置废弃危险物品的，依照有关危险物品安全管理的法律、行政法规的规定予以处罚；构成犯罪的，依照刑法有关规定追究刑事责任。

第九十八条　生产经营单位有下列行为之一的，责令限期改正，可以处十万元以下的罚款；逾期未改正的，责令停产停业整顿，并处十万元以上二十万元以下的罚款，对其直接负责的主管人员和其他直接责任人员处二万元以上五万元以下的罚款；构成犯罪的，依照刑法有关规定追究刑事责任：

（一）生产、经营、运输、储存、使用危险物品或者处置废弃危险物品，未建立专门安全管理制度、未采取可靠的安全措施的；

（二）对重大危险源未登记建档，或者未进行评估、监控，或者未制定应急预案的；

（三）进行爆破、吊装以及国务院安全生产监督管理部门会同国务院有关部门规定的其他危险作业，未安排专门人员进行现场安全管理的；

（四）未建立事故隐患排查治理制度的。

第九十九条　生产经营单位未采取措施消除事故隐患的，责令立即消除或者限期消除；生产经营单位拒不执行的，责令停产停业整顿，并处十万元以上五十万元以下的罚款，对其直接负责的主管人员和其他直接责任人员处二万元以上五万元以下的罚款。

第一百条　生产经营单位将生产经营项目、场所、设备发包或者出租给不具备安全生产条件或者相应资质的单位或者个人的，责令限期改正，没收违法所得；违法所得十万元以上的，并处违法所得二倍以上五倍以下的罚款；没有违法所得或者违法所得不足十万元的，单处或者并处十万元以上二十万元以下的罚款；对其直接负责的主管人员和其他直接责任人员处一万元以上二万元以下的罚款；导致发生生产安全事故给他人造成损害的，与承包方、承租方承担连带赔偿责任。

生产经营单位未与承包单位、承租单位签订专门的安全生产管理协议或者未在承包合同、租赁合同中明确各自的安全生产管理职责，或者未对承包单位、承租单位的安全生产统一协调、管理的，责令限期改正，可以处五万元以下的罚款，对其直接负责的主管人员和其他直接责任人员可以处一万元以下的罚款；逾期未改正的，责令停产停业整顿。

第一百零一条　两个以上生产经营单位在同一作业区域内进行可能危及对方安全生产的生产经营活动，未签订安全生产管理协议或者未指定专职安全生产管理人员进行安全检查与协调的，责令限期改正，可以处五万元以下的罚款，对其直接负责的主管人员和其他直接责任人员可以处一万元以下的罚款；逾期未改正的，责令停产停业。

第一百零二条　生产经营单位有下列行为之一的，责令限期改正，可以处五万元以下的罚款，对其直接负责的主管人员和其他直接责任人员可以处一万元以下的罚款；逾期未改正的，责令停产停业整顿；构成犯罪的，依照刑法有关规定追究刑事责任：

（一）生产、经营、储存、使用危险物品的车间、商店、仓库与员工宿舍在同一座建筑内，或者与员工宿舍的距离不符合安全要求的；

（二）生产经营场所和员工宿舍未设有符合紧急疏散需要、标志明显、保持畅通的出口，或者锁闭、封堵生产经营场所或者员工宿舍出口的。

第一百零三条　生产经营单位与从业人员订立协议，免除或者减轻其对从业人员因生产安全事故伤亡依法应承担的责任的，该协议无效；对生产经营单位的主要负责人、个人经营的投资人处二万元以上十万元以下的罚款。

第一百零四条　生产经营单位的从业人员不服从管理，违反安全生产规章制度或者操作规程的，由生产经营单位给予批评教育，依照有关规章制度给予处分；构成犯罪的，依照刑法有关规定追究刑事责任。

第一百零五条　违反本法规定，生产经营单位拒绝、阻碍负有安全生产监督管理职责的部门依法实施监督检查的，责令改正；拒不改正的，处二万元以上二十万元以下的罚款；对其直接负责的主管人员和其他直接责任人员处一万元以上二万元以下的罚款；构成犯罪的，依照刑法有关规定追究刑事责任。

第一百零六条　生产经营单位的主要负责人在本单位发生生产安全事故时，不立即组织抢救或者在事故调查处理期间擅离职守或者逃匿的，给予降级、撤职的处分，并由安全生产监督管理部门处上一年年收入百分之六十至百分之一百的罚款；对逃匿的处十五日以下拘留；构成犯罪的，依照刑法有关规定追究刑事责任。

生产经营单位的主要负责人对生产安全事故隐瞒不报、谎报或者迟报的，依照前款规定处罚。

第一百零七条　有关地方人民政府、负有安全生产监督管理职责的部门，对生产安全事故隐瞒不报、谎报或者不报的，对直接负责的主管人员和其他直接责任人员依法给予处分；构成犯罪的，依照刑法有关规定追究刑事责任。

第一百零八条　生产经营单位不具备本法和其他有关法律、行政法规和国家标准或者行业标准规定的安全生产条件，经停产停业整顿仍不具备安全生产条件的，予以关闭；有关部门应当依法吊销其有关证照。

第一百零九条　发生生产安全事故，对负有责任的生产经营单位除要求其依法承担相应的赔偿等责任外，由安全生产监督管理部门依照下列规定处以罚款：

（一）发生一般事故的，处二十万元以上五十万元以下的罚款；

（二）发生较大事故的，处五十万元以上一百万元以下的罚款；

（三）发生重大事故的，处一百万元以上五百万元以下的罚款；

（四）发生特别重大事故的，处五百万元以上一千万元以下的罚款；情节特别严重的，处一千万元以上二千万元以下的罚款。

第一百一十条　本法规定的行政处罚，由安全生产监督管理部门和其他负有安全生产监督管理职责的部门按照职责分工决定。予以关闭的行政处罚由负有安全生产监督管理职责的部门报请县级以上人民政府按照国务院规定的权限决定；给予拘留的行政处罚由公安机关依照治安管理处罚法的规定决定。

第一百一十一条　生产经营单位发生生产安全事故造成人员伤亡、他人财产损失的，应当依法承担赔偿责任；拒不承担或者其负责人逃匿的，由人民法院依法强制执行。

生产安全事故的责任人未依法承担赔偿责任，经人民法院依法采取执行措施后，仍不能对受害人给予足额赔偿的，应当继续履行赔偿义务；受害人发现责任人有其他财产的，可以随时请求人民法院执行。

第七章　附　则

第一百一十二条　本法下列用语的含义：

危险物品，是指易燃易爆物品、危险化学品、放射性物品等能够危及人身安全和财产安全的物品。

重大危险源，是指长期地或者临时地生产、搬运、使用或者储存危险物品，且危险物品的数量等于或者超过临界量的单元（包括场所和设施）。

第一百一十三条　本法规定的生产安全一般事故、较大事故、重大事故、特别重大事故的划分标准由国务院规定。

国务院安全生产监督管理部门和其他负有安全生产监督管理职责的部门应当根据各自的职责分工，制定相关行业、领域重大事故隐患的判定标准。

建设工程质量管理条例

2000 年 1 月 30 日中华人民共和国国务院令第 279 号发布

第一章　总　则

第一条　为了加强对建设工程质量的管理，保证建设工程质量，保护人民生命和财产安全，根据《中华人民共和国建筑法》，制定本条例。

第二条　凡在中华人民共和国境内从事建设工程的新建、扩建、改建等有关活动及实施对建设工程质量监督管理的，必须遵守本条例。

本条例所称建设工程，是指土木工程、建筑工程、线路管道和设备安装工程及装修工程。

第三条　建设单位、勘察单位、设计单位、施工单位、工程监理单位依法对建设工程质量负责。

第四条　县级以上人民政府建设行政主管部门和其他有关部门应当加强对建设工程质量的监督管理。

第五条　从事建设工程活动，必须严格执行基本建设程序，坚持先勘察、后设计、再施工的原则。

县级以上人民政府及其有关部门不得超越权限审批建设项目或者擅自简化基本建设程序。

第六条　国家鼓励采用先进的科学技术和管理方法，提高建设工程质量。

第二章　建设单位的质量责任和义务

第七条　建设单位应当将工程发包给具有相应资质等级的单位。

建设单位不得将建设工程肢解发包。

第八条　建设单位应当依法对工程建设项目的勘察、设计、施工、监理以及与工程建设有关的重要设备、材料等的采购进行招标。

第九条　建设单位必须向有关的勘察、设计、施工、工程监理等单位提供与建设工程有关的原始资料。

原始资料必须真实、准确、齐全。

第十条　建设工程发包单位，不得迫使承包方以低于成本的价格竞标，不得任意压缩合理工期。

建设单位不得明示或者暗示设计单位或者施工单位违反工程建设强制性标准，降低建设工程质量。

第十一条　建设单位应当将施工图设计文件报县级以上人民政府建设行政主管部门或者其他有关部门审查。施工图设计文件审查的具体办法，由国务院建设行政主管部门会同国务院其他有关部门制定。

施工图设计文件未经审查批准的，不得使用。

第十二条　实行监理的建设工程，建设单位应当委托具有相应资质等级的工程监理单位进行监理，也可以委托具有工程监理相应资质等级并与被监理工程的施工承包单位没有隶属关系或者其他利害关系的该工程的设计单位进行监理。

下列建设工程必须实行监理：

（一）国家重点建设工程；

（二）大中型公用事业工程；

（三）成片开发建设的住宅小区工程；

（四）利用外国政府或者国际组织贷款、援助资金的工程；

（五）国家规定必须实行监理的其他工程。

第十三条　建设单位在领取施工许可证或者开工报告前，应当按照国家有关规定办理工程质量监督手续。

第十四条　按照合同约定，由建设单位采购建筑材料、建筑构配件和设备的，建设单位应当保证建筑材料、建筑构配件和设备符合设计文件和合同要求。

建设单位不得明示或者暗示施工单位使用不合格的建筑材料、建筑构配件和设备。

第十五条　涉及建筑主体和承重结构变动的装修工程，建设单位应当在施工前委托原设计单位或者具有相应资质等级的设计单位提出设计方案；没有设计方案的，不得施工。

房屋建筑使用者在装修过程中，不得擅自变动房屋建筑主体和承重结构。

第十六条　建设单位收到建设工程竣工报告后，应当组织设计、施工、工程监理等有关单位进行竣工验收。

建设工程竣工验收应当具备下列条件：

（一）完成建设工程设计和合同约定的各项内容；

（二）有完整的技术档案和施工管理资料；

（三）有工程使用的主要建筑材料、建筑构配件和设备的进场试验报告；

（四）有勘察、设计、施工、工程监理等单位分别签署的质量合格文件；

（五）有施工单位签署的工程保修书。

建设工程经验收合格的，方可交付使用。

第十七条　建设单位应当严格按照国家有关档案管理的规定，及时收集、整理建设项目各环节的文件资料，建立、健全建设项目档案，并在建设工程竣工验收后，及时向建设行政主管部门或者其他有关部门移交建设项目档案。

第三章 勘察、设计单位的质量责任和义务

第十八条 从事建设工程勘察、设计的单位应当依法取得相应等级的资质证书，并在其资质等级许可的范围内承揽工程。

禁止勘察、设计单位超越其资质等级许可的范围或者以其他勘察、设计单位的名义承揽工程。禁止勘察、设计单位允许其他单位或者个人以本单位的名义承揽工程。

勘察、设计单位不得转包或者违法分包所承揽的工程。

第十九条 勘察、设计单位必须按照工程建设强制性标准进行勘察、设计，并对其勘察、设计的质量负责。

注册建筑师、注册结构工程师等注册执业人员应当在设计文件上签字，对设计文件负责。

第二十条 勘察单位提供的地质、测量、水文等勘察成果必须真实、准确。

第二十一条 设计单位应当根据勘察成果文件进行建设工程设计。

设计文件应当符合国家规定的设计深度要求，注明工程合理使用年限。

第二十二条 设计单位在设计文件中选用的建筑材料、建筑构配件和设备，应当注明规格、型号、性能等技术指标，其质量要求必须符合国家规定的标准。

除有特殊要求的建筑材料、专用设备、工艺生产线等外，设计单位不得指定生产厂、供应商。

第二十三条 设计单位应当就审查合格的施工图设计文件向施工单位作出详细说明。

第二十四条 设计单位应当参与建设工程质量事故分析，并对因设计造成的质量事故，提出相应的技术处理方案。

第四章 施工单位的质量责任和义务

第二十五条 施工单位应当依法取得相应等级的资质证书，并在其资质等级许可的范围内承揽工程。

禁止施工单位超越本单位资质等级许可的业务范围或者以其他施工单位的名义承揽工程。禁止施工单位允许其他单位或者个人以本单位的名义承揽工程。

施工单位不得转包或者违法分包工程。

第二十六条 施工单位对建设工程的施工质量负责。

施工单位应当建立质量责任制，确定工程项目的项目经理、技术负责人和施工管理负责人。

建设工程实行总承包的，总承包单位应当对全部建设工程质量负责；建设工程勘察、设计、施工、设备采购的一项或者多项实行总承包的，总承包单位应当对其承包的建设工程或者采购的设备的质量负责。

第二十七条　总承包单位依法将建设工程分包给其他单位的，分包单位应当按照分包合同的约定对其分包工程的质量向总承包单位负责，总承包单位与分包单位对分包工程的质量承担连带责任。

第二十八条　施工单位必须按照工程设计图纸和施工技术标准施工，不得擅自修改工程设计，不得偷工减料。

施工单位在施工过程中发现设计文件和图纸有差错的，应当及时提出意见和建议。

第二十九条　施工单位必须按照工程设计要求、施工技术标准和合同约定，对建筑材料、建筑构配件、设备和商品混凝土进行检验，检验应当有书面记录和专人签字；未经检验或者检验不合格的，不得使用。

第三十条　施工单位必须建立、健全施工质量的检验制度，严格工序管理，作好隐蔽工程的质量检查和记录。隐蔽工程在隐蔽前，施工单位应当通知建设单位和建设工程质量监督机构。

第三十一条　施工人员对涉及结构安全的试块、试件以及有关材料，应当在建设单位或者工程监理单位监督下现场取样，并送具有相应资质等级的质量检测单位进行检测。

第三十二条　施工单位对施工中出现质量问题的建设工程或者竣工验收不合格的建设工程，应当负责返修。

第三十三条　施工单位应当建立、健全教育培训制度，加强对职工的教育培训；未经教育培训或者考核不合格的人员，不得上岗作业。

第五章　工程监理单位的质量责任和义务

第三十四条　工程监理单位应当依法取得相应等级的资质证书，并在其资质等级许可的范围内承担工程监理业务。

禁止工程监理单位超越本单位资质等级许可的范围或者以其他工程监理单位的名义承担工程监理业务。禁止工程监理单位允许其他单位或者个人以本单位的名义承担工程监理业务。

工程监理单位不得转让工程监理业务。

第三十五条　工程监理单位与被监理工程的施工承包单位以及建筑材料、建筑构配件和设备供应单位有隶属关系或者其他利害关系的，不得承担该项建设工程的监理业务。

第三十六条　工程监理单位应当依照法律、法规以及有关技术标准、设计文件和建设工程承包合同，代表建设单位对施工质量实施监理，并对施工质量承担监理责任。

第三十七条　工程监理单位应当选派具备相应资格的总监理工程师和监理工程师进驻施工现场。

未经监理工程师签字，建筑材料、建筑构配件和设备不得在工程上使用或者安装，施工单位不得进行下一道工序的施工。未经总监理工程师签字，建设单位不拨付工程款，不进行竣工验收。

第三十八条　监理工程师应当按照工程监理规范的要求，采取旁站、巡视和平行检验等形式，对建设工程实施监理。

第六章　建设工程质量保修

第三十九条　建设工程实行质量保修制度。

建设工程承包单位在向建设单位提交工程竣工验收报告时，应当向建设单位出具质量保修书。质量保修书中应当明确建设工程的保修范围、保修期限和保修责任等。

第四十条　在正常使用条件下，建设工程的最低保修期限为：

（一）基础设施工程、房屋建筑的地基基础工程和主体结构工程，为设计文件规定的该工程的合理使用年限；

（二）屋面防水工程、有防水要求的卫生间、房间和外墙面的防渗漏，为 5 年；

（三）供热与供冷系统，为 2 个采暖期、供冷期；

（四）电气管线、给排水管道、设备安装和装修工程，为 2 年。

其他项目的保修期限由发包方与承包方约定。

建设工程的保修期，自竣工验收合格之日起计算。

第四十一条　建设工程在保修范围和保修期限内发生质量问题的，施工单位应当履行保修义务，并对造成的损失承担赔偿责任。

第四十二条　建设工程在超过合理使用年限后需要继续使用的，产权所有人应当委托具有相应资质等级的勘察、设计单位鉴定，并根据鉴定结果采取加固、维修等措施，重新界定使用期。

第七章　监督管理

第四十三条　国家实行建设工程质量监督管理制度。

国务院建设行政主管部门对全国的建设工程质量实施统一监督管理。国务院铁路、交通、水利等有关部门按照国务院规定的职责分工，负责对全国的有关专业建设工程质量的监督管理。

县级以上地方人民政府建设行政主管部门对本行政区域内的建设工程质量实施监督管理。县级以上地方人民政府交通、水利等有关部门在各自的职责范围内，负责对本行政区域内的专业建设工程质量的监督管理。

第四十四条　国务院建设行政主管部门和国务院铁路、交通、水利等有关部门应当加强对有关建设工程质量的法律、法规和强制性标准执行情况的监督检查。

第四十五条　国务院发展计划部门按照国务院规定的职责，组织稽查特派员，对国家出资的重大建设项目实施监督检查。

国务院经济贸易主管部门按照国务院规定的职责，对国家重大技术改造项目实施监督检查。

第四十六条　建设工程质量监督管理，可以由建设行政主管部门或者其他有关部门委托的建设工程质量监督机构具体实施。

从事房屋建筑工程和市政基础设施工程质量监督的机构，必须按照国家有关规定经国务院建设行政主管部门或者省、自治区、直辖市人民政府建设行政主管部门考核；从事专业建设工程质量监督的机构，必须按照国家有关规定经国务院有关部门或者省、自治区、直辖市人民政府有关部门考核。经考核合格后，方可实施质量监督。

第四十七条　县级以上地方人民政府建设行政主管部门和其他有关部门应当加强对有关建设工程质量的法律、法规和强制性标准执行情况的监督检查。

第四十八条　县级以上人民政府建设行政主管部门和其他有关部门履行监督检查职责时，有权采取下列措施：

（一）要求被检查的单位提供有关工程质量的文件和资料；

（二）进入被检查单位的施工现场进行检查；

（三）发现有影响工程质量的问题时，责令改正。

第四十九条　建设单位应当自建设工程竣工验收合格之日起 15 日内，将建设工程竣工验收报告和规划、公安消防、环保等部门出具的认可文件或者准许使用文件报建设行政主管部门或者其他有关部门备案。

建设行政主管部门或者其他有关部门发现建设单位在竣工验收过程中有违反国家有关建设工程质量管理规定行为的，责令停止使用，重新组织竣工验收。

第五十条　有关单位和个人对县级以上人民政府建设行政主管部门和其他有关部门进行的监督检查应当支持与配合，不得拒绝或者阻碍建设工程质量监督检查人员依法执行职务。

第五十一条　供水、供电、供气、公安消防等部门或者单位不得明示或者暗示建设单位、施工单位购买其指定的生产供应单位的建筑材料、建筑构配件和设备。

第五十二条　建设工程发生质量事故，有关单位应当在 24 小时内向当地建设行政主管部门和其他有关部门报告。对重大质量事故，事故发生地的建设行政主管部门和其他有关部门应当按照事故类别和等级向当地人民政府和上级建设行政主管部门和其他有关部门报告。

特别重大质量事故的调查程序按照国务院有关规定办理。

第五十三条　任何单位和个人对建设工程的质量事故、质量缺陷都有权检举、控告、投诉。

第八章　罚　则

第五十四条　违反本条例规定，建设单位将建设工程发包给不具有相应资质等级的勘察、设计、施工单位或者委托给不具有相应资质等级的工程监理单位的，责令改正，处 50 万元以上 100 万元以下的罚款。

第五十五条　违反本条例规定，建设单位将建设工程肢解发包的，责令改正，处工程合同价款 0.5% 以上 1% 以下的罚款；对全部或者部分使用国有资金的项目，并可以暂停项目执行或者暂停资金拨付。

第五十六条　违反本条例规定，建设单位有下列行为之一的，责令改正，处 20 万元以上 50 万元以下的罚款：

（一）迫使承包方以低于成本的价格竞标的；

（二）任意压缩合理工期的；

（三）明示或者暗示设计单位或者施工单位违反工程建设强制性标准，降低工程质量的；

（四）施工图设计文件未经审查或者审查不合格，擅自施工的；

（五）建设项目必须实行工程监理而未实行工程监理的；

（六）未按照国家规定办理工程质量监督手续的；

（七）明示或者暗示施工单位使用不合格的建筑材料、建筑构配件和设备的；

（八）未按照国家规定将竣工验收报告、有关认可文件或者准许使用文件报送备案的。

第五十七条　违反本条例规定，建设单位未取得施工许可证或者开工报告未经批准，擅自施工的，责令停止施工，限期改正，处工程合同价款 1% 以上 2% 以下的罚款。

第五十八条　违反本条例规定，建设单位有下列行为之一的，责令改正，处工程合同价款 2% 以上 4% 以下的罚款；造成损失的，依法承担赔偿责任：

（一）未组织竣工验收，擅自交付使用的；

（二）验收不合格，擅自交付使用的；

（三）对不合格的建设工程按照合格工程验收的。

第五十九条　违反本条例规定，建设工程竣工验收后，建设单位未向建设行政主管部门或者其他有关部门移交建设项目档案的，责令改正，处 1 万元以上 10 万元以下的罚款。

第六十条　违反本条例规定，勘察、设计、施工、工程监理单位超越本单位资质等级承揽工程的，责令停止违法行为，对勘察、设计单位或者工程监理单位处合同约定的勘察费、设计费或者监理酬金 1 倍以上 2 倍以下的罚款；对施工单位处工程合同价款 2% 以上 4% 以下的罚款，可以责令停业整顿，降低资质等级；情节严重的，吊销资质证书；有违法所得的，予以没收。

未取得资质证书承揽工程的，予以取缔，依照前款规定处以罚款；有违法所得的，予以没收。

以欺骗手段取得资质证书承揽工程的，吊销资质证书，依照本条第一款规定处以罚款；有违法所得的，予以没收。

第六十一条　违反本条例规定，勘察、设计、施工、工程监理单位允许其他单位或者个人以本单位名义承揽工程的，责令改正，没收违法所得，对勘察、设计单位和工程监理单位处合同约定的勘察费、设计费和监理酬金 1 倍以上 2 倍以下的罚款；对施工单位处工程合同价款 2% 以上 4% 以下的罚款；可以责令停业整顿，降低资质等级；情节严重的，吊销资质证书。

第六十二条 违反本条例规定，承包单位将承包的工程转包或者违法分包的，责令改正，没收违法所得，对勘察、设计单位处合同约定的勘察费、设计费 25% 以上 50% 以下的罚款；对施工单位处工程合同价款 0.5% 以上 1% 以下的罚款；可以责令停业整顿，降低资质等级；情节严重的，吊销资质证书。

工程监理单位转让工程监理业务的，责令改正，没收违法所得，处合同约定的监理酬金 25% 以上 50% 以下的罚款；可以责令停业整顿，降低资质等级；情节严重的，吊销资质证书。

第六十三条 违反本条例规定，有下列行为之一的，责令改正，处 10 万元以上 30 万元以下的罚款：

（一）勘察单位未按照工程建设强制性标准进行勘察的；

（二）设计单位未根据勘察成果文件进行工程设计的；

（三）设计单位指定建筑材料、建筑构配件的生产厂、供应商的；

（四）设计单位未按照工程建设强制性标准进行设计的。

有前款所列行为，造成工程质量事故的，责令停业整顿，降低资质等级；情节严重的，吊销资质证书；造成损失的，依法承担赔偿责任。

第六十四条 违反本条例规定，施工单位在施工中偷工减料的，使用不合格的建筑材料、建筑构配件和设备的，或者有不按照工程设计图纸或者施工技术标准施工的其他行为的，责令改正，处工程合同价款 2% 以上 4% 以下的罚款；造成建设工程质量不符合规定的质量标准的，负责返工、修理，并赔偿因此造成的损失；情节严重的，责令停业整顿，降低资质等级或者吊销资质证书。

第六十五条 违反本条例规定，施工单位未对建筑材料、建筑构配件、设备和商品混凝土进行检验，或者未对涉及结构安全的试块、试件以及有关材料取样检测的，责令改正，处 10 万元以上 20 万元以下的罚款；情节严重的，责令停业整顿，降低资质等级或者吊销资质证书；造成损失的，依法承担赔偿责任。

第六十六条 违反本条例规定，施工单位不履行保修义务或者拖延履行保修义务的，责令改正，处 10 万元以上 20 万元以下的罚款，并对在保修期内因质量缺陷造成的损失承担赔偿责任。

第六十七条 工程监理单位有下列行为之一的，责令改正，处 50 万元以上 100 万元以下的罚款，降低资质等级或者吊销资质证书；有违法所得的，予以没收；造成损失的，承担连带赔偿责任：

（一）与建设单位或者施工单位串通，弄虚作假、降低工程质量的；

（二）将不合格的建设工程、建筑材料、建筑构配件和设备按照合格签字的。

第六十八条　违反本条例规定，工程监理单位与被监理工程的施工承包单位以及建筑材料、建筑构配件和设备供应单位有隶属关系或者其他利害关系承担该项建设工程的监理业务的，责令改正，处 5 万元以上 10 万元以下的罚款，降低资质等级或者吊销资质证书；有违法所得的，予以没收。

第六十九条　违反本条例规定，涉及建筑主体或者承重结构变动的装修工程，没有设计方案擅自施工的，责令改正，处 50 万元以上 100 万元以下的罚款；房屋建筑使用者在装修过程中擅自变动房屋建筑主体和承重结构的，责令改正，处 5 万元以上 10 万元以下的罚款。

有前款所列行为，造成损失的，依法承担赔偿责任。

第七十条　发生重大工程质量事故隐瞒不报、谎报或者拖延报告期限的，对直接负责的主管人员和其他责任人员依法给予行政处分。

第七十一条　违反本条例规定，供水、供电、供气、公安消防等部门或者单位明示或者暗示建设单位或者施工单位购买其指定的生产供应单位的建筑材料、建筑构配件和设备的，责令改正。

第七十二条　违反本条例规定，注册建筑师、注册结构工程师、监理工程师等注册执业人员因过错造成质量事故的，责令停止执业 1 年；造成重大质量事故的，吊销执业资格证书，5 年以内不予注册；情节特别恶劣的，终身不予注册。

第七十三条　依照本条例规定，给予单位罚款处罚的，对单位直接负责的主管人员和其他直接责任人员处单位罚款数额 5% 以上 10% 以下的罚款。

第七十四条　建设单位、设计单位、施工单位、工程监理单位违反国家规定，降低工程质量标准，造成重大安全事故，构成犯罪的，对直接责任人员依法追究刑事责任。

第七十五条　本条例规定的责令停业整顿，降低资质等级和吊销资质证书的行政处罚，由颁发资质证书的机关决定；其他行政处罚，由建设行政主管部门或者其他有关部门依照法定职权决定。

依照本条例规定被吊销资质证书的，由工商行政管理部门吊销其营业执照。

第七十六条　国家机关工作人员在建设工程质量监督管理工作中玩忽职守、滥用职权、徇私舞弊，构成犯罪的，依法追究刑事责任；尚不构成犯罪的，依法给予行政处分。

第七十七条　建设、勘察、设计、施工、工程监理单位的工作人员因调动工作、退休等原因离开该单位后，被发现在该单位工作期间违反国家有关建设工程质量管理规定，造成重大工程质量事故的，仍应当依法追究法律责任。

第九章　附　则

第七十八条　本条例所称肢解发包，是指建设单位将应当由一个承包单位完成的建设工程分解成若干部分发包给不同的承包单位的行为。

本条例所称违法分包，是指下列行为：

（一）总承包单位将建设工程分包给不具备相应资质条件的单位的；

（二）建设工程总承包合同中未有约定，又未经建设单位认可，承包单位将其承包的部分建设工程交由其他单位完成的；

（三）施工总承包单位将建设工程主体结构的施工分包给其他单位的；

（四）分包单位将其承包的建设工程再分包的。

本条例所称转包，是指承包单位承包建设二程后，不履行合同约定的责任和义务，将其承包的全部建设工程转给他人或者将其承包的全部建设工程肢解以后以分包的名义分别转给其他单位承包的行为。

第七十九条 本条例规定的罚款和没收的违法所得，必须全部上缴国库。

第八十条 抢险救灾及其他临时性房屋建筑和农民自建低层住宅的建设活动，不适用本条例。

第八十一条 军事建设工程的管理，按照中央军事委员会的有关规定执行。

第八十二条 本条例自发布之日起施行。

附：刑法有关条款

第一百三十七条 建设单位、设计单位、施工单位、工程监理单位违反国家规定，降低工程质量标准，造成重大安全事故的，对直接责任人员处五年以下有期徒刑或者拘役，并处罚金；后果特别严重的，处五年以上十年以下有期徒刑，并处罚金。

建设工程安全生产管理条例

2003 年 11 月 24 日中华人民共和国国务院令第 393 号发布

第一章 总 则

第一条 为了加强建设工程安全生产监督管理，保障人民群众生命和财产安全，根据《中华人民共和国建筑法》、《中华人民共和国安全生产法》，制定本条例。

第二条 在中华人民共和国境内从事建设工程的新建、扩建、改建和拆除等有关活动及实施对建设工程安全生产的监督管理，必须遵守本条例。

本条例所称建设工程，是指土木工程、建筑工程、线路管道和设备安装工程及装修工程。

第三条 建设工程安全生产管理，坚持安全第一、预防为主的方针。

第四条 建设单位、勘察单位、设计单位、施工单位、工程监理单位及其他与建设工程安全生产有关的单位，必须遵守安全生产法律、法规的规定，保证建设工程安全生产，依法承担建设工程安全生产责任。

第五条　国家鼓励建设工程安全生产的科学技术研究和先进技术的推广应用，推进建设工程安全生产的科学管理。

第二章　建设单位的安全责任

第六条　建设单位应当向施工单位提供施工现场及毗邻区域内供水、排水、供电、供气、供热、通信、广播电视等地下管线资料，气象和水文观测资料，相邻建筑物和构筑物、地下工程的有关资料，并保证资料的真实、准确、完整。

建设单位因建设工程需要，向有关部门或者单位查询前款规定的资料时，有关部门或者单位应当及时提供。

第七条　建设单位不得对勘察、设计、施工、工程监理等单位提出不符合建设工程安全生产法律、法规和强制性标准规定的要求，不得压缩合同约定的工期。

第八条　建设单位在编制工程概算时，应当确定建设工程安全作业环境及安全施工措施所需费用。

第九条　建设单位不得明示或者暗示施工单位购买、租赁、使用不符合安全施工要求的安全防护用具、机械设备、施工机具及配件、消防设施和器材。

第十条　建设单位在申请领取施工许可证时，应当提供建设工程有关安全施工措施的资料。

依法批准开工报告的建设工程，建设单位应当自开工报告批准之日起15日内，将保证安全施工的措施报送建设工程所在地的县级以上地方人民政府建设行政主管部门或者其他有关部门备案。

第十一条　建设单位应当将拆除工程发包给具有相应资质等级的施工单位。

建设单位应当在拆除工程施工15日前，将下列资料报送建设工程所在地的县级以上地方人民政府建设行政主管部门或者其他有关部门备案：

（一）施工单位资质等级证明；

（二）拟拆除建筑物、构筑物及可能危及毗邻建筑的说明；

（三）拆除施工组织方案；

（四）堆放、清除废弃物的措施。

实施爆破作业的，应当遵守国家有关民用爆炸物品管理的规定。

第三章　勘察、设计、工程监理及其他有关单位的安全责任

第十二条　勘察单位应当按照法律、法规和工程建设强制性标准进行勘察，提供的勘察文件应当真实、准确，满足建设工程安全生产的需要。

勘察单位在勘察作业时，应当严格执行操作规程，采取措施保证各类管线、设施和周边建筑物、构筑物的安全。

第十三条　设计单位应当按照法律、法规和工程建设强制性标准进行设计，防止因设计不合理导致生产安全事故的发生。

设计单位应当考虑施工安全操作和防护的需要，对涉及施工安全的重点部位和环节在设计文件中注明，并对防范生产安全事故提出指导意见。

采用新结构、新材料、新工艺的建设工程和特殊结构的建设工程，设计单位应当在设计中提出保障施工作业人员安全和预防生产安全事故的措施建议。

设计单位和注册建筑师等注册执业人员应当对其设计负责。

第十四条　工程监理单位应当审查施工组织设计中的安全技术措施或者专项施工方案是否符合工程建设强制性标准。

工程监理单位在实施监理过程中，发现存在安全事故隐患的，应当要求施工单位整改；情况严重的，应当要求施工单位暂时停止施工，并及时报告建设单位。施工单位拒不整改或者不停止施工的，工程监理单位应当及时向有关主管部门报告。

工程监理单位和监理工程师应当按照法律、法规和工程建设强制性标准实施监理，并对建设工程安全生产承担监理责任。

第十五条　为建设工程提供机械设备和配件的单位，应当按照安全施工的要求配备齐全有效的保险、限位等安全设施和装置。

第十六条　出租的机械设备和施工机具及配件，应当具有生产（制造）许可证、产品合格证。

出租单位应当对出租的机械设备和施工机具及配件的安全性能进行检测，在签订租赁协议时，应当出具检测合格证明。

禁止出租检测不合格的机械设备和施工机具及配件。

第十七条　在施工现场安装、拆卸施工起重机械和整体提升脚手架、模板等自升式架设设施，必须由具有相应资质的单位承担。

安装、拆卸施工起重机械和整体提升脚手架、模板等自升式架设设施，应当编制拆装方案、制定安全施工措施，并由专业技术人员现场监督。

施工起重机械和整体提升脚手架、模板等自升式架设设施安装完毕后，安装单位应当自检，出具自检合格证明，并向施工单位进行安全使用说明，办理验收手续并签字。

第十八条　施工起重机械和整体提升脚手架、模板等自升式架设设施的使用达到国家规定的检验检测期限的，必须经具有专业资质的检验检测机构检测。经检测不合格的，不得继续使用。

第十九条　检验检测机构对检测合格的施工起重机械和整体提升脚手架、模板等自升式架设设施，应当出具安全合格证明文件，并对检测结果负责。

第四章　施工单位的安全责任

第二十条　施工单位从事建设工程的新建、扩建、改建和拆除等活动，应当具备国家规定的注册资本、专业技术人员、技术装备和安全生产等条件，依法取得相应等级的资质证书，并在其资质等级许可的范围内承揽工程。

第二十一条　施工单位主要负责人依法对本单位的安全生产工作全面负责。施工单位应当建立健全安全生产责任制度和安全生产教育培训制度，制定安全生产规章制度和操作规程，保证本单位安全生产条件所需资金的投入，对所承担的建设工程进行定期和专项安全检查，并做好安全检查记录。

施工单位的项目负责人应当由取得相应执业资格的人员担任，对建设工程项目的安全施工负责，落实安全生产责任制度、安全生产规章制度和操作规程，确保安全生产费用的有效使用，并根据工程的特点组织制定安全施工措施，消除安全事故隐患，及时、如实报告生产安全事故。

第二十二条　施工单位对列入建设工程概算的安全作业环境及安全施工措施所需费用，应当用于施工安全防护用具及设施的采购和更新、安全施工措施的落实、安全生产条件的改善，不得挪作他用。

第二十三条　施工单位应当设立安全生产管理机构，配备专职安全生产管理人员。

专职安全生产管理人员负责对安全生产进行现场监督检查。发现安全事故隐患，应当及时向项目负责人和安全生产管理机构报告；对违章指挥、违章操作的，应当立即制止。

专职安全生产管理人员的配备办法由国务院建设行政主管部门会同国务院其他有关部门制定。

第二十四条　建设工程实行施工总承包的，由总承包单位对施工现场的安全生产负总责。

总承包单位应当自行完成建设工程主体结构的施工。

总承包单位依法将建设工程分包给其他单位的，分包合同中应当明确各自的安全生产方面的权利、义务。总承包单位和分包单位对分包工程的安全生产承担连带责任。

分包单位应当服从总承包单位的安全生产管理，分包单位不服从管理导致生产安全事故的，由分包单位承担主要责任。

第二十五条　垂直运输机械作业人员、安装拆卸工、爆破作业人员、起重信号工、登高架设作业人员等特种作业人员，必须按照国家有关规定经过专门的安全作业培训，并取得特种作业操作资格证书后，方可上岗作业。

第二十六条　施工单位应当在施工组织设计中编制安全技术措施和施工现场临时用电方案，对下列达到一定规模的危险性较大的分部分项工程编制专项施工方案，并附具安全验算结果，经施工单位技术负责人、总监理工程师签字后实施，由专职安全生产管理人员进行现场监督：

（一）基坑支护与降水工程；

（二）土方开挖工程；

（三）模板工程；

（四）起重吊装工程；

（五）脚手架工程；

（六）拆除、爆破工程；

（七）国务院建设行政主管部门或者其他有关部门规定的其他危险性较大的工程。

对前款所列工程中涉及深基坑、地下暗挖工程、高大模板工程的专项施工方案，施工单位还应当组织专家进行论证、审查。

本条第一款规定的达到一定规模的危险性较大工程的标准，由国务院建设行政主管部门会同国务院其他有关部门制定。

第二十七条　建设工程施工前，施工单位负责项目管理的技术人员应当对有关安全施工的技术要求向施工作业班组、作业人员作出详细说明，并由双方签字确认。

第二十八条　施工单位应当在施工现场入口处、施工起重机械、临时用电设施、脚手架、出入通道口、楼梯口、电梯井口、孔洞口、桥梁口、隧道口、基坑边沿、爆破物及有害危险气体和液体存放处等危险部位，设置明显的安全警示标志。安全警示标志必须符合国家标准。

施工单位应当根据不同施工阶段和周围环境及季节、气候的变化，在施工现场采取相应的安全施工措施。施工现场暂时停止施工的，施工单位应当做好现场防护，所需费用由责任方承担，或者按照合同约定执行。

第二十九条　施工单位应当将施工现场的办公、生活区与作业区分开设置，并保持安全距离；办公、生活区的选址应当符合安全性要求。职工的膳食、饮水、休息场所等应当符合卫生标准。施工单位不得在尚未竣工的建筑物内设置员工集体宿舍。

施工现场临时搭建的建筑物应当符合安全使用要求。施工现场使用的装配式活动房屋应当具有产品合格证。

第三十条　施工单位对因建设工程施工可能造成损害的毗邻建筑物、构筑物和地下管线等，应当采取专项防护措施。

施工单位应当遵守有关环境保护法律、法规的规定，在施工现场采取措施，防止或者减少粉尘、废气、废水、固体废物、噪声、振动和施工照明对人和环境的危害和污染。

在城市市区内的建设工程，施工单位应当对施工现场实行封闭围挡。

第三十一条　施工单位应当在施工现场建立消防安全责任制度，确定消防安全责任人，制定用火、用电、使用易燃易爆材料等各项消防安全管理制度和操作规程，设置消防通道、消防水源，配备消防设施和灭火器材，并在施工现场入口处设置明显标志。

第三十二条　施工单位应当向作业人员提供安全防护用具和安全防护服装，并书面告知危险岗位的操作规程和违章操作的危害。

作业人员有权对施工现场的作业条件、作业程序和作业方式中存在的安全问题提出批评、检举和控告，有权拒绝违章指挥和强令冒险作业。

在施工中发生危及人身安全的紧急情况时，作业人员有权立即停止作业或者在采取必要的应急措施后撤离危险区域。

第三十三条 作业人员应当遵守安全施工的强制性标准、规章制度和操作规程，正确使用安全防护用具、机械设备等。

第三十四条 施工单位采购、租赁的安全防护用具、机械设备、施工机具及配件，应当具有生产（制造）许可证、产品合格证，并在进入施工现场前进行查验。

施工现场的安全防护用具、机械设备、施工机具及配件必须由专人管理，定期进行检查、维修和保养，建立相应的资料档案，并按照国家有关规定及时报废。

第三十五条 施工单位在使用施工起重机械和整体提升脚手架、模板等自升式架设设施前，应当组织有关单位进行验收，也可以委托具有相应资质的检验检测机构进行验收；使用承租的机械设备和施工机具及配件的，由施工总承包单位、分包单位、出租单位和安装单位共同进行验收。验收合格的方可使用。

《特种设备安全监察条例》规定的施工起重机械，在验收前应当经有相应资质的检验检测机构监督检验合格。

施工单位应当自施工起重机械和整体提升脚手架、模板等自升式架设设施验收合格之日起 30 日内，向建设行政主管部门或者其他有关部门登记。登记标志应当置于或者附着于该设备的显著位置。

第三十六条 施工单位的主要负责人、项目负责人、专职安全生产管理人员应当经建设行政主管部门或者其他有关部门考核合格后方可任职。

施工单位应当对管理人员和作业人员每年至少进行一次安全生产教育培训，其教育培训情况记入个人工作档案。安全生产教育培训考核不合格的人员，不得上岗。

第三十七条 作业人员进入新的岗位或者新的施工现场前，应当接受安全生产教育培训。未经教育培训或者教育培训考核不合格的人员，不得上岗作业。

施工单位在采用新技术、新工艺、新设备、新材料时，应当对作业人员进行相应的安全生产教育培训。

第三十八条 施工单位应当为施工现场从事危险作业的人员办理意外伤害保险。

意外伤害保险费由施工单位支付。实行施工总承包的，由总承包单位支付意外伤害保险费。意外伤害保险期限自建设工程开工之日起至竣工验收合格止。

第五章 监督管理

第三十九条 国务院负责安全生产监督管理的部门依照《中华人民共和国安全生产法》的规定，对全国建设工程安全生产工作实施综合监督管理。

县级以上地方人民政府负责安全生产监督管理的部门依照《中华人民共和国安全生产法》的规定，对本行政区域内建设工程安全生产工作实施综合监督管理。

第四十条 国务院建设行政主管部门对全国的建设工程安全生产实施监督管理。国务院铁路、交通、水利等有关部门按照国务院规定的职责分工，负责有关专业建设工程安全生产的监督管理。

县级以上地方人民政府建设行政主管部门对本行政区域内的建设工程安全生产实施监督管理。县级以上地方人民政府交通、水利等有关部门在各自的职责范围内，负责本行政区域内的专业建设工程安全生产的监督管理。

第四十一条 建设行政主管部门和其他有关部门应当将本条例第十条、第十一条规定的有关资料的主要内容抄送同级负责安全生产监督管理的部门。

第四十二条 建设行政主管部门在审核发放施工许可证时，应当对建设工程是否有安全施工措施进行审查，对没有安全施工措施的，不得颁发施工许可证。

建设行政主管部门或者其他有关部门对建设工程是否有安全施工措施进行审查时，不得收取费用。

第四十三条 县级以上人民政府负有建设工程安全生产监督管理职责的部门在各自的职责范围内履行安全监督检查职责时，有权采取下列措施：

（一）要求被检查单位提供有关建设工程安全生产的文件和资料；

（二）进入被检查单位施工现场进行检查；

（三）纠正施工中违反安全生产要求的行为；

（四）对检查中发现的安全事故隐患，责令立即排除；重大安全事故隐患排除前或者排除过程中无法保证安全的，责令从危险区域内撤出作业人员或者暂时停止施工。

第四十四条 建设行政主管部门或者其他有关部门可以将施工现场的监督检查委托给建设工程安全监督机构具体实施。

第四十五条 国家对严重危及施工安全的工艺、设备、材料实行淘汰制度。具体目录由国务院建设行政主管部门会同国务院其他有关部门制定并公布。

第四十六条 县级以上人民政府建设行政主管部门和其他有关部门应当及时受理对建设工程生产安全事故及安全事故隐患的检举、控告和投诉。

第六章 生产安全事故的应急救援和调查处理

第四十七条 县级以上地方人民政府建设行政主管部门应当根据本级人民政府的要求，制定本行政区域内建设工程特大生产安全事故应急救援预案。

第四十八条 施工单位应当制定本单位生产安全事故应急救援预案，建立应急救援组织或者配备应急救援人员，配备必要的应急救援器材、设备，并定期组织演练。

第四十九条 施工单位应当根据建设工程施工的特点、范围，对施工现场易发生重大事故的部位、环节进行监控，制定施工现场生产安全事故应急救援预案。实行施工总承包的，由总承包单位统一组织编制建设工程生产安全事故应急救援预案，工程总承包单位和分包单位按照应急救援预案，各自建立应急救援组织或者配备应急救援人员，配备救援器材、设备，并定期组织演练。

第五十条 施工单位发生生产安全事故，应当按照国家有关伤亡事故报告和调查处理的规定，及时、如实地向负责安全生产监督管理的部门、建设行政主管部门或者其他有关部门报告；特种设备发生事故的，还应当同时向特种设备安全监督管理部门报告。接到报告的部门应当按照国家有关规定，如实上报。

实行施工总承包的建设工程，由总承包单位负责上报事故。

第五十一条 发生生产安全事故后，施工单位应当采取措施防止事故扩大，保护事故现场。需要移动现场物品时，应当做出标记和书面记录，妥善保管有关证物。

第五十二条 建设工程生产安全事故的调查、对事故责任单位和责任人的处罚与处理，按照有关法律、法规的规定执行。

第七章 法律责任

第五十三条 违反本条例的规定，县级以上人民政府建设行政主管部门或者其他有关行政管理部门的工作人员，有下列行为之一的，给予降级或者撤职的行政处分；构成犯罪的，依照刑法有关规定追究刑事责任：

（一）对不具备安全生产条件的施工单位颁发资质证书的；

（二）对没有安全施工措施的建设工程颁发施工许可证的；

（三）发现违法行为不予查处的；

（四）不依法履行监督管理职责的其他行为。

第五十四条 违反本条例的规定，建设单位未提供建设工程安全生产作业环境及安全施工措施所需费用的，责令限期改正；逾期未改正的，责令该建设工程停止施工。

建设单位未将保证安全施工的措施或者拆除工程的有关资料报送有关部门备案的，责令限期改正，给予警告。

第五十五条 违反本条例的规定，建设单位有下列行为之一的，责令限期改正，处20万元以上50万元以下的罚款；造成重大安全事故，构成犯罪的，对直接责任人员，依照刑法有关规定追究刑事责任；造成损失的，依法承担赔偿责任：

（一）对勘察、设计、施工、工程监理等单位提出不符合安全生产法律、法规和强制性标准规定的要求的；

（二）要求施工单位压缩合同约定的工期的；

（三）将拆除工程发包给不具有相应资质等级的施工单位的。

第五十六条 违反本条例的规定，勘察单位、设计单位有下列行为之一的，责令限期改正，处10万元以上30万元以下的罚款；情节严重的，责令停业整顿，降低资质等级，直至吊销资质证书；造成重大安全事故，构成犯罪的，对直接责任人员，依照刑法有关规定追究刑事责任；造成损失的，依法承担赔偿责任：

（一）未按照法律、法规和工程建设强制性标准进行勘察、设计的；

（二）采用新结构、新材料、新工艺的建设工程和特殊结构的建设工程，设计单位未在设计中提出保障施工作业人员安全和预防生产安全事故的措施建议的。

第五十七条　违反本条例的规定，工程监理单位有下列行为之一的，责令限期改正；逾期未改正的，责令停业整顿，并处 10 万元以上 30 万元以下的罚款；情节严重的，降低资质等级，直至吊销资质证书；造成重大安全事故，构成犯罪的，对直接责任人员，依照刑法有关规定追究刑事责任；造成损失的，依法承担赔偿责任：

（一）未对施工组织设计中的安全技术措施或者专项施工方案进行审查的；

（二）发现安全事故隐患未及时要求施工单位整改或者暂时停止施工的；

（三）施工单位拒不整改或者不停止施工，未及时向有关主管部门报告的；

（四）未依照法律、法规和工程建设强制性标准实施监理的。

第五十八条　注册执业人员未执行法律、法规和工程建设强制性标准的，责令停止执业 3 个月以上 1 年以下；情节严重的，吊销执业资格证书，5 年内不予注册；造成重大安全事故的，终身不予注册；构成犯罪的，依照刑法有关规定追究刑事责任。

第五十九条　违反本条例的规定，为建设工程提供机械设备和配件的单位，未按照安全施工的要求配备齐全有效的保险、限位等安全设施和装置的，责令限期改正，处合同价款 1 倍以上 3 倍以下的罚款；造成损失的，依法承担赔偿责任。

第六十条　违反本条例的规定，出租单位出租未经安全性能检测或者经检测不合格的机械设备和施工机具及配件的，责令停业整顿，并处 5 万元以上 10 万元以下的罚款；造成损失的，依法承担赔偿责任。

第六十一条　违反本条例的规定，施工起重机械和整体提升脚手架、模板等自升式架设设施安装、拆卸单位有下列行为之一的，责令限期改正，处 5 万元以上 10 万元以下的罚款；情节严重的，责令停业整顿，降低资质等级，直至吊销资质证书；造成损失的，依法承担赔偿责任：

（一）未编制拆装方案、制定安全施工措施的；

（二）未由专业技术人员现场监督的；

（三）未出具自检合格证明或者出具虚假证明的；

（四）未向施工单位进行安全使用说明，办理移交手续的。

施工起重机械和整体提升脚手架、模板等自升式架设设施安装、拆卸单位有前款规定的第（一）项、第（三）项行为，经有关部门或者单位职工提出后，对事故隐患仍不采取措施，因而发生重大伤亡事故或者造成其他严重后果，构成犯罪的，对直接责任人员，依照刑法有关规定追究刑事责任。

第六十二条　违反本条例的规定，施工单位有下列行为之一的，责令限期改正；逾期未改正的，责令停业整顿，依照《中华人民共和国安全生产法》的有关规定处以罚款；造成重大安全事故，构成犯罪的，对直接责任人员，依照刑法有关规定追究刑事责任：

（一）未设立安全生产管理机构、配备专职安全生产管理人员或者分部分项工程施工时无专职安全生产管理人员现场监督的；

（二）施工单位的主要负责人、项目负责人、专职安全生产管理人员、作业人员或者特种作业人员，未经安全教育培训或者经考核不合格即从事相关工作的；

（三）未在施工现场的危险部位设置明显的安全警示标志，或者未按照国家有关规定在施工现场设置消防通道、消防水源、配备消防设施和灭火器材的；

（四）未向作业人员提供安全防护用具和安全防护服装的；

（五）未按照规定在施工起重机械和整体提升脚手架、模板等自升式架设设施验收合格后登记的；

（六）使用国家明令淘汰、禁止使用的危及施工安全的工艺、设备、材料的。

第六十三条　违反本条例的规定，施工单位挪用列入建设工程概算的安全生产作业环境及安全施工措施所需费用的，责令限期改正，处挪用费用20%以上50%以下的罚款；造成损失的，依法承担赔偿责任。

第六十四条　违反本条例的规定，施工单位有下列行为之一的，责令限期改正；逾期未改正的，责令停业整顿，并处5万元以上10万元以下的罚款；造成重大安全事故，构成犯罪的，对直接责任人员，依照刑法有关规定追究刑事责任：

（一）施工前未对有关安全施工的技术要求作出详细说明的；

（二）未根据不同施工阶段和周围环境及季节、气候的变化，在施工现场采取相应的安全施工措施，或者在城市市区内的建设工程的施工现场未实行封闭围挡的；

（三）在尚未竣工的建筑物内设置员工集体宿舍的；

（四）施工现场临时搭建的建筑物不符合安全使用要求的；

（五）未对因建设工程施工可能造成损害的毗邻建筑物、构筑物和地下管线等采取专项防护措施的。

施工单位有前款规定第（四）项、第（五）项行为，造成损失的，依法承担赔偿责任。

第六十五条　违反本条例的规定，施工单位有下列行为之一的，责令限期改正；逾期未改正的，责令停业整顿，并处10万元以上30万元以下的罚款；情节严重的，降低资质等级，直至吊销资质证书；造成重大安全事故，构成犯罪的，对直接责任人员，依照刑法有关规定追究刑事责任；造成损失的，依法承担赔偿责任：

（一）安全防护用具、机械设备、施工机具及配件在进入施工现场前未经查验或者查验不合格即投入使用的；

（二）使用未经验收或者验收不合格的施工起重机械和整体提升脚手架、模板等自升式架设设施的；

（三）委托不具有相应资质的单位承担施工现场安装、拆卸施工起重机械和整体提升脚手架、模板等自升式架设设施的；

（四）在施工组织设计中未编制安全技术措施、施工现场临时用电方案或者专项施工方案的。

第六十六条 违反本条例的规定，施工单位的主要负责人、项目负责人未履行安全生产管理职责的，责令限期改正；逾期未改正的，责令施工单位停业整顿；造成重大安全事故、重大伤亡事故或者其他严重后果，构成犯罪的，依照刑法有关规定追究刑事责任。

作业人员不服管理、违反规章制度和操作规程冒险作业造成重大伤亡事故或者其他严重后果，构成犯罪的，依照刑法有关规定追究刑事责任。

施工单位的主要负责人、项目负责人有前款违法行为，尚不够刑事处罚的，处 2 万元以上 20 万元以下的罚款或者按照管理权限给予撤职处分；自刑罚执行完毕或者受处分之日起，5 年内不得担任任何施工单位的主要负责人、项目负责人。

第六十七条 施工单位取得资质证书后，降低安全生产条件的，责令限期改正；经整改仍未达到与其资质等级相适应的安全生产条件的，责令停业整顿，降低其资质等级直至吊销资质证书。

第六十八条 本条例规定的行政处罚，由建设行政主管部门或者其他有关部门依照法定职权决定。

违反消防安全管理规定的行为，由公安消防机构依法处罚。

有关法律、行政法规对建设工程安全生产违法行为的行政处罚决定机关另有规定的，从其规定。

第八章 附 则

第六十九条 抢险救灾和农民自建低层住宅的安全生产管理，不适用本条例。

第七十条 军事建设工程的安全生产管理，按照中央军事委员会的有关规定执行。

第七十一条 本条例自 2004 年 2 月 1 日起施行。

建设工程勘察设计管理条例

2000 年 9 月 25 日国务院令第 293 号公布

根据 2015 年 6 月 12 日《国务院关于修改〈建设工程勘察设计管理条例〉的决定》修订，并以国务院令第 662 号公布

第一章 总 则

第一条 为了加强对建设工程勘察、设计活动的管理，保证建设工程勘察、设计质量，保护人民生命和财产安全，制定本条例。

第二条 从事建设工程勘察、设计活动，必须遵守本条例。

　　本条例所称建设工程勘察，是指根据建设工程的要求，查明、分析、评价建设场地的地质地理环境特征和岩土工程条件，编制建设工程勘察文件的活动。

　　本条例所称建设工程设计，是指根据建设工程的要求，对建设工程所需的技术、经济、资源、环境等条件进行综合分析、论证，编制建设工程设计文件的活动。

　　第三条　建设工程勘察、设计应当与社会、经济发展水平相适应，做到经济效益、社会效益和环境效益相统一。

　　第四条　从事建设工程勘察、设计活动，应当坚持先勘察、后设计、再施工的原则。

　　第五条　县级以上人民政府建设行政主管部门和交通、水利等有关部门应当依照本条例的规定，加强对建设工程勘察、设计活动的监督管理。

　　建设工程勘察、设计单位必须依法进行建设工程勘察、设计，严格执行工程建设强制性标准，并对建设工程勘察、设计的质量负责。

　　第六条　国家鼓励在建设工程勘察、设计活动中采用先进技术、先进工艺、先进设备、新型材料和现代管理方法。

第二章　资质资格管理

　　第七条　国家对从事建设工程勘察、设计活动的单位，实行资质管理制度。具体办法由国务院建设行政主管部门商国务院有关部门制定。

　　第八条　建设工程勘察、设计单位应当在其资质等级许可的范围内承揽建设工程勘察、设计业务。

　　禁止建设工程勘察、设计单位超越其资质等级许可的范围或者以其他建设工程勘察、设计单位的名义承揽建设工程勘察、设计业务。禁止建设工程勘察、设计单位允许其他单位或者个人以本单位的名义承揽建设工程勘察、设计业务。

　　第九条　国家对从事建设工程勘察、设计活动的专业技术人员，实行执业资格注册管理制度。

　　未经注册的建设工程勘察、设计人员，不得以注册执业人员的名义从事建设工程勘察、设计活动。

　　第十条　建设工程勘察、设计注册执业人员和其他专业技术人员只能受聘于一个建设工程勘察、设计单位；未受聘于建设工程勘察、设计单位的，不得从事建设工程的勘察、设计活动。

　　第十一条　建设工程勘察、设计单位资质证书和执业人员注册证书，由国务院建设行政主管部门统一制作。

第三章　建设工程勘察设计发包与承包

　　第十二条　建设工程勘察、设计发包依法实行招标发包或者直接发包。

第十三条 建设工程勘察、设计应当依照《中华人民共和国招标投标法》的规定，实行招标发包。

第十四条 建设工程勘察、设计方案评标，应当以投标人的业绩、信誉和勘察、设计人员的能力以及勘察、设计方案的优劣为依据，进行综合评定。

第十五条 建设工程勘察、设计的招标人应当在评标委员会推荐的候选方案中确定中标方案。但是，建设工程勘察、设计的招标人认为评标委员会推荐的候选方案不能最大限度满足招标文件规定的要求的，应当依法重新招标。

第十六条 下列建设工程的勘察、设计，经有关主管部门批准，可以直接发包：

（一）采用特定的专利或者专有技术的；

（二）建筑艺术造型有特殊要求的；

（三）国务院规定的其他建设工程的勘察、设计。

第十七条 发包方不得将建设工程勘察、设计业务发包给不具有相应勘察、设计资质等级的建设工程勘察、设计单位。

第十八条 发包方可以将整个建设工程的勘察、设计发包给一个勘察、设计单位；也可以将建设工程的勘察、设计分别发包给几个勘察、设计单位。

第十九条 除建设工程主体部分的勘察、设计外，经发包方书面同意，承包方可以将建设工程其他部分的勘察、设计再分包给其他具有相应资质等级的建设工程勘察、设计单位。

第二十条 建设工程勘察、设计单位不得将所承揽的建设工程勘察、设计转包。

第二十一条 承包方必须在建设工程勘察、设计资质证书规定的资质等级和业务范围内承揽建设工程的勘察、设计业务。

第二十二条 建设工程勘察、设计的发包方与承包方，应当执行国家规定的建设工程勘察、设计程序。

第二十三条 建设工程勘察、设计的发包方与承包方应当签订建设工程勘察、设计合同。

第二十四条 建设工程勘察、设计发包方与承包方应当执行国家有关建设工程勘察费、设计费的管理规定。

第四章　建设工程勘察设计文件的编制与实施

第二十五条 编制建设工程勘察、设计文件，应当以下列规定为依据：

（一）项目批准文件；

（二）城乡规划；

（三）工程建设强制性标准；

（四）国家规定的建设工程勘察、设计深度要求。

铁路、交通、水利等专业建设工程，还应当以专业规划的要求为依据。

第二十六条 编制建设工程勘察文件，应当真实、准确，满足建设工程规划、选址、设计、岩土治理和施工的需要。

编制方案设计文件，应当满足编制初步设计文件和控制概算的需要。

编制初步设计文件，应当满足编制施工招标文件、主要设备材料订货和编制施工图设计文件的需要。

编制施工图设计文件，应当满足设备材料采购、非标准设备制作和施工的需要，并注明建设工程合理使用年限。

第二十七条 设计文件中选用的材料、构配件、设备，应当注明其规格、型号、性能等技术指标，其质量要求必须符合国家规定的标准。

除有特殊要求的建筑材料、专用设备和工艺生产线等外，设计单位不得指定生产厂、供应商。

第二十八条 建设单位、施工单位、监理单位不得修改建设工程勘察、设计文件；确需修改建设工程勘察、设计文件的，应当由原建设工程勘察、设计单位修改。经原建设工程勘察、设计单位书面同意，建设单位也可以委托其他具有相应资质的建设工程勘察、设计单位修改。修改单位对修改的勘察、设计文件承担相应责任。

施工单位、监理单位发现建设工程勘察、设计文件不符合工程建设强制性标准、合同约定的质量要求的，应当报告建设单位，建设单位有权要求建设工程勘察、设计单位对建设工程勘察、设计文件进行补充、修改。

建设工程勘察、设计文件内容需要作重大修改的，建设单位应当报经原审批机关批准后，方可修改。

第二十九条 建设工程勘察、设计文件中规定采用的新技术、新材料，可能影响建设工程质量和安全，又没有国家技术标准的，应当由国家认可的检测机构进行试验、论证，出具检测报告，并经国务院有关部门或者省、自治区、直辖市人民政府有关部门组织的建设工程技术专家委员会审定后，方可使用。

第三十条 建设工程勘察、设计单位应当在建设工程施工前，向施工单位和监理单位说明建设工程勘察、设计意图，解释建设工程勘察、设计文件。

建设工程勘察、设计单位应当及时解决施工中出现的勘察、设计问题。

第五章 监督管理

第三十一条 国务院建设行政主管部门对全国的建设工程勘察、设计活动实施统一监督管理。国务院铁路、交通、水利等有关部门按照国务院规定的职责分工，负责对全国的有关专业建设工程勘察、设计活动的监督管理。

县级以上地方人民政府建设行政主管部门对本行政区域内的建设工程勘察、设计活动实施监督管理。县级以上地方人民政府交通、水利等有关部门在各自的职责范围内，负责对本行政区域内的有关专业建设工程勘察、设计活动的监督管理。

第三十二条　建设工程勘察、设计单位在建设工程勘察、设计资质证书规定的业务范围内跨部门、跨地区承揽勘察、设计业务的，有关地方人民政府及其所属部门不得设置障碍，不得违反国家规定收取任何费用。

第三十三条　县级以上人民政府建设行政主管部门或者交通、水利等有关部门应当对施工图设计文件中涉及公共利益、公众安全、工程建设强制性标准的内容进行审查。

施工图设计文件未经审查批准的，不得使用。

第三十四条　任何单位和个人对建设工程勘察、设计活动中的违法行为都有权检举、控告、投诉。

第六章　罚　则

第三十五条　违反本条例第八条规定的，责令停止违法行为，处合同约定的勘察费、设计费1倍以上2倍以下的罚款，有违法所得的，予以没收；可以责令停业整顿，降低资质等级；情节严重的，吊销资质证书。

未取得资质证书承揽工程的，予以取缔，依照前款规定处以罚款；有违法所得的，予以没收。

以欺骗手段取得资质证书承揽工程的，吊销资质证书，依照本条第一款规定处以罚款；有违法所得的，予以没收。

第三十六条　违反本条例规定，未经注册，擅自以注册建设工程勘察、设计人员的名义从事建设工程勘察、设计活动的，责令停止违法行为，没收违法所得，处违法所得2倍以上5倍以下罚款；给他人造成损失的，依法承担赔偿责任。

第三十七条　违反本条例规定，建设工程勘察、设计注册执业人员和其他专业技术人员未受聘于一个建设工程勘察、设计单位或者同时受聘于两个以上建设工程勘察、设计单位，从事建设工程勘察、设计活动的，责令停止违法行为，没收违法所得，处违法所得2倍以上5倍以下的罚款；情节严重的，可以责令停止执行业务或者吊销资格证书；给他人造成损失的，依法承担赔偿责任。

第三十八条　违反本条例规定，发包方将建设工程勘察、设计业务发包给不具有相应资质等级的建设工程勘察、设计单位的，责令改正，处50万元以上100万元以下的罚款。

第三十九条　违反本条例规定，建设工程勘察、设计单位将所承揽的建设工程勘察、设计转包的，责令改正，没收违法所得，处合同约定的勘察费、设计费25%以上50%以下的罚款，可以责令停业整顿，降低资质等级；情节严重的，吊销资质证书。

第四十条　违反本条例规定，勘察、设计单位未依据项目批准文件，城乡规划及专业规划，国家规定的建设工程勘察、设计深度要求编制建设工程勘察、设计文件的，责令限期改正；逾期不改正的，处10万元以上30万元以下的罚款；造成工程质量事故或者环境污染和生态破坏的，责令停业整顿，降低资质等级；情节严重的，吊销资质证书；造成损失的，依法承担赔偿责任。

第四十一条　违反本条例规定，有下列行为之一的，依照《建设工程质量管理条例》第六十三条的规定给予处罚：

（一）勘察单位未按照工程建设强制性标准进行勘察的；

（二）设计单位未根据勘察成果文件进行工程设计的；

（三）设计单位指定建筑材料、建筑构配件的生产厂、供应商的；

（四）设计单位未按照工程建设强制性标准进行设计的。

第四十二条　本条例规定的责令停业整顿、降低资质等级和吊销资质证书、资格证书的行政处罚，由颁发资质证书、资格证书的机关决定；其他行政处罚，由建设行政主管部门或者其他有关部门依据法定职权范围决定。

依照本条例规定被吊销资质证书的，由工商行政管理部门吊销其营业执照。

第四十三条　国家机关工作人员在建设工程勘察、设计活动的监督管理工作中玩忽职守、滥用职权、徇私舞弊，构成犯罪的，依法追究刑事责任；尚不构成犯罪的，依法给予行政处分。

第七章　附　则

第四十四条　抢险救灾及其他临时性建筑和农民自建两层以下住宅的勘察、设计活动，不适用本条例。

第四十五条　军事建设工程勘察、设计的管理，按照中央军事委员会的有关规定执行。

第四十六条　本条例自公布之日起施行。

中华人民共和国招标投标法实施条例

2011 年 11 月 30 日中华人民共和国国务院令第 613 号公布

第一章　总　则

第一条　为了规范招标投标活动，根据《中华人民共和国招标投标法》（以下简称招标投标法），制定本条例。

第二条　招标投标法第三条所称工程建设项目，是指工程以及与工程建设有关的货物、服务。

前款所称工程，是指建设工程，包括建筑物和构筑物的新建、改建、扩建及其相关的装修、拆除、修缮等；所称与工程建设有关的货物，是指构成工程不可分割的组成部分，且为实现工程基本功能所必需的设备、材料等；所称与工程建设有关的服务，是指为完成工程所需的勘察、设计、监理等服务。

第三条　依法必须进行招标的工程建设项目的具体范围和规模标准，由国务院发展改革部门会同国务院有关部门制订，报国务院批准后公布施行。

第四条　国务院发展改革部门指导和协调全国招标投标工作，对国家重大建设项目的工程招标投标活动实施监督检查。国务院工业和信息化、住房城乡建设、交通运输、铁道、水利、商务等部门，按照规定的职责分工对有关招标投标活动实施监督。

县级以上地方人民政府发展改革部门指导和协调本行政区域的招标投标工作。县级以上地方人民政府有关部门按照规定的职责分工，对招标投标活动实施监督，依法查处招标投标活动中的违法行为。县级以上地方人民政府对其所属部门有关招标投标活动的监督职责分工另有规定的，从其规定。

财政部门依法对实行招标投标的政府采购工程建设项目的预算执行情况和政府采购政策执行情况实施监督。

监察机关依法对与招标投标活动有关的监察对象实施监察。

第五条　设区的市级以上地方人民政府可以根据实际需要，建立统一规范的招标投标交易场所，为招标投标活动提供服务。招标投标交易场所不得与行政监督部门存在隶属关系，不得以营利为目的。

国家鼓励利用信息网络进行电子招标投标。

第六条　禁止国家工作人员以任何方式非法干涉招标投标活动。

第二章　招　标

第七条　按照国家有关规定需要履行项目审批、核准手续的依法必须进行招标的项目，其招标范围、招标方式、招标组织形式应当报项目审批、核准部门审批、核准。项目审批、核准部门应当及时将审批、核准确定的招标范围、招标方式、招标组织形式通报有关行政监督部门。

第八条　国有资金占控股或者主导地位的依法必须进行招标的项目，应当公开招标；但有下列情形之一的，可以邀请招标：

（一）技术复杂、有特殊要求或者受自然环境限制，只有少量潜在投标人可供选择；

（二）采用公开招标方式的费用占项目合同金额的比例过大。

有前款第二项所列情形，属于本条例第七条规定的项目，由项目审批、核准部门在审批、核准项目时作出认定；其他项目由招标人申请有关行政监督部门作出认定。

第九条　除招标投标法第六十六条规定的可以不进行招标的特殊情况外，有下列情形之一的，可以不进行招标：

（一）需要采用不可替代的专利或者专有技术；

（二）采购人依法能够自行建设、生产或者提供；

（三）已通过招标方式选定的特许经营项目投资人依法能够自行建设、生产或者提供；

（四）需要向原中标人采购工程、货物或者服务，否则将影响施工或者功能配套要求；

（五）国家规定的其他特殊情形。

招标人为适用前款规定弄虚作假的，属于招标投标法第四条规定的规避招标。

第十条　招标投标法第十二条第二款规定的招标人具有编制招标文件和组织评标能力，是指招标人具有与招标项目规模和复杂程度相适应的技术、经济等方面的专业人员。

第十一条　招标代理机构的资格依照法律和国务院的规定由有关部门认定。

国务院住房城乡建设、商务、发展改革、工业和信息化等部门，按照规定的职责分工对招标代理机构依法实施监督管理。

第十二条　招标代理机构应当拥有一定数量的取得招标职业资格的专业人员。取得招标职业资格的具体办法由国务院人力资源社会保障部门会同国务院发展改革部门制定。

第十三条　招标代理机构在其资格许可和招标人委托的范围内开展招标代理业务，任何单位和个人不得非法干涉。

招标代理机构代理招标业务，应当遵守招标投标法和本条例关于招标人的规定。招标代理机构不得在所代理的招标项目中投标或者代理投标，也不得为所代理的招标项目的投标人提供咨询。

招标代理机构不得涂改、出租、出借、转让资格证书。

第十四条　招标人应当与被委托的招标代理机构签订书面委托合同，合同约定的收费标准应当符合国家有关规定。

第十五条　公开招标的项目，应当依照招标投标法和本条例的规定发布招标公告、编制招标文件。

招标人采用资格预审办法对潜在投标人进行资格审查的，应当发布资格预审公告、编制资格预审文件。

依法必须进行招标的项目的资格预审公告和招标公告，应当在国务院发展改革部门依法指定的媒介发布。在不同媒介发布的同一招标项目的资格预审公告或者招标公告的内容应当一致。指定媒介发布依法必须进行招标的项目的境内资格预审公告、招标公告，不得收取费用。

编制依法必须进行招标的项目的资格预审文件和招标文件，应当使用国务院发展改革部门会同有关行政监督部门制定的标准文本。

第十六条　招标人应当按照资格预审公告、招标公告或者投标邀请书规定的时间、地点发售资格预审文件或者招标文件。资格预审文件或者招标文件的发售期不得少于5日。

招标人发售资格预审文件、招标文件收取的费用应当限于补偿印刷、邮寄的成本支出，不得以营利为目的。

第十七条 招标人应当合理确定提交资格预审申请文件的时间。依法必须进行招标的项目提交资格预审申请文件的时间，自资格预审文件停止发售之日起不得少于 5 日。

第十八条 资格预审应当按照资格预审文件载明的标准和方法进行。

国有资金占控股或者主导地位的依法必须进行招标的项目，招标人应当组建资格审查委员会审查资格预审申请文件。资格审查委员会及其成员应当遵守招标投标法和本条例有关评标委员会及其成员的规定。

第十九条 资格预审结束后，招标人应当及时向资格预审申请人发出资格预审结果通知书。未通过资格预审的申请人不具有投标资格。

通过资格预审的申请人少于 3 个的，应当重新招标。

第二十条 招标人采用资格后审办法对投标人进行资格审查的，应当在开标后由评标委员会按照招标文件规定的标准和方法对投标人的资格进行审查。

第二十一条 招标人可以对已发出的资格预审文件或者招标文件进行必要的澄清或者修改。澄清或者修改的内容可能影响资格预审申请文件或者投标文件编制的，招标人应当在提交资格预审申请文件截止时间至少 3 日前，或者投标截止时间至少 15 日前，以书面形式通知所有获取资格预审文件或者招标文件的潜在投标人；不足 3 日或者 15 日的，招标人应当顺延提交资格预审申请文件或者投标文件的截止时间。

第二十二条 潜在投标人或者其他利害关系人对资格预审文件有异议的，应当在提交资格预审申请文件截止时间 2 日前提出；对招标文件有异议的，应当在投标截止时间 10 日前提出。招标人应当自收到异议之日起 3 日内作出答复；作出答复前，应当暂停招标投标活动。

第二十三条 招标人编制的资格预审文件、招标文件的内容违反法律、行政法规的强制性规定，违反公开、公平、公正和诚实信用原则，影响资格预审结果或者潜在投标人投标的，依法必须进行招标的项目的招标人应当在修改资格预审文件或者招标文件后重新招标。

第二十四条 招标人对招标项目划分标段的，应当遵守招标投标法的有关规定，不得利用划分标段限制或者排斥潜在投标人。依法必须进行招标的项目的招标人不得利用划分标段规避招标。

第二十五条 招标人应当在招标文件中载明投标有效期。投标有效期从提交投标文件的截止之日起算。

第二十六条 招标人在招标文件中要求投标人提交投标保证金的，投标保证金不得超过招标项目估算价的 2%。投标保证金有效期应当与投标有效期一致。

依法必须进行招标的项目的境内投标单位，以现金或者支票形式提交的投标保证金应当从其基本账户转出。

招标人不得挪用投标保证金。

第二十七条 招标人可以自行决定是否编制标底。一个招标项目只能有一个标底。标底必须保密。

接受委托编制标底的中介机构不得参加受托编制标底项目的投标，也不得为该项目的投标人编制投标文件或者提供咨询。

招标人设有最高投标限价的，应当在招标文件中明确最高投标限价或者最高投标限价的计算方法。招标人不得规定最低投标限价。

第二十八条 招标人不得组织单个或者部分潜在投标人踏勘项目现场。

第二十九条 招标人可以依法对工程以及与工程建设有关的货物、服务全部或者部分实行总承包招标。以暂估价形式包括在总承包范围内的工程、货物、服务属于依法必须进行招标的项目范围且达到国家规定规模标准的，应当依法进行招标。

前款所称暂估价，是指总承包招标时不能确定价格而由招标人在招标文件中暂时估定的工程、货物、服务的金额。

第三十条 对技术复杂或者无法精确拟定技术规格的项目，招标人可以分两阶段进行招标。

第一阶段，投标人按照招标公告或者投标邀请书的要求提交不带报价的技术建议，招标人根据投标人提交的技术建议确定技术标准和要求，编制招标文件。

第二阶段，招标人向在第一阶段提交技术建议的投标人提供招标文件，投标人按照招标文件的要求提交包括最终技术方案和投标报价的投标文件。

招标人要求投标人提交投标保证金的，应当在第二阶段提出。

第三十一条 招标人终止招标的，应当及时发布公告，或者以书面形式通知被邀请的或者已经获取资格预审文件、招标文件的潜在投标人。已经发售资格预审文件、招标文件或者已经收取投标保证金的，招标人应当及时退还所收取的资格预审文件、招标文件的费用，以及所收取的投标保证金及银行同期存款利息。

第三十二条 招标人不得以不合理的条件限制、排斥潜在投标人或者投标人。

招标人有下列行为之一的，属于以不合理条件限制、排斥潜在投标人或者投标人：

（一）就同一招标项目向潜在投标人或者投标人提供有差别的项目信息；

（二）设定的资格、技术、商务条件与招标项目的具体特点和实际需要不相适应或者与合同履行无关；

（三）依法必须进行招标的项目以特定行政区域或者特定行业的业绩、奖项作为加分条件或者中标条件；

（四）对潜在投标人或者投标人采取不同的资格审查或者评标标准；

（五）限定或者指定特定的专利、商标、品牌、原产地或者供应商；

（六）依法必须进行招标的项目非法限定潜在投标人或者投标人的所有制形式或者组织形式；

（七）以其他不合理条件限制、排斥潜在投标人或者投标人。

第三章　投　标

第三十三条　投标人参加依法必须进行招标的项目的投标，不受地区或者部门的限制，任何单位和个人不得非法干涉。

第三十四条　与招标人存在利害关系可能影响招标公正性的法人、其他组织或者个人，不得参加投标。

单位负责人为同一人或者存在控股、管理关系的不同单位，不得参加同一标段投标或者未划分标段的同一招标项目投标。

违反前两款规定的，相关投标均无效。

第三十五条　投标人撤回已提交的投标文件，应当在投标截止时间前书面通知招标人。招标人已收取投标保证金的，应当自收到投标人书面撤回通知之日起 5 日内退还。

投标截止后投标人撤销投标文件的，招标人可以不退还投标保证金。

第三十六条　未通过资格预审的申请人提交的投标文件，以及逾期送达或者不按照招标文件要求密封的投标文件，招标人应当拒收。

招标人应当如实记载投标文件的送达时间和密封情况，并存档备查。

第三十七条　招标人应当在资格预审公告、招标公告或者投标邀请书中载明是否接受联合体投标。

招标人接受联合体投标并进行资格预审的，联合体应当在提交资格预审申请文件前组成。资格预审后联合体增减、更换成员的，其投标无效。

联合体各方在同一招标项目中以自己名义单独投标或者参加其他联合体投标的，相关投标均无效。

第三十八条　投标人发生合并、分立、破产等重大变化的，应当及时书面告知招标人。投标人不再具备资格预审文件、招标文件规定的资格条件或者其投标影响招标公正性的，其投标无效。

第三十九条　禁止投标人相互串通投标。

有下列情形之一的，属于投标人相互串通投标：

（一）投标人之间协商投标报价等投标文件的实质性内容；

（二）投标人之间约定中标人；

（三）投标人之间约定部分投标人放弃投标或者中标；

（四）属于同一集团、协会、商会等组织成员的投标人按照该组织要求协同投标；

（五）投标人之间为谋取中标或者排斥特定投标人而采取的其他联合行动。

第四十条　有下列情形之一的，视为投标人相互串通投标：

（一）不同投标人的投标文件由同一单位或者个人编制；

（二）不同投标人委托同一单位或者个人办理投标事宜；

（三）不同投标人的投标文件载明的项目管理成员为同一人；

（四）不同投标人的投标文件异常一致或者投标报价呈规律性差异；

（五）不同投标人的投标文件相互混装；

（六）不同投标人的投标保证金从同一单位或者个人的账户转出。

第四十一条 禁止招标人与投标人串通投标。

有下列情形之一的，属于招标人与投标人串通投标：

（一）招标人在开标前开启投标文件并将有关信息泄露给其他投标人；

（二）招标人直接或者间接向投标人泄露标底、评标委员会成员等信息；

（三）招标人明示或者暗示投标人压低或者抬高投标报价；

（四）招标人授意投标人撤换、修改投标文件；

（五）招标人明示或者暗示投标人为特定投标人中标提供方便；

（六）招标人与投标人为谋求特定投标人中标而采取的其他串通行为。

第四十二条 使用通过受让或者租借等方式获取的资格、资质证书投标的，属于招标投标法第三十三条规定的以他人名义投标。

投标人有下列情形之一的，属于招标投标法第三十三条规定的以其他方式弄虚作假的行为：

（一）使用伪造、变造的许可证件；

（二）提供虚假的财务状况或者业绩；

（三）提供虚假的项目负责人或者主要技术人员简历、劳动关系证明；

（四）提供虚假的信用状况；

（五）其他弄虚作假的行为。

第四十三条 提交资格预审申请文件的申请人应当遵守招标投标法和本条例有关投标人的规定。

第四章 开标、评标和中标

第四十四条 招标人应当按照招标文件规定的时间、地点开标。

投标人少于 3 个的，不得开标；招标人应当重新招标。

投标人对开标有异议的，应当在开标现场提出，招标人应当当场作出答复，并制作记录。

第四十五条 国家实行统一的评标专家专业分类标准和管理办法。具体标准和办法由国务院发展改革部门会同国务院有关部门制定。

省级人民政府和国务院有关部门应当组建综合评标专家库。

第四十六条 除招标投标法第三十七条第三款规定的特殊招标项目外，依法必须进行招标的项目，其评标委员会的专家成员应当从评标专家库内相关专业的专家名单中以随机抽取方式确定。任何单位和个人不得以明示、暗示等任何方式指定或者变相指定参加评标委员会的专家成员。

依法必须进行招标的项目的招标人非因招标投标法和本条例规定的事由,不得更换依法确定的评标委员会成员。更换评标委员会的专家成员应当依照前款规定进行。

评标委员会成员与投标人有利害关系的,应当主动回避。

有关行政监督部门应当按照规定的职责分工,对评标委员会成员的确定方式、评标专家的抽取和评标活动进行监督。行政监督部门的工作人员不得担任本部门负责监督项目的评标委员会成员。

第四十七条 招标投标法第三十七条第三款所称特殊招标项目,是指技术复杂、专业性强或者国家有特殊要求,采取随机抽取方式确定的专家难以保证胜任评标工作的项目。

第四十八条 招标人应当向评标委员会提供评标所必需的信息,但不得明示或者暗示其倾向或者排斥特定投标人。

招标人应当根据项目规模和技术复杂程度等因素合理确定评标时间。超过三分之一的评标委员会成员认为评标时间不够的,招标人应当适当延长。

评标过程中,评标委员会成员有回避事由、擅离职守或者因健康等原因不能继续评标的,应当及时更换。被更换的评标委员会成员作出的评审结论无效,由更换后的评标委员会成员重新进行评审。

第四十九条 评标委员会成员应当依照招标投标法和本条例的规定,按照招标文件规定的评标标准和方法,客观、公正地对投标文件提出评审意见。招标文件没有规定的评标标准和方法不得作为评标的依据。

评标委员会成员不得私下接触投标人,不得收受投标人给予的财物或者其他好处,不得向招标人征询确定中标人的意向,不得接受任何单位或者个人明示或者暗示提出的倾向或者排斥特定投标人的要求,不得有其他不客观、不公正履行职务的行为。

第五十条 招标项目设有标底的,招标人应当在开标时公布。标底只能作为评标的参考,不得以投标报价是否接近标底作为中标条件,也不得以投标报价超过标底上下浮动范围作为否决投标的条件。

第五十一条 有下列情形之一的,评标委员会应当否决其投标:

(一)投标文件未经投标单位盖章和单位负责人签字;

(二)投标联合体没有提交共同投标协议;

(三)投标人不符合国家或者招标文件规定的资格条件;

(四)同一投标人提交两个以上不同的投标文件或者投标报价,但招标文件要求提交备选投标的除外;

(五)投标报价低于成本或者高于招标文件设定的最高投标限价;

(六)投标文件没有对招标文件的实质性要求和条件作出响应;

(七)投标人有串通投标、弄虚作假、行贿等违法行为。

第五十二条　投标文件中有含义不明确的内容、明显文字或者计算错误，评标委员会认为需要投标人作出必要澄清、说明的，应当书面通知该投标人。投标人的澄清、说明应当采用书面形式，并不得超出投标文件的范围或者改变投标文件的实质性内容。

评标委员会不得暗示或者诱导投标人作出澄清、说明，不得接受投标人主动提出的澄清、说明。

第五十三条　评标完成后，评标委员会应当向招标人提交书面评标报告和中标候选人名单。中标候选人应当不超过 3 个，并标明排序。

评标报告应当由评标委员会全体成员签字。对评标结果有不同意见的评标委员会成员应当以书面形式说明其不同意见和理由，评标报告应当注明该不同意见。评标委员会成员拒绝在评标报告上签字又不书面说明其不同意见和理由的，视为同意评标结果。

第五十四条　依法必须进行招标的项目，招标人应当自收到评标报告之日起 3 日内公示中标候选人，公示期不得少于 3 日。

投标人或者其他利害关系人对依法必须进行招标的项目的评标结果有异议的，应当在中标候选人公示期间提出。招标人应当自收到异议之日起 3 日内作出答复；作出答复前，应当暂停招标投标活动。

第五十五条　国有资金占控股或者主导地位的依法必须进行招标的项目，招标人应当确定排名第一的中标候选人为中标人。排名第一的中标候选人放弃中标、因不可抗力不能履行合同、不按照招标文件要求提交履约保证金，或者被查实存在影响中标结果的违法行为等情形，不符合中标条件的，招标人可以按照评标委员会提出的中标候选人名单排序依次确定其他中标候选人为中标人，也可以重新招标。

第五十六条　中标候选人的经营、财务状况发生较大变化或者存在违法行为，招标人认为可能影响其履约能力的，应当在发出中标通知书前由原评标委员会按照招标文件规定的标准和方法审查确认。

第五十七条　招标人和中标人应当依照招标投标法和本条例的规定签订书面合同，合同的标的、价款、质量、履行期限等主要条款应当与招标文件和中标人的投标文件的内容一致。招标人和中标人不得再行订立背离合同实质性内容的其他协议。

招标人最迟应当在书面合同签订后 5 日内向中标人和未中标的投标人退还投标保证金及银行同期存款利息。

第五十八条　招标文件要求中标人提交履约保证金的，中标人应当按照招标文件的要求提交。履约保证金不得超过中标合同金额的 10%。

第五十九条　中标人应当按照合同约定履行义务，完成中标项目。中标人不得向他人转让中标项目，也不得将中标项目肢解后分别向他人转让。

中标人按照合同约定或者经招标人同意，可以将中标项目的部分非主体、非关键性工作分包给他人完成。接受分包的人应当具备相应的资格条件，并不得再次分包。

中标人应当就分包项目向招标人负责，接受分包的人就分包项目承担连带责任。

第五章 投诉与处理

第六十条 投标人或者其他利害关系人认为招标投标活动不符合法律、行政法规规定的，可以自知道或者应当知道之日起 10 日内向有关行政监督部门投诉。投诉应当有明确的请求和必要的证明材料。

就本条例第二十二条、第四十四条、第五十四条规定事项投诉的，应当先向招标人提出异议，异议答复期间不计算在前款规定的期限内。

第六十一条 投标人就同一事项向两个以上有权受理的行政监督部门投诉的，由最先收到投诉的行政监督部门负责处理。

行政监督部门应当自收到投诉之日起 3 个工作日内决定是否受理投诉，并自受理投诉之日起 30 个工作日内作出书面处理决定；需要检验、检测、鉴定、专家评审的，所需时间不计算在内。

投诉人捏造事实、伪造材料或者以非法手段取得证明材料进行投诉的，行政监督部门应当予以驳回。

第六十二条 行政监督部门处理投诉，有权查阅、复制有关文件、资料，调查有关情况，相关单位和人员应当予以配合。必要时，行政监督部门可以责令暂停招标投标活动。

行政监督部门的工作人员对监督检查过程中知悉的国家秘密、商业秘密，应当依法予以保密。

第六章 法律责任

第六十三条 招标人有下列限制或者排斥潜在投标人行为之一的，由有关行政监督部门依照招标投标法第五十一条的规定处罚：

（一）依法应当公开招标的项目不按照规定在指定媒介发布资格预审公告或者招标公告；

（二）在不同媒介发布的同一招标项目的资格预审公告或者招标公告的内容不一致，影响潜在投标人申请资格预审或者投标。

依法必须进行招标的项目的招标人不按照规定发布资格预审公告或者招标公告，构成规避招标的，依照招标投标法第四十九条的规定处罚。

第六十四条 招标人有下列情形之一的，由有关行政监督部门责令改正，可以处 10 万元以下的罚款：

（一）依法应当公开招标而采用邀请招标；

（二）招标文件、资格预审文件的发售、澄清、修改的时限，或者确定的提交资格预审申请文件、投标文件的时限不符合招标投标法和本条例规定；

（三）接受未通过资格预审的单位或者个人参加投标；

（四）接受应当拒收的投标文件。

招标人有前款第一项、第三项、第四项所列行为之一的，对单位直接负责的主管人员和其他直接责任人员依法给予处分。

第六十五条 招标代理机构在所代理的招标项目中投标、代理投标或者向该项目投标人提供咨询的，接受委托编制标底的中介机构参加受托编制标底项目的投标或者为该项目的投标人编制投标文件、提供咨询的，依照招标投标法第五十条的规定追究法律责任。

第六十六条 招标人超过本条例规定的比例收取投标保证金、履约保证金或者不按照规定退还投标保证金及银行同期存款利息的，由有关行政监督部门责令改正，可以处5万元以下的罚款；给他人造成损失的，依法承担赔偿责任。

第六十七条 投标人相互串通投标或者与招标人串通投标的，投标人向招标人或者评标委员会成员行贿谋取中标的，中标无效；构成犯罪的，依法追究刑事责任；尚不构成犯罪的，依照招标投标法第五十三条的规定处罚。投标人未中标的，对单位的罚款金额按照招标项目合同金额依照招标投标法规定的比例计算。

投标人有下列行为之一的，属于招标投标法第五十三条规定的情节严重行为，由有关行政监督部门取消其1年至2年内参加依法必须进行招标的项目的投标资格：

（一）以行贿谋取中标；

（二）3年内2次以上串通投标；

（三）串通投标行为损害招标人、其他投标人或者国家、集体、公民的合法利益，造成直接经济损失30万元以上；

（四）其他串通投标情节严重的行为。

投标人自本条第二款规定的处罚执行期限届满之日起3年内又有该款所列违法行为之一的，或者串通投标、以行贿谋取中标情节特别严重的，由工商行政管理机关吊销营业执照。

法律、行政法规对串通投标报价行为的处罚另有规定的，从其规定。

第六十八条 投标人以他人名义投标或者以其他方式弄虚作假骗取中标的，中标无效；构成犯罪的，依法追究刑事责任；尚不构成犯罪的，依照招标投标法第五十四条的规定处罚。依法必须进行招标的项目的投标人未中标的，对单位的罚款金额按照招标项目合同金额依照招标投标法规定的比例计算。

投标人有下列行为之一的，属于招标投标法第五十四条规定的情节严重行为，由有关行政监督部门取消其1年至3年内参加依法必须进行招标的项目的投标资格：

（一）伪造、变造资格、资质证书或者其他许可证件骗取中标；

（二）3年内2次以上使用他人名义投标；

（三）弄虚作假骗取中标给招标人造成直接经济损失30万元以上；

（四）其他弄虚作假骗取中标情节严重的行为。

投标人自本条第二款规定的处罚执行期限届满之日起 3 年内又有该款所列违法行为之一的，或者弄虚作假骗取中标情节特别严重的，由工商行政管理机关吊销营业执照。

第六十九条 出让或者出租资格、资质证书供他人投标的，依照法律、行政法规的规定给予行政处罚；构成犯罪的，依法追究刑事责任。

第七十条 依法必须进行招标的项目的招标人不按照规定组建评标委员会，或者确定、更换评标委员会成员违反招标投标法和本条例规定的，由有关行政监督部门责令改正，可以处 10 万元以下的罚款，对单位直接负责的主管人员和其他直接责任人员依法给予处分；违法确定或者更换的评标委员会成员作出的评审结论无效，依法重新进行评审。

国家工作人员以任何方式非法干涉选取评标委员会成员的，依照本条例第八十一条的规定追究法律责任。

第七十一条 评标委员会成员有下列行为之一的，由有关行政监督部门责令改正；情节严重的，禁止其在一定期限内参加依法必须进行招标的项目的评标；情节特别严重的，取消其担任评标委员会成员的资格：

（一）应当回避而不回避；

（二）擅离职守；

（三）不按照招标文件规定的评标标准和方法评标；

（四）私下接触投标人；

（五）向招标人征询确定中标人的意向或者接受任何单位或者个人明示或者暗示提出的倾向或者排斥特定投标人的要求；

（六）对依法应当否决的投标不提出否决意见；

（七）暗示或者诱导投标人作出澄清、说明或者接受投标人主动提出的澄清、说明；

（八）其他不客观、不公正履行职务的行为。

第七十二条 评标委员会成员收受投标人的财物或者其他好处的，没收收受的财物，处 3000 元以上 5 万元以下的罚款，取消担任评标委员会成员的资格，不得再参加依法必须进行招标的项目的评标；构成犯罪的，依法追究刑事责任。

第七十三条 依法必须进行招标的项目的招标人有下列情形之一的，由有关行政监督部门责令改正，可以处中标项目金额 10‰以下的罚款；给他人造成损失的，依法承担赔偿责任；对单位直接负责的主管人员和其他直接责任人员依法给予处分：

（一）无正当理由不发出中标通知书；

（二）不按照规定确定中标人；

（三）中标通知书发出后无正当理由改变中标结果；

（四）无正当理由不与中标人订立合同；

（五）在订立合同时向中标人提出附加条件。

第七十四条 中标人无正当理由不与招标人订立合同，在签订合同时向招标人提出附加条件，或者不按照招标文件要求提交履约保证金的，取消其中标资格，投标保证金不予退还。对依法必须进行招标的项目的中标人，由有关行政监督部门责令改正，可以处中标项目金额 10‰以下的罚款。

第七十五条　招标人和中标人不按照招标文件和中标人的投标文件订立合同，合同的主要条款与招标文件、中标人的投标文件的内容不一致，或者招标人、中标人订立背离合同实质性内容的协议的，由有关行政监督部门责令改正，可以处中标项目金额 5‰以上 10‰以下的罚款。

第七十六条　中标人将中标项目转让给他人的，将中标项目肢解后分别转让给他人的，违反招标投标法和本条例规定将中标项目的部分主体、关键性工作分包给他人的，或者分包人再次分包的，转让、分包无效，处转让、分包项目金额 5‰以上 10‰以下的罚款；有违法所得的，并处没收违法所得；可以责令停业整顿；情节严重的，由工商行政管理机关吊销营业执照。

第七十七条　投标人或者其他利害关系人捏造事实、伪造材料或者以非法手段取得证明材料进行投诉，给他人造成损失的，依法承担赔偿责任。

招标人不按照规定对异议作出答复，继续进行招标投标活动的，由有关行政监督部门责令改正，拒不改正或者不能改正并影响中标结果的，依照本条例第八十二条的规定处理。

第七十八条　取得招标职业资格的专业人员违反国家有关规定办理招标业务的，责令改正，给予警告；情节严重的，暂停一定期限内从事招标业务；情节特别严重的，取消招标职业资格。

第七十九条　国家建立招标投标信用制度。有关行政监督部门应当依法公告对招标人、招标代理机构、投标人、评标委员会成员等当事人违法行为的行政处理决定。

第八十条　项目审批、核准部门不依法审批、核准项目招标范围、招标方式、招标组织形式的，对单位直接负责的主管人员和其他直接责任人员依法给予处分。

有关行政监督部门不依法履行职责，对违反招标投标法和本条例规定的行为不依法查处，或者不按照规定处理投诉、不依法公告对招标投标当事人违法行为的行政处理决定的，对直接负责的主管人员和其他直接责任人员依法给予处分。

项目审批、核准部门和有关行政监督部门的工作人员徇私舞弊、滥用职权、玩忽职守，构成犯罪的，依法追究刑事责任。

第八十一条　国家工作人员利用职务便利，以直接或者间接、明示或者暗示等任何方式非法干涉招标投标活动，有下列情形之一的，依法给予记过或者记大过处分；情节严重的，依法给予降级或者撤职处分；情节特别严重的，依法给予开除处分；构成犯罪的，依法追究刑事责任：

（一）要求对依法必须进行招标的项目不招标，或者要求对依法应当公开招标的项目不公开招标；

（二）要求评标委员会成员或者招标人以其指定的投标人作为中标候选人或者中标

人，或者以其他方式非法干涉评标活动，影响中标结果；

（三）以其他方式非法干涉招标投标活动。

第八十二条 依法必须进行招标的项目的招标投标活动违反招标投标法和本条例的规定，对中标结果造成实质性影响，且不能采取补救措施予以纠正的，招标、投标、中标无效，应当依法重新招标或者评标。

第七章 附 则

第八十三条 招标投标协会按照依法制定的章程开展活动，加强行业自律和服务。

第八十四条 政府采购的法律、行政法规对政府采购货物、服务的招标投标另有规定的，从其规定。

第八十五条 本条例自 2012 年 2 月 1 日起施行。

生产安全事故报告和调查处理条例

2007 年 4 月 9 日中华人民共和国国务院令第 493 号公布

第一章 总 则

第一条 为了规范生产安全事故的报告和调查处理，落实生产安全事故责任追究制度，防止和减少生产安全事故，根据《中华人民共和国安全生产法》和有关法律，制定本条例。

第二条 生产经营活动中发生的造成人身伤亡或者直接经济损失的生产安全事故的报告和调查处理，适用本条例；环境污染事故、核设施事故、国防科研生产事故的报告和调查处理不适用本条例。

第三条 根据生产安全事故（以下简称事故）造成的人员伤亡或者直接经济损失，事故一般分为以下等级：

（一）特别重大事故，是指造成 30 人以上死亡，或者 100 人以上重伤（包括急性工业中毒，下同），或者 1 亿元以上直接经济损失的事故；

（二）重大事故，是指造成 10 人以上 30 人以下死亡，或者 50 人以上 100 人以下重伤，或者 5000 万元以上 1 亿元以下直接经济损失的事故；

（三）较大事故，是指造成 3 人以上 10 人以下死亡，或者 10 人以上 50 人以下重伤，或者 1000 万元以上 5000 万元以下直接经济损失的事故；

（四）一般事故，是指造成 3 人以下死亡，或者 10 人以下重伤，或者 1000 万元以下直接经济损失的事故。

国务院安全生产监督管理部门可以会同国务院有关部门,制定事故等级划分的补充性规定。

本条第一款所称的"以上"包括本数,所称的"以下"不包括本数。

第四条　事故报告应当及时、准确、完整,任何单位和个人对事故不得迟报、漏报、谎报或者瞒报。

事故调查处理应当坚持实事求是、尊重科学的原则,及时、准确地查清事故经过、事故原因和事故损失,查明事故性质,认定事故责任,总结事故教训,提出整改措施,并对事故责任者依法追究责任。

第五条　县级以上人民政府应当依照本条例的规定,严格履行职责,及时、准确地完成事故调查处理工作。

事故发生地有关地方人民政府应当支持、配合上级人民政府或者有关部门的事故调查处理工作,并提供必要的便利条件。

参加事故调查处理的部门和单位应当互相配合,提高事故调查处理工作的效率。

第六条　工会依法参加事故调查处理,有权向有关部门提出处理意见。

第七条　任何单位和个人不得阻挠和干涉对事故的报告和依法调查处理。

第八条　对事故报告和调查处理中的违法行为,任何单位和个人有权向安全生产监督管理部门、监察机关或者其他有关部门举报,接到举报的部门应当依法及时处理。

第二章　事故报告

第九条　事故发生后,事故现场有关人员应当立即向本单位负责人报告;单位负责人接到报告后,应当于1小时内向事故发生地县级以上人民政府安全生产监督管理部门和负有安全生产监督管理职责的有关部门报告。

情况紧急时,事故现场有关人员可以直接向事故发生地县级以上人民政府安全生产监督管理部门和负有安全生产监督管理职责的有关部门报告。

第十条　安全生产监督管理部门和负有安全生产监督管理职责的有关部门接到事故报告后,应当依照下列规定上报事故情况,并通知公安机关、劳动保障行政部门、工会和人民检察院:

(一)特别重大事故、重大事故逐级上报至国务院安全生产监督管理部门和负有安全生产监督管理职责的有关部门;

(二)较大事故逐级上报至省、自治区、直辖市人民政府安全生产监督管理部门和负有安全生产监督管理职责的有关部门;

(三)一般事故上报至设区的市级人民政府安全生产监督管理部门和负有安全生产监督管理职责的有关部门。

安全生产监督管理部门和负有安全生产监督管理职责的有关部门依照前款规定上报事故情况,应当同时报告本级人民政府。国务院安全生产监督管理部门和负有安全生产监督管理职责的有关部门以及省级人民政府接到发生特别重大事故、重大事故的报告后，应当立即报告国务院。

必要时，安全生产监督管理部门和负有安全生产监督管理职责的有关部门可以越级上报事故情况。

第十一条 安全生产监督管理部门和负有安全生产监督管理职责的有关部门逐级上报事故情况，每级上报的时间不得超过 2 小时。

第十二条 报告事故应当包括下列内容：

（一）事故发生单位概况；

（二）事故发生的时间、地点以及事故现场情况；

（三）事故的简要经过；

（四）事故已经造成或者可能造成的伤亡人数（包括下落不明的人数）和初步估计的直接经济损失；

（五）已经采取的措施；

（六）其他应当报告的情况。

第十三条 事故报告后出现新情况的，应当及时补报。

自事故发生之日起 30 日内，事故造成的伤亡人数发生变化的，应当及时补报。道路交通事故、火灾事故自发生之日起 7 日内，事故造成的伤亡人数发生变化的，应当及时补报。

第十四条 事故发生单位负责人接到事故报告后，应当立即启动事故相应应急预案，或者采取有效措施，组织抢救，防止事故扩大，减少人员伤亡和财产损失。

第十五条 事故发生地有关地方人民政府、安全生产监督管理部门和负有安全生产监督管理职责的有关部门接到事故报告后，其负责人应当立即赶赴事故现场，组织事故救援。

第十六条 事故发生后，有关单位和人员应当妥善保护事故现场以及相关证据，任何单位和个人不得破坏事故现场、毁灭相关证据。

因抢救人员、防止事故扩大以及疏通交通等原因，需要移动事故现场物件的，应当做出标志，绘制现场简图并做出书面记录，妥善保存现场重要痕迹、物证。

第十七条 事故发生地公安机关根据事故的情况，对涉嫌犯罪的，应当依法立案侦查，采取强制措施和侦查措施。犯罪嫌疑人逃匿的，公安机关应当迅速追捕归案。

第十八条 安全生产监督管理部门和负有安全生产监督管理职责的有关部门应当建立值班制度，并向社会公布值班电话，受理事故报告和举报。

第三章　事故调查

第十九条 特别重大事故由国务院或者匮务院授权有关部门组织事故调查组进行调查。

重大事故、较大事故、一般事故分别由事故发生地省级人民政府、设区的市级人民政府、县级人民政府负责调查。省级人民政府、设区的市级人民政府、县级人民政府可以直接组织事故调查组进行调查，也可以授权或者委托有关部门组织事故调查组进行调查。

未造成人员伤亡的一般事故，县级人民政府也可以委托事故发生单位组织事故调查组进行调查。

第二十条 上级人民政府认为必要时，可以调查由下级人民政府负责调查的事故。

自事故发生之日起 30 日内（道路交通事故、火灾事故自发生之日起 7 日内），因事故伤亡人数变化导致事故等级发生变化，依照本条例规定应当由上级人民政府负责调查的，上级人民政府可以另行组织事故调查组进行调查。

第二十一条 特别重大事故以下等级事故，事故发生地与事故发生单位不在同一个县级以上行政区域的，由事故发生地人民政府负责调查，事故发生单位所在地人民政府应当派人参加。

第二十二条 事故调查组的组成应当遵循精简、效能的原则。

根据事故的具体情况，事故调查组由有关人民政府、安全生产监督管理部门、负有安全生产监督管理职责的有关部门、监察机关、公安机关以及工会派人组成，并应当邀请人民检察院派人参加。

事故调查组可以聘请有关专家参与调查。

第二十三条 事故调查组成员应当具有事故调查所需要的知识和专长，并与所调查的事故没有直接利害关系。

第二十四条 事故调查组组长由负责事故调查的人民政府指定。事故调查组组长主持事故调查组的工作。

第二十五条 事故调查组履行下列职责：

（一）查明事故发生的经过、原因、人员伤亡情况及直接经济损失；

（二）认定事故的性质和事故责任；

（三）提出对事故责任者的处理建议；

（四）总结事故教训，提出防范和整改措施；

（五）提交事故调查报告。

第二十六条 事故调查组有权向有关单位和个人了解与事故有关的情况，并要求其提供相关文件、资料，有关单位和个人不得拒绝。

事故发生单位的负责人和有关人员在事故调查期间不得擅离职守，并应当随时接受事故调查组的询问，如实提供有关情况。

事故调查中发现涉嫌犯罪的，事故调查组应当及时将有关材料或者其复印件移交司法机关处理。

第二十七条 事故调查中需要进行技术鉴定的，事故调查组应当委托具有国家规定资质的单位进行技术鉴定。必要时，事故调查组可以直接组织专家进行技术鉴定。技术鉴定所需时间不计入事故调查期限。

第二十八条　事故调查组成员在事故调查工作中应当诚信公正、恪尽职守，遵守事故调查组的纪律，保守事故调查的秘密。

未经事故调查组组长允许，事故调查组成员不得擅自发布有关事故的信息。

第二十九条　事故调查组应当自事故发生之日起 60 日内提交事故调查报告；特殊情况下，经负责事故调查的人民政府批准，提交事故调查报告的期限可以适当延长，但延长的期限最长不超过 60 日。

第三十条　事故调查报告应当包括下列内容：

（一）事故发生单位概况；

（二）事故发生经过和事故救援情况；

（三）事故造成的人员伤亡和直接经济损失；

（四）事故发生的原因和事故性质；

（五）事故责任的认定以及对事故责任者的处理建议；

（六）事故防范和整改措施。

事故调查报告应当附具有关证据材料。事故调查组成员应当在事故调查报告上签名。

第三十一条　事故调查报告报送负责事故调查的人民政府后，事故调查工作即告结束。事故调查的有关资料应当归档保存。

第四章　事故处理

第三十二条　重大事故、较大事故、一般事故，负责事故调查的人民政府应当自收到事故调查报告之日起 15 日内做出批复；特别重大事故，30 日内做出批复，特殊情况下，批复时间可以适当延长，但延长的时间最长不超过 30 日。

有关机关应当按照人民政府的批复，依照法律、行政法规规定的权限和程序，对事故发生单位和有关人员进行行政处罚，对负有事故责任的国家工作人员进行处分。

事故发生单位应当按照负责事故调查的人民政府的批复，对本单位负有事故责任的人员进行处理。

负有事故责任的人员涉嫌犯罪的，依法追究刑事责任。

第三十三条　事故发生单位应当认真吸取事故教训，落实防范和整改措施，防止事故再次发生。防范和整改措施的落实情况应当接受工会和职工的监督。

安全生产监督管理部门和负有安全生产监督管理职责的有关部门应当对事故发生单位落实防范和整改措施的情况进行监督检查。

第三十四条　事故处理的情况由负责事故调查的人民政府或者其授权的有关部门、机构向社会公布，依法应当保密的除外。

第五章　法律责任

第三十五条　事故发生单位主要负责人有下列行为之一的，处上一年年收入 40% 至 80% 的罚款；属于国家工作人员的，并依法给予处分；构成犯罪的，依法追究刑事责任：

（一）不立即组织事故抢救的；

（二）迟报或者漏报事故的；

（三）在事故调查处理期间擅离职守的。

第三十六条　事故发生单位及其有关人员有下列行为之一的，对事故发生单位处 100 万元以上 500 万元以下的罚款；对主要负责人、直接负责的主管人员和其他直接责任人员处上一年年收入 60% 至 100% 的罚款；属于国家工作人员的，并依法给予处分；构成违反治安管理行为的，由公安机关依法给予治安管理处罚；构成犯罪的，依法追究刑事责任：

（一）谎报或者瞒报事故的；

（二）伪造或者故意破坏事故现场的；

（三）转移、隐匿资金、财产，或者销毁有关证据、资料的；

（四）拒绝接受调查或者拒绝提供有关情况和资料的；

（五）在事故调查中作伪证或者指使他人作伪证的；

（六）事故发生后逃匿的。

第三十七条　事故发生单位对事故发生负有责任的，依照下列规定处以罚款：

（一）发生一般事故的，处 10 万元以上 20 万元以下的罚款；

（二）发生较大事故的，处 20 万元以上 50 万元以下的罚款；

（三）发生重大事故的，处 50 万元以上 200 万元以下的罚款；

（四）发生特别重大事故的，处 200 万元以上 500 万元以下的罚款。

第三十八条　事故发生单位主要负责人未依法履行安全生产管理职责，导致事故发生的，依照下列规定处以罚款；属于国家工作人员的，并依法给予处分；构成犯罪的，依法追究刑事责任：

（一）发生一般事故的，处上一年年收入 30% 的罚款；

（二）发生较大事故的，处上一年年收入 40% 的罚款；

（三）发生重大事故的，处上一年年收入 60% 的罚款；

（四）发生特别重大事故的，处上一年年收入 80% 的罚款。

第三十九条　有关地方人民政府、安全生产监督管理部门和负有安全生产监督管理职责的有关部门有下列行为之一的，对直接负责的主管人员和其他直接责任人员依法给予处分；构成犯罪的，依法追究刑事责任：

（一）不立即组织事故抢救的；

（二）迟报、漏报、谎报或者瞒报事故的；

（三）阻碍、干涉事故调查工作的；

（四）在事故调查中作伪证或者指使他人作伪证的。

第四十条　事故发生单位对事故发生负有责任的，由有关部门依法暂扣或者吊销其有关证照；对事故发生单位负有事故责任的有关人员，依法暂停或者撤销其与安全生产有关的执业资格、岗位证书；事故发生单位主要负责人受到刑事处罚或者撤职处分的，自刑罚执行完毕或者受处分之日起，5 年内不得担任任何生产经营单位的主要负责人。

为发生事故的单位提供虚假证明的中介机构，由有关部门依法暂扣或者吊销其有关证照及其相关人员的执业资格；构成犯罪的，依法追究刑事责任。

第四十一条　参与事故调查的人员在事故调查中有下列行为之一的，依法给予处分；构成犯罪的，依法追究刑事责任：

（一）对事故调查工作不负责任，致使事故调查工作有重大疏漏的；

（二）包庇、袒护负有事故责任的人员或者借机打击报复的。

第四十二条　违反本条例规定，有关地方人民政府或者有关部门故意拖延或者拒绝落实经批复的对事故责任人的处理意见的，由监察机关对有关责任人员依法给予处分。

第四十三条　本条例规定的罚款的行政处罚，由安全生产监督管理部门决定。

法律、行政法规对行政处罚的种类、幅度和决定机关另有规定的，依照其规定。

第六章　附　则

第四十四条　没有造成人员伤亡，但是社会影响恶劣的事故，国务院或者有关地方人民政府认为需要调查处理的，依照本条例的有关规定执行。

国家机关、事业单位、人民团体发生的事故的报告和调查处理，参照本条例的规定执行。

第四十五条　特别重大事故以下等级事故的报告和调查处理，有关法律、行政法规或者国务院另有规定的，依照其规定。

第四十六条　本条例自 2007 年 6 月 1 日起施行。国务院 1989 年 3 月 29 日公布的《特别重大事故调查程序暂行规定》和 1991 年 2 月 22 日公布的《企业职工伤亡事故报告和处理规定》同时废止。

安全生产许可证条例

2004 年 1 月 13 日中华人民共和国国务院令第 397 号公布

根据 2013 年 7 月 18 日《国务院关于废止和修改部分行政法规的决定》第一次修订

根据 2014 年 7 月 29 日《国务院关于修改部分行政法规的决定》第二次修订，并以国务院令第 653 号公布

第一条 为了严格规范安全生产条件，进一步加强安全生产监督管理，防止和减少生产安全事故，根据《中华人民共和国安全生产法》的有关规定，制定本条例。

第二条 国家对矿山企业、建筑施工企业和危险化学品、烟花爆竹、民用爆炸物品生产企业（以下统称企业）实行安全生产许可制度。

企业未取得安全生产许可证的，不得从事生产活动。

第三条 国务院安全生产监督管理部门负责中央管理的非煤矿矿山企业和危险化学品、烟花爆竹生产企业安全生产许可证的颁发和管理。

省、自治区、直辖市人民政府安全生产监督管理部门负责前款规定以外的非煤矿矿山企业和危险化学品、烟花爆竹生产企业安全生产许可证的颁发和管理，并接受国务院安全生产监督管理部门的指导和监督。

国家煤矿安全监察机构负责中央管理的煤矿企业安全生产许可证的颁发和管理。

在省、自治区、直辖市设立的煤矿安全监察机构负责前款规定以外的其他煤矿企业安全生产许可证的颁发和管理，并接受国家煤矿安全监察机构的指导和监督。

第四条 省、自治区、直辖市人民政府建设主管部门负责建筑施工企业安全生产许可证的颁发和管理，并接受国务院建设主管部门的指导和监督。

第五条 省、自治区、直辖市人民政府民用爆炸物品行业主管部门负责民用爆炸物品生产企业安全生产许可证的颁发和管理，并接受国务院民用爆炸物品行业主管部门的指导和监督。

第六条 企业取得安全生产许可证，应当具备下列安全生产条件：

（一）建立、健全安全生产责任制，制定完备的安全生产规章制度和操作规程；

（二）安全投入符合安全生产要求；

（三）设置安全生产管理机构，配备专职安全生产管理人员；

（四）主要负责人和安全生产管理人员经考核合格；

（五）特种作业人员经有关业务主管部门考核合格，取得特种作业操作资格证书；

（六）从业人员经安全生产教育和培训合格；

（七）依法参加工伤保险，为从业人员缴纳保险费；

（八）厂房、作业场所和安全设施、设备、工艺符合有关安全生产法律、法规、标准和规程的要求；

（九）有职业危害防治措施，并为从业人员配备符合国家标准或者行业标准的劳动防护用品；

（十）依法进行安全评价；

（十一）有重大危险源检测、评估、监控措施和应急预案；

（十二）有生产安全事故应急救援预案、应急救援组织或者应急救援人员，配备必要的应急救援器材、设备；

（十三）法律、法规规定的其他条件。

第七条 企业进行生产前，应当依照本条例的规定向安全生产许可证颁发管理机关申请领取安全生产许可证，并提供本条例第六条规定的相关文件、资料。安全生产许可证颁发管理机关应当自收到申请之日起45日内审查完毕，经审查符合本条例规定的安全生产条件的，颁发安全生产许可证；不符合本条例规定的安全生产条件的，不予颁发安全生产许可证，书面通知企业并说明理由。

煤矿企业应当以矿（井）为单位，依照本条例的规定取得安全生产许可证。

第八条 安全生产许可证由国务院安全生产监督管理部门规定统一的式样。

第九条 安全生产许可证的有效期为3年。安全生产许可证有效期满需要延期的，企业应当于期满前3个月向原安全生产许可证颁发管理机关办理延期手续。

企业在安全生产许可证有效期内，严格遵守有关安全生产的法律法规，未发生死亡事故的，安全生产许可证有效期届满时，经原安全生产许可证颁发管理机关同意，不再审查，安全生产许可证有效期延期3年。

第十条 安全生产许可证颁发管理机关应当建立、健全安全生产许可证档案管理制度，并定期向社会公布企业取得安全生产许可证的情况。

第十一条 煤矿企业安全生产许可证颁发管理机关、建筑施工企业安全生产许可证颁发管理机关、民用爆炸物品生产企业安全生产许可证颁发管理机关，应当每年向同级安全生产监督管理部门通报其安全生产许可证颁发和管理情况。

第十二条 国务院安全生产监督管理部门和省、自治区、直辖市人民政府安全生产监督管理部门对建筑施工企业、民用爆炸物品生产企业、煤矿企业取得安全生产许可证的情况进行监督。

第十三条 企业不得转让、冒用安全生产许可证或者使用伪造的安全生产许可证。

第十四条 企业取得安全生产许可证后，不得降低安全生产条件，并应当加强日常安全生产管理，接受安全生产许可证颁发管理机关的监督检查。

安全生产许可证颁发管理机关应当加强对取得安全生产许可证的企业的监督检查，发现其不再具备本条例规定的安全生产条件的，应当暂扣或者吊销安全生产许可证。

第十五条　安全生产许可证颁发管理机关工作人员在安全生产许可证颁发、管理和监督检查工作中，不得索取或者接受企业的财物，不得谋取其他利益。

第十六条　监察机关依照《中华人民共和国行政监察法》的规定，对安全生产许可证颁发管理机关及其工作人员履行本条例规定的职责实施监察。

第十七条　任何单位或者个人对违反本条例规定的行为，有权向安全生产许可证颁发管理机关或者监察机关等有关部门举报。

第十八条　安全生产许可证颁发管理机关工作人员有下列行为之一的，给予降级或者撤职的行政处分；构成犯罪的，依法追究刑事责任：

（一）向不符合本条例规定的安全生产条件的企业颁发安全生产许可证的；

（二）发现企业未依法取得安全生产许可证擅自从事生产活动，不依法处理的；

（三）发现取得安全生产许可证的企业不再具备本条例规定的安全生产条件，不依法处理的；

（四）接到对违反本条例规定行为的举报后，不及时处理的；

（五）在安全生产许可证颁发、管理和监督检查工作中，索取或者接受企业的财物，或者谋取其他利益的。

第十九条　违反本条例规定，未取得安全生产许可证擅自进行生产的，责令停止生产，没收违法所得，并处 10 万元以上 50 万元以下的罚款；造成重大事故或者其他严重后果，构成犯罪的，依法追究刑事责任。

第二十条　违反本条例规定，安全生产许可证有效期满未办理延期手续，继续进行生产的，责令停止生产，限期补办延期手续，没收违法所得，并处 5 万元以上 10 万元以下的罚款；逾期仍不办理延期手续，继续进行生产的，依照本条例第十九条的规定处罚。

第二十一条　违反本条例规定，转让安全生产许可证的，没收违法所得，处 10 万元以上 50 万元以下的罚款，并吊销其安全生产许可证；构成犯罪的，依法追究刑事责任；接受转让的，依照本条例第十九条的规定处罚。

冒用安全生产许可证或者使用伪造的安全生产许可证的，依照本条例第十九条的规定处罚。

第二十二条　本条例施行前已经进行生产的企业，应当自本条例施行之日起 1 年内，依照本条例的规定向安全生产许可证颁发管理机关申请办理安全生产许可证；逾期不办理安全生产许可证，或者经审查不符合本条例规定的安全生产条件，未取得安全生产许可证，继续进行生产的，依照本条例第十九条的规定处罚。

第二十三条　本条例规定的行政处罚，由安全生产许可证颁发管理机关决定。

第二十四条　本条例自公布之日起施行。

最高人民法院关于审理建设工程施工
合同纠纷案件适用法律问题的解释

(法释〔2004〕14号)

经最高人民法院审判委员会第1327次会议通过，2004年10月25日公布

根据《中华人民共和国民法通则》、《中华人民共和国合同法》、《中华人民共和国招标投标法》、《中华人民共和国民事诉讼法》等法律规定，结合民事审判实际，就审理建设工程施工合同纠纷案件适用法律的问题，制定本解释。

第一条　建设工程施工合同具有下列情形之一的，应当根据合同法第五十二条第(五)项的规定，认定无效：

(一) 承包人未取得建筑施工企业资质或者超越资质等级的；

(二) 没有资质的实际施工人借用有资质的建筑施工企业名义的；

(三) 建设工程必须进行招标而未招标或者中标无效的。

第二条　建设工程施工合同无效，但建设工程经竣工验收合格，承包人请求参照合同约定支付工程价款的，应予支持。

第三条　建设工程施工合同无效，且建设工程经竣工验收不合格的，按照以下情形分别处理：

(一) 修复后的建设工程经竣工验收合格，发包人请求承包人承担修复费用的，应予支持；

(二) 修复后的建设工程经竣工验收不合格，承包人请求支付工程价款的，不予支持。

因建设工程不合格造成的损失，发包人有过错的，也应承担相应的民事责任。

第四条　承包人非法转包、违法分包建设工程或者没有资质的实际施工人借用有资质的建筑施工企业名义与他人签订建设工程施工合同的行为无效。人民法院可以根据民法通则第一百三十四条规定，收缴当事人已经取得的非法所得。

第五条　承包人超越资质等级许可的业务范围签订建设工程施工合同，在建设工程竣工前取得相应资质等级，当事人请求按照无效合同处理的，不予支持。

第六条　当事人对垫资和垫资利息有约定，承包人请求按照约定返还垫资及其利息的，应予支持，但是约定的利息计算标准高于中国人民银行发布的同期同类贷款利率的部分除外。

当事人对垫资没有约定的，按照工程欠款处理。

当事人对垫资利息没有约定，承包人请求支付利息的，不予支持。

第七条　具有劳务作业法定资质的承包人与总承包人、分包人签订的劳务分包合同，当事人以转包建设工程违反法律规定为由请求确认无效的，不予支持。

第八条　承包人具有下列情形之一，发包人请求解除建设工程施工合同的，应予支持：

（一）明确表示或者以行为表明不履行合同主要义务的；

（二）合同约定的期限内没有完工，且在发包人催告的合理期限内仍未完工的；

（三）已经完成的建设工程质量不合格，并拒绝修复的；

（四）将承包的建设工程非法转包、违法分包的。

第九条　发包人具有下列情形之一，致使承包人无法施工，且在催告的合理期限内仍未履行相应义务，承包人请求解除建设工程施工合同的，应予支持：

（一）未按约定支付工程价款的；

（二）提供的主要建筑材料、建筑构配件和设备不符合强制性标准的；

（三）不履行合同约定的协助义务的。

第十条　建设工程施工合同解除后，已经完成的建设工程质量合格的，发包人应当按照约定支付相应的工程价款；已经完成的建设工程质量不合格的，参照本解释第三条规定处理。

因一方违约导致合同解除的，违约方应当赔偿因此而给对方造成的损失。

第十一条　因承包人的过错造成建设工程质量不符合约定，承包人拒绝修理、返工或者改建，发包人请求减少支付工程价款的，应予支持。

第十二条　发包人具有下列情形之一，造成建设工程质量缺陷，应当承担过错责任：

（一）提供的设计有缺陷；

（二）提供或者指定购买的建筑材料、建筑构配件、设备不符合强制性标准；

（三）直接指定分包人分包专业工程。

承包人有过错的，也应当承担相应的过错责任。

第十三条　建设工程未经竣工验收，发包人擅自使用后，又以使用部分质量不符合约定为由主张权利的，不予支持；但是承包人应当在建设工程的合理使用寿命内对地基基础工程和主体结构质量承担民事责任。

第十四条　当事人对建设工程实际竣工日期有争议的，按照以下情形分别处理：

（一）建设工程经竣工验收合格的，以竣工验收合格之日为竣工日期；

（二）承包人已经提交竣工验收报告，发包人拖延验收的，以承包人提交验收报告之日为竣工日期；

（三）建设工程未经竣工验收，发包人擅自使用的，以转移占有建设工程之日为竣工日期。

第十五条 建设工程竣工前，当事人对工程质量发生争议，工程质量经鉴定合格的，鉴定期间为顺延工期期间。

第十六条 当事人对建设工程的计价标准或者计价方法有约定的，按照约定结算工程价款。

因设计变更导致建设工程的工程量或者质量标准发生变化，当事人对该部分工程价款不能协商一致的，可以参照签订建设工程施工合同时当地建设行政主管部门发布的计价方法或者计价标准结算工程价款。

建设工程施工合同有效，但建设工程经竣工验收不合格的，工程价款结算参照本解释第三条规定处理。

第十七条 当事人对欠付工程价款利息计付标准有约定的，按照约定处理；没有约定的，按照中国人民银行发布的同期同类贷款利率计息。

第十八条 利息从应付工程价款之日计付。当事人对付款时间没有约定或者约定不明的，下列时间视为应付款时间：

（一）建设工程已实际交付的，为交付之日；

（二）建设工程没有交付的，为提交竣工结算文件之日；

（三）建设工程未交付，工程价款也未结算的，为当事人起诉之日。

第十九条 当事人对工程量有争议的，按照施工过程中形成的签证等书面文件确认。承包人能够证明发包人同意其施工，但未能提供签证文件证明工程量发生的，可以按照当事人提供的其他证据确认实际发生的工程量。

第二十条 当事人约定，发包人收到竣工结算文件后，在约定期限内不予答复，视为认可竣工结算文件的，按照约定处理。承包人请求按照竣工结算文件结算工程价款的，应予支持。

第二十一条 当事人就同一建设工程另行订立的建设工程施工合同与经过备案的中标合同实质性内容不一致的，应当以备案的中标合同作为结算工程价款的根据。

第二十二条 当事人约定按照固定价结算工程价款，一方当事人请求对建设工程造价进行鉴定的，不予支持。

第二十三条 当事人对部分案件事实有争议的，仅对有争议的事实进行鉴定，但争议事实范围不能确定，或者双方当事人请求对全部事实鉴定的除外。

第二十四条 建设工程施工合同纠纷以施工行为地为合同履行地。

第二十五条 因建设工程质量发生争议的，发包人可以以总承包人、分包人和实际施工人为共同被告提起诉讼。

第二十六条 实际施工人以转包人、违法分包人为被告起诉的，人民法院应当依法受理。

实际施工人以发包人为被告主张权利的，人民法院可以追加转包人或者违法分包人为本案当事人。发包人只在欠付工程价款范围内对实际施工人承担责任。

第二十七条　因保修人未及时履行保修义务，导致建筑物毁损或者造成人身、财产损害的，保修人应当承担赔偿责任。

保修人与建筑物所有人或者发包人对建筑物毁损均有过错的，各自承担相应的责任。

第二十八条　本解释自二〇〇五年一月一日起施行。

施行后受理的第一审案件适用本解释。

施行前最高人民法院发布的司法解释与本解释相抵触的，以本解释为准。

建筑业企业资质管理规定

2015 年 1 月 22 日中华人民共和国住房和城乡建设部令第 22 号发布

第一章　总　则

第一条　为了加强对建筑活动的监督管理，维护公共利益和规范建筑市场秩序，保证建设工程质量安全，促进建筑业的健康发展，根据《中华人民共和国建筑法》、《中华人民共和国行政许可法》、《建设工程质量管理条例》、《建设工程安全生产管理条例》等法律、行政法规，制定本规定。

第二条　在中华人民共和国境内申请建筑业企业资质，实施对建筑业企业资质监督管理，适用本规定。

本规定所称建筑业企业，是指从事土木工程、建筑工程、线路管道设备安装工程的新建、扩建、改建等施工活动的企业。

第三条　企业应当按照其拥有的资产、主要人员、已完成的工程业绩和技术装备等条件申请建筑业企业资质，经审查合格，取得建筑业企业资质证书后，方可在资质许可的范围内从事建筑施工活动。

第四条　国务院住房城乡建设主管部门负责全国建筑业企业资质的统一监督管理。国务院交通运输、水利、工业信息化等有关部门配合国务院住房城乡建设主管部门实施相关资质类别建筑业企业资质的管理工作。

省、自治区、直辖市人民政府住房城乡建设主管部门负责本行政区域内建筑业企业资质的统一监督管理。省、自治区、直辖市人民政府交通运输、水利、通信等有关部门配合同级住房城乡建设主管部门实施本行政区域内相关资质类别建筑业企业资质的管理工作。

第五条　建筑业企业资质分为施工总承包资质、专业承包资质、施工劳务资质三个序列。

施工总承包资质、专业承包资质按照工程性质和技术特点分别划分为若干资质类别，各资质类别按照规定的条件划分为若干资质等级。施工劳务资质不分类别与等级。

第六条 建筑业企业资质标准和取得相应资质的企业可以承担工程的具体范围，由国务院住房城乡建设主管部门会同国务院有关部门制定。

第七条 国家鼓励取得施工总承包资质的企业拥有全资或者控股的劳务企业。

建筑业企业应当加强技术创新和人员培训，使用先进的建造技术、建筑材料，开展绿色施工。

第二章 申请与许可

第八条 企业可以申请一项或多项建筑业企业资质。

企业首次申请或增项申请资质，应当申请最低等级资质。

第九条 下列建筑业企业资质，由国务院住房城乡建设主管部门许可：

（一）施工总承包资质序列特级资质、一级资质及铁路工程施工总承包二级资质；

（二）专业承包资质序列公路、水运、水利、铁路、民航方面的专业承包一级资质及铁路、民航方面的专业承包二级资质；涉及多个专业的专业承包一级资质。

第十条 下列建筑业企业资质，由企业工商注册所在地省、自治区、直辖市人民政府住房城乡建设主管部门许可：

（一）施工总承包资质序列二级资质及铁路、通信工程施工总承包三级资质；

（二）专业承包资质序列一级资质（不含公路、水运、水利、铁路、民航方面的专业承包一级资质及涉及多个专业的专业承包一级资质）；

（三）专业承包资质序列二级资质（不含铁路、民航方面的专业承包二级资质）；铁路方面专业承包三级资质；特种工程专业承包资质。

第十一条 下列建筑业企业资质，由企业工商注册所在地设区的市人民政府住房城乡建设主管部门许可：

（一）施工总承包资质序列三级资质（不含铁路、通信工程施工总承包三级资质）；

（二）专业承包资质序列三级资质（不含铁路方面专业承包资质）及预拌混凝土、模板脚手架专业承包资质；

（三）施工劳务资质；

（四）燃气燃烧器具安装、维修企业资质。

第十二条 申请本规定第九条所列资质的，应当向企业工商注册所在地省、自治区、直辖市人民政府住房城乡建设主管部门提出申请。其中，国务院国有资产管理部门直接监管的建筑企业及其下属一层级的企业，可以由国务院国有资产管理部门直接监管的建筑企业向国务院住房城乡建设主管部门提出申请。

省、自治区、直辖市人民政府住房城乡建设主管部门应当自受理申请之日起20个工作日内初审完毕，并将初审意见和申请材料报国务院住房城乡建设主管部门。

国务院住房城乡建设主管部门应当自省、自治区、直辖市人民政府住房城乡建设主管部门受理申请材料之日起 60 个工作日内完成审查，公示审查意见，公示时间为 10 个工作日。其中，涉及公路、水运、水利、通信、铁路、民航等方面资质的，由国务院住房城乡建设主管部门会同国务院有关部门审查。

第十三条 本规定第十条规定的资质许可程序由省、自治区、直辖市人民政府住房城乡建设主管部门依法确定，并向社会公布。

本规定第十一条规定的资质许可程序由设区的市级人民政府住房城乡建设主管部门依法确定，并向社会公布。

第十四条 企业申请建筑业企业资质，应当提交以下材料：

（一）建筑业企业资质申请表及相应的电子文档；

（二）企业营业执照正副本复印件；

（三）企业章程复印件；

（四）企业资产证明文件复印件；

（五）企业主要人员证明文件复印件；

（六）企业资质标准要求的技术装备的相应证明文件复印件；

（七）企业安全生产条件有关材料复印件；

（八）按照国家有关规定应提交的其他材料。

第十五条 企业申请建筑业企业资质，应当如实提交有关申请材料。资质许可机关收到申请材料后，应当按照《中华人民共和国行政许可法》的规定办理受理手续。

第十六条 资质许可机关应当及时将资质许可决定向社会公开，并为公众查询提供便利。

第十七条 建筑业企业资质证书分为正本和副本，由国务院住房城乡建设主管部门统一印制，正、副本具有同等法律效力。资质证书有效期为 5 年。

第三章 延续与变更

第十八条 建筑业企业资质证书有效期届满，企业继续从事建筑施工活动的，应当于资质证书有效期届满 3 个月前，向原资质许可机关提出延续申请。

资质许可机关应当在建筑业企业资质证书有效期届满前做出是否准予延续的决定；逾期未做出决定的，视为准予延续。

第十九条 企业在建筑业企业资质证书有效期内名称、地址、注册资本、法定代表人等发生变更的，应当在工商部门办理变更手续后 1 个月内办理资质证书变更手续。

第二十条 由国务院住房城乡建设主管部门颁发的建筑业企业资质证书的变更，企业应当向企业工商注册所在地省、自治区、直辖市人民政府住房城乡建设主管部门提出变更申请，省、自治区、直辖市人民政府住房城乡建设主管部门应当自受理申请之日起 2 日内将有关变更证明材料报国务院住房城乡建设主管部门，由国务院住房城乡建设主管部门在 2 日内办理变更手续。

前款规定以外的资质证书的变更，由企业工商注册所在地的省、自治区、直辖市人民政府住房城乡建设主管部门或者设区的市人民政府住房城乡建设主管部门依法另行规定。变更结果应当在资质证书变更后 15 日内，报国务院住房城乡建设主管部门备案。

涉及公路、水运、水利、通信、铁路、民航等方面的建筑业企业资质证书的变更，办理变更手续的住房城乡建设主管部门应当将建筑业企业资质证书变更情况告知同级有关部门。

第二十一条　企业发生合并、分立、重组以及改制等事项，需承继原建筑业企业资质的，应当申请重新核定建筑业企业资质等级。

第二十二条　企业需更换、遗失补办建筑业企业资质证书的，应当持建筑业企业资质证书更换、遗失补办申请等材料向资质许可机关申请办理。资质许可机关应当在 2 个工作日内办理完毕。

企业遗失建筑业企业资质证书的，在申请补办前应当在公众媒体上刊登遗失声明。

第二十三条　企业申请建筑业企业资质升级、资质增项，在申请之日起前一年至资质许可决定作出前，有下列情形之一的，资质许可机关不予批准其建筑业企业资质升级申请和增项申请：

（一）超越本企业资质等级或以其他企业的名义承揽工程，或允许其他企业或个人以本企业的名义承揽工程的；

（二）与建设单位或企业之间相互串通投标，或以行贿等不正当手段谋取中标的；

（三）未取得施工许可证擅自施工的；

（四）将承包的工程转包或违法分包的；

（五）违反国家工程建设强制性标准施工的；

（六）恶意拖欠分包企业工程款或者劳务人员工资的；

（七）隐瞒或谎报、拖延报告工程质量安全事故，破坏事故现场、阻碍对事故调查的；

（八）按照国家法律、法规和标准规定需要持证上岗的现场管理人员和技术工种作业人员未取得证书上岗的；

（九）未依法履行工程质量保修义务或拖延履行保修义务的；

（十）伪造、变造、倒卖、出租、出借或者以其他形式非法转让建筑业企业资质证书的；

（十一）发生过较大以上质量安全事故或者发生过两起以上一般质量安全事故的；

（十二）其他违反法律、法规的行为。

第四章　监督管理

第二十四条　县级以上人民政府住房城乡建设主管部门和其他有关部门应当依照有

关法律、法规和本规定，加强对企业取得建筑业企业资质后是否满足资质标准和市场行为的监督管理。

上级住房城乡建设主管部门应当加强对下级住房城乡建设主管部门资质管理工作的监督检查，及时纠正建筑业企业资质管理中的违法行为。

第二十五条　住房城乡建设主管部门、其他有关部门的监督检查人员履行监督检查职责时，有权采取下列措施：

（一）要求被检查企业提供建筑业企业资质证书、企业有关人员的注册执业证书、职称证书、岗位证书和考核或者培训合格证书，有关施工业务的文档，有关质量管理、安全生产管理、合同管理、档案管理、财务管理等企业内部管理制度的文件；

（二）进入被检查企业进行检查，查阅相关资料；

（三）纠正违反有关法律、法规和本规定及有关规范和标准的行为。

监督检查人员应当将监督检查情况和处理结果予以记录，由监督检查人员和被检查企业的有关人员签字确认后归档。

第二十六条　住房城乡建设主管部门、其他有关部门的监督检查人员在实施监督检查时，应当出示证件，并要有两名以上人员参加。

监督检查人员应当为被检查企业保守商业秘密，不得索取或者收受企业的财物，不得谋取其他利益。

有关企业和个人对依法进行的监督检查应当协助与配合，不得拒绝或者阻挠。

监督检查机关应当将监督检查的处理结果向社会公布。

第二十七条　企业违法从事建筑活动的，违法行为发生地的县级以上地方人民政府住房城乡建设主管部门或者其他有关部门应当依法查处，并将违法事实、处理结果或者处理建议及时告知该建筑业企业资质的许可机关。

对取得国务院住房城乡建设主管部门颁发的建筑业企业资质证书的企业需要处以停业整顿、降低资质等级、吊销资质证书行政处罚的，县级以上地方人民政府住房城乡建设主管部门或者其他有关部门，应当通过省、自治区、直辖市人民政府住房城乡建设主管部门或者国务院有关部门，将违法事实、处理建议及时报送国务院住房城乡建设主管部门。

第二十八条　取得建筑业企业资质证书的企业，应当保持资产、主要人员、技术装备等方面满足相应建筑业企业资质标准要求的条件。

企业不再符合相应建筑业企业资质标准要求条件的，县级以上地方人民政府住房城乡建设主管部门、其他有关部门，应当责令其限期改正并向社会公告，整改期限最长不超过 3 个月；企业整改期间不得申请建筑业企业资质的升级、增项，不能承揽新的工程；逾期仍未达到建筑业企业资质标准要求条件的，资质许可机关可以撤回其建筑业企业资质证书。

被撤回建筑业企业资质证书的企业，可以在资质被撤回后 3 个月内，向资质许可机关提出核定低于原等级同类别资质的申请。

第二十九条 有下列情形之一的，资质许可机关应当撤销建筑业企业资质：

（一）资质许可机关工作人员滥用职权、玩忽职守准予资质许可的；

（二）超越法定职权准予资质许可的；

（三）违反法定程序准予资质许可的；

（四）对不符合资质标准条件的申请企业准予资质许可的；

（五）依法可以撤销资质许可的其他情形。

以欺骗、贿赂等不正当手段取得资质许可的，应当予以撤销。

第三十条 有下列情形之一的，资质许可机关应当依法注销建筑业企业资质，并向社会公布其建筑业企业资质证书作废，企业应当及时将建筑业企业资质证书交回资质许可机关：

（一）资质证书有效期届满，未依法申请延续的；

（二）企业依法终止的；

（三）资质证书依法被撤回、撤销或吊销的；

（四）企业提出注销申请的；

（五）法律、法规规定的应当注销建筑业企业资质的其他情形。

第三十一条 有关部门应当将监督检查情况和处理意见及时告知资质许可机关。资质许可机关应当将涉及有关公路、水运、水利、通信、铁路、民航等方面的建筑业企业资质许可被撤回、撤销、吊销和注销的情况告知同级有关部门。

第三十二条 资质许可机关应当建立、健全建筑业企业信用档案管理制度。建筑业企业信用档案应当包括企业基本情况、资质、业绩、工程质量和安全、合同履约、社会投诉和违法行为等情况。

企业的信用档案信息按照有关规定向社会公开。

取得建筑业企业资质的企业应当按照有关规定，向资质许可机关提供真实、准确、完整的企业信用档案信息。

第三十三条 县级以上地方人民政府住房城乡建设主管部门或其他有关部门依法给予企业行政处罚的，应当将行政处罚决定以及给予行政处罚的事实、理由和依据，通过省、自治区、直辖市人民政府住房城乡建设主管部门或者国务院有关部门报国务院住房城乡建设主管部门备案。

第三十四条 资质许可机关应当推行建筑业企业资质许可电子化，建立建筑业企业资质管理信息系统。

第五章 法律责任

第三十五条 申请企业隐瞒有关真实情况或者提供虚假材料申请建筑业企业资质的，资质许可机关不予许可，并给予警告，申请企业在1年内不得再次申请建筑业企业资质。

第三十六条　企业以欺骗、贿赂等不正当手段取得建筑业企业资质的，由原资质许可机关予以撤销；由县级以上地方人民政府住房城乡建设主管部门或者其他有关部门给予警告，并处 3 万元的罚款；申请企业 3 年内不得再次申请建筑业企业资质。

第三十七条　企业有本规定第二十三条行为之一，《中华人民共和国建筑法》、《建设工程质量管理条例》和其他有关法律、法规对处罚机关和处罚方式有规定的，依照法律、法规的规定执行；法律、法规未作规定的，由县级以上地方人民政府住房城乡建设主管部门或者其他有关部门给予警告，责令改正，并处 1 万元以上 3 万元以下的罚款。

第三十八条　企业未按照本规定及时办理建筑业企业资质证书变更手续的，由县级以上地方人民政府住房城乡建设主管部门责令限期办理，逾期不办理的，可处以 1000 元以上 1 万元以下的罚款。

第三十九条　企业在接受监督检查时，不如实提供有关材料，或者拒绝、阻碍监督检查的，由县级以上地方人民政府住房城乡建设主管部门责令限期改正，并可以处 3 万元以下罚款。

第四十条　企业未按照本规定要求提供企业信用档案信息的，由县级以上地方人民政府住房城乡建设主管部门或者其他有关部门给予警告，责令限期改正；逾期未改正的，可处以 1000 元以上 1 万元以下的罚款。

第四十一条　县级以上人民政府住房城乡建设主管部门及其工作人员，违反本规定，有下列情形之一的，由其上级行政机关或者监察机关责令改正，对直接负责的主管人员和其他直接责任人员，依法给予行政处分；直接负责的主管人员和其他直接责任人员构成犯罪的，依法追究刑事责任：

（一）对不符合资质标准规定条件的申请企业准予资质许可的；

（二）对符合受理条件的申请企业不予受理或者未在法定期限内初审完毕的；

（三）对符合资质标准规定条件的申请企业不予许可或者不在法定期限内准予资质许可的；

（四）发现违反本规定规定的行为不予查处，或者接到举报后不依法处理的；

（五）在企业资质许可和监督管理中，利用职务上的便利，收受他人财物或者其他好处，以及有其他违法行为的。

第六章　附　则

第四十二条　本规定自 2015 年 3 月 1 日起施行。2007 年 6 月 26 日建设部颁布的《建筑业企业资质管理规定》（建设部令第 159 号）同时废止。

建设工程勘察设计资质管理规定

2007 年 6 月 26 日中华人民共和国建设部令第 160 号发布
2015 年 5 月 4 日中华人民共和国住房和城乡建设部令第 24 号修改发布

第一章　总　则

第一条　为了加强对建设工程勘察、设计活动的监督管理，保证建设工程勘察、设计质量，根据《中华人民共和国行政许可法》、《中华人民共和国建筑法》、《建设工程质量管理条例》和《建设工程勘察设计管理条例》等法律、行政法规，制定本规定。

第二条　在中华人民共和国境内申请建设工程勘察、工程设计资质，实施对建设工程勘察、工程设计资质的监督管理，适用本规定。

第三条　从事建设工程勘察、工程设计活动的企业，应当按照其拥有的资产、专业技术人员、技术装备和勘察设计业绩等条件申请资质，经审查合格，取得建设工程勘察、工程设计资质证书后，方可在资质许可的范围内从事建设工程勘察、工程设计活动。

第四条　国务院建设主管部门负责全国建设工程勘察、工程设计资质的统一监督管理。国务院铁路、交通、水利、信息产业、民航等有关部门配合国务院建设主管部门实施相应行业的建设工程勘察、工程设计资质管理工作。

省、自治区、直辖市人民政府建设主管部门负责本行政区域内建设工程勘察、工程设计资质的统一监督管理。省、自治区、直辖市人民政府交通、水利、信息产业等有关部门配合同级建设主管部门实施本行政区域内相应行业的建设工程勘察、工程设计资质管理工作。

第二章　资质分类和分级

第五条　工程勘察资质分为工程勘察综合资质、工程勘察专业资质、工程勘察劳务资质。

工程勘察综合资质只设甲级；工程勘察专业资质设甲级、乙级，根据工程性质和技术特点，部分专业可以设丙级；工程勘察劳务资质不分等级。

取得工程勘察综合资质的企业，可以承接各专业（海洋工程勘察除外）、各等级工程勘察业务；取得工程勘察专业资质的企业，可以承接相应等级相应专业的工程勘察业务；取得工程勘察劳务资质的企业，可以承接岩土工程治理、工程钻探、凿井等工程勘察劳务业务。

第六条　工程设计资质分为工程设计综合资质、工程设计行业资质、工程设计专业资质和工程设计专项资质。

工程设计综合资质只设甲级；工程设计行业资质、工程设计专业资质、工程设计专项资质设甲级、乙级。

根据工程性质和技术特点，个别行业、专业、专项资质可以设丙级，建筑工程专业资质可以设丁级。

取得工程设计综合资质的企业，可以承接各行业、各等级的建设工程设计业务；取得工程设计行业资质的企业，可以承接相应行业相应等级的工程设计业务及本行业范围内同级别的相应专业、专项（设计施工一体化资质除外）工程设计业务；取得工程设计专业资质的企业，可以承接本专业相应等级的专业工程设计业务及同级别的相应专项工程设计业务（设计施工一体化资质除外）；取得工程设计专项资质的企业，可以承接本专项相应等级的专项工程设计业务。

第七条　建设工程勘察、工程设计资质标准和各资质类别、级别企业承担工程的具体范围由国务院建设主管部门商国务院有关部门制定。

第三章　资质申请和审批

第八条　申请工程勘察甲级资质、工程设计甲级资质，以及涉及铁路、交通、水利、信息产业、民航等方面的工程设计乙级资质的，应当向企业工商注册所在地的省、自治区、直辖市人民政府建设主管部门提出申请。其中，国务院国资委管理的企业应当向国务院建设主管部门提出申请；国务院国资委管理的企业下属一层级的企业申请资质，应当由国务院国资委管理的企业向国务院建设主管部门提出申请。

省、自治区、直辖市人民政府建设主管部门应当自受理申请之日起 20 日内初审完毕，并将初审意见和申请材料报国务院建设主管部门。

国务院建设主管部门应当自省、自治区、直辖市人民政府建设主管部门受理申请材料之日起 60 日内完成审查，公示审查意见，公示时间为 10 日。其中，涉及铁路、交通、水利、信息产业、民航等方面的工程设计资质，由国务院建设主管部门送国务院有关部门审核，国务院有关部门在 20 日内审核完毕，并将审核意见送国务院建设主管部门。

第九条　工程勘察乙级及以下资质、劳务资质、工程设计乙级（涉及铁路、交通、水利、信息产业、民航等方面的工程设计乙级资质除外）及以下资质许可由省、自治区、直辖市人民政府建设主管部门实施。具体实施程序由省、自治区、直辖市人民政府建设主管部门依法确定。

省、自治区、直辖市人民政府建设主管部门应当自作出决定之日起 30 日内，将准予资质许可的决定报国务院建设主管部门备案。

第十条　工程勘察、工程设计资质证书分为正本和副本，正本 1 份，副本 6 份，由国务院建设主管部门统一印制，正、副本具备同等法律效力。资质证书有效期为 5 年。

第十一条　企业首次申请工程勘察、工程设计资质，应当提供以下材料：

（一）工程勘察、工程设计资质申请表；

（二）企业法人、合伙企业营业执照副本复印件；

（三）企业章程或合伙人协议；

（四）企业法定代表人、合伙人的身份证明；

（五）企业负责人、技术负责人的身份证明、任职文件、毕业证书、职称证书及相关资质标准要求提供的材料；

（六）工程勘察、工程设计资质申请表中所列注册执业人员的身份证明、注册执业证书；

（七）工程勘察、工程设计资质标准要求的非注册专业技术人员的职称证书、毕业证书、身份证明及个人业绩材料；

（八）工程勘察、工程设计资质标准要求的注册执业人员、其他专业技术人员与原聘用单位解除聘用劳动合同的证明及新单位的聘用劳动合同；

（九）资质标准要求的其他有关材料。

第十二条　企业申请资质升级应当提交以下材料：

（一）本规定第十一条第（一）、（二）、（五）、（六）、（七）、（九）项所列资料；

（二）工程勘察、工程设计资质标准要求的非注册专业技术人员与本单位签订的劳动合同及社保证明；

（三）原工程勘察、工程设计资质证书副本复印件；

（四）满足资质标准要求的企业工程业绩和个人工程业绩。

第十三条　企业增项申请工程勘察、工程设计资质，应当提交下列材料：

（一）本规定第十一条所列（一）、（二）、（五）、（六）、（七）、（九）的资料；

（二）工程勘察、工程设计资质标准要求的非注册专业技术人员与本单位签订的劳动合同及社保证明；

（三）原资质证书正、副本复印件；

（四）满足相应资质标准要求的个人工程业绩证明。

第十四条　资质有效期届满，企业需要延续资质证书有效期的，应当在资质证书有效期届满60日前，向原资质许可机关提出资质延续申请。

对在资质有效期内遵守有关法律、法规、规章、技术标准，信用档案中无不良行为记录，且专业技术人员满足资质标准要求的企业，经资质许可机关同意，有效期延续5年。

第十五条　企业在资质证书有效期内名称、地址、注册资本、法定代表人等发生变更的，应当在工商部门办理变更手续后30日内办理资质证书变更手续。

取得工程勘察甲级资质、工程设计甲级资质，以及涉及铁路、交通、水利、信息产业、民航等方面的工程设计乙级资质的企业，在资质证书有效期内发生企业名称变更的，应当向企业工商注册所在地省、自治区、直辖市人民政府建设主管部门提出变更申请，省、自治区、直辖市人民政府建设主管部门应当自受理申请之日起 2 日内将有关变更证明材料报国务院建设主管部门，由国务院建设主管部门在 2 日内办理变更手续。

前款规定以外的资质证书变更手续，由企业工商注册所在地的省、自治区、直辖市人民政府建设主管部门负责办理。省、自治区、直辖市人民政府建设主管部门应当自受理申请之日起 2 日内办理变更手续，并在办理资质证书变更手续后 15 日内将变更结果报国务院建设主管部门备案。

涉及铁路、交通、水利、信息产业、民航等方面的工程设计资质的变更，国务院建设主管部门应当将企业资质变更情况告知国务院有关部门。

第十六条 企业申请资质证书变更，应当提交以下材料：

（一）资质证书变更申请；

（二）企业法人、合伙企业营业执照副本复印件；

（三）资质证书正、副本原件；

（四）与资质变更事项有关的证明材料。

企业改制的，除提供前款规定资料外，还应当提供改制重组方案、上级资产管理部门或者股东大会的批准决定、企业职工代表大会同意改制重组的决议。

第十七条 企业首次申请、增项申请工程勘察、工程设计资质，其申请资质等级最高不超过乙级，且不考核企业工程勘察、工程设计业绩。

已具备施工资质的企业首次申请同类别或相近类别的工程勘察、工程设计资质的，可以将相应规模的工程总承包业绩作为工程业绩予以申报。其申请资质等级最高不超过其现有施工资质等级。

第十八条 企业合并的，合并后存续或者新设立的企业可以承继合并前各方中较高的资质等级，但应当符合相应的资质标准条件。

企业分立的，分立后企业的资质按照资质标准及本规定的审批程序核定。

企业改制的，改制后不再符合资质标准的，应按其实际达到的资质标准及本规定重新核定；资质条件不发生变化的，按本规定第十六条办理。

第十九条 从事建设工程勘察、设计活动的企业，申请资质升级、资质增项，在申请之日起前 1 年内有下列情形之一的，资质许可机关不予批准企业的资质升级申请和增项申请：

（一）企业相互串通投标或者与招标人串通投标承揽工程勘察、工程设计业务的；

（二）将承揽的工程勘察、工程设计业务转包或违法分包的；

（三）注册执业人员未按照规定在勘察设计文件上签字的；

（四）违反国家工程建设强制性标准的；

（五）因勘察设计原因造成过重大生产安全事故的；

（六）设计单位未根据勘察成果文件进行工程设计的；

（七）设计单位违反规定指定建筑材料、建筑构配件的生产厂、供应商的；

（八）无工程勘察、工程设计资质或者超越资质等级范围承揽工程勘察、工程设计业务的；

（九）涂改、倒卖、出租、出借或者以其他形式非法转让资质证书的；

（十）允许其他单位、个人以本单位名义承揽建设工程勘察、设计业务的；

（十一）其他违反法律、法规行为的。

第二十条　企业在领取新的工程勘察、工程设计资质证书的同时，应当将原资质证书交回原发证机关予以注销。

企业需增补（含增加、更换、遗失补办）工程勘察、工程设计资质证书的，应当持资质证书增补申请等材料向资质许可机关申请办理。遗失资质证书的，在申请补办前应当在公众媒体上刊登遗失声明。资质许可机关应当在 2 日内办理完毕。

第四章　监督与管理

第二十一条　国务院建设主管部门对全国的建设工程勘察、设计资质实施统一的监督管理。国务院铁路、交通、水利、信息产业、民航等有关部门配合国务院建设主管部门对相应的行业资质进行监督管理。

县级以上地方人民政府建设主管部门负责对本行政区域内的建设工程勘察、设计资质实施监督管理。县级以上人民政府交通、水利、信息产业等有关部门配合同级建设主管部门对相应的行业资质进行监督管理。

上级建设主管部门应当加强对下级建设主管部门资质管理工作的监督检查，及时纠正资质管理中的违法行为。

第二十二条　建设主管部门、有关部门履行监督检查职责时，有权采取下列措施：

（一）要求被检查单位提供工程勘察、设计资质证书、注册执业人员的注册执业证书，有关工程勘察、设计业务的文档，有关质量管理、安全生产管理、档案管理、财务管理等企业内部管理制度的文件；

（二）进入被检查单位进行检查，查阅相关资料；

（三）纠正违反有关法律、法规和本规定及有关规范和标准的行为。

建设主管部门、有关部门依法对企业从事行政许可事项的活动进行监督检查时，应当将监督检查情况和处理结果予以记录，由监督检查人员签字后归档。

第二十三条　建设主管部门、有关部门在实施监督检查时，应当有 2 名以上监督检查人员参加，并出示执法证件，不得妨碍企业正常的生产经营活动，不得索取或者收受企业的财物，不得谋取其他利益。

有关单位和个人对依法进行的监督检查应当协助与配合，不得拒绝或者阻挠。

监督检查机关应当将监督检查的处理结果向社会公布。

第二十四条　企业违法从事工程勘察、工程设计活动的，其违法行为发生地的建设主管部门应当依法将企业的违法事实、处理结果或处理建议告知该企业的资质许可机关。

第二十五条 企业取得工程勘察、设计资质后，不再符合相应资质条件的，建设主管部门、有关部门根据利害关系人的请求或者依据职权，可以责令其限期改正；逾期不改的，资质许可机关可以撤回其资质。

第二十六条 有下列情形之一的，资质许可机关或者其上级机关，根据利害关系人的请求或者依据职权，可以撤销工程勘察、工程设计资质：

（一）资质许可机关工作人员滥用职权、玩忽职守作出准予工程勘察、工程设计资质许可的；

（二）超越法定职权作出准予工程勘察、工程设计资质许可；

（三）违反资质审批程序作出准予工程勘察、工程设计资质许可的；

（四）对不符合许可条件的申请人作出工程勘察、工程设计资质许可的；

（五）依法可以撤销资质证书的其他情形。

以欺骗、贿赂等不正当手段取得工程勘察、工程设计资质证书的，应当予以撤销。

第二十七条 有下列情形之一的，企业应当及时向资质许可机关提出注销资质的申请，交回资质证书，资质许可机关应当办理注销手续，公告其资质证书作废：

（一）资质证书有效期届满未依法申请延续的；

（二）企业依法终止的；

（三）资质证书依法被撤销、撤回，或者吊销的；

（四）法律、法规规定的应当注销资质的其他情形。

第二十八条 有关部门应当将监督检查情况和处理意见及时告知建设主管部门。资质许可机关应当将涉及铁路、交通、水利、信息产业、民航等方面的资质被撤回、撤销和注销的情况及时告知有关部门。

第二十九条 企业应当按照有关规定，向资质许可机关提供真实、准确、完整的企业信用档案信息。

企业的信用档案应当包括企业基本情况、业绩、工程质量和安全、合同违约等情况。被投诉举报和处理、行政处罚等情况应当作为不良行为记入其信用档案。

企业的信用档案信息按照有关规定向社会公示。

第五章 法律责任

第三十条 企业隐瞒有关情况或者提供虚假材料申请资质的，资质许可机关不予受理或者不予行政许可，并给予警告，该企业在 1 年内不得再次申请该资质。

第三十一条 企业以欺骗、贿赂等不正当手段取得资质证书的，由县级以上地方人民政府建设主管部门或者有关部门给予警告，并依法处以罚款；该企业在 3 年内不得再次申请该资质。

第三十二条 企业不及时办理资质证书变更手续的，由资质许可机关责令限期办理；逾期不办理的，可处以 1000 元以上 1 万元以下的罚款。

第三十三条　企业未按照规定提供信用档案信息的，由县级以上地方人民政府建设主管部门给予警告，责令限期改正；逾期未改正的，可处以 1000 元以上 1 万元以下的罚款。

第三十四条　涂改、倒卖、出租、出借或者以其他形式非法转让资质证书的，由县级以上地方人民政府建设主管部门或者有关部门给予警告，责令改正，并处以 1 万元以上 3 万元以下的罚款；造成损失的，依法承担赔偿责任；构成犯罪的，依法追究刑事责任。

第三十五条　县级以上地方人民政府建设主管部门依法给予工程勘察、设计企业行政处罚的，应当将行政处罚决定以及给予行政处罚的事实、理由和依据，报国务院建设主管部门备案。

第三十六条　建设主管部门及其工作人员，违反本规定，有下列情形之一的，由其上级行政机关或者监察机关责令改正；情节严重的，对直接负责的主管人员和其他直接责任人员，依法给予行政处分：

（一）对不符合条件的申请人准予工程勘察、设计资质许可的；

（二）对符合条件的申请人不予工程勘察、设计资质许可或者未在法定期限内作出许可决定的；

（三）对符合条件的申请不予受理或者未在法定期限内初审完毕的；

（四）利用职务上的便利，收受他人财物或者其他好处的；

（五）不依法履行监督职责或者监督不力，造成严重后果的。

第六章　附　则

第三十七条　本规定所称建设工程勘察包括建设工程项目的岩土工程、水文地质、工程测量、海洋工程勘察等。

第三十八条　本规定所称建设工程设计是指：

（一）建设工程项目的主体工程和配套工程（含厂（矿）区内的自备电站、道路、专用铁路、通信、各种管网管线和配套的建筑物等全部配套工程）以及与主体工程、配套工程相关的工艺、土木、建筑、环境保护、水土保持、消防、安全、卫生、节能、防雷、抗震、照明工程等的设计。

（二）建筑工程建设用地规划许可证范围内的室外工程设计、建筑物构筑物设计、民用建筑修建的地下工程设计及住宅小区、工厂厂前区、工厂生活区、小区规划设计及单体设计等，以及上述建筑工程所包含的相关专业的设计内容（包括总平面布置、竖向设计、各类管网管线设计、景观设计、室内外环境设计及建筑装饰、道路、消防、安保、通信、防雷、人防、供配电、照明、废水治理、空调设施、抗震加固等）。

第三十九条　取得工程勘察、工程设计资质证书的企业，可以从事资质证书许可范围内相应的建设工程总承包业务，可以从事工程项目管理和相关的技术与管理服务。

第四十条 本规定自 2007 年 9 月 1 日起实施。2001 年 7 月 25 日建设部颁布的《建设工程勘察设计企业资质管理规定》(建设部令第 93 号)同时废止。

建筑施工企业安全生产许可证管理规定

2004 年 7 月 5 日中华人民共和国建设部令第 128 号发布
2015 年 1 月 22 日中华人民共和国住房和城乡建设部令第 23 号修正发布

第一章 总 则

第一条 为了严格规范建筑施工企业安全生产条件,进一步加强安全生产监督管理,防止和减少生产安全事故,根据《安全生产许可证条例》、《建设工程安全生产管理条例》等有关行政法规,制定本规定。

第二条 国家对建筑施工企业实行安全生产许可制度。

建筑施工企业未取得安全生产许可证的,不得从事建筑施工活动。

本规定所称建筑施工企业,是指从事土木工程、建筑工程、线路管道和设备安装工程及装修工程的新建、扩建、改建和拆除等有关活动的企业。

第三条 国务院住房城乡建设主管部门负责对全国建筑施工企业安全生产许可证的颁发和管理工作进行监督指导。

省、自治区、直辖市人民政府住房城乡建设主管部门负责本行政区域内建筑施工企业安全生产许可证的颁发和管理工作。

市、县人民政府住房城乡建设主管部门负责本行政区域内建筑施工企业安全生产许可证的监督管理,并将监督检查中发现的企业违法行为及时报告安全生产许可证颁发管理机关。

第二章 安全生产条件

第四条 建筑施工企业取得安全生产许可证,应当具备下列安全生产条件:

(一)建立、健全安全生产责任制,制定完备的安全生产规章制度和操作规程;

(二)保证本单位安全生产条件所需资金的投入;

(三)设置安全生产管理机构,按照国家有关规定配备专职安全生产管理人员;

(四)主要负责人、项目负责人、专职安全生产管理人员经住房城乡建设主管部门或者其他有关部门考核合格;

(五)特种作业人员经有关业务主管部门考核合格,取得特种作业操作资格证书;

（六）管理人员和作业人员每年至少进行一次安全生产教育培训并考核合格；

（七）依法参加工伤保险，依法为施工现场从事危险作业的人员办理意外伤害保险，为从业人员交纳保险费；

（八）施工现场的办公、生活区及作业场所和安全防护用具、机械设备、施工机具及配件符合有关安全生产法律、法规、标准和规程的要求；

（九）有职业危害防治措施，并为作业人员配备符合国家标准或者行业标准的安全防护用具和安全防护服装；

（十）有对危险性较大的分部分项工程及施工现场易发生重大事故的部位、环节的预防、监控措施和应急预案；

（十一）有生产安全事故应急救援预案、应急救援组织或者应急救援人员，配备必要的应急救援器材、设备；

（十二）法律、法规规定的其他条件。

第三章　安全生产许可证的申请与颁发

第五条　建筑施工企业从事建筑施工活动前，应当依照本规定向企业注册所在地省、自治区、直辖市人民政府住房城乡建设主管部门申请领取安全生产许可证。

中央管理的建筑施工企业（集团公司、总公司）应当向国务院住房城乡建设主管部门申请领取安全生产许可证。

前款规定以外的其他建筑施工企业，包括中央管理的建筑施工企业（集团公司、总公司）下属的建筑施工企业，应当向企业注册所在地省、自治区、直辖市人民政府住房城乡建设主管部门申请领取安全生产许可证。

第六条　建筑施工企业申请安全生产许可证时，应当向住房城乡建设主管部门提供下列材料：

（一）建筑施工企业安全生产许可证申请表；

（二）企业法人营业执照；

（三）第四条规定的相关文件、材料。

建筑施工企业申请安全生产许可证，应当对申请材料实质内容的真实性负责，不得隐瞒有关情况或者提供虚假材料。

第七条　住房城乡建设主管部门应当自受理建筑施工企业的申请之日起45日内审查完毕；经审查符合安全生产条件的，颁发安全生产许可证；不符合安全生产条件的，不予颁发安全生产许可证，书面通知企业并说明理由。企业自接到通知之日起应当进行整改，整改合格后方可再次提出申请。

住房城乡建设主管部门审查建筑施工企业安全生产许可证申请，涉及铁路、交通、水利等有关专业工程时，可以征求铁路、交通、水利等有关部门的意见。

第八条　安全生产许可证的有效期为3年。安全生产许可证有效期满需要延期的，企业应当于期满前 3 个月向原安全生产许可证颁发管理机关申请办理延期手续。

企业在安全生产许可证有效期内，严格遵守有关安全生产的法律法规，未发生死亡事故的，安全生产许可证有效期届满时，经原安全生产许可证颁发管理机关同意，不再审查，安全生产许可证有效期延期 3 年。

第九条　建筑施工企业变更名称、地址、法定代表人等，应当在变更后 10 日内，到原安全生产许可证颁发管理机关办理安全生产许可证变更手续。

第十条　建筑施工企业破产、倒闭、撤销的，应当将安全生产许可证交回原安全生产许可证颁发管理机关予以注销。

第十一条　建筑施工企业遗失安全生产许可证，应当立即向原安全生产许可证颁发管理机关报告，并在公众媒体上声明作废后，方可申请补办。

第十二条　安全生产许可证申请表采用建设部规定的统一式样。

安全生产许可证采用国务院安全生产监督管理部门规定的统一式样。

安全生产许可证分正本和副本，正、副本具有同等法律效力。

第四章　监督管理

第十三条　县级以上人民政府住房城乡建设主管部门应当加强对建筑施工企业安全生产许可证的监督管理。住房城乡建设主管部门在审核发放施工许可证时，应当对已经确定的建筑施工企业是否有安全生产许可证进行审查，对没有取得安全生产许可证的，不得颁发施工许可证。

第十四条　跨省从事建筑施工活动的建筑施工企业有违反本规定行为的，由工程所在地的省级人民政府住房城乡建设主管部门将建筑施工企业在本地区的违法事实、处理结果和处理建议抄告原安全生产许可证颁发管理机关。

第十五条　建筑施工企业取得安全生产许可证后，不得降低安全生产条件，并应当加强日常安全生产管理，接受住房城乡建设主管部门的监督检查。安全生产许可证颁发管理机关发现企业不再具备安全生产条件的，应当暂扣或者吊销安全生产许可证。

第十六条　安全生产许可证颁发管理机关或者其上级行政机关发现有下列情形之一的，可以撤销已经颁发的安全生产许可证：

（一）安全生产许可证颁发管理机关工作人员滥用职权、玩忽职守颁发安全生产许可证的；

（二）超越法定职权颁发安全生产许可证的；

（三）违反法定程序颁发安全生产许可证的；

（四）对不具备安全生产条件的建筑施工企业颁发安全生产许可证的；

（五）依法可以撤销已经颁发的安全生产许可证的其他情形。

依照前款规定撤销安全生产许可证，建筑施工企业的合法权益受到损害的，住房城乡建设主管部门应当依法给予赔偿。

第十七条　安全生产许可证颁发管理机关应当建立、健全安全生产许可证档案管理制度，定期向社会公布企业取得安全生产许可证的情况，每年向同级安全生产监督管理部门通报建筑施工企业安全生产许可证颁发和管理情况。

第十八条　建筑施工企业不得转让、冒用安全生产许可证或者使用伪造的安全生产许可证。

第十九条　住房城乡建设主管部门工作人员在安全生产许可证颁发、管理和监督检查工作中，不得索取或者接受建筑施工企业的财物，不得谋取其他利益。

第二十条　任何单位或者个人对违反本规定的行为，有权向安全生产许可证颁发管理机关或者监察机关等有关部门举报。

第五章　罚　则

第二十一条　违反本规定，住房城乡建设主管部门工作人员有下列行为之一的，给予降级或者撤职的行政处分；构成犯罪的，依法追究刑事责任：

（一）向不符合安全生产条件的建筑施工企业颁发安全生产许可证的；

（二）发现建筑施工企业未依法取得安全生产许可证擅自从事建筑施工活动，不依法处理的；

（三）发现取得安全生产许可证的建筑施工企业不再具备安全生产条件，不依法处理的；

（四）接到对违反本规定行为的举报后，不及时处理的；

（五）在安全生产许可证颁发、管理和监督检查工作中，索取或者接受建筑施工企业的财物，或者谋取其他利益的。

由于建筑施工企业弄虚作假，造成前款第（一）项行为的，对住房城乡建设主管部门工作人员不予处分。

第二十二条　取得安全生产许可证的建筑施工企业，发生重大安全事故的，暂扣安全生产许可证并限期整改。

第二十三条　建筑施工企业不再具备安全生产条件的，暂扣安全生产许可证并限期整改；情节严重的，吊销安全生产许可证。

第二十四条　违反本规定，建筑施工企业未取得安全生产许可证擅自从事建筑施工活动的，责令其在建项目停止施工，没收违法所得，并处10万元以上50万元以下的罚款；造成重大安全事故或者其他严重后果，构成犯罪的，依法追究刑事责任。

第二十五条　违反本规定，安全生产许可证有效期满未办理延期手续，继续从事建筑施工活动的，责令其在建项目停止施工，限期补办延期手续，没收违法所得，并处5万元以上10万元以下的罚款；逾期仍不办理延期手续，继续从事建筑施工活动的，依照本规定第二十四条的规定处罚。

第二十六条　违反本规定，建筑施工企业转让安全生产许可证的，没收违法所得，处 10 万元以上 50 万元以下的罚款，并吊销安全生产许可证；构成犯罪的，依法追究刑事责任；接受转让的，依照本规定第二十四条的规定处罚。

冒用安全生产许可证或者使用伪造的安全生产许可证的，依照本规定第二十四条的规定处罚。

第二十七条　违反本规定，建筑施工企业隐瞒有关情况或者提供虚假材料申请安全生产许可证的，不予受理或者不予颁发安全生产许可证，并给予警告，1 年内不得申请安全生产许可证。

建筑施工企业以欺骗、贿赂等不正当手段取得安全生产许可证的，撤销安全生产许可证，3 年内不得再次申请安全生产许可证；构成犯罪的，依法追究刑事责任。

第二十八条　本规定的暂扣、吊销安全生产许可证的行政处罚，由安全生产许可证的颁发管理机关决定；其他行政处罚，由县级以上地方人民政府住房城乡建设主管部门决定。

第六章　附　则

第二十九条　本规定施行前已依法从事建筑施工活动的建筑施工企业，应当自《安全生产许可证条例》施行之日起（2004 年 1 月 13 日起）1 年内向住房城乡建设主管部门申请办理建筑施工企业安全生产许可证；逾期不办理安全生产许可证，或者经审查不符合本规定的安全生产条件，未取得安全生产许可证，继续进行建筑施工活动的，依照本规定第二十四条的规定处罚。

第三十条　本规定自公布之日起施行。

注册建造师管理规定

2006 年 12 月 28 日中华人民共和国建设部令第 153 号发布

第一章　总　则

第一条　为了加强对注册建造师的管理，规范注册建造师的执业行为，提高工程项目管理水平，保证工程质量和安全，依据《建筑法》、《行政许可法》、《建设工程质量管理条例》等法律、行政法规，制定本规定。

第二条　中华人民共和国境内注册建造师的注册、执业、继续教育和监督管理，适用本规定。

第三条　本规定所称注册建造师，是指通过考核认定或考试合格取得中华人民共和国建造师资格证书（以下简称资格证书），并按照本规定注册，取得中华人民共和国建造师注册证书（以下简称注册证书）和执业印章，担任施工单位项目负责人及从事相关活动的专业技术人员。

未取得注册证书和执业印章的，不得担任大中型建设工程项目的施工单位项目负责人，不得以注册建造师的名义从事相关活动。

第四条　国务院建设主管部门对全国注册建造师的注册、执业活动实施统一监督管理；国务院铁路、交通、水利、信息产业、民航等有关部门按照国务院规定的职责分工，对全国有关专业工程注册建造师的执业活动实施监督管理。

县级以上地方人民政府建设主管部门对本行政区域内的注册建造师的注册、执业活动实施监督管理；县级以上地方人民政府交通、水利、通信等有关部门在各自职责范围内，对本行政区域内有关专业工程注册建造师的执业活动实施监督管理。

第二章　注　册

第五条　注册建造师实行注册执业管理制度，注册建造师分为一级注册建造师和二级注册建造师。

取得资格证书的人员，经过注册方能以注册建造师的名义执业。

第六条　申请初始注册时应当具备以下条件：

（一）经考核认定或考试合格取得资格证书；

（二）受聘于一个相关单位；

（三）达到继续教育要求；

（四）没有本规定第十五条所列情形。

第七条　取得一级建造师资格证书并受聘于一个建设工程勘察、设计、施工、监理、招标代理、造价咨询等单位的人员，应当通过聘用单位向单位工商注册所在地的省、自治区、直辖市人民政府建设主管部门提出注册申请。

省、自治区、直辖市人民政府建设主管部门受理后提出初审意见，并将初审意见和全部申报材料报国务院建设主管部门审批；涉及铁路、公路、港口与航道、水利水电、通信与广电、民航专业的，国务院建设主管部门应当将全部申报材料送同级有关部门审核。符合条件的，由国务院建设主管部门核发《中华人民共和国一级建造师注册证书》，并核定执业印章编号。

第八条　对申请初始注册的，省、自治区、直辖市人民政府建设主管部门应当自受理申请之日起，20日内审查完毕，并将申请材料和初审意见报国务院建设主管部门。国务院建设主管部门应当自收到省、自治区、直辖市人民政府建设主管部门上报材料之日起，20日内审批完毕并作出书面决定。有关部门应当在收到国务院建设主管部门移送的申请材料之日起，10日内审核完毕，并将审核意见送国务院建设主管部门。

对申请变更注册、延续注册的，省、自治区、直辖市人民政府建设主管部门应当自受理申请之日起 5 日内审查完毕。国务院建设主管部门应当自收到省、自治区、直辖市人民政府建设主管部门上报材料之日起，10 日内审批完毕并作出书面决定。有关部门在收到国务院建设主管部门移送的申请材料后，应当在 5 日内审核完毕，并将审核意见送国务院建设主管部门。

第九条 取得二级建造师资格证书的人员申请注册，由省、自治区、直辖市人民政府建设主管部门负责受理和审批，具体审批程序由省、自治区、直辖市人民政府建设主管部门依法确定。对批准注册的，核发由国务院建设主管部门统一样式的《中华人民共和国二级建造师注册证书》和执业印章，并在核发证书后 30 日内送国务院建设主管部门备案。

第十条 注册证书和执业印章是注册建造师的执业凭证，由注册建造师本人保管、使用。

注册证书与执业印章有效期为 3 年。

一级注册建造师的注册证书由国务院建设主管部门统一印制，执业印章由国务院建设主管部门统一样式，省、自治区、直辖市人民政府建设主管部门组织制作。

第十一条 初始注册者，可自资格证书签发之日起 3 年内提出申请。逾期未申请者，须符合本专业继续教育的要求后方可申请初始注册。

申请初始注册需要提交下列材料：

（一）注册建造师初始注册申请表；

（二）资格证书、学历证书和身份证明复印件；

（三）申请人与聘用单位签订的聘用劳动合同复印件或其他有效证明文件；

（四）逾期申请初始注册的，应当提供达到继续教育要求的证明材料。

第十二条 注册有效期满需继续执业的，应当在注册有效期届满 30 前，按照第七条、第八条的规定申请延续注册。延续注册的，有效期为 3 年。

申请延续注册的，应当提交下列材料：

（一）注册建造师延续注册申请表；

（二）原注册证书；

（三）申请人与聘用单位签订的聘用劳动合同复印件或其他有效证明文件；

（四）申请人注册有效期内达到继续教育要求的证明材料。

第十三条 在注册有效期内，注册建造师变更执业单位，应当与原聘用单位解除劳动关系，并按照第七条、第八条的规定办理变更注册手续，变更注册后仍延续原注册有效期。

申请变更注册的，应当提交下列材料：

（一）注册建造师变更注册申请表；

（二）注册证书和执业印章；

（三）申请人与新聘用单位签订的聘用合同复印件或有效证明文件；

（四）工作调动证明（与原聘用单位解除聘用合同或聘用合同到期的证明文件、退休人员的退休证明）。

第十四条　注册建造师需要增加执业专业的，应当按照第七条的规定申请专业增项注册，并提供相应的资格证明。

第十五条　申请人有下列情形之一的，不予注册：

（一）不具有完全民事行为能力的；

（二）申请在两个或者两个以上单位注册的；

（三）未达到注册建造师继续教育要求的；

（四）受到刑事处罚，刑事处罚尚未执行完毕的；

（五）因执业活动受到刑事处罚，自刑事处罚执行完毕之日起至申请注册之日止不满 5 年的；

（六）因前项规定以外的原因受到刑事处罚，自处罚决定之日起至申请注册之日止不满 3 年的；

（七）被吊销注册证书，自处罚决定之日起至申请注册之日止不满 2 年的；

（八）在申请注册之日前 3 年内担任项目经理期间，所负责项目发生过重大质量和安全事故的；

（九）申请人的聘用单位不符合注册单位要求的；

（十）年龄超过 65 周岁的；

（十一）法律、法规规定不予注册的其他情形。

第十六条　注册建造师有下列情形之一的，其注册证书和执业印章失效：

（一）聘用单位破产的；

（二）聘用单位被吊销营业执照的；

（三）聘用单位被吊销或者撤回资质证书的；

（四）已与聘用单位解除聘用合同关系的；

（五）注册有效期满且未延续注册的；

（六）年龄超过 65 周岁的；

（七）死亡或不具有完全民事行为能力的；

（八）其他导致注册失效的情形。

第十七条　注册建造师有下列情形之一的，由注册机关办理注销手续，收回注册证书和执业印章或者公告注册证书和执业印章作废：

（一）有本规定第十六条所列情形发生的；

（二）依法被撤销注册的；

（三）依法被吊销注册证书的；

（四）受到刑事处罚的；

（五）法律、法规规定应当注销注册的其他情形。

注册建造师有前款所列情形之一的，注册建造师本人和聘用单位应当及时向注册机关提出注销注册申请；有关单位和个人有权向注册机关举报；县级以上地方人民政府建设主管部门或者有关部门应当及时告知注册机关。

第十八条　被注销注册或者不予注册的，在重新具备注册条件后，可按第七条、第八条规定重新申请注册。

第十九条　注册建造师因遗失、污损注册证书或执业印章，需要补办的，应当持在公众媒体上刊登的遗失声明的证明，向原注册机关申请补办。原注册机关应当在5日内办理完毕。

第三章　执　业

第二十条　取得资格证书的人员应当受聘于一个具有建设工程勘察、设计、施工、监理、招标代理、造价咨询等一项或者多项资质的单位，经注册后方可从事相应的执业活动。

担任施工单位项目负责人的，应当受聘并注册于一个具有施工资质的企业。

第二十一条　注册建造师的具体执业范围按照《注册建造师执业工程规模标准》执行。

注册建造师不得同时在两个及两个以上的建设工程项目上担任施工单位项目负责人。

注册建造师可以从事建设工程项目总承包管理或施工管理，建设工程项目管理服务，建设工程技术经济咨询，以及法律、行政法规和国务院建设主管部门规定的其他业务。

第二十二条　建设工程施工活动中形成的有关工程施工管理文件，应当由注册建造师签字并加盖执业印章。

施工单位签署质量合格的文件上，必须有注册建造师的签字盖章。

第二十三条　注册建造师在每一个注册有效期内应当达到国务院建设主管部门规定的继续教育要求。

继续教育分为必修课和选修课，在每一注册有效期内各为60学时。经继续教育达到合格标准的，颁发继续教育合格证书。

继续教育的具体要求由国务院建设主管部门会同国务院有关部门另行规定。

第二十四条　注册建造师享有下列权利：

（一）使用注册建造师名称；

（二）在规定范围内从事执业活动；

（三）在本人执业活动中形成的文件上签字并加盖执业印章；

（四）保管和使用本人注册证书、执业印章；

（五）对本人执业活动进行解释和辩护；

（六）接受继续教育；

（七）获得相应的劳动报酬；

（八）对侵犯本人权利的行为进行申述。

第二十五条　注册建造师应当履行下列义务：

（一）遵守法律、法规和有关管理规定，恪守职业道德；

（二）执行技术标准、规范和规程；

（三）保证执业成果的质量，并承担相应责任；

（四）接受继续教育，努力提高执业水准；

（五）保守在执业中知悉的国家秘密和他人的商业、技术等秘密；

（六）与当事人有利害关系的，应当主动回避；

（七）协助注册管理机关完成相关工作。

第二十六条　注册建造师不得有下列行为：

（一）不履行注册建造师义务；

（二）在执业过程中，索贿、受贿或者谋取合同约定费用外的其他利益；

（三）在执业过程中实施商业贿赂；

（四）签署有虚假记载等不合格的文件；

（五）允许他人以自己的名义从事执业活动；

（六）同时在两个或者两个以上单位受聘或者执业；

（七）涂改、倒卖、出租、出借或以其他形式非法转让资格证书、注册证书和执业印章；

（八）超出执业范围和聘用单位业务范围内从事执业活动；

（九）法律、法规、规章禁止的其他行为。

第四章　监督管理

第二十七条　县级以上人民政府建设主管部门、其他有关部门应当依照有关法律、法规和本规定，对注册建造师的注册、执业和继续教育实施监督检查。

第二十八条　国务院建设主管部门应当将注册建造师注册信息告知省、自治区、直辖市人民政府建设主管部门。

省、自治区、直辖市人民政府建设主管部门应当将注册建造师注册信息告知本行政区域内市、县、市辖区人民政府建设主管部门。

第二十九条　县级以上人民政府建设主管部门和有关部门履行监督检查职责时，有权采取下列措施：

（一）要求被检查人员出示注册证书；

（二）要求被检查人员所在聘用单位提供有关人员签署的文件及相关业务文档；

（三）就有关问题询问签署文件的人员；

（四）纠正违反有关法律、法规、本规定及工程标准规范的行为。

第三十条　注册建造师违法从事相关活动的，违法行为发生地县级以上地方人民政府建设主管部门或者其他有关部门应当依法查处，并将违法事实、处理结果告知注册机关；依法应当撤销注册的，应当将违法事实、处理建议及有关材料报注册机关。

第三十一条　有下列情形之一的，注册机关依据职权或者根据利害关系人的请求，可以撤销注册建造师的注册：

（一）注册机关工作人员滥用职权、玩忽职守作出准予注册许可的；

（二）超越法定职权作出准予注册许可的；

（三）违反法定程序作出准予注册许可的；

（四）对不符合法定条件的申请人颁发注册证书和执业印章的；

（五）依法可以撤销注册的其他情形。

申请人以欺骗、贿赂等不正当手段获准注册的，应当予以撤销。

第三十二条　注册建造师及其聘用单位应当按照要求，向注册机关提供真实、准确、完整的注册建造师信用档案信息。

注册建造师信用档案应当包括注册建造师的基本情况、业绩、良好行为、不良行为等内容。违法违规行为、被投诉举报处理、行政处罚等情况应当作为注册建造师的不良行为记入其信用档案。

注册建造师信用档案信息按照有关规定向社会公示。

第五章　法律责任

第三十三条　隐瞒有关情况或者提供虚假材料申请注册的，建设主管部门不予受理或者不予注册，并给予警告，申请人1年内不得再次申请注册。

第三十四条　以欺骗、贿赂等不正当手段取得注册证书的，由注册机关撤销其注册，3年内不得再次申请注册，并由县级以上地方人民政府建设主管部门处以罚款。其中没有违法所得的，处以1万元以下的罚款；有违法所得的，处以违法所得3倍以下且不超过3万元的罚款。

第三十五条　违反本规定，未取得注册证书和执业印章，担任大中型建设工程项目施工单位项目负责人，或者以注册建造师的名义从事相关活动的，其所签署的工程文件无效，由县级以上地方人民政府建设主管部门或者其他有关部门给予警告，责令停止违法活动，并可处以1万元以上3万元以下的罚款。

第三十六条　违反本规定，未办理变更注册而继续执业的，由县级以上地方人民政府建设主管部门或者其他有关部门责令限期改正；逾期不改正的，可处以5000元以下的罚款。

第三十七条　违反本规定，注册建造师在执业活动中有第二十六条所列行为之一的，由县级以上地方人民政府建设主管部门或者其他有关部门给予警告，责令改正，没有违法所得的，处以 1 万元以下的罚款；有违法所得的，处以违法所得 3 倍以下且不超过 3 万元的罚款。

第三十八条 违反本规定，注册建造师或者其聘用单位未按照要求提供注册建造师信用档案信息的，由县级以上地方人民政府建设主管部门或者其他有关部门责令限期改正；逾期未改正的，可处以 1000 元以上 1 万元以下的罚款。

第三十九条 聘用单位为申请人提供虚假注册材料的，由县级以上地方人民政府建设主管部门或者其他有关部门给予警告，责令限期改正；逾期未改正的，可处以 1 万元以上 3 万元以下的罚款。

第四十条 县级以上人民政府建设主管部门及其工作人员，在注册建造师管理工作中，有下列情形之一的，由其上级行政机关或者监察机关责令改正，对直接负责的主管人员和其他直接责任人员依法给予处分；构成犯罪的，依法追究刑事责任：

（一）对不符合法定条件的申请人准予注册的；

（二）对符合法定条件的申请人不予注册或者不在法定期限内作出准予注册决定的；

（三）对符合法定条件的申请不予受理或者未在法定期限内初审完毕的；

（四）利用职务上的便利，收受他人财物或者其他好处的；

（五）不依法履行监督管理职责或者监督不力，造成严重后果的。

第六章 附 则

第四十一条 本规定自 2007 年 3 月 1 日起施行。

注册监理工程师管理规定

2006 年 1 月 26 日中华人民共和国建设部令第 147 号发布

第一章 总 则

第一条 为了加强对注册监理工程师的管理，维护公共利益和建筑市场秩序，提高工程监理质量与水平，根据《中华人民共和国建筑法》、《建设工程质量管理条例》等法律法规，制定本规定。

第二条 中华人民共和国境内注册监理工程师的注册、执业、继续教育和监督管理，适用本规定。

第三条 本规定所称注册监理工程师，是指经考试取得中华人民共和国监理工程师资格证书（以下简称资格证书），并按照本规定注册，取得中华人民共和国注册监理工程师注册执业证书（以下简称注册证书）和执业印章，从事工程监理及相关业务活动的专业技术人员。

未取得注册证书和执业印章的人员，不得以注册监理工程师的名义从事工程监理及相关业务活动。

第四条　国务院建设主管部门对全国注册监理工程师的注册、执业活动实施统一监督管理。

县级以上地方人民政府建设主管部门对本行政区域内的注册监理工程师的注册、执业活动实施监督管理。

第二章　注　册

第五条　注册监理工程师实行注册执业管理制度。

取得资格证书的人员，经过注册方能以注册监理工程师的名义执业。

第六条　注册监理工程师依据其所学专业、工作经历、工程业绩，按照《工程监理企业资质管理规定》划分的工程类别，按专业注册。每人最多可以申请两个专业注册。

第七条　取得资格证书的人员申请注册，由省、自治区、直辖市人民政府建设主管部门初审，国务院建设主管部门审批。

取得资格证书并受聘于一个建设工程勘察、设计、施工、监理、招标代理、造价咨询等单位的人员，应当通过聘用单位向单位工商注册所在地的省、自治区、直辖市人民政府建设主管部门提出注册申请；省、自治区、直辖市人民政府建设主管部门受理后提出初审意见，并将初审意见和全部申报材料报国务院建设主管部门审批；符合条件的，由国务院建设主管部门核发注册证书和执业印章。

第八条　省、自治区、直辖市人民政府建设主管部门在收到申请人的申请材料后，应当即时作出是否受理的决定，并向申请人出具书面凭证；申请材料不齐全或者不符合法定形式的，应当在 5 日内一次性告知申请人需要补正的全部内容。逾期不告知的，自收到申请材料之日起即为受理。

对申请初始注册的，省、自治区、直辖市人民政府建设主管部门应当自受理申请之日起 20 日内审查完毕，并将申请材料和初审意见报国务院建设主管部门。国务院建设主管部门自收到省、自治区、直辖市人民政府建设主管部门上报材料之日起，应当在 20 日内审批完毕并作出书面决定，并自作出决定之日起 10 日内，在公众媒体上公告审批结果。

对申请变更注册、延续注册的，省、自治区、直辖市人民政府建设主管部门应当自受理申请之日起 5 日内审查完毕，并将申请材料和初审意见报国务院建设主管部门。国务院建设主管部门自收到省、自治区、直辖市人民政府建设主管部门上报材料之日起，应当在 10 日内审批完毕并作出书面决定。

对不予批准的，应当说明理由，并告知申请人享有依法申请行政复议或者提起行政诉讼的权利。

第九条 注册证书和执业印章是注册监理工程师的执业凭证，由注册监理工程师本人保管、使用。

注册证书和执业印章的有效期为 3 年。

第十条 初始注册者，可自资格证书签发之日起 3 年内提出申请。逾期未申请者，须符合继续教育的要求后方可申请初始注册。

申请初始注册，应当具备以下条件：

（一）经全国注册监理工程师执业资格统一考试合格，取得资格证书；

（二）受聘于一个相关单位；

（三）达到继续教育要求；

（四）没有本规定第十三条所列情形。

初始注册需要提交下列材料：

（一）申请人的注册申请表；

（二）申请人的资格证书和身份证复印件；

（三）申请人与聘用单位签订的聘用劳动合同复印件；

（四）所学专业、工作经历、工程业绩、工程类中级及中级以上职称证书等有关证明材料；

（五）逾期初始注册的，应当提供达到继续教育要求的证明材料。

第十一条 注册监理工程师每一注册有效期为 3 年，注册有效期满需继续执业的，应当在注册有效期满 30 日前，按照本规定第七条规定的程序申请延续注册。延续注册有效期 3 年。延续注册需要提交下列材料：

（一）申请人延续注册申请表；

（二）申请人与聘用单位签订的聘用劳动合同复印件；

（三）申请人注册有效期内达到继续教育要求的证明材料。

第十二条 在注册有效期内，注册监理工程师变更执业单位，应当与原聘用单位解除劳动关系，并按本规定第七条规定的程序办理变更注册手续，变更注册后仍延续原注册有效期。

变更注册需要提交下列材料：

（一）申请人变更注册申请表；

（二）申请人与新聘用单位签订的聘用劳动合同复印件；

（三）申请人的工作调动证明（与原聘用单位解除聘用劳动合同或者聘用劳动合同到期的证明文件、退休人员的退休证明）。

第十三条 申请人有下列情形之一的，不予初始注册、延续注册或者变更注册：

（一）不具有完全民事行为能力的；

（二）刑事处罚尚未执行完毕或者因从事工程监理或者相关业务受到刑事处罚，自刑事处罚执行完毕之日起至申请注册之日止不满 2 年的；

（三）未达到监理工程师继续教育要求的；

（四）在两个或者两个以上单位申请注册的；

（五）以虚假的职称证书参加考试并取得资格证书的；

（六）年龄超过 65 周岁的；

（七）法律、法规规定不予注册的其他情形。

第十四条 注册监理工程师有下列情形之一的，其注册证书和执业印章失效：

（一）聘用单位破产的；

（二）聘用单位被吊销营业执照的；

（三）聘用单位被吊销相应资质证书的；

（四）已与聘用单位解除劳动关系的；

（五）注册有效期满且未延续注册的；

（六）年龄超过 65 周岁的；

（七）死亡或者丧失行为能力的；

（八）其他导致注册失效的情形。

第十五条 注册监理工程师有下列情形之一的，负责审批的部门应当办理注销手续，收回注册证书和执业印章或者公告其注册证书和执业印章作废：

（一）不具有完全民事行为能力的；

（二）申请注销注册的；

（三）有本规定第十四条所列情形发生的；

（四）依法被撤销注册的；

（五）依法被吊销注册证书的；

（六）受到刑事处罚的；

（七）法律、法规规定应当注销注册的其他情形。

注册监理工程师有前款情形之一的，注册监理工程师本人和聘用单位应当及时向国务院建设主管部门提出注销注册的申请；有关单位和个人有权向国务院建设主管部门举报；县级以上地方人民政府建设主管部门或者有关部门应当及时报告或者告知国务院建设主管部门。

第十六条 被注销注册者或者不予注册者，在重新具备初始注册条件，并符合继续教育要求后，可以按照本规定第七条规定的程序重新申请注册。

第三章 执 业

第十七条 取得资格证书的人员，应当受聘于一个具有建设工程勘察、设计、施工、监理、招标代理、造价咨询等一项或者多项资质的单位，经注册后方可从事相应的执业活动。从事工程监理执业活动的，应当受聘并注册于一个具有工程监理资质的单位。

第十八条　注册监理工程师可以从事工程监理、工程经济与技术咨询、工程招标与采购咨询、工程项目管理服务以及国务院有关部门规定的其他业务。

第十九条　工程监理活动中形成的监理文件由注册监理工程师按照规定签字盖章后方可生效。

第二十条　修改经注册监理工程师签字盖章的工程监理文件，应当由该注册监理工程师进行；因特殊情况，该注册监理工程师不能进行修改的，应当由其他注册监理工程师修改，并签字、加盖执业印章，对修改部分承担责任。

第二十一条　注册监理工程师从事执业活动，由所在单位接受委托并统一收费。

第二十二条　因工程监理事故及相关业务造成的经济损失，聘用单位应当承担赔偿责任；聘用单位承担赔偿责任后，可依法向负有过错的注册监理工程师追偿。

第四章　继续教育

第二十三条　注册监理工程师在每一注册有效期内应当达到国务院建设主管部门规定的继续教育要求。继续教育作为注册监理工程师逾期初始注册、延续注册和重新申请注册的条件之一。

第二十四条　继续教育分为必修课和选修课，在每一注册有效期内各为48学时。

第五章　权利和义务

第二十五条　注册监理工程师享有下列权利：

（一）使用注册监理工程师称谓；

（二）在规定范围内从事执业活动；

（三）依据本人能力从事相应的执业活动；

（四）保管和使用本人的注册证书和执业印章；

（五）对本人执业活动进行解释和辩护；

（六）接受继续教育；

（七）获得相应的劳动报酬；

（八）对侵犯本人权利的行为进行申诉。

第二十六条　注册监理工程师应当履行下列义务：

（一）遵守法律、法规和有关管理规定；

（二）履行管理职责，执行技术标准、规范和规程；

（三）保证执业活动成果的质量，并承担相应责任；

（四）接受继续教育，努力提高执业水准；

（五）在本人执业活动所形成的工程监理文件上签字、加盖执业印章；

（六）保守在执业中知悉的国家秘密和他人的商业、技术秘密；

（七）不得涂改、倒卖、出租、出借或者以其他形式非法转让注册证书或者执业印章；

　　（八）不得同时在两个或者两个以上单位受聘或者执业；

　　（九）在规定的执业范围和聘用单位业务范围内从事执业活动；

　　（十）协助注册管理机构完成相关工作。

第六章　法律责任

　　第二十七条　隐瞒有关情况或者提供虚假材料申请注册的，建设主管部门不予受理或者不予注册，并给予警告，1 年之内不得再次申请注册。

　　第二十八条　以欺骗、贿赂等不正当手段取得注册证书的，由国务院建设主管部门撤销其注册，3 年内不得再次申请注册，并由县级以上地方人民政府建设主管部门处以罚款，其中没有违法所得的，处以 1 万元以下罚款，有违法所得的，处以违法所得 3 倍以下且不超过 3 万元的罚款；构成犯罪的，依法追究刑事责任。

　　第二十九条　违反本规定，未经注册，擅自以注册监理工程师的名义从事工程监理及相关业务活动的，由县级以上地方人民政府建设主管部门给予警告，责令停止违法行为，处以 3 万元以下罚款；造成损失的，依法承担赔偿责任。

　　第三十条　违反本规定，未办理变更注册仍执业的，由县级以上地方人民政府建设主管部门给予警告，责令限期改正；逾期不改的，可处以 5000 元以下的罚款。

　　第三十一条　注册监理工程师在执业活动中有下列行为之一的，由县级以上地方人民政府建设主管部门给予警告，责令其改正，没有违法所得的，处以 1 万元以下罚款，有违法所得的，处以违法所得 3 倍以下且不超过 3 万元的罚款；造成损失的，依法承担赔偿责任；构成犯罪的，依法追究刑事责任：

　　（一）以个人名义承接业务的；

　　（二）涂改、倒卖、出租、出借或者以其他形式非法转让注册证书或者执业印章的；

　　（三）泄露执业中应当保守的秘密并造成严重后果的；

　　（四）超出规定执业范围或者聘用单位业务范围从事执业活动的；

　　（五）弄虚作假提供执业活动成果的；

　　（六）同时受聘于两个或者两个以上的单位，从事执业活动的；

　　（七）其它违反法律、法规、规章的行为。

　　第三十二条　有下列情形之一的，国务院建设主管部门依据职权或者根据利害关系人的请求，可以撤销监理工程师注册：

　　（一）工作人员滥用职权、玩忽职守颁发注册证书和执业印章的；

　　（二）超越法定职权颁发注册证书和执业印章的；

　　（三）违反法定程序颁发注册证书和执业印章的；

　　（四）对不符合法定条件的申请人颁发注册证书和执业印章的；

　　（五）依法可以撤销注册的其他情形。

第三十三条　县级以上人民政府建设主管部门的工作人员，在注册监理工程师管理工作中，有下列情形之一的，依法给予处分；构成犯罪的，依法追究刑事责任：

（一）对不符合法定条件的申请人颁发注册证书和执业印章的；

（二）对符合法定条件的申请人不予颁发注册证书和执业印章的；

（三）对符合法定条件的申请人未在法定期限内颁发注册证书和执业印章的；

（四）对符合法定条件的申请不予受理或者未在法定期限内初审完毕的；

（五）利用职务上的便利，收受他人财物或者其他好处的；

（六）不依法履行监督管理职责，或者发现违法行为不予查处的。

第七章　附　则

第三十四条　注册监理工程师资格考试工作按照国务院建设主管部门、国务院人事主管部门的有关规定执行。

第三十五条　香港特别行政区、澳门特别行政区、台湾地区及外籍专业技术人员，申请参加注册监理工程师注册和执业的管理办法另行制定。

第三十六条　本规定自 2006 年 4 月 1 日起施行。1992 年 6 月 4 日建设部颁布的《监理工程师资格考试和注册试行办法》（建设部令第 18 号）同时废止。

建筑工程施工许可管理办法

2014 年 6 月 25 日中华人民共和国住房和城乡建设部令 18 号发布

第一条　为了加强对建筑活动的监督管理，维护建筑市场秩序，保证建筑工程的质量和安全，根据《中华人民共和国建筑法》，制定本办法。

第二条　在中华人民共和国境内从事各类房屋建筑及其附属设施的建造、装修装饰和与其配套的线路、管道、设备的安装，以及城镇市政基础设施工程的施工，建设单位在开工前应当依照本办法的规定，向工程所在地的县级以上地方人民政府住房城乡建设主管部门（以下简称发证机关）申请领取施工许可证。

工程投资额在 30 万元以下或者建筑面积在 300 平方米以下的建筑工程，可以不申请办理施工许可证。省、自治区、直辖市人民政府住房城乡建设主管部门可以根据当地的实际情况，对限额进行调整，并报国务院住房城乡建设主管部门备案。

按照国务院规定的权限和程序批准开工报告的建筑工程，不再领取施工许可证。

第三条　本办法规定应当申请领取施工许可证的建筑工程未取得施工许可证的，一律不得开工。

任何单位和个人不得将应当申请领取施工许可证的工程项目分解为若干限额以下的工程项目,规避申请领取施工许可证。

第四条 建设单位申请领取施工许可证,应当具备下列条件,并提交相应的证明文件:

(一)依法应当办理用地批准手续的,已经办理该建筑工程用地批准手续。

(二)在城市、镇规划区的建筑工程,已经取得建设工程规划许可证。

(三)施工场地已经基本具备施工条件,需要征收房屋的,其进度符合施工要求。

(四)已经确定施工企业。按照规定应当招标的工程没有招标,应当公开招标的工程没有公开招标,或者肢解发包工程,以及将工程发包给不具备相应资质条件的企业的,所确定的施工企业无效。

(五)有满足施工需要的技术资料,施工图设计文件已按规定审查合格。

(六)有保证工程质量和安全的具体措施。施工企业编制的施工组织设计中有根据建筑工程特点制定的相应质量、安全技术措施。建立工程质量安全责任制并落实到人。专业性较强的工程项目编制了专项质量、安全施工组织设计,并按照规定办理了工程质量、安全监督手续。

(七)按照规定应当委托监理的工程已委托监理。

(八)建设资金已经落实。建设工期不足一年的,到位资金原则上不得少于工程合同价的50%,建设工期超过一年的,到位资金原则上不得少于工程合同价的30%。建设单位应当提供本单位截至申请之日无拖欠工程款情形的承诺书或者能够表明其无拖欠工程款情形的其他材料,以及银行出具的到位资金证明,有条件的可以实行银行付款保函或者其他第三方担保。

(九)法律、行政法规规定的其他条件。

县级以上地方人民政府住房城乡建设主管部门不得违反法律法规规定,增设办理施工许可证的其他条件。

第五条 申请办理施工许可证,应当按照下列程序进行:

(一)建设单位向发证机关领取《建筑工程施工许可证申请表》。

(二)建设单位持加盖单位及法定代表人印鉴的《建筑工程施工许可证申请表》,并附本办法第四条规定的证明文件,向发证机关提出申请。

(三)发证机关在收到建设单位报送的《建筑工程施工许可证申请表》和所附证明文件后,对于符合条件的,应当自收到申请之日起十五日内颁发施工许可证;对于证明文件不齐全或者失效的,应当当场或者五日内一次告知建设单位需要补正的全部内容,审批时间可以自证明文件补正齐全后作相应顺延;对于不符合条件的,应当自收到申请之日起十五日内书面通知建设单位,并说明理由。

建筑工程在施工过程中,建设单位或者施工单位发生变更的,应当重新申请领取施工许可证。

第六条　建设单位申请领取施工许可证的工程名称、地点、规模，应当符合依法签订的施工承包合同。

施工许可证应当放置在施工现场备查，并按规定在施工现场公开。

第七条　施工许可证不得伪造和涂改。

第八条　建设单位应当自领取施工许可证之日起三个月内开工。因故不能按期开工的，应当在期满前向发证机关申请延期，并说明理由；延期以两次为限，每次不超过三个月。既不开工又不申请延期或者超过延期次数、时限的，施工许可证自行废止。

第九条　在建的建筑工程因故中止施工的，建设单位应当自中止施工之日起一个月内向发证机关报告，报告内容包括中止施工的时间、原因、在施部位、维修管理措施等，并按照规定做好建筑工程的维护管理工作。

建筑工程恢复施工时，应当向发证机关报告；中止施工满一年的工程恢复施工前，建设单位应当报发证机关核验施工许可证。

第十条　发证机关应当将办理施工许可证的依据、条件、程序、期限以及需要提交的全部材料和申请表示范文本等，在办公场所和有关网站予以公示。

发证机关作出的施工许可决定，应当予以公开，公众有权查阅。

第十一条　发证机关应当建立颁发施工许可证后的监督检查制度，对取得施工许可证后条件发生变化、延期开工、中止施工等行为进行监督检查，发现违法违规行为及时处理。

第十二条　对于未取得施工许可证或者为规避办理施工许可证将工程项目分解后擅自施工的，由有管辖权的发证机关责令停止施工，限期改正，对建设单位处工程合同价款 1% 以上 2% 以下罚款；对施工单位处 3 万元以下罚款。

第十三条　建设单位采用欺骗、贿赂等不正当手段取得施工许可证的，由原发证机关撤销施工许可证，责令停止施工，并处 1 万元以上 3 万元以下罚款；构成犯罪的，依法追究刑事责任。

第十四条　建设单位隐瞒有关情况或者提供虚假材料申请施工许可证的，发证机关不予受理或者不予许可，并处 1 万元以上 3 万元以下罚款；构成犯罪的，依法追究刑事责任。

建设单位伪造或者涂改施工许可证的，由发证机关责令停止施工，并处 1 万元以上 3 万元以下罚款；构成犯罪的，依法追究刑事责任。

第十五条　依照本办法规定，给予单位罚款处罚的，对单位直接负责的主管人员和其他直接责任人员处单位罚款数额 5% 以上 10% 以下罚款。

单位及相关责任人受到处罚的，作为不良行为记录予以通报。

第十六条　发证机关及其工作人员，违反本办法，有下列情形之一的，由其上级行政机关或者监察机关责令改正；情节严重的，对直接负责的主管人员和其他直接责任人员，依法给予行政处分：

（一）对不符合条件的申请人准予施工许可的；

（二）对符合条件的申请人不予施工许可或者未在法定期限内作出准予许可决定的；

（三）对符合条件的申请不予受理的；

（四）利用职务上的便利，收受他人财物或者谋取其他利益的；

（五）不依法履行监督职责或者监督不力，造成严重后果的。

第十七条 建筑工程施工许可证由国务院住房城乡建设主管部门制定格式，由各省、自治区、直辖市人民政府住房城乡建设主管部门统一印制。

施工许可证分为正本和副本，正本和副本具有同等法律效力。复印的施工许可证无效。

第十八条 本办法关于施工许可管理的规定适用于其他专业建筑工程。有关法律、行政法规有明确规定的，从其规定。

《建筑法》第八十三条第三款规定的建筑活动，不适用本办法。

军事房屋建筑工程施工许可的管理，按国务院、中央军事委员会制定的办法执行。

第十九条 省、自治区、直辖市人民政府住房城乡建设主管部门可以根据本办法制定实施细则。

第二十条 本办法自2014年10月25日起施行。1999年10月15日建设部令第71号发布、2001年7月4日建设部令第91号修正的《建筑工程施工许可管理办法》同时废止。

房屋建筑和市政基础设施工程施工分包管理办法

2004年2月3日中华人民共和国建设部令第124号发布

根据2014年8月27日中华人民共和国住房和城乡建设部关于修改《房屋建筑和市政基础设施工程施工分包管理办法》的决定修正，并以中华人民共和国住房和城乡建设部令第19号发布

第一条 为了规范房屋建筑和市政基础设施工程施工分包活动，维护建筑市场秩序，保证工程质量和施工安全，根据《中华人民共和国建筑法》、《中华人民共和国招标投标法》、《建设工程质量管理条例》等有关法律、法规，制定本办法。

第二条 在中华人民共和国境内从事房屋建筑和市政基础设施工程施工分包活动，实施对房屋建筑和市政基础设施工程施工分包活动的监督管理，适用本办法。

第三条 国务院住房城乡建设主管部门负责全国房屋建筑和市政基础设施工程施工分包的监督管理工作。

县级以上地方人民政府住房城乡建设主管部门负责本行政区域内房屋建筑和市政基

础设施工程施工分包的监督管理工作。

第四条 本办法所称施工分包，是指建筑业企业将其所承包的房屋建筑和市政基础设施工程中的专业工程或者劳务作业发包给其他建筑业企业完成的活动。

第五条 房屋建筑和市政基础设施工程施工分包分为专业工程分包和劳务作业分包。

本办法所称专业工程分包，是指施工总承包企业（以下简称专业分包工程发包人）将其所承包工程中的专业工程发包给具有相应资质的其他建筑业企业（以下简称专业分包工程承包人）完成的活动。

本办法所称劳务作业分包，是指施工总承包企业或者专业承包企业（以下简称劳务作业发包人）将其承包工程中的劳务作业发包给劳务分包企业（以下简称劳务作业承包人）完成的活动。

本办法所称分包工程发包人包括本条第二款、第三款中的专业分包工程发包人和劳务作业发包人；分包工程承包人包括本条第二款、第三款中的专业分包工程承包人和劳务作业承包人。

第六条 房屋建筑和市政基础设施工程施工分包活动必须依法进行。

鼓励发展专业承包企业和劳务分包企业，提倡分包活动进入有形建筑市场公开交易，完善有形建筑市场的分包工程交易功能。

第七条 建设单位不得直接指定分包工程承包人。任何单位和个人不得对依法实施的分包活动进行干预。

第八条 分包工程承包人必须具有相应的资质，并在其资质等级许可的范围内承揽业务。

严禁个人承揽分包工程业务。

第九条 专业工程分包除在施工总承包合同中有约定外，必须经建设单位认可。专业分包工程承包人必须自行完成所承包的工程。

劳务作业分包由劳务作业发包人与劳务作业承包人通过劳务合同约定。劳务作业承包人必须自行完成所承包的任务。

第十条 分包工程发包人和分包工程承包人应当依法签订分包合同，并按照合同履行约定的义务。分包合同必须明确约定支付工程款和劳务工资的时间、结算方式以及保证按期支付的相应措施，确保工程款和劳务工资的支付。

分包工程发包人应当在订立分包合同后7个工作日内，将合同送工程所在地县级以上地方人民政府住房城乡建设主管部门备案。分包合同发生重大变更的，分包工程发包人应当自变更后7个工作日内，将变更协议送原备案机关备案。

第十一条 分包工程发包人应当设立项目管理机构，组织管理所承包工程的施工活动。

项目管理机构应当具有与承包工程的规模、技术复杂程度相适应的技术、经济管理人员。其中，项目负责人、技术负责人、项目核算负责人、质量管理人员、安全管理人员必须是本单位的人员。具体要求由省、自治区、直辖市人民政府住房城乡建设主管部门规定。

前款所指本单位人员，是指与本单位有合法的人事或者劳动合同、工资以及社会保险关系的人员。

第十二条　分包工程发包人可以就分包合同的履行，要求分包工程承包人提供分包工程履约担保；分包工程承包人在提供担保后，要求分包工程发包人同时提供分包工程付款担保的，分包工程发包人应当提供。

第十三条　禁止将承包的工程进行转包。不履行合同约定，将其承包的全部工程发包给他人，或者将其承包的全部工程肢解后以分包的名义分别发包给他人的，属于转包行为。

违反本办法第十二条规定，分包工程发包人将工程分包后，未在施工现场设立项目管理机构和派驻相应人员，并未对该工程的施工活动进行组织管理的，视同转包行为。

第十四条　禁止将承包的工程进行违法分包。下列行为，属于违法分包：

（一）分包工程发包人将专业工程或者劳务作业分包给不具备相应资质条件的分包工程承包人的；

（二）施工总承包合同中未有约定，又未经建设单位认可，分包工程发包人将承包工程中的部分专业工程分包给他人的。

第十五条　禁止转让、出借企业资质证书或者以其他方式允许他人以本企业名义承揽工程。

分包工程发包人没有将其承包的工程进行分包，在施工现场所设项目管理机构的项目负责人、技术负责人、项目核算负责人、质量管理人员、安全管理人员不是工程承包人本单位人员的，视同允许他人以本企业名义承揽工程。

第十六条　分包工程承包人应当按照分包合同的约定对其承包的工程向分包工程发包人负责。分包工程发包人和分包工程承包人就分包工程对建设单位承担连带责任。

第十七条　分包工程发包人对施工现场安全负责，并对分包工程承包人的安全生产进行管理。专业分包工程承包人应当将其分包工程的施工组织设计和施工安全方案报分包工程发包人备案，专业分包工程发包人发现事故隐患，应当及时作出处理。

分包工程承包人就施工现场安全向分包工程发包人负责，并应当服从分包工程发包人对施工现场的安全生产管理。

第十八条　违反本办法规定，转包、违法分包或者允许他人以本企业名义承揽工程的，以及接受转包和用他人名义承揽工程的，按照《中华人民共和国建筑法》、《中华人民共和国招标投标法》和《建设工程质量管理条例》的规定予以处罚；具体办法由国务院住房城乡建设主管部门依据有关法律法规另行规定。

第十九条　未取得建筑业企业资质承接分包工程的，按照《中华人民共和国建筑法》第六十五条第三款和《建设工程质量管理条例》第六十条第一款、第二款的规定处罚。

第二十条 本办法自 2004 年 4 月 1 日起施行。原城乡建设环境保护部 1986 年 4 月 30 日发布的《建筑安装工程总分包实施办法》同时废止。

安全生产违法行为行政处罚办法

2007 年月 11 月 30 日中华人民共和国国家安全生产监督管理总局令第 15 号公布

2015 年 4 月 2 日中华人民共和国国家安全监管总局令第 77 号修正公布

第一章 总 则

第一条 为了制裁安全生产违法行为，规范安全生产行政处罚工作，依照行政处罚法、安全生产法及其他有关法律、行政法规的规定，制定本办法。

第二条 县级以上人民政府安全生产监督管理部门对生产经营单位及其有关人员在生产经营活动中违反有关安全生产的法律、行政法规、部门规章、国家标准、行业标准和规程的违法行为（以下统称安全生产违法行为）实施行政处罚，适用本办法。

煤矿安全监察机构依照本办法和煤矿安全监察行政处罚办法，对煤矿、煤矿安全生产中介机构等生产经营单位及其有关人员的安全生产违法行为实施行政处罚。

有关法律、行政法规对安全生产违法行为行政处罚的种类、幅度或者决定机关另有规定的，依照其规定。

第三条 对安全生产违法行为实施行政处罚，应当遵循公平、公正、公开的原则。

安全生产监督管理部门或者煤矿安全监察机构（以下统称安全监管监察部门）及其行政执法人员实施行政处罚，必须以事实为依据。行政处罚应当与安全生产违法行为的事实、性质、情节以及社会危害程度相当。

第四条 生产经营单位及其有关人员对安全监管监察部门给予的行政处罚，依法享有陈述权、申辩权和听证权；对行政处罚不服的，有权依法申请行政复议或者提起行政诉讼；因违法给予行政处罚受到损害的，有权依法申请国家赔偿。

第二章 行政处罚的种类、管辖

第五条 安全生产违法行为行政处罚的种类：

（一）警告；

（二）罚款；

（三）没收违法所得、没收非法开采的煤炭产品、采掘设备；

（四）责令停产停业整顿、责令停产停业、责令停止建设、责令停止施工；

（五）暂扣或者吊销有关许可证，暂停或者撤销有关执业资格、岗位证书；

（六）关闭；

（七）拘留；

（八）安全生产法律、行政法规规定的其他行政处罚。

第六条 县级以上安全监管监察部门应当按照本章的规定，在各自的职责范围内对安全生产违法行为行政处罚行使管辖权。

安全生产违法行为的行政处罚，由安全生产违法行为发生地的县级以上安全监管监察部门管辖。中央企业及其所属企业、有关人员的安全生产违法行为的行政处罚，由安全生产违法行为发生地的设区的市级以上安全监管监察部门管辖。

暂扣、吊销有关许可证和暂停、撤销有关执业资格、岗位证书的行政处罚，由发证机关决定。其中，暂扣有关许可证和暂停有关执业资格、岗位证书的期限一般不得超过6个月；法律、行政法规另有规定的，依照其规定。

给予关闭的行政处罚，由县级以上安全监管监察部门报请县级以上人民政府按照国务院规定的权限决定。

给予拘留的行政处罚，由县级以上安全监管监察部门建议公安机关依照治安管理处罚法的规定决定。

第七条 两个以上安全监管监察部门因行政处罚管辖权发生争议的，由其共同的上一级安全监管监察部门指定管辖。

第八条 对报告或者举报的安全生产违法行为，安全监管监察部门应当受理；发现不属于自己管辖的，应当及时移送有管辖权的部门。

受移送的安全监管监察部门对管辖权有异议的，应当报请共同的上一级安全监管监察部门指定管辖。

第九条 安全生产违法行为涉嫌犯罪的，安全监管监察部门应当将案件移送司法机关，依法追究刑事责任；尚不够刑事处罚但依法应当给予行政处罚的，由安全监管监察部门管辖。

第十条 上级安全监管监察部门可以直接查处下级安全监管监察部门管辖的案件，也可以将自己管辖的案件交由下级安全监管监察部门管辖。

下级安全监管监察部门可以将重大、疑难案件报请上级安全监管监察部门管辖。

第十一条 上级安全监管监察部门有权对下级安全监管监察部门违法或者不适当的行政处罚予以纠正或者撤销。

第十二条 安全监管监察部门根据需要，可以在其法定职权范围内委托符合《行政处罚法》第十九条规定条件的组织或者乡、镇人民政府以及街道办事处、开发区管理机构等地方人民政府的派出机构实施行政处罚。受委托的单位在委托范围内，以委托的安全监管监察部门名义实施行政处罚。

委托的安全监管监察部门应当监督检查受委托的单位实施行政处罚，并对其实施行政处罚的后果承担法律责任。

第三章　行政处罚的程序

第十三条　安全生产行政执法人员在执行公务时，必须出示省级以上安全生产监督管理部门或者县级以上地方人民政府统一制作的有效行政执法证件。其中对煤矿进行安全监察，必须出示国家安全生产监督管理总局统一制作的煤矿安全监察员证。

第十四条　安全监管监察部门及其行政执法人员在监督检查时发现生产经营单位存在事故隐患的，应当按照下列规定采取现场处理措施：

（一）能够立即排除的，应当责令立即排除；

（二）重大事故隐患排除前或者排除过程中无法保证安全的，应当责令从危险区域撤出作业人员，并责令暂时停产停业、停止建设、停止施工或者停止使用相关设施、设备，限期排除隐患。

隐患排除后，经安全监管监察部门审查同意，方可恢复生产经营和使用。

本条第一款第（二）项规定的责令暂时停产停业、停止建设、停止施工或者停止使用相关设施、设备的期限一般不超过 6 个月；法律、行政法规另有规定的，依照其规定。

第十五条　对有根据认为不符合安全生产的国家标准或者行业标准的在用设施、设备、器材，违法生产、储存、使用、经营、运输的危险物品，以及违法生产、储存、使用、经营危险物品的作业场所，安全监管监察部门应当依照《行政强制法》的规定予以查封或者扣押。查封或者扣押的期限不得超过 30 日，情况复杂的，经安全监管监察部门负责人批准，最多可以延长 30 日，并在查封或者扣押期限内作出处理决定：

（一）对违法事实清楚、依法应当没收的非法财物予以没收；

（二）法律、行政法规规定应当销毁的，依法销毁；

（三）法律、行政法规规定应当解除查封、扣押的，作出解除查封、扣押的决定。

实施查封、扣押，应当制作并当场交付查封、扣押决定书和清单。

第十六条　安全监管监察部门依法对存在重大事故隐患的生产经营单位作出停产停业、停止施工、停止使用相关设施、设备的决定，生产经营单位应当依法执行，及时消除事故隐患。生产经营单位拒不执行，有发生生产安全事故的现实危险的，在保证安全的前提下，经本部门主要负责人批准，安全监管监察部门可以采取通知有关单位停止供电、停止供应民用爆炸物品等措施，强制生产经营单位履行决定。通知应当采用书面形式，有关单位应当予以配合。

安全监管监察部门依照前款规定采取停止供电措施，除有危及生产安全的紧急情形外，应当提前 24 小时通知生产经营单位。生产经营单位依法履行行政决定、采取相应措施消除事故隐患的，安全监管监察部门应当及时解除前款规定的措施。

第十七条 生产经营单位被责令限期改正或者限期进行隐患排除治理的，应当在规定限期内完成。因不可抗力无法在规定限期内完成的，应当在进行整改或者治理的同时，于限期届满前 10 日内提出书面延期申请，安全监管监察部门应当在收到申请之日起 5 日内书面答复是否准予延期。

生产经营单位提出复查申请或者整改、治理限期届满的，安全监管监察部门应当自申请或者限期届满之日起 10 日内进行复查，填写复查意见书，由被复查单位和安全监管监察部门复查人员签名后存档。逾期未整改、未治理或者整改、治理不合格的，安全监管监察部门应当依法给予行政处罚。

第十八条 安全监管监察部门在作出行政处罚决定前，应当填写行政处罚告知书，告知当事人作出行政处罚决定的事实、理由、依据，以及当事人依法享有的权利，并送达当事人。当事人应当在收到行政处罚告知书之日起 3 日内进行陈述、申辩，或者依法提出听证要求，逾期视为放弃上述权利。

第十九条 安全监管监察部门应当充分听取当事人的陈述和申辩，对当事人提出的事实、理由和证据，应当进行复核；当事人提出的事实、理由和证据成立的，安全监管监察部门应当采纳。

安全监管监察部门不得因当事人陈述或者申辩而加重处罚。

第二十条 安全监管监察部门对安全生产违法行为实施行政处罚，应当符合法定程序，制作行政执法文书。

第一节 简易程序

第二十一条 违法事实确凿并有法定依据，对个人处以 50 元以下罚款、对生产经营单位处以 1000 元以下罚款或者警告的行政处罚的，安全生产行政执法人员可以当场作出行政处罚决定。

第二十二条 安全生产行政执法人员当场作出行政处罚决定，应当填写预定格式、编有号码的行政处罚决定书并当场交付当事人。

安全生产行政执法人员当场作出行政处罚决定后应当及时报告，并在 5 日内报所属安全监管监察部门备案。

第二节 一般程序

第二十三条 除依照简易程序当场作出的行政处罚外，安全监管监察部门发现生产经营单位及其有关人员有应当给予行政处罚的行为的，应当予以立案，填写立案审批表，并全面、客观、公正地进行调查，收集有关证据。对确需立即查处的安全生产违法行为，可以先行调查取证，并在 5 日内补办立案手续。

第二十四条 对已经立案的案件，由立案审批人指定两名或者两名以上安全生产行政执法人员进行调查。

有下列情形之一的，承办案件的安全生产行政执法人员应当回避：

（一）本人是本案的当事人或者当事人的近亲属的；

（二）本人或者其近亲属与本案有利害关系的；

（三）与本人有其他利害关系，可能影响案件的公正处理的。

安全生产行政执法人员的回避，由派出其进行调查的安全监管监察部门的负责人决定。进行调查的安全监管监察部门负责人的回避，由该部门负责人集体讨论决定。回避决定作出之前，承办案件的安全生产行政执法人员不得擅自停止对案件的调查。

第二十五条 进行案件调查时，安全生产行政执法人员不得少于两名。当事人或者有关人员应当如实回答安全生产行政执法人员的询问，并协助调查或者检查，不得拒绝、阻挠或者提供虚假情况。

询问或者检查应当制作笔录。笔录应当记载时间、地点、询问和检查情况，并由被询问人、被检查单位和安全生产行政执法人员签名或者盖章；被询问人、被检查单位要求补正的，应当允许。被询问人或者被检查单位拒绝签名或者盖章的，安全生产行政执法人员应当在笔录上注明原因并签名。

第二十六条 安全生产行政执法人员应当收集、调取与案件有关的原始凭证作为证据。调取原始凭证确有困难的，可以复制，复制件应当注明"经核对与原件无异"的字样和原始凭证存放的单位及其处所，并由出具证据的人员签名或者单位盖章。

第二十七条 安全生产行政执法人员在收集证据时，可以采取抽样取证的方法；在证据可能灭失或者以后难以取得的情况下，经本单位负责人批准，可以先行登记保存，并应当在 7 日内作出处理决定：

（一）违法事实成立依法应当没收的，作出行政处罚决定，予以没收；依法应当扣留或者封存的，予以扣留或者封存；

（二）违法事实不成立，或者依法不应当予以没收、扣留、封存的，解除登记保存。

第二十八条 安全生产行政执法人员对与案件有关的物品、场所进行勘验检查时，应当通知当事人到场，制作勘验笔录，并由当事人核对无误后签名或者盖章。当事人拒绝到场的，可以邀请在场的其他人员作证，并在勘验笔录中注明原因并签名；也可以采用录音、录像等方式记录有关物品、场所的情况后，再进行勘验检查。

第二十九条 案件调查终结后，负责承办案件的安全生产行政执法人员应当填写案件处理呈批表，连同有关证据材料一并报本部门负责人审批。

安全监管监察部门负责人应当及时对案件调查结果进行审查，根据不同情况，分别作出以下决定：

（一）确有应受行政处罚的违法行为的，根据情节轻重及具体情况，作出行政处罚决定；

（二）违法行为轻微，依法可以不予行政处罚的，不予行政处罚；

（三）违法事实不能成立，不得给予行政处罚；

（四）违法行为涉嫌犯罪的，移送司法机关处理。

对严重安全生产违法行为给予责令停产停业整顿、责令停产停业、责令停止建设、责令停止施工、吊销有关许可证、撤销有关执业资格或者岗位证书、5 万元以上罚款、没收违法所得、没收非法开采的煤炭产品或者采掘设备价值 5 万元以上的行政处罚的，应当由安全监管监察部门的负责人集体讨论决定。

第三十条 安全监管监察部门依照本办法第二十九条的规定给予行政处罚，应当制作行政处罚决定书。行政处罚决定书应当载明下列事项：

（一）当事人的姓名或者名称、地址或者住址；

（二）违法事实和证据；

（三）行政处罚的种类和依据；

（四）行政处罚的履行方式和期限；

（五）不服行政处罚决定，申请行政复议或者提起行政诉讼的途径和期限；

（六）作出行政处罚决定的安全监管监察部门的名称和作出决定的日期。

行政处罚决定书必须盖有作出行政处罚决定的安全监管监察部门的印章。

第三十一条 行政处罚决定书应当在宣告后当场交付当事人；当事人不在场的，安全监管监察部门应当在 7 日内依照民事诉讼法的有关规定，将行政处罚决定书送达当事人或者其他的法定受送达人：

（一）送达必须有送达回执，由受送达人在送达回执上注明收到日期，签名或者盖章；

（二）送达应当直接送交受送达人。受送达人是个人的，本人不在交他的同住成年家属签收，并在行政处罚决定书送达回执的备注栏内注明与受送达人的关系；

（三）受送达人是法人或者其他组织的，应当由法人的法定代表人、其他组织的主要负责人或者该法人、组织负责收件的人签收；

（四）受送达人指定代收人的，交代收人签收并注明受当事人委托的情况；

（五）直接送达确有困难的，可以挂号邮寄送达，也可以委托当地安全监管监察部门代为送达，代为送达的安全监管监察部门收到文书后，必须立即交受送达人签收；

（六）当事人或者他的同住成年家属拒绝接收的，送达人应当邀请有关基层组织或者所在单位的代表到场，说明情况，在行政处罚决定书送达回执上记明拒收的事由和日期，由送达人、见证人签名或者盖章，将行政处罚决定书留在当事人的住所；也可以把行政处罚决定书留在受送达人的住所，并采用拍照、录像等方式记录送达过程，即视为送达；

（七）受送达人下落不明，或者用以上方式无法送达的，可以公告送达，自公告发布之日起经过 60 日，即视为送达。公告送达，应当在案卷中注明原因和经过。

安全监管监察部门送达其他行政处罚执法文书，按照前款规定办理。

第三十二条 行政处罚案件应当自立案之日起 30 日内作出行政处罚决定；由于客观原因不能完成的，经安全监管监察部门负责人同意，可以延长，但不得超过 90 日；特殊情况需进一步延长的，应当经上一级安全监管监察部门批准，可延长至 180 日。

第三节 听证程序

第三十三条 安全监管监察部门作出责令停产停业整顿、责令停产停业、吊销有关许可证、撤销有关执业资格、岗位证书或者较大数额罚款的行政处罚决定之前，应当告知当事人有要求举行听证的权利；当事人要求听证的，安全监管监察部门应当组织听证，不得向当事人收取听证费用。

前款所称较大数额罚款，为省、自治区、直辖市人大常委会或者人民政府规定的数额；没有规定数额的，其数额对个人罚款为 2 万元以上，对生产经营单位罚款为 5 万元以上。

第三十四条 当事人要求听证的，应当在安全监管监察部门依照本办法第十八条规定告知后 3 日内以书面方式提出。

第三十五条 当事人提出听证要求后，安全监管监察部门应当在收到书面申请之日起 15 日内举行听证会，并在举行听证会的 7 日前，通知当事人举行听证的时间、地点。

当事人应当按期参加听证。当事人有正当理由要求延期的，经组织听证的安全监管监察部门负责人批准可以延期 1 次；当事人未按期参加听证，并且未事先说明理由的，视为放弃听证权利。

第三十六条 听证参加人由听证主持人、听证员、案件调查人员、当事人及其委托代理人、书记员组成。

听证主持人、听证员、书记员应当由组织听证的安全监管监察部门负责人指定的非本案调查人员担任。

当事人可以委托 1 至 2 名代理人参加听证，并提交委托书。

第三十七条 除涉及国家秘密、商业秘密或者个人隐私外，听证应当公开举行。

第三十八条 当事人在听证中的权利和义务：

（一）有权对案件涉及的事实、适用法律及有关情况进行陈述和申辩；

（二）有权对案件调查人员提出的证据质证并提出新的证据；

（三）如实回答主持人的提问；

（四）遵守听证会场纪律，服从听证主持人指挥。

第三十九条 听证按照下列程序进行：

（一）书记员宣布听证会场纪律、当事人的权利和义务。听证主持人宣布案由，核实听证参加人名单，宣布听证开始；

（二）案件调查人员提出当事人的违法事实、出示证据，说明拟作出的行政处罚的内容及法律依据；

（三）当事人或者其委托代理人对案件的事实、证据、适用的法律等进行陈述和申辩，提交新的证据材料；

（四）听证主持人就案件的有关问题向当事人、案件调查人员、证人询问；

（五）案件调查人员、当事人或者其委托代理人相互辩论；

（六）当事人或者其委托代理人作最后陈述；

（七）听证主持人宣布听证结束。

听证笔录应当当场交当事人核对无误后签名或者盖章。

第四十条　有下列情形之一的，应当中止听证：

（一）需要重新调查取证的；

（二）需要通知新证人到场作证的；

（三）因不可抗力无法继续进行听证的。

第四十一条　有下列情形之一的，应当终止听证：

（一）当事人撤回听证要求的；

（二）当事人无正当理由不按时参加听证的；

（三）拟作出的行政处罚决定已经变更，不适用听证程序的。

第四十二条　听证结束后，听证主持人应当依据听证情况，填写听证会报告书，提出处理意见并附听证笔录报安全监管监察部门负责人审查。安全监管监察部门依照本办法第二十九条的规定作出决定。

第四章　行政处罚的适用

第四十三条　生产经营单位的决策机构、主要负责人、个人经营的投资人（包括实际控制人，下同）未依法保证下列安全生产所必需的资金投入之一，致使生产经营单位不具备安全生产条件的，责令限期改正，提供必需的资金，可以对生产经营单位处1万元以上3万元以下罚款，对生产经营单位的主要负责人、个人经营的投资人处5000元以上1万元以下罚款；逾期未改正的，责令生产经营单位停产停业整顿：

（一）提取或者使用安全生产费用；

（二）用于配备劳动防护用品的经费；

（三）用于安全生产教育和培训的经费。

（四）国家规定的其他安全生产所必需的资金投入。

生产经营单位主要负责人、个人经营的投资人有前款违法行为，导致发生生产安全事故的，依照《生产安全事故罚款处罚规定（试行）》的规定给予处罚。

第四十四条　生产经营单位的主要负责人未依法履行安全生产管理职责，导致生产安全事故发生的，依照《生产安全事故罚款处罚规定（试行）》的规定给予处罚。

第四十五条　生产经营单位及其主要负责人或者其他人员有下列行为之一的，给予警告，并可以对生产经营单位处1万元以上3万元以下罚款，对其主要负责人、其他有关人员处1000元以上1万元以下的罚款：

（一）违反操作规程或者安全管理规定作业的；

（二）违章指挥从业人员或者强令从业人员违章、冒险作业的；

（三）发现从业人员违章作业不加制止的；

（四）超过核定的生产能力、强度或者定员进行生产的；

（五）对被查封或者扣押的设施、设备、器材、危险物品和作业场所，擅自启封或者使用的；

（六）故意提供虚假情况或者隐瞒存在的事故隐患以及其他安全问题的；

（七）拒不执行安全监管监察部门依法下达的安全监管监察指令的。

第四十六条 危险物品的生产、经营、储存单位以及矿山、金属冶炼单位有下列行为之一的，责令改正，并可以处 1 万元以上 3 万元以下的罚款：

（一）未建立应急救援组织或者生产经营规模较小、未指定兼职应急救援人员的；

（二）未配备必要的应急救援器材、设备和物资，并进行经常性维护、保养，保证正常运转的。

第四十七条 生产经营单位与从业人员订立协议，免除或者减轻其对从业人员因生产安全事故伤亡依法应承担的责任的，该协议无效；对生产经营单位的主要负责人、个人经营的投资人按照下列规定处以罚款：

（一）在协议中减轻因生产安全事故伤亡对从业人员依法应承担的责任的，处 2 万元以上 5 万元以下的罚款；

（二）在协议中免除因生产安全事故伤亡对从业人员依法应承担的责任的，处 5 万元以上 10 万元以下的罚款。

第四十八条 生产经营单位不具备法律、行政法规和国家标准、行业标准规定的安全生产条件，经责令停产停业整顿仍不具备安全生产条件的，安全监管监察部门应当提请有管辖权的人民政府予以关闭；人民政府决定关闭的，安全监管监察部门应当依法吊销其有关许可证。

第四十九条 生产经营单位转让安全生产许可证的，没收违法所得，吊销安全生产许可证，并按照下列规定处以罚款：

（一）接受转让的单位和个人未发生生产安全事故的，处 10 万元以上 30 万元以下的罚款；

（二）接受转让的单位和个人发生生产安全事故但没有造成人员死亡的，处 30 万元以上 40 万元以下的罚款；

（三）接受转让的单位和个人发生人员死亡生产安全事故的，处 40 万元以上 50 万元以下的罚款。

第五十条 知道或者应当知道生产经营单位未取得安全生产许可证或者其他批准文件擅自从事生产经营活动，仍为其提供生产经营场所、运输、保管、仓储等条件的，责令立即停止违法行为，有违法所得的，没收违法所得，并处违法所得 1 倍以上 3 倍以下的罚款，但是最高不得超过 3 万元；没有违法所得的，并处 5000 元以上 1 万元以下的罚款。

第五十一条 生产经营单位及其有关人员弄虚作假，骗取或者勾结、串通行政审批工作人员取得安全生产许可证书及其他批准文件的，撤销许可及批准文件，并按照下列规定处以罚款：

（一）生产经营单位有违法所得的，没收违法所得，并处违法所得1倍以上3倍以下的罚款，但是最高不得超过3万元；没有违法所得的，并处5000元以上1万元以下的罚款；

（二）对有关人员处1000元以上1万元以下的罚款。

有前款规定违法行为的生产经营单位及其有关人员在3年内不得再次申请该行政许可。

生产经营单位及其有关人员未依法办理安全生产许可证书变更手续的，责令限期改正，并对生产经营单位处1万元以上3万元以下的罚款，对有关人员处1000元以上5000元以下的罚款。

第五十二条　未取得相应资格、资质证书的机构及其有关人员从事安全评价、认证、检测、检验工作，责令停止违法行为，并按照下列规定处以罚款：

（一）机构有违法所得的，没收违法所得，并处违法所得1倍以上3倍以下的罚款，但是最高不得超过3万元；没有违法所得的，并处5000元以上1万元以下的罚款；

（二）有关人员处5000元以上1万元以下的罚款。

第五十三条　生产经营单位及其有关人员触犯不同的法律规定，有两个以上应当给予行政处罚的安全生产违法行为的，安全监管监察部门应当适用不同的法律规定，分别裁量，合并处罚。

第五十四条　对同一生产经营单位及其有关人员的同一安全生产违法行为，不得给予两次以上罚款的行政处罚。

第五十五条　生产经营单位及其有关人员有下列情形之一的，应当从重处罚：

（一）危及公共安全或者其他生产经营单位安全的，经责令限期改正，逾期未改正的；

（二）一年内因同一违法行为受到两次以上行政处罚的；

（三）拒不整改或者整改不力，其违法行为呈持续状态的；

（四）拒绝、阻碍或者以暴力威胁行政执法人员的。

第五十六条　生产经营单位及其有关人员有下列情形之一的，应当依法从轻或者减轻行政处罚：

（一）已满14周岁不满18周岁的公民实施安全生产违法行为的；

（二）主动消除或者减轻安全生产违法行为危害后果的；

（三）受他人胁迫实施安全生产违法行为的；

（四）配合安全监管监察部门查处安全生产违法行为，有立功表现的；

（五）主动投案，向安全监管监察部门如实交代自己的违法行为的；

（六）具有法律、行政法规规定的其他从轻或者减轻处罚情形的。

有从轻处罚情节的，应当在法定处罚幅度的中档以下确定行政处罚标准，但不得低于法定处罚幅度的下限。

本条第一款第（四）项所称的立功表现，是指当事人有揭发他人安全生产违法行为，并经查证属实；或者提供查处其他安全生产违法行为的重要线索，并经查证属实；或者阻止他人实施安全生产违法行为；或者协助司法机关抓捕其他违法犯罪嫌疑人的行为。

安全生产违法行为轻微并及时纠正，没有造成危害后果的，不予行政处罚。

第五章　行政处罚的执行和备案

第五十七条　安全监管监察部门实施行政处罚时，应当同时责令生产经营单位及其有关人员停止、改正或者限期改正违法行为。

第五十八条　本办法所称的违法所得，按照下列规定计算：

（一）生产、加工产品的，以生产、加工产品的销售收入作为违法所得；

（二）销售商品的，以销售收入作为违法所得；

（三）提供安全生产中介、租赁等服务的，以服务收入或者报酬作为违法所得；

（四）销售收入无法计算的，按当地同类同等规模的生产经营单位的平均销售收入计算；

（五）服务收入、报酬无法计算的，按照当地同行业同种服务的平均收入或者报酬计算。

第五十九条　行政处罚决定依法作出后，当事人应当在行政处罚决定的期限内，予以履行；当事人逾期不履行的，作出行政处罚决定的安全监管监察部门可以采取下列措施：

（一）到期不缴纳罚款的，每日按罚款数额的3%加处罚款，但不得超过罚款数额；

（二）根据法律规定，将查封、扣押的设施、设备、器材和危险物品拍卖所得价款抵缴罚款；

（三）申请人民法院强制执行。

当事人对行政处罚决定不服申请行政复议或者提起行政诉讼的，行政处罚不停止执行，法律另有规定的除外。

第六十条　安全生产行政执法人员当场收缴罚款的，应当出具省、自治区、直辖市财政部门统一制发的罚款收据；当场收缴的罚款，应当自收缴罚款之日起2日内，交至所属安全监管监察部门；安全监管监察部门应当在2日内将罚款缴付指定的银行。

第六十一条　除依法应当予以销毁的物品外，需要将查封、扣押的设施、设备、器材和危险物品拍卖抵缴罚款的，依照法律或者国家有关规定处理。销毁物品，依照国家有关规定处理；没有规定的，经县级以上安全监管监察部门负责人批准，由两名以上安全生产行政执法人员监督销毁，并制作销毁记录。处理物品，应当制作清单。

第六十二条　罚款、没收违法所得的款项和没收非法开采的煤炭产品、采掘设备，必须按照有关规定上缴，任何单位和个人不得截留、私分或者变相私分。

第六十三条　县级安全生产监督管理部门处以5万元以上罚款、没收违法所得、没收非法生产的煤炭产品或者采掘设备价值 5 万元以上、责令停产停业、停止建设、停止施工、停产停业整顿、吊销有关资格、岗位证书或者许可证的行政处罚的，应当自作出行政处罚决定之日起 10 日内报设区的市级安全生产监督管理部门备案。

第六十四条 设区的市级安全生产监管监察部门处以 10 万元以上罚款、没收违法所得、没收非法生产的煤炭产品或者采掘设备价值 10 万元以上、责令停产停业、停止建设、停止施工、停产停业整顿、吊销有关资格、岗位证书或者许可证的行政处罚的，应当自作出行政处罚决定之日起 10 日内报省级安全监管监察部门备案。

第六十五条 省级安全监管监察部门处以 50 万元以上罚款、没收违法所得、没收非法生产的煤炭产品或者采掘设备价值 50 万元以上、责令停产停业、停止建设、停止施工、停产停业整顿、吊销有关资格、岗位证书或者许可证的行政处罚的，应当自作出行政处罚决定之日起 10 日内报国家安全生产监督管理总局或者国家煤矿安全监察局备案。

对上级安全监管监察部门交办案件给予行政处罚的，由决定行政处罚的安全监管监察部门自作出行政处罚决定之日起 10 日内报上级安全监管监察部门备案。

第六十六条 行政处罚执行完毕后，案件材料应当按照有关规定立卷归档。

案卷立案归档后，任何单位和个人不得擅自增加、抽取、涂改和销毁案卷材料。未经安全监管监察部门负责人批准，任何单位和个人不得借阅案卷。

第六章　附　则

第六十七条 安全生产监督管理部门所用的行政处罚文书式样，由国家安全生产监督管理总局统一制定。

煤矿安全监察机构所用的行政处罚文书式样，由国家煤矿安全监察局统一制定。

第六十八条 本办法所称的生产经营单位，是指合法和非法从事生产或者经营活动的基本单元，包括企业法人、不具备企业法人资格的合伙组织、个体工商户和自然人等生产经营主体。

第六十九条 本办法自 2008 年 1 月 1 日起施行。原国家安全生产监督管理局（国家煤矿安全监察局）2003 年 5 月 19 日公布的《安全生产违法行为行政处罚办法》、2001 年 4 月 27 日公布的《煤矿安全监察程序暂行规定》同时废止。

住房和城乡建设部关于印发《建筑工程施工转包违法分包等违法行为认定查处管理办法（试行）》的通知

（建市〔2014〕118号）

各省、自治区住房城乡建设厅，直辖市建委，新疆生产建设兵团建设局：

为了规范建筑工程施工承发包活动，保证工程质量和施工安全，有效遏制违法发包、转包、违法分包及挂靠等违法行为，维护建筑市场秩序和建设工程主要参与方的合法权益，我部制定了《建筑工程施工转包违法分包等违法行为认定查处管理办法（试行）》，现印发给你们，请遵照执行。在执行过程中遇到的问题，请及时报我部。

中华人民共和国住房和城乡建设部

2014年8月4日

第一条 为了规范建筑工程施工承发包活动，保证工程质量和施工安全，有效遏制违法发包、转包、违法分包及挂靠等违法行为，维护建筑市场秩序和建设工程主要参与方的合法权益，根据《建筑法》、《招标投标法》、《合同法》以及《建设工程质量管理条例》、《建设工程安全生产管理条例》、《招标投标法实施条例》等法律法规，结合建筑活动实践，制定本办法。

第二条 本办法所称建筑工程，是指房屋建筑和市政基础设施工程。

第三条 住房和城乡建设部负责统一监督管理全国建筑工程违法发包、转包、违法分包及挂靠等违法行为的认定查处工作。

县级以上地方人民政府住房城乡建设主管部门负责本行政区域内建筑工程违法发包、转包、违法分包及挂靠等违法行为的认定查处工作。

第四条 本办法所称违法发包，是指建设单位将工程发包给不具有相应资质条件的单位或个人，或者肢解发包等违反法律法规规定的行为。

第五条 存在下列情形之一的，属于违法发包：

（一）建设单位将工程发包给个人的；

（二）建设单位将工程发包给不具有相应资质或安全生产许可的施工单位的；

（三）未履行法定发包程序，包括应当依法进行招标未招标，应当申请直接发包未申请或申请未核准的；

（四）建设单位设置不合理的招投标条件，限制、排斥潜在投标人或者投标人的；

（五）建设单位将一个单位工程的施工分解成若干部分发包给不同的施工总承包或专业承包单位的；

（六）建设单位将施工合同范围内的单位工程或分部分项工程又另行发包的；

（七）建设单位违反施工合同约定，通过各种形式要求承包单位选择其指定分包单位的；

（八）法律法规规定的其他违法发包行为。

第六条 本办法所称转包，是指施工单位承包工程后，不履行合同约定的责任和义务，将其承包的全部工程或者将其承包的全部工程肢解后以分包的名义分别转给其他单位或个人施工的行为。

第七条 存在下列情形之一的，属于转包：

（一）施工单位将其承包的全部工程转给其他单位或个人施工的；

（二）施工总承包单位或专业承包单位将其承包的全部工程肢解以后，以分包的名义分别转给其他单位或个人施工的；

（三）施工总承包单位或专业承包单位未在施工现场设立项目管理机构或未派驻项目负责人、技术负责人、质量管理负责人、安全管理负责人等主要管理人员，不履行管理义务，未对该工程的施工活动进行组织管理的；

（四）施工总承包单位或专业承包单位不履行管理义务，只向实际施工单位收取费用，主要建筑材料、构配件及工程设备的采购由其他单位或个人实施的；

（五）劳务分包单位承包的范围是施工总承包单位或专业承包单位承包的全部工程，劳务分包单位计取的是除上缴给施工总承包单位或专业承包单位"管理费"之外的全部工程价款的；

（六）施工总承包单位或专业承包单位通过采取合作、联营、个人承包等形式或名义，直接或变相的将其承包的全部工程转给其他单位或个人施工的；

（七）法律法规规定的其他转包行为。

第八条 本办法所称违法分包，是指施工单位承包工程后违反法律法规规定或者施工合同关于工程分包的约定，把单位工程或分部分项工程分包给其他单位或个人施工的行为。

第九条 存在下列情形之一的，属于违法分包：

（一）施工单位将工程分包给个人的；

（二）施工单位将工程分包给不具备相应资质或安全生产许可的单位的；

（三）施工合同中没有约定，又未经建设单位认可，施工单位将其承包的部分工程交由其他单位施工的；

（四）施工总承包单位将房屋建筑工程的主体结构的施工分包给其他单位的，钢结构工程除外；

（五）专业分包单位将其承包的专业工程中非劳务作业部分再分包的；

（六）劳务分包单位将其承包的劳务再分包的；

（七）劳务分包单位除计取劳务作业费用外，还计取主要建筑材料款、周转材料款和大中型施工机械设备费用的；

（八）法律法规规定的其他违法分包行为。

第十条　本办法所称挂靠，是指单位或个人以其他有资质的施工单位的名义，承揽工程的行为。

前款所称承揽工程，包括参与投标、订立合同、办理有关施工手续、从事施工等活动。

第十一条　存在下列情形之一的，属于挂靠：

（一）没有资质的单位或个人借用其他施工单位的资质承揽工程的；

（二）有资质的施工单位相互借用资质承揽工程的，包括资质等级低的借用资质等级高的，资质等级高的借用资质等级低的，相同资质等级相互借用的；

（三）专业分包的发包单位不是该工程的施二总承包或专业承包单位的，但建设单位依约作为发包单位的除外；

（四）劳务分包的发包单位不是该工程的施二总承包、专业承包单位或专业分包单位的；

（五）施工单位在施工现场派驻的项目负责人、技术负责人、质量管理负责人、安全管理负责人中一人以上与施工单位没有订立劳动合同，或没有建立劳动工资或社会养老保险关系的；

（六）实际施工总承包单位或专业承包单位与建设单位之间没有工程款收付关系，或者工程款支付凭证上载明的单位与施工合同中载明的承包单位不一致，又不能进行合理解释并提供材料证明的；

（七）合同约定由施工总承包单位或专业承包单位负责采购或租赁的主要建筑材料、构配件及工程设备或租赁的施工机械设备，由其他单位或个人采购、租赁，或者施工单位不能提供有关采购、租赁合同及发票等证明，又不能进行合理解释并提供材料证明的；

（八）法律法规规定的其他挂靠行为。

第十二条　建设单位及监理单位发现施工单位有转包、违法分包及挂靠等违法行为的，应及时向工程所在地的县级以上人民政府住房城乡建设主管部门报告。

施工总承包单位或专业承包单位发现分包单位有违法分包及挂靠等违法行为，应及时向建设单位和工程所在地的县级以上人民政府住房城乡建设主管部门报告；发现建设单位有违法发包行为的，应及时向工程所在地的县级以上人民政府住房城乡建设主管部门报告。

其他单位和个人发现违法发包、转包、违法分包及挂靠等违法行为的，均可向工程所在地的县级以上人民政府住房城乡建设主管部门进行举报并提供相关证据或线索。

接到举报的住房城乡建设主管部门应当依法受理、调查、认定和处理，除无法告知举报人的情况外，应当及时将查处结果告知举报人。

第十三条　县级以上人民政府住房城乡建设主管部门要加大执法力度，对在实施建筑市场和施工现场监督管理等工作中发现的违法发包、转包、违法分包及挂靠等违法行为，应当依法进行调查，按照本办法进行认定，并依法予以行政处罚。

（一）对建设单位将工程发包给不具有相应资质等级的施工单位的，依据《建筑法》第六十五条和《建设工程质量管理条例》第五十四条规定，责令其改正，处以 50 万元以上 100 万元以下罚款。对建设单位将建设工程肢解发包的，依据《建筑法》第六十五条和《建设工程质量管理条例》第五十五条规定，责令其改正，处工程合同价款 0.5% 以上 1% 以下的罚款；对全部或者部分使用国有资金的项目，并可以暂停项目执行或者暂停资金拨付。

（二）对认定有转包、违法分包违法行为的施工单位，依据《建筑法》第六十七条和《建设工程质量管理条例》第六十二条规定，责令其改正，没收违法所得，并处工程合同价款 0.5% 以上 1% 以下的罚款；可以责令停业整顿，降低资质等级；情节严重的，吊销资质证书。

（三）对认定有挂靠行为的施工单位或个人，依据《建筑法》第六十五条和《建设工程质量管理条例》第六十条规定，对超越本单位资质等级承揽工程的施工单位，责令停止违法行为，并处工程合同价款 2% 以上 4% 以下的罚款；可以责令停业整顿，降低资质等级；情节严重的，吊销资质证书；有违法所得的，予以没收。对未取得资质证书承揽工程的单位和个人，予以取缔，并处工程合同价款 2% 以上 4% 以下的罚款；有违法所得的，予以没收。对其他借用资质承揽工程的施工单位，按照超越本单位资质等级承揽工程予以处罚。

（四）对认定有转让、出借资质证书或者以其他方式允许他人以本单位的名义承揽工程的施工单位，依据《建筑法》第六十六条和《建设工程质量管理条例》第六十一条规定，责令改正，没收违法所得，并处工程合同价款 2% 以上 4% 以下的罚款；可以责令停业整顿，降低资质等级；情节严重的，吊销资质证书。

（五）对建设单位、施工单位给予单位罚款处罚的，依据《建设工程质量管理条例》第七十三条规定，对单位直接负责的主管人员和其他直接责任人员处单位罚款数额 5% 以上 10% 以下的罚款。

（六）对注册执业人员未执行法律法规的，依据《建设工程安全生产管理条例》第五十八条规定，责令其停止执业 3 个月以上 1 年以下；情节严重的，吊销执业资格证书，5 年内不予注册；造成重大安全事故的，终身不予注册；构成犯罪的，依照刑法有关规定追究刑事责任。对注册执业人员违反法律法规规定，因过错造成质量事故的，依据《建设工程质量管理条例》第七十二条规定，责令停止执业 1 年；造成重大质量事故的，吊销执业资格证书，5 年内不予注册；情节特别恶劣的，终身不予注册。

第十四条　县级以上人民政府住房城乡建设主管部门对有违法发包、转包、违法分包及挂靠等违法行为的单位和个人，除应按照本办法第十三条规定予以相应行政处罚外，还可以采取以下行政管理措施：

（一）建设单位违法发包，拒不整改或者整改仍达不到要求的，致使施工合同无效的，不予办理质量监督、施工许可等手续。对全部或部分使用国有资金的项目，同时将建设单位违法发包的行为告知其上级主管部门及纪检监察部门，并建议对建设单位直接负责的主管人员和其他直接责任人员给予相应的行政处分。

（二）对认定有转包、违法分包、挂靠、转让出借资质证书或者以其他方式允许他人以本单位的名义承揽工程等违法行为的施工单位，可依法限制其在 3 个月内不得参加违法行为发生地的招标投标活动、承揽新的工程项目，并对其企业资质是否满足资质标准条件进行核查，对达不到资质标准要求的限期整改，整改仍达不到要求的，资质审批机关撤回其资质证书。

对 2 年内发生 2 次转包、违法分包、挂靠、转让出借资质证书或者以其他方式允许他人以本单位的名义承揽工程的施工单位，责令其停业整顿 6 个月以上，停业整顿期间，不得承揽新的工程项目。

对 2 年内发生 3 次以上转包、违法分包、挂靠、转让出借资质证书或者以其他方式允许他人以本单位的名义承揽工程的施工单位，资质审批机关降低其资质等级。

（三）注册执业人员未执行法律法规，在认定有转包行为的项目中担任施工单位项目负责人的，吊销其执业资格证书，5 年内不予注册，且不得再担任施工单位项目负责人。

对认定有挂靠行为的个人，不得再担任该项目施工单位项目负责人；有执业资格证书的吊销其执业资格证书，5 年内不予执业资格注册；造成重大质量安全事故的，吊销其执业资格证书，终身不予注册。

第十五条 县级以上人民政府住房城乡建设主管部门应将查处的违法发包、转包、违法分包、挂靠等违法行为和处罚结果记入单位或个人信用档案，同时向社会公示，并逐级上报至住房和城乡建设部，在全国建筑市场监管与诚信信息发布平台公示。

第十六条 建筑工程以外的其他专业工程参照本办法执行。省级人民政府住房城乡建设主管部门可结合本地实际，依据本办法制定相应实施细则。

第十七条 本办法由住房和城乡建设部负责解释。

第十八条 本办法自 2014 年 10 月 1 日起施行。住房和城乡建设部之前发布的有关规定与本办法的规定不一致的，以本办法为准。

关于加强稽查执法工作的若干意见

（建稽〔2009〕60 号）

中华人民共和国住房和城乡建设部

2009 年 4 月 17 日

各省、自治区住房和城乡建设厅，直辖市建委及有关部门，新疆生产建设兵团建设局：

为深入贯彻实施国务院《全面推进依法行政实施纲要》，加大住房城乡建设稽查执法工作力度，严厉打击违法违规行为，促进住房城乡建设事业科学发展，现对加强稽查执法工作提出以下意见。

一、加强稽查执法工作的意义

（一）工作性质。住房城乡建设稽查执法是指各级住房城乡建设主管部门依据相关法律法规，对住房城乡建设活动各方主体行为依法监管，以及对各级住房城乡建设主管部门依法监督过程中，对违法违规行为进行稽核调查、检查处理的活动，是住房城乡建设行政执法和行政监督的重要内容。

（二）重要意义。加强稽查执法工作，是实践"三个代表"重要思想、贯彻落实科学发展观、构建社会主义和谐社会的重要内容，是推行依法行政、创新体制机制、整顿规范市场秩序的重要举措，是转变政府职能，建立决策、执行、监督相协调工作机制的必然要求，是加强党风廉政建设、维护人民群众切身利益的有效手段。近年来，住房城乡建设系统深化执法体制改革和机制创新，推动开展稽查执法工作，对遏制违法违规行为发挥了明显作用。但必须看到，我国正处于经济社会和城镇化快速发展的关键时期，违反城乡规划、违法违规开发建设、破坏风景名胜区资源等问题仍呈多发态势，住房城乡建设系统规范市场秩序的任务还很重。加大稽查执法工作力度，有利于强化住房城乡建设主管部门的监管职能，形成决策科学、执行顺畅、监督有力的行政管理体制，确保各项政策制度落到实处；有利于实现监管关口前移，有效预防、及时发现和纠正违法违规行为，把矛盾化解在基层和萌芽状态，减少违法违规行为带来的负面影响和经济损失；有利于及时解决影响人民群众生活的热点难点问题，化解社会矛盾，维护社会和谐稳定；有利于强化对权力的制约和监督，规范行政权力运行，促进住房城乡建设事业科学发展。

二、加强稽查执法工作的工作思路和主要任务

（三）工作思路。以邓小平理论和"三个代表"重要思想为指导，深入贯彻落实科学发展观，紧紧围绕住房城乡建设系统中心工作，将稽查执法工作与行政监管有效衔接，

覆盖住房城乡建设主要业务领域。进一步强化预防为主的理念，从注重法律法规制定向法律法规制定和执法监督并重转变，从注重对违法违规行为的事后查处，向注重事前预防、事中监督、事后纠偏转变，实现全过程协同执法和闭合管理，将建设活动主体行为纳入法制化轨道，有效预防和遏制违法违规行为，维护法律法规的严肃性。

（四）主要任务。组织对城乡规划、住房保障、房地产市场、住房公积金、建筑市场、标准定额、工程质量安全、建筑节能、城市建设、村镇建设、历史文化名城、风景名胜区、城镇减排等方面的违法违规问题实施稽查。组织城乡规划督察员对城市总体规划、历史文化名城保护规划、省域城镇体系规划及风景名胜区规划实施情况进行监督检查。完善稽查执法制度，形成分级负责、层级指导、协作配合的稽查执法工作体系，建立健全发现及时、查处有力、指导顺畅的工作机制。完善稽查执法信息系统，受理、处理住房城乡建设领域违法违规投诉举报。

三、加强稽查执法工作的基本要求

（五）加强对稽查执法工作的组织领导。各地要结合实际，将加强稽查执法工作列入重要议事日程。已建立稽查执法制度的，要进一步完善职能和工作机制，不断推进稽查执法工作；暂未建立稽查执法制度的，要积极争取当地政府和编办、人事、财政等部门的支持，确立稽查执法工作机构和人员，落实稽查执法工作责任。

（六）强化稽查执法制度建设。各地要结合本地实际制定稽查执法工作制度，保障稽查执法工作的全面开展。稽查执法工作要覆盖住房城乡建设主管部门的主要业务范围，注重全方位、全过程监督。要根据稽查执法工作的性质和特点，制定相应的案件稽查、专项检查、投诉举报受理和处理等工作制度，实现稽查执法工作标准化、规范化。

（七）建立协同预防工作机制。各地要围绕中心任务强化预防和监督，通过稽查执法工作体制机制创新，实现关口前移。各地稽查执法机构要及时与有关业务主管部门沟通稽查执法工作信息，分别依法限制存在违法违规问题的城市或项目的评优评奖资格，依法限制存在违法违规问题的企业或个人申报有关资质资格。对性质恶劣的，要依法撤销其有关资质、资格或奖励。

（八）严格案件稽查和专项检查。各地要在其职责范围内，通过领导批办、相关部门和单位移送、受理投诉举报和直接发现线索等途径，认真做好案件稽查。组织或参与对住房保障、城乡规划、节能减排、住房公积金、市场秩序等方面违法违规行为的专项检查。完善案件督办工作机制，对转交下级相关部门稽查的案件，要落实稽查工作责任、明确办结时限；对未按要求及时办结或查处不力的，要采取派员实地督办、书面通报等方式强化督办效果。

（九）建立集体研判工作机制。各地在案件稽查过程中，要认真研究稽查任务，提出稽查工作要求，并组织力量实施稽查。对违法违规行为的定性要会同有关业务主管部门进行集体研究，综合分析案件发生的背景和因素，充分听取有关方面的意见和建议后，运用行政许可、行政审批、行政处罚等手段进行依法惩治，对情节严重、构成犯罪的，依法移送司法机关追究刑事责任。

（十）强化违法违规警示震慑作用。各地要加强与有关人民政府、执纪执法机关、组织人事部门、国有资产监管机构以及新闻媒体的信息交流，及时通报有关违法违规案件查处情况，强化部门联动，形成对市场行为、权力运行制约和监督的工作合力。充分利用各类市场诚信信息平台和新闻媒体，对市场主体的违法违规行为公开曝光，充分发挥违法违规警示震慑机制的治本功能。

（十一）建立违法违规预警预报制度。各地要定期逐级上报稽查执法工作动态、重大违法违规案件的稽查处理情况、投诉举报受理和处理情况等，建立全国稽查执法信息共享机制，实现稽查执法信息互通互连，资源共享。各地稽查执法机构要定期对群众投诉举报和稽查案件进行统计分析，及时发现违法违规苗头和规律，对问题多发地区、领域和环节，分别采取约谈、告诫、督导检查等方式进行预警。

（十二）加强稽查执法工作研究。各地要加强对稽查执法工作的分析研究，通过处理投诉举报和案件稽查，系统分析住房城乡建设领域违法违规问题的发生特点和规律，深入研究稽查执法工作。认真查找行政监管中的薄弱环节和漏洞，提出改进监管工作、完善法规政策的意见建议，并强化督促和跟踪，确保各项整改措施落到实处。

（十三）加强稽查执法队伍建设。各地要严把稽查执法工作人员进门关。要定期组织法律法规和业务知识培训，针对突出问题组织开展稽查执法工作专题研究，不断提高工作人员的政治素质和业务水平。要强化稽查执法队伍作风建设，严肃纪律，完善内部考核机制，依法公开稽查执法工作信息，逐步开展稽查执法绩效评价工作，进一步规范稽查执法行为，防止滥用稽查执法权力，提高稽查执法工作效能。

（十四）加强层级指导和监督。上级住房城乡建设主管部门要加强对下级住房城乡建设主管部门的指导和监督，建立健全稽查执法工作制度，规范案件稽查和专项检查工作程序，建立稽查执法信息交流系统，加强稽查执法队伍建设。对跨地区的或涉及本部门工作人员的重大案件，下级住房城乡建设主管部门可申请上级住房城乡建设主管部门组织稽查。

中华人民共和国住房和城乡建设部

二〇〇九年四月十七日

关于印发《建设领域违法违规行为
稽查工作管理办法》的通知

(建稽〔2010〕4 号)

各省、自治区住房和城乡建设厅，直辖市建委及有关部门，新疆生产建设兵团建设局：

现将《建设领域违法违规行为稽查工作管理办法》印发给你们，自印发之日起施行。

中华人民共和国住房和城乡建设部

二〇一〇年一月七日

第一条　为加强对建设领域的法律、法规和规章等执行情况的监督检查，有效查处违法违规行为，规范住房和城乡建设部稽查工作，制定本办法。

第二条　本办法所称稽查工作，是指对住房保障、城乡规划、标准定额、房地产市场、建筑市场、城市建设、村镇建设、工程质量安全、建筑节能、住房公积金、历史文化名城和风景名胜区等方面的违法违规行为进行立案、调查、取证，核实情况并提出处理建议的活动。

第三条　住房和城乡建设部稽查办公室（以下简称部稽查办）负责建设领域违法违规行为的稽查工作。

第四条　稽查工作应坚持以事实为依据，以法律为准绳、客观公正以及重大案件集体研判的原则。

第五条　部稽查办在稽查工作中，应履行下列职责：

（一）受理公民、法人或其他组织对违法违规行为的举报；

（二）按照规定权限对建设活动进行检查，依法制止违法违规行为；

（三）查清违法违规事实、分析原因、及时报告稽查情况，提出处理意见、建议；

（四）督促省级住房和城乡建设主管部门落实转发的稽查报告提出的处理意见；

（五）及时制止稽查工作中发现的有可能危及公共安全等违法违规行为，并责成当地住房和城乡建设主管部门处理；

（六）接受省级住房和城乡建设主管部门申请，对其交送的重要违法违规线索直接进行稽查；

（七）依法或根据授权履行的其他职责。

第六条　稽查人员依法履行职责受法律保护。任何单位和个人不得阻挠和干涉。

稽查人员执行公务应遵守回避原则。

第七条 稽查工作一般应按照立案前研究分析、立案、稽查、撰写稽查报告、督办、结案和归档等程序开展。

第八条 部稽查办可通过受理公民、法人或其他组织的举报、直接检查、部有关业务司局以及相关单位移送等途径，发现违法违规线索，认为有必要查处的，报经部领导批准后，开展稽查工作。

对部领导的批办件应直接稽查，或转省级住房和城乡建设主管部门稽查，部稽查办跟踪督办。

第九条 开展稽查工作前，应分析案情，并与部有关单位沟通情况，制定工作方案，明确稽查重点、时间、地点、方式和程序等。

对于案情复杂，涉及其他相关部门的，应主动与其沟通协调。也可根据需要确定是否商请有关部门参加或邀请相关专家参与稽查工作，建立联合查处机制。

第十条 开展稽查工作应当全面调查并收集有关证据等，客观、公正地反映案件情况，分析问题，提出处理意见。

第十一条 稽查人员在稽查工作中，有权采取下列方式或措施：

（一）约谈被稽查对象，召开与稽查有关的会议，参加被稽查单位与稽查事项有关的会议；向被稽查单位及有关人员调查询问有关情况，并制作调查笔录；

（二）查阅、复制和摄录与案件有关的资料，要求被稽查单位提供与稽查有关的资料并做出说明；

（三）踏勘现场，调查、核实情况；

（四）依法责令违法当事人停止违法行为，对施工现场的建筑材料抽样检查等；

（五）依法先行登记保存证据；

（六）法律、法规和规章规定的其他措施。

第十二条 稽查人员依法履行稽查职责，有关单位和个人应当予以配合，如实反映情况，提供与稽查事项有关的文件、合同、协议、报表等资料。不得拒绝、隐匿和伪报。

第十三条 被稽查单位有下列行为之一的，稽查人员应当及时报告，并提出处理建议：

（一）阻挠稽查人员依法履行职责的；

（二）拒绝或拖延向稽查人员提供与稽查工作有关情况和资料的；

（三）销毁、隐匿、涂改有关文件、资料或提供虚假资料的；

（四）阻碍稽查人员进入现场调查取证、封存有关证据、物件的；

（五）其他妨碍稽查人员依法履行职责的行为。

第十四条 稽查工作结束后，一般应在 10 个工作日内完成稽查报告（附必要的稽查取证材料）。稽查报告一般包括案件基本情况、调查核实情况（包括存在问题和发现的其他情况）、调查结论和处理建议以及其他需要说明的问题等方面内容。

第十五条 重大案件的稽查报告应集体研判。

　　第十六条　稽查报告以部办公厅函转发给省级住房和城乡建设主管部门。

　　第十七条　稽查报告转发给省级住房和城乡建设主管部门后，部稽查办应要求其做好处理意见的落实工作，按照规定的时间回复处理结果。

　　第十八条　部稽查办转由省级住房和城乡建设主管部门查办的案件，原则上要求在收到转办函之日起30个工作日内，回复调查处理意见。特殊情况可提前或适当延长。

　　第十九条　对于稽查报告中有明确处理意见的案件，应将督办情况和处理意见落实情况报部领导批准后，方可结案。

　　第二十条　结案后，稽查人员应将稽查的线索、立案材料、取证材料、凭证、稽查报告、督办结果等材料，根据档案管理规定，分类整理、立卷、归档和保存。

　　第二十一条　对被稽查对象的处罚和处分，实行分工负责制度和处罚结果报告制度。

　　法律、法规规定由住房和城乡建设部做出行政处罚和行政处分决定的，由住房和城乡建设部实施。

　　法律、法规规定由地方人民政府住房和城乡建设主管部门及其有关部门做出行政处罚和行政处分决定的，由地方人民政府住房和城乡建设主管部门及其有关部门实施，并将处理结果报告上级住房和城乡建设主管部门。

　　涉及国务院其他有关部门和地方人民政府职责的问题，移交国务院有关部门和地方人民政府处理。

　　第二十二条　稽查人员有下列行为之一的，视其情节轻重，给予批评或行政处分；构成犯罪的，移交司法机关处理：

　　（一）对被稽查单位的重大违法违规问题隐匿不报的；

　　（二）与被稽查单位串通编造虚假稽查报告的；

　　（三）违法干预被稽查单位日常业务活动和经营管理活动，致使其合法权益受到损害的；

　　（四）其他影响稽查工作和公正执法的行为。

　　第二十三条　稽查人员在履行职责中，有其他违反法律、法规和规章行为，应当承担纪律责任的，依照《行政机关公务员处分条例》处理。

　　第二十四条　省、自治区、直辖市人民政府住房和城乡建设主管部门可结合本地区实际，参照本办法制定稽查工作管理办法。

　　第二十五条　本办法由住房和城乡建设部负责解释。

　　第二十六条　本办法自发布之日起施行。本办法施行前建设部发布的有关文件与本办法规定不一致的，以本办法为准。

住房和城乡建设部关于印发《住房城乡建设领域违法违规行为举报管理办法》的通知

（建稽〔2014〕166 号）

各省、自治区住房城乡建设厅，北京市住房城乡建设委、规划委、市政市容委、园林绿化局，天津市城乡建设委、规划局、国土资源房屋管理局、市容园林委，上海市城乡建设管理委、规划国土资源管理局、住房保障房屋管理局、绿化市容管理局，重庆市城乡建设委、规划局、国土资源房屋管理局、市政管委，新疆生产建设兵团建设局：

现将《住房城乡建设领域违法违规行为举报管理办法》印发给你们，请认真贯彻执行。

中华人民共和国住房和城乡建设部
2014 年 11 月 19 日

住房城乡建设领域违法违规行为举报管理办法

第一条　为规范住房城乡建设领域违法违规行为举报管理，保障公民、法人和其他组织行使举报的权利，依法查处违法违规行为，依据住房城乡建设有关法律、法规，制定本办法。

第二条　本办法所称住房城乡建设领域违法违规行为是指违反住房保障、城乡规划、标准定额、房地产市场、建筑市场、城市建设、村镇建设、工程质量安全、建筑节能、住房公积金、历史文化名城和风景名胜区等方面法律法规的行为。

第三条　各级住房城乡建设主管部门及法律法规授权的管理机构（包括地方人民政府按照职责分工独立设置的城乡规划、房地产市场、建筑市场、城市建设、园林绿化等主管部门和住房公积金、风景名胜区等法律法规授权的管理机构，以下统称主管部门）应当设立并向社会公布违法违规行为举报信箱、网站、电话、传真等，明确专门机构（以下统称受理机构）负责举报受理工作。

第四条　向住房和城乡建设部反映违法违规行为的举报，由部稽查办公室归口管理，有关司予以配合。

第五条　举报受理工作坚持属地管理、分级负责、客观公正、便民高效的原则。

第六条　举报人应提供被举报人姓名或单位名称、项目名称、具体位置、违法违规事实及相关证据等。

鼓励实名举报，以便核查有关情况。

第七条　受理机构应在收到举报后进行登记，并在 7 个工作日内区分下列情形予以处理：

（一）举报内容详细，线索清晰，属于受理机构法定职责或检举下一级主管部门的，由受理机构直接办理。

（二）举报内容详细，线索清晰，属于下级主管部门法定职责的，转下一级主管部门办理；受理机构可进行督办。

（三）举报内容不清，线索不明的，暂存待查。如举报人继续提供有效线索的，区分情形处理。

（四）举报涉及党员领导干部及其他行政监察对象违法违纪行为的，转送纪检监察部门调查处理。

第八条　对下列情形之一的举报，受理机构不予受理，登记后予以存档：

（一）不属于住房城乡建设主管部门职责范围的；

（二）未提供被举报人信息或无具体违法违规事实的；

（三）同一举报事项已经受理，举报人再次举报，但未提供新的违法违规事实的；

（四）已经或者依法应当通过诉讼、仲裁和行政复议等法定途径解决的；

（五）已信访终结的。

第九条　举报件应自受理之日起 60 个工作日内办结。

上级主管部门转办的举报件，下级主管部门应当按照转办的时限要求办结，并按期上报办理结果；情况复杂的，经上级主管部门批准，可适当延长办理时限，延长时限不得超过 30 个工作日。实施行政处罚的，依据相关法律法规规定执行。

第十条　上级主管部门应对下级主管部门报送的办理结果进行审核。凡有下列情形之一的，应退回重新办理：

（一）转由被举报单位办理的；

（二）对违法违规行为未作处理或处理不当、显失公正的；

（三）违反法定程序的。

第十一条　举报件涉及重大疑难问题的，各级主管部门可根据实际情况组织集体研判，供定性和处理参考。

第十二条　上级主管部门应当加强对下级主管部门受理举报工作的监督检查，必要时可进行约谈或现场督办。

第十三条　对存在违法违规行为的举报，依法作出处理决定后，方可结案。

第十四条　举报人署名或提供联系方式的，承办单位应当采取书面或口头等方式回复处理情况，并做好相关记录。

第十五条　举报件涉及两个以上行政区域，处理有争议的，由共同的上一级主管部门协调处理或直接调查处理。

第十六条　受理机构应建立举报档案管理制度。

第十七条　受理机构应定期统计分析举报办理情况。

第十八条　各级主管部门应建立违法违规行为预警预报制度。对举报受理工作的情况和典型违法违规案件以适当方式予以通报。

第十九条　负责办理举报的工作人员，严禁泄露举报人的姓名、身份、单位、地址和联系方式等情况；严禁将举报情况透露给被举报人及与举报办理无关人员；严禁私自摘抄、复制、扣压、销毁举报材料，不得故意拖延时间；凡与举报事项有利害关系的工作人员应当回避。

对于违反规定者，根据情节及其造成的后果，依法给予行政处分；构成犯罪的，依法追究刑事责任。

第二十条　任何单位和个人不得打击、报复举报人。对于违反规定者，按照有关规定处理；构成犯罪的，依法追究刑事责任。

第二十一条　举报应当实事求是。对于借举报捏造事实，诬陷他人或者以举报为名，制造事端，干扰主管部门正常工作的，应当依照法律、法规规定处理。

第二十二条　各省、自治区、直辖市主管部门可以结合本地区实际，制定实施办法。

第二十三条　本办法自 2015 年 1 月 1 日起施行。2002 年 7 月 11 日建设部发布的《建设领域违法违规行为举报管理办法》（建法〔2002〕185 号）同时废止。

国家安全监管总局关于印发生产经营单位瞒报谎报事故行为查处办法的通知

（安监总政法〔2011〕91 号）

各省、自治区、直辖市及新疆生产建设兵团安全生产监督管理局，各省级煤矿安全监察机构：

为严肃查处瞒报谎报生产安全事故的行为，促进生产经营单位及其人员依法依规报告生产安全事故，根据《生产安全事故报告和调查处理条例》（国务院令第 493 号）和《国务院关于进一步加强企业安全生产工作的通知》（国发〔2010〕23 号）等有关规定，国家安全监管总局制定了《生产经营单位瞒报谎报事故行为查处办法》，现印发给你们，请遵照执行。

二〇一一年六月十五日

生产经营单位瞒报谎报事故行为查处办法

第一条 为了促进生产经营单位依法依规报告生产安全事故（以下简称事故），严肃查处瞒报、谎报事故行为，根据《安全生产法》、《生产安全事故报告和调查处理条例》（国务院令第 493 号）等法律、行政法规和《国务院关于进一步加强企业安全生产工作的通知》（国发〔2010〕23 号）等有关规定，制定本办法。

第二条 对生产经营单位及其人员瞒报、谎报事故（包括涉险事故，下同）行为的举报、受理和查处，适用本办法。

国家机关工作人员参与瞒报、谎报事故的，依照有关法律、行政法规和纪律处分规定由监察机关或者任免机关按照干部管理权限给予处理。

第三条 本规定所称的瞒报、谎报事故行为，依照下列情形认定：

（一）隐瞒已经发生的事故，超过规定时限未向安全监管监察部门和有关部门报告，并经查证属实的，属于瞒报；

（二）故意不如实报告事故发生的时间、地点、初步原因、性质、伤亡人数和涉险人数、直接经济损失等有关内容的，属于谎报。

第四条 事故发生单位应当依法依规、报告事故情况，符合《生产安全事故报告和调查处理条例》和《生产安全事故信息报告和处置办法》（国家安全监管总局令第 21 号）的有关规定。

事故发生后，事故现场有关人员应当立即报告本单位负责人；单位负责人接到报告后，应当在 1 小时内向事故发生地安全监管监察部门和有关部门报告。情况紧急时，事故现场有关人员可以直接向安全监管监察部门和有关部门报告。

单位主要负责人对事故报告负总责，并对瞒报、谎报事故行为承担法律责任。

第五条 对瞒报、谎报事故的行为，任何单位和个人均有权向县级以上安全监管监察部门举报。

举报人应当实事求是、客观公正地反映有关事故情况，故意捏造或者歪曲事实、诬告或者陷害他人的，应当承担相应的法律责任。

第六条 安全监管监察部门应当向社会公布举报电话、电子信箱、通信地址及邮政编码，设立举报箱，畅通社会公众和职工群众的举报渠道。

严禁将举报人的有关信息和举报事项透露给被举报人或者有可能对举报人产生不利后果的其他人员、单位以及与案件查处无关的人员。

第七条 对已经受理的举报，安全监管监察部门应当按照下列规定处理：

（一）对实名举报的，立即组织查证。查证结束后，及时将查证及处理情况反馈举报人；

（二）对匿名举报的，根据举报具体情况决定是否进行查证。有具体的事故单位和伤亡人员姓名、联系方式等线索的，立即组织查证；

（三）举报事项经查证属实的，依照有关规定对举报有功人员给予奖励；

（四）举报事项经查证不属实的，以适当方式在一定范围内予以澄清，并依法保护被举报人的合法权益。

安全监管监察部门对查证瞒报、谎报事故确有困难的，可以提请本级人民政府组织查证。

第八条　对瞒报、谎报事故的查处，地方各级安全生产委员会应当实行挂牌督办。

第九条　调查瞒报、谎报事故行为，应当重点查明瞒报、谎报事故的原因、过程，是否贻误事故抢救造成人员伤亡扩大和严重社会危害，参与瞒报、谎报事故的单位和有关人员等情况。

瞒报、谎报事故涉嫌犯罪的，负责事故调查的部门应当及时移送司法机关处理。

第十条　事故发生单位主要负责人瞒报或者谎报事故的，处上一年年收入100%的罚款，并由公安机关依照《安全生产法》第九十一条的规定处十五日以下拘留；属于国家工作人员的，并依照法律、行政法规和纪律处分规定由监察机关或者任免机关按照干部管理权限给予处理；构成犯罪的，依法追究刑事责任。

第十一条　事故发生单位直接负责的主管人员和其他直接责任人员瞒报或者谎报事故的，处上一年年收入100%的罚款；属于国家工作人员的，并依照法律、行政法规和纪律处分规定由监察机关或者任免机关按照干部管理权限给予处理；构成犯罪的，依法追究刑事责任。

第十二条　事故发生单位瞒报或者谎报事故的，依照下列规定处以罚款：

（一）没有贻误事故抢救的，处200万元的罚款；

（二）贻误事故抢救或者造成事故扩大或者影响事故调查的，处300万元的罚款；

（三）贻误事故抢救或者造成事故扩大或者影响事故调查的，手段恶劣，情节严重的，处500万元的罚款。

第十三条　事故发生单位对事故发生负有责任且存在瞒报、谎报情形的，依照下列规定处以罚款：

（一）发生一般事故的，处20万元的罚款；

（二）发生较大事故的，处50万元的罚款；

（三）发生重大事故的，处200万元的罚款；

（四）发生特别重大事故的，处500万元的罚款。

第十四条　事故发生单位瞒报、谎报事故的，由有关部门依法暂扣或者吊销有关证照；负有事故责任的事故发生单位有关人员瞒报、谎报事故的，依法暂停或者撤销其与安全生产有关的执业资格、岗位证书。

对重大、特别重大事故负有主要责任的生产经营单位，其主要负责人终身不得担任本行业生产经营单位的矿长、厂长、经理。

第十五条　因瞒报、谎报事故，事故发生单位及其有关责任人员违反不同的法律规定，有两个以上应当给予行政处罚的违法行为的。应当适用不同的法律规定，分别裁量，合并处罚。

第十六条　瞒报、谎报事故行为调查处理结案后，承办事故调查处理的安全监管监察部门应当向上级安全监管监察部门报告事故的查处情况，并将查处结果在当地主要新闻媒体和本级政府网站、安全监管监察部门网站上予以公告，接受社会监督。

第十七条　本办法由国家安全监管总局负责解释。

住房和城乡建设部关于印发《建筑工程五方责任主体项目负责人质量终身责任追究暂行办法》的通知

（建质〔2014〕124 号）

各省、自治区住房城乡建设厅，直辖市建委（规委），新疆生产建设兵团建设局：

　　为贯彻《建设工程质量管理条例》，强化工程质量终身责任落实，现将《建筑工程五方责任主体项目负责人质量终身责任追究暂行办法》印发给你们，请认真贯彻执行。

中华人民共和国住房和城乡建设部

2014 年 8 月 25 日

建筑工程五方责任主体项目负责人质量终身责任追究暂行办法

第一条　为加强房屋建筑和市政基础设施工程（以下简称建筑工程）质量管理，提高质量责任意识，强化质量责任追究，保证工程建设质量，根据《中华人民共和国建筑法》、《建设工程质量管理条例》等法律法规，制定本办法。

第二条　建筑工程五方责任主体项目负责人是指承担建筑工程项目建设的建设单位项目负责人、勘察单位项目负责人、设计单位项目负责人、施工单位项目经理、监理单位总监理工程师。

　　建筑工程开工建设前，建设、勘察、设计、施工、监理单位法定代表人应当签署授权书，明确本单位项目负责人。

第三条　建筑工程五方责任主体项目负责人质量终身责任，是指参与新建、扩建、改建的建筑工程项目负责人按照国家法律法规和有关规定，在工程设计使用年限内对工程质量承担相应责任。

第四条　国务院住房城乡建设主管部门负责对全国建筑工程项目负责人质量终身责任追究工作进行指导和监督管理。

县级以上地方人民政府住房城乡建设主管部门负责对本行政区域内的建筑工程项目负责人质量终身责任追究工作实施监督管理。

第五条　建设单位项目负责人对工程质量承担全面责任，不得违法发包、肢解发包，不得以任何理由要求勘察、设计、施工、监理单位违反法律法规和工程建设标准，降低工程质量，其违法违规或不当行为造成工程质量事故或质量问题应当承担责任。

勘察、设计单位项目负责人应当保证勘察设计文件符合法律法规和工程建设强制性标准的要求，对因勘察、设计导致的工程质量事故或质量问题承担责任。

施工单位项目经理应当按照经审查合格的施工图设计文件和施工技术标准进行施工，对因施工导致的工程质量事故或质量问题承担责任。

监理单位总监理工程师应当按照法律法规、有关技术标准、设计文件和工程承包合同进行监理，对施工质量承担监理责任。

第六条　符合下列情形之一的，县级以上地方人民政府住房城乡建设主管部门应当依法追究项目负责人的质量终身责任：

（一）发生工程质量事故；

（二）发生投诉、举报、群体性事件、媒体报道并造成恶劣社会影响的严重工程质量问题；

（三）由于勘察、设计或施工原因造成尚在设计使用年限内的建筑工程不能正常使用；

（四）存在其他需追究责任的违法违规行为。

第七条　工程质量终身责任实行书面承诺和竣工后永久性标牌等制度。

第八条　项目负责人应当在办理工程质量监督手续前签署工程质量终身责任承诺书，连同法定代表人授权书，报工程质量监督机构备案。项目负责人如有更换的，应当按规定办理变更程序，重新签署工程质量终身责任承诺书，连同法定代表人授权书，报工程质量监督机构备案。

第九条　建筑工程竣工验收合格后，建设单位应当在建筑物明显部位设置永久性标牌，载明建设、勘察、设计、施工、监理单位名称和项目负责人姓名。

第十条　建设单位应当建立建筑工程各方主体项目负责人质量终身责任信息档案，工程竣工验收合格后移交城建档案管理部门。项目负责人质量终身责任信息档案包括下列内容：

（一）建设、勘察、设计、施工、监理单位项目负责人姓名，身份证号码，执业资格，所在单位，变更情况等；

（二）建设、勘察、设计、施工、监理单位项目负责人签署的工程质量终身责任承诺书；

（三）法定代表人授权书。

第十一条　发生本办法第六条所列情形之一的，对建设单位项目负责人按以下方式进行责任追究：

（一）项目负责人为国家公职人员的，将其违法违规行为告知其上级主管部门及纪检监察部门，并建议对项目负责人给予相应的行政、纪律处分；

（二）构成犯罪的，移送司法机关依法追究刑事责任；

（三）处单位罚款数额 5% 以上 10% 以下的罚款；

（四）向社会公布曝光。

第十二条　发生本办法第六条所列情形之一的，对勘察单位项目负责人、设计单位项目负责人按以下方式进行责任追究：

（一）项目负责人为注册建筑、勘察设计注册工程师的，责令停止执业 1 年；造成重大质量事故的，吊销执业资格证书，5 年以内不予注册；情节特别恶劣的，终身不予注册；

（二）构成犯罪的，移送司法机关依法追究刑事责任；

（三）处单位罚款数额 5% 以上 10% 以下的罚款；

（四）向社会公布曝光。

第十三条　发生本办法第六条所列情形之一的，对施工单位项目经理按以下方式进行责任追究：

（一）项目经理为相关注册执业人员的，责令停止执业 1 年；造成重大质量事故的，吊销执业资格证书，5 年以内不予注册；情节特别恶劣的，终身不予注册；

（二）构成犯罪的，移送司法机关依法追究刑事责任；

（三）处单位罚款数额 5% 以上 10% 以下的罚款；

（四）向社会公布曝光。

第十四条　发生本办法第六条所列情形之一的，对监理单位总监理工程师按以下方式进行责任追究：

（一）责令停止注册监理工程师执业 1 年；造成重大质量事故的，吊销执业资格证书，5 年以内不予注册；情节特别恶劣的，终身不予注册；

（二）构成犯罪的，移送司法机关依法追究刑事责任；

（三）处单位罚款数额 5% 以上 10% 以下的罚款；

（四）向社会公布曝光。

第十五条　住房城乡建设主管部门应当及时公布项目负责人质量责任追究情况，将其违法违规等不良行为及处罚结果记入个人信用档案，给予信用惩戒。

鼓励住房城乡建设主管部门向社会公开项目负责人终身质量责任承诺等质量责任

信息。

第十六条　项目负责人因调动工作等原因离开原单位后，被发现在原单位工作期间违反国家法律法规、工程建设标准及有关规定，造成所负责项目发生工程质量事故或严重质量问题的，仍应按本办法第十一条、第十二条、第十三条、第十四条规定依法追究相应责任。

项目负责人已退休的，被发现在工作期间违反国家法律法规、工程建设标准及有关规定，造成所负责项目发生工程质量事故或严重质量问题的，仍应按本办法第十一条、第十二条、第十三条、第十四条规定依法追究相应责任，且不得返聘从事相关技术工作。项目负责人为国家公职人员的，根据其承担责任依法应当给予降级、撤职、开除处分的，按照规定相应降低或取消其享受的待遇。

第十七条　工程质量事故或严重质量问题相关责任单位已被撤销、注销、吊销营业执照或者宣告破产的，仍应按本办法第十一条、第十二条、第十三条、第十四条规定依法追究项目负责人的责任。

第十八条　违反法律法规规定，造成工程质量事故或严重质量问题的，除依照本办法规定追究项目负责人终身责任外，还应依法追究相关责任单位和责任人员的责任。

第十九条　省、自治区、直辖市住房城乡建设主管部门可以根据本办法，制定实施细则。

第二十条　本办法自印发之日起施行。

附录二　名词解释

1. 建筑工程

建筑工程，是指房屋建筑和市政基础设施工程。

房屋建筑工程指各类结构形式的民用建筑工程、工业建筑工程、构筑物工程以及相配套的道路、通信、管网管线等设施工程。工程内容包括地基与基础、主体结构、建筑屋面、装修装饰、建筑幕墙、附建人防工程以及给水排水及供暖、通风与空调、电气、消防、智能、防雷等配套工程。

市政基础设施工程包括给水工程、排水工程、燃气工程、热力工程、城市道路工程、城市桥梁工程、城市隧道工程（指城市规划区内的穿山过江隧道、地铁隧道、地下交通工程、地下过街通道）、公共交通工程、轨道交通工程、环境卫生工程、照明工程、绿化工程。

2. 单位工程

单位工程是指具备独立施工条件并能形成独立使用功能的建筑物或构筑物。除单独立项的专业工程外，建设单位不得将一个单位工程的分部工程施工发包给专业承包单位。

3. 分部工程

分部工程是按工程的部位、结构形式的不同等划分，是单位工程的组成部分，可分为多个分项工程。

4. 分项工程

分项工程是根据工种、构件类别、设备类别、使用材料不同划分的工程项目，是分部工程的组成部分。

5. 工程建设强制性标准

工程建设强制性标准是指直接涉及工程质量、安全、卫生及环境保护等方面的工程建设标准强制性条文。

国家工程建设标准强制性条文由国务院建设行政主管部门会同国务院有关行政主管部门确定。

6. 基本建设程序

基本建设程序是对基本建设项目从酝酿、规划到建成投产所经历的整个过程中的各项工作开展先后顺序的规定。它反映工程建设各个阶段之间的内在联系，是从事建设工作的各有关部门和人员都必须遵守的原则。基本建设程序是建设项目从筹划建设到建成投产必须遵循的工作环节及其先后顺序。

7. 建设用地规划许可证

建设用地规划许可证是建设单位在向土地管理部门申请征用、划拨土地前，经城乡规划行政主管部门确认建设项目位置和范围符合城乡规划的法定凭证，是建设单位用地的法律凭证。

没有此证的用地单位属非法用地，房地产商的售房行为也属非法，不能领取房地产权属证件。

8. 建设工程规划许可证

建设工程规划许可证是城市规划行政主管部门依法核发的，确认有关建设工程符合城市规划要求的法律凭证。它是建设单位建设工程的法律凭证，是建设活动中接受监督检查时的法定依据。

没有此证的建设单位，其工程建筑是违法建筑，不能领取房地产权属证件。

9. 建筑工程施工许可证

为了加强对建筑活动的监督管理，维护建筑市场秩序，保证建筑工程的质量和安全，根据《中华人民共和国建筑法》，在中华人民共和国境内从事各类房屋建筑及其附属设施的建造、装修装饰和与其配套的线路、管道、设备的安装，以及城镇市政基础设施工程的施工，建设单位在开工前应当依照《建筑工程施工许可管理办法》的规定，向工程所在地的县级以上人民政府建设行政主管部门申请领取施工许可证。

《建筑工程施工许可管理办法》规定工程投资额在 30 万元以下或者建筑面积在 300 平方米以下的建筑工程，可以不申请办理施工许可证。省、自治区、直辖市人民政府住房城乡建设主管部门可以根据当地的实际情况，对限额进行调整，并报国务院住房城乡建设主管部门备案。

按照国务院规定的权限和程序批准开工报告的建筑工程，不再领取施工许可证。

10. 安全生产许可证

安全生产许可证是建筑业施工企业进行生产、施工等必备的一个证件，它和企业资质联系在一块，取得建筑施工资质证书的企业，必须申请安全生产许可证，方可进行投标工作来接相应工程。它们是有机整体。

11. 施工图审查

施工图审查，是指施工图审查机构按照有关法律、法规，对施工图涉及公共利益、公众安全和工程建设强制性标准的内容进行的审查。施工图审查应当坚持先勘察、后设计的原则。

施工图未经审查合格的，不得使用。从事房屋建筑工程、市政基础设施工程施工、监理等活动，以及实施对房屋建筑和市政基础设施工程质量安全监督管理，应当以审查合格的施工图为依据。

12. 工程竣工验收的程序

工程竣工验收应当按以下程序进行：

（1）工程完工后，施工单位向建设单位提交工程竣工报告，申请工程竣工验收。实行监理的工程，工程竣工报告须经总监理工程师签署意见。（2）建设单位收到工程竣工报告后，对符合竣工验收要求的工程，组织勘察、设计、施工、监理等单位和其他有关方面的专家组成验收组，制定验收方案。（3）建设单位应当在工程竣工验收7个工作日前将验收的时间、地点及验收组名单书面通知负责监督该工程的工程质量监督机构。（4）建设单位组织工程竣工验收。

13. 见证取样和送检

见证取样和送检是指在建设单位或工程监理单位人员的见证下，由施工单位的现场试验人员对工程中涉及结构安全的试块、试件和材料在现场取样，并送至经过省级以上建设行政主管部门对其资质认可和质量技术监督部门对其计量认证的质量检测单位进行检测。

14. 建设工程标段

建设工程标段一般是对一个整体工程按实施阶段（勘察、设计、施工等）和工程范围切割成工程段落，并把上述段落单个或组合起来招标。

15. 合同价款

合同价款指发包人和承包人在协议中约定，发包人用以支付承包人按照合同约定完成承包范围内全部工程并承担保修责任的条款。

16. 建设工程质量责任主体

建设工程质量责任主体是指从事新建、扩建、改建房屋建筑工程和市政基础设施工程建设活动的单位中，有违反法律、法规、规章所规定的质量责任和义务的行为，以及勘察、设计文件和工程实体质量不符合工程建设强制性技术标准的情况的，无论是建设单位、勘察单位、设计单位、施工单位和施工图审查机构、工程质量检测机构、监理单位，都属建设工程质量责任主体。

17. 注册建造师

注册建造师，是指通过考核认定或考试合格取得中华人民共和国建造师资格证书（以下简称"资格证书"），并按照注册建造师管理规定注册，取得中华人民共和国建造师注册证书（以下简称"注册证书"）和执业印章，担任施工单位项目负责人及从事相关活动的专业技术人员。

未取得注册证书和执业印章的，不得担任大中型建设工程项目的施工单位项目负责人，不得以注册建造师的名义从事相关活动。

18. 注册监理工程师

注册监理工程师是取得国务院建设行政主管部门颁发的中华人民共和国注册监理工程师注册职业证书和执业印章，从事建设工程监理与相关服务等活动的人员。

19. 总监理工程师

总监理工程师是由工程监理单位法定代表人书面任命，负责履行建设工程监理合同、主持项目监理机构工作的注册监理工程师。

20. 违法发包

违法发包，是指建设单位将工程发包给不具有相应资质条件的单位或个人，或者肢解发包等违反法律法规规定的行为。

存在下列情形之一的，属于违法发包：（1）建设单位将工程发包给个人的；（2）建设单位将工程发包给不具有相应资质或安全生产许可证的施工单位的；（3）未履行法定发包程序，包括应当依法进行招标未招标，应当申请直接发包未申请或申请未核准的；（4）建设单位设置不合理的招投标条件，限制、排斥潜在投标人或者投标人的；（5）建设单位将一个单位工程的施工分解成若干部分发包给不同的施工总承包或专业承包单位的；（6）建设单位将施工合同范围内的单位工程或分部分项工程又另行发包的；（7）建设单位违反施工合同约定，通过各种形式要求承包单位选择其指定分包单位的；（8）法律法规规定的其他违法发包行为。

21. 转包

转包，是指施工单位承包工程后，不履行合同约定的责任和义务，将其承包的全部工程或者将其承包的全部工程肢解后以分包的名义分别转给其他单位或个人施工的行为。

存在下列情形之一的，属于转包：（1）施工单位将其承包的全部工程转给其他单位或个人施工的；（2）施工总承包单位或专业承包单位将其承包的全部工程肢解以后，以分包的名义分别转给其他单位或个人施工的；（3）施工总承包单位或专业承包单位未在施工现场设立项目管理机构或未派驻项目负责人、技术负责人、质量管理负责人、安全管理负责人等主要管理人员，不履行管理义务，未对该工程的施工活动进行组织管理的；（4）施工总承包单位或专业承包单位不履行管理义务，只向实际施工单位收取费用，主要建筑材料、构配件及工程设备的采购由其他单位或个人实施的；（5）劳务分包单位承包的范围是施工总承包单位或专业承包单位承包的全部工程，劳务分包单位计取的是除上缴给施工总承包单位或专业承包单位"管理费"之外的全部工程价款的；（6）施工总承包单位或专业承包单位通过采取合作、联营、个人承包等形式或名义，直接或变相地将其承包的全部工程转给其他单位或个人施工的；（7）法律法规规定的其他转包行为。

22. 违法分包

违法分包，是指施工单位承包工程后违反法律法规规定或者施工合同关于工程分包的约定，把单位工程或分部分项工程分包给其他单位或个人施工的行为。

存在下列情形之一的，属于违法分包：（1）施工单位将工程分包给个人的；（2）施工单位将工程分包给不具备相应资质或安全生产许可证的单位的；（3）施工合同中没有约定，又未经建设单位认可，施工单位将其承包的部分工程交由其他单位施工的；（4）施工总承包单位将房屋建筑工程的主体结构的施工分包给其他单位的，钢结构工程除外；（5）专业分包单位将其承包的专业工程中非劳务作业部分再分包的；（6）劳务分包单位将其承包的劳务再分包的；（7）劳务分包单位除计取劳务作业费用外，还计取主要建筑材料款、周转材料款和大中型施工机械设备费用的；（8）法律法规规定的其他违法分包行为。

23. 挂靠

挂靠，是指单位或个人以其他有资质的施工单位的名义，承揽工程的行为。承揽工程，包括参与投标、订立合同、办理有关施工手续、从事施工等活动。

存在下列情形之一的，属于挂靠：（1）没有资质的单位或个人借用其他施工单位的资质承揽工程的；（2）有资质的施工单位相互借用资质承揽工程的，包括资质等级低的借用资质等级高的，资质等级高的借用资质等级低的，相同资质等级相互借用的；（3）专业分包的发包单位不是该工程的施工总承包或专业承包单位的，但建设单位依约作为发包单位的除外；（4）劳务分包的发包单位不是该工程的施工总承包、专业承包单位或专业分包单位的；（5）施工单位在施工现场派驻的项目负责人、技术负责人、质量管理负责人、安全管理负责人中一人以上与施工单位没有订立劳动合同，或没有建立劳动工资或社会养老保险关系的；（6）实际施工总承包单位或专业承包单位与建设单位之间没有工程款收付关系，或者工程款支付凭证上载明的单位与施工合同中载明的承包单位不一致，又不能进行合理解释并提供材料证明的；（7）合同约定由施工总承包单位或专业承包单位负责采购或租赁的主要建筑材料、构配件及工程设备或租赁的施工机械设备，由其他单位或个人采购、租赁，或者施工单位不能提供有关采购、租赁合同及发票等证明，又不能进行合理解释并提供材料证明的；（8）法律法规规定的其他挂靠行为。

24. 投标人相互串通投标

有下列情形之一的，属于投标人相互串通投标：（1）投标人之间协商投标报价等投标文件的实质性内容；（2）投标人之间约定中标人；（3）投标人之间约定部分投标人放弃投标或者中标；（4）属于同一集团、协会、商会等组织成员的投标人按照该组织要求协同投标；（5）投标人之间为谋取中标或者排斥特定投标人而采取的其他联合行动。

有下列情形之一的，视为投标人相互串通投标：（1）不同投标人的投标文件由同一单位或者个人编制；（2）不同投标人委托同一单位或者个人办理投标事宜；（3）不同投标人的投标文件载明的项目管理成员为同一人；（4）不同投标人的投标文件异常一致或者投标报价呈规律性差异；（5）不同投标人的投标文件相互混装；（6）不同投标人的投标保证金从同一单位或者个人的账户转出。

25. 招标人与投标人串通投标

有下列情形之一的，属于招标人与投标人串通投标：（1）招标人在开标前开启投标文件并将有关信息泄露给其他投标人；（2）招标人直接或者间接向投标人泄露标底、评标委员会成员等信息；（3）招标人明示或者暗示投标人压低或者抬高投标报价；（4）招标人授意投标人撤换、修改投标文件；（5）招标人明示或者暗示投标人为特定投标人中标提供方便；（6）招标人与投标人为谋求特定投标人中标而采取的其他串通行为。

26. 弄虚作假投标

使用通过受让或者租借等方式获取的资格、资质证书投标的，属于《招标投标法》第三十三条规定的以他人名义投标。

投标人有下列情形之一的，属于《招标投标法》第三十三条规定的以其他方式弄虚作假的行为：（1）使用伪造、变造的许可证件；（2）提供虚假的财务状况或者业绩；（3）提供虚假的项目负责人或者主要技术人员简历、劳动关系证明；（4）提供虚假的信用状况；（5）其他弄虚作假的行为。

27. 重大劳动安全事故罪

安全生产设施或者安全生产条件不符合国家规定，因而发生重大伤亡事故或者造成其他严重后果的，对直接负责的主管人员和其他直接责任人员，处三年以下有期徒刑或者拘役；情节特别恶劣的，处三年以上七年以下有期徒刑。

28. 不良行为记录

建设工程质量责任主体和有关机构不良记录，是指对从事新建、扩建、改建房屋建筑工程和市政基础设施工程建设活动的建设单位、勘察单位、设计单位、施工单位和施工图审查机构、工程质量检测机构、监理单位违反法律、法规、规章所规定的质量责任和义务的行为，以及勘察、设计文件和工程实体质量不符合工程建设强制性技术标准的情况的记录。

29. 行政处罚

行政处罚是指国家行政机关依法对违反行政管理法规的行为给予的制裁措施。行政处罚有以下几个特征：（1）决定并实施处罚的机关是国家行政主管机关（还包括法律、法规授权和受委托的机关或组织）；（2）行政处罚只适用于违反行政管理法律、法规和规章的行为；（3）行政处罚的承受人可以是自然人，也可以是法人或非法人组织；（4）行政处罚是一种严厉的行政行为，可以直接限制或剥夺违法行为人的人身权、财产权，因此对行政处罚要规定较为严格的限制条件。

30. 从轻处罚

从轻处罚是指在法定处罚范围内对当事人适用较轻的处罚或者较少的罚款。

31. 减轻处罚

减轻处罚是指在法定处罚范围外对当事人适用较轻的处罚。

32. 一事不再罚

一事不再罚是行政处罚的重要原则之一。一事不再罚原则是指对违法当事人的同一个违法行为，不得以同一事实和同一理由给予两次以上的行政处罚。同一事实和同一理由是一事不再罚原则的共同要件，二者缺一不可。同一事实是指同一个违法行为，即从其构成要件上，只符合一个违法行为的特征。同一理由是指同一法律依据。

《行政处罚法》第二十四条规定，对当事人的同一个违法行为，不得给予两次以上罚款的行政处罚。